STUDIEN
zur Poetik und Geschichte der Literatur

Herausgegeben von
Hans Fromm, Hugo Kuhn,
Walter Müller-Seidel und Friedrich Sengle

BAND 34

ERNST WEBER

Die poetologische Selbstreflexion im deutschen Roman des 18. Jahrhunderts

Zu Theorie und Praxis von »Roman«, »Historie« und pragmatischem Roman

VERLAG W. KOHLHAMMER
STUTTGART BERLIN KÖLN MAINZ

Meinen Eltern

Alle Rechte vorbehalten
© 1974 Verlag W. Kohlhammer GmbH
Stuttgart Berlin Köln Mainz
Verlagsort: Stuttgart
Gesamtherstellung: W. Kohlhammer GmbH
Grafischer Großbetrieb Stuttgart
Printed in Germany
ISBN 3-17-001191-X

Vorwort

Diese Untersuchung, die im Sommersemester 1971 von der Philosophischen Fakultät der Universität München als Dissertation angenommen wurde, hat Prof. Dr. W. Müller-Seidel angeregt. Ihm bin ich für seinen Rat und die Betreuung der Arbeit zu Dank verpflichtet. Zu ihrem Abschluß trug auch die Förderung durch die Studienstiftung des Deutschen Volkes bei, deren Stipendiat ich seit 1965 war. Für die Unterstützung bei der Manuskriptgestaltung und beim Korrekturlesen danke ich Frau Christine Mithal. Den Herausgebern der ›Studien zur Poetik und Geschichte der Literatur‹ schulde ich Dank für die Aufnahme in ihre Reihe.

Im April 1974   *Ernst Weber*

Inhalt

der *Seltsame Aventurier* und die Gattungstradition des pikaresken Romans
– Wahrheitsanspruch und theoretische Konzeption; Formen der Wahrheitsillusion; die Wirklichkeitskonzeption; theoretisches Bewußtsein und Autorenbewußtsein

aus dem Entwicklungsstand und den Neigungen der Dialogpartner – die
Vermittlungsform des ›Lehrprogramms‹ – das Romangespräch als neue Stufe
in der Entwicklung Ferdinands – das Romangespräch als notwendiger Teil
des Romanganzen; der neue Status der Romanreflexion im Roman – Romanpraxis als Kommentar zum Romangespräch; »stufenweise Entwicklung«;
der Typus des Haupthelden – Romanstruktur und vorgestellter Leser – das
zentrale Thema des Romans und der »thätige Mann« als Leser. Das Verhältnis von Theorie und Praxis. Die romangeschichtliche Position des *Herr
Thomas*

Gegenstand der Untersuchung, Forschungssituation und Aufgabenstellung

»Sie sind mit Ihrem Moralisiren, und Ihren Einschiebseln, und Anreden, und Fragen an den Leser ganz unausstehlich, lieber Freund!« Es ist meine Art nun einmal so! »Ihre Art? Was geht uns Ihre Art an? Sie müssen Rechenschaft von Ihrem Thun und Lassen, als Autor, zu geben wissen.« Dieses Erzähler-Leser Gespräch in Blankenburgs *Beyträge zur Geschichte deutschen Reichs und deutscher Sitten* (1775, S. 43) thematisiert einen charakteristischen Aspekt des deutschen Romans im 18. Jahrhundert: in der Romanvorrede und dem Erzählerkommentar, im Dialog der Romanfiguren und dem Erzähler-Leser-Gespräch wird über den Roman reflektiert. Diese Reflexionen beschreiben und erläutern bestehende Romanpraxis, legitimieren oder diskutieren poetische Verfahren, kritisieren verbrauchte Vermittlungsformen und suchen neue verbindlich zu machen. Sie sind Dokumente des poetologischen Selbstverständnisses des Romans. Der in dieser Untersuchung verwendete Begriff Reflexion[1] erfaßt eine mehr programmatische als systematische Poetik des Romans, die in erster Linie von der Praxis eines Romans ausgeht und damit den Anspruch verbindet, für die ganze Gattung, beziehungsweise einen Gattungstyp zu sprechen. Erst in zweiter Linie behandelt sie vom Einzelwerk abgelöste Fragestellungen der Gattung, die jedoch nur selten literaturtheoretische Dimensionen erreichen.[2] Der Begriff Romanreflexion wird daher von dem der Romantheorie unterschieden. Die Romanreflexion ist (wie die Rezension) eine besonders praxisnahe Form einer Romanpoetik. Sie ist Theorie nur im Sinne der Abstraktion von Einzelbeobachtungen. Romantheorie, wie sie in Poetiken, Rhetoriken und Abhandlungen formuliert wird, nimmt dagegen weniger Bezug auf die Romanpraxis als auf literaturtheoretische Modelle, nach denen sie den Platz des Romans in der Gattungshierarchie der Dichtung bestimmt. Erst aus dieser Zuordnung ergeben sich die Regeln des Romanschreibens.

Die Romanvorrede ist bis in die 50er Jahre des 18. Jahrhunderts der einzige Ort der Romanreflexion. Erst dann treten, mit der Ausbildung des pragmatischen Romans, der Erzählerkommentar, das Erzähler-Leser- und das Romangespräch der Figuren als in die Romanhandlung integrierte Formen der Romanreflexion hinzu. Die Romanvorrede ist als Vorredenreflexion vom Exordium geprägt. Dessen Aussagestruktur und Themenkatalog sind auch noch in jenen Vorredentypen feststell-

---

1 Der Begriff Reflexion hat hier nicht den theoretischen Hintergrund wie in der Literaturtheorie der Romantik (vgl. Athenäum Fragment 116).

2 Die Romanvorrede im 17. Jahrhundert bildet eine Ausnahme. Von der Poetik lange Zeit nicht beachtet, versuchen Autoren wie Harsdörffer oder Birken, den Roman sowohl in literaturtheoretische wie geschichtsphilosophische Zusammenhänge zu stellen, um ihn auf diese Weise nach Art der zeitgenössischen Dichtungstheorie zu legitimieren. Gegen Ende des 17. Jahrhunderts ist er den anderen Gattungen soweit gleichgestellt, daß er auf diese besondere Form der Apologie verzichten kann. Die Romanschreiber im 18. Jahrhundert greifen auch dann nicht mehr auf sie zurück, als die Reputation der Gattung wieder zu sinken beginnt.

bar, die mit der Exordiumtradition kaum mehr etwas gemeinsam zu haben scheinen: die zur Abhandlung über die Gattung ausgebaute Vorrede und das erste Kapitel des Romans als eine Art voranstehender Erzählerkommentar, der als Versuch einer Vorredenerneuerung anzusehen ist. – Die Auffassung vom Roman als einer Liebesgeschichte, beziehungsweise als wahrer Lebensbericht haben eine handlungsintegrierte Form der Romanreflexion in der ersten Hälfte des 18. Jahrhunderts verhindert. Erst der pragmatische Roman als der Romantyp der Aufklärung kann aufgrund seiner Intention, die Didaxe auch auf ästhetische Probleme zu erweitern und diese in Lernsituationen erzählerisch zu gestalten, Romanreflexion in das Romangeschehen aufnehmen. Die praxisbezogene Poetik des Romans wird dadurch von der monologischen und den Leser mit Thesen konfrontierenden Darbietungsart der Vorredenreflexion befreit, daß sie in den Perspektivismus des pragmatischen Romans, als eines Gegeneinanders verschiedener Sehweisen, einbezogen wird.

Mit den jeweiligen Reflexionsformen sind bestimmte Intentionen verbunden, die bei der Vorredenreflexion durch das Exordium und bei der handlungsintegrierten Romanreflexion durch Struktur und Programm des pragmatischen Romans bedingt sind. Die Vorredenreflexion will den Leser informieren und, indem sie auf seine (vom Autor vorgestellten) Erwartungen eingeht, ihn vom Wert des jeweiligen Romans überzeugen und sein Interesse gewinnen. Diese werbende und unterrichtende Intention, bei der Romanpraxis poetologisch beschrieben wird, hat einen diese Praxis eher bestätigenden und legitimierenden als emanzipatorischen Charakter. Die handlungsintegrierte Romanreflexion übernimmt diese Aufgabenstellung, erweitert sie jedoch dahingehend, daß der intendierte Leser in seinen Vorstellungen vom Roman belehrt oder korrigiert werden soll. Das geschieht dadurch, daß er verunsichert, getäuscht oder an dem Stilgespräch über den Roman beteiligt wird, sei es in Form des Erzähler-Leser-Gesprächs oder durch einen fiktiven Repräsentanten im Figurendialog. Viel intensiver als in der Vorredenreflexion richtet sich nun die Intention auf die Romanform selbst.[3] Die handlungsintegrierte Romanreflexion macht auf verbrauchte poetische Verfahren aufmerksam und erweitert das Stilgespräch über den Roman um den Dialog mit den Kunstrichtern. Dabei geht es vor allem um die rechte Kunstform des Romans. – Folgende Themen sind allen Reflexionstypen gemeinsam: Stoff, Handlungsstruktur, Wirklichkeitsbezug, Intention und Sprachstil des Romans.

Die Romanreflexion ist Teil einer allgemeinen Diskussion um den Roman, die in Zeitschriftenaufsätzen, moralischen Wochenschriften, theologischer, pädagogischer und gelehrter Literatur, in Poetiken, eigenständigen Abhandlungen, Lexikonartikeln, Dissertationes und Rezensionen mit unterschiedlicher Intensität und unterschiedlichem Theoriewert geführt wird. Beide Bereiche haben eine Reihe von Gesichtspunkten, Fragestellungen, Thesen und Forderungen an den Roman gemeinsam. Was das Verhältnis beider zueinander betrifft, so scheint es weitgehend einseitig zu sein; die Romanreflexion übernimmt eher Auffassungen der Romantheorie (zum Beispiel was die Poetizität des Romans betrifft) als umgekehrt. Gleichwohl liefert die Romanreflexion einen besonderen Beitrag zur Poetik des Romans im 18. Jahrhundert, der aus dem ihr eigenen Praxisbezug resultiert. Dieser Beitrag beinhaltet mehr als eine stete Bemühung um die Gleichstellung des Romans mit den

---

3 Nur in der galanten Zeit gibt es unter den Romanautoren in der Vorredenreflexion eine Diskussion über die ›wahre‹ Romanform.

traditionell hocheingeschätzten Gattungen. Emanzipation des Romans in apologetischer Rede darf nicht verwechselt werden mit einer allmählichen Zunahme und Differenzierung der poetologischen Erkenntnis. Als einzige beschreibt die Romanreflexion das poetologische Programm des ›niederen‹ Romans, der sogenannten Robinsonaden und Avanturierromane. Sie befaßt sich vor allem mit dem produktions- und rezeptionsästhetischen Aspekt der Gattung. An ihr läßt sich deutlicher als anderswo das Gegeneinander verschiedener Gattungsbegriffe ablesen.

Diese Untersuchung unternimmt zum ersten Mal eine Darstellung der vom Roman selbst mitgeführten und in engem Zusammenhang mit seiner Praxis entstandenen poetologischen Konzeptionen. Die bisher vorliegenden Darstellungen der Geschichte der Romantheorie[4] haben diesen Aspekt der Romanpoetik im 18. Jahrhundert nicht berücksichtigt.[5] Nur Ehrenzeller[6] behandelt die Romanvorrede, wird jedoch ihrer historischen Vielfalt nicht gerecht, da er ihre Intention auf eine Rechtfertigungs- und Werberede verkürzt. Die in der Vorrede artikulierten romantheoretischen Programme entgehen ihm dabei. Unsere Untersuchung kann zeigen, daß diese Programme die Romanpraxis stets begleiten. Das gilt auch für den Roman vor Wieland, der bisher als »bedeutungslose Unterhaltungsliteratur«[7] ohne feste Gattungskonzeption beurteilt wurde. Ohne die Kenntnis dieser Programme muß eine Darstellung der Romanreflexion im pragmatischen Roman einseitig, das heißt als ein Produkt der englischen Romantheorie ausfallen. In ihren Inhalten und zum Teil in ihren Aussageformen ist diese Romanreflexion der Vorredenreflexion entscheidend verpflichtet.

Romanreflexion wie Romanpraxis werden in dem Zeitraum von etwa 1700 bis etwa 1790 untersucht. Diese Jahreszahlen verstehen sich als ungefähre Abgrenzungen. Sie haben sich weniger aus der Epochisierung der Literaturgeschichtsschreibung als aus der Geschichte des Romans und der Romanreflexion ergeben. Um 1700 bildet sich der galante Roman aus, zum Teil in bewußtem Gegensatz zum spätbarocken Roman. Das Gegeneinander beider ist um 1700 in Theorie und Praxis noch greifbar. Dieser Zeitpunkt ist mehr ein markanter Einschnitt denn ein Neubeginn, da poetologische Konzeptionen und poetische Verfahrensweisen, die im 17. Jahrhundert entwickelt wurden, modifiziert weitergeführt werden. – Die Jahre um 1790 bedeuten dagegen einen Epocheneinschnitt in der Geschichte der Romanreflexion und der Romantheorie. In den neunziger Jahren entwickelt sich ein

---

4 M. L. Wolff, Geschichte der Romantheorie, Nürnberg 1915; K. Minners, Die Theorie des Romans in der deutschen Aufklärung, 1922; M. Sommerfeld, Romantheorie und Romantypus der deutschen Aufklärung, DVJs 1926; B. Markwardt, Geschichte der deutschen Poetik, Bd. 1 und 2.
Der Schwerpunkt dieser Arbeiten liegt entweder im Barock oder in der Aufklärung. Über die Zeit zwischen 1700 und 1750 sagen sie nur wenig aus. Das Bild der Romantheorie ist auch dort nur ausschnitthaft, wo es um die der Aufklärung geht, da man hauptsächlich Namen und Texte heranzieht, die durch eine lang anhaltende Reputation in die Literaturgeschichtsschreibung eingegangen sind. Romantheoriegeschichte wird dabei allzu linear gesehen. Die Abhängigkeit der Theoriebildung vom Theorieträger wird nicht erkannt.
5 E. Becker, Der deutsche Roman um 1780, 1964, S. 11–26 und G. Jäger, Empfindsamkeit und Roman, 1969, S. 103 ff. beziehen auch praxisbezogene Romanreflexion wie Vorreden und Rezensionen in ihre Untersuchungen ein.
6 H. Ehrenzeller, Studien zur Romanvorrede, Bern 1955.
7 M. Spiegel, Der Roman und sein Publikum, 1967, S. 1 f.

neuer, vom pragmatischen Roman grundsätzlich unterschiedener Romanbegriff. Die Poetik des pragmatischen Romans sah seine Funktion in der Vervollkommnung des Menschen. In der Poetik des klassisch-romantischen Romans wird die Autonomie der Gattung angestrebt, d. h. der Roman setzt sich als Kunstwerk selbst zum Zweck. Damit wird auch die Funktion der Romanreflexion überflüssig. Im klassizistisch-romantischen Roman gibt es sie in der beschriebenen Form nicht mehr. Bezeichnenderweise enthält der *Wilhelm Meister* kein Figurengespräch mehr über den Roman, wie noch wenige Jahre zuvor der *Herr Thomas* von J. G. Müller, sondern nur dessen referierende und zusammenfassende Wiedergabe. Auch im 19. Jahrhundert wurde immer wieder im Roman über das Romanschreiben reflektiert (vgl. Jean Pauls oder Wilhelm Raabes Romane), aber nie wieder mit den gleichen komplexen Funktionen und in ähnlicher Häufigkeit wie im Roman des 18. Jahrhunderts.

Diese Untersuchung verfolgt zwei Hauptziele: 1. die Formen, Inhalte, Intentionen und Funktion der Romanreflexion zu beschreiben. Die Romanreflexion wird dabei stets zusammengesehen mit der Entwicklung der Romanpoetik in der Romantheorie. 2. Vom Selbstverständnis der Autoren aus versucht sie, an ausgewählten Romanen zu einer präziseren Darstellung der Geschichte des Romans im 18. Jahrhundert zu kommen. Besondere Aufmerksamkeit ist dabei den Romanformen zwischen höfisch-historischem und pragmatischem Roman, zwischen 1700 und 1760, gewidmet.

Die Forschung hat den Roman in dieser Zeit entschieden vernachlässigt und ihn mit abfälligen Urteilen bedacht.[8] Meist faßte man die Entwicklung seit dem Barock summarisch zusammen und bediente sich des Überblicks als heuristisch negative Kontrastvorstellung, um den Beginn und den Wert des »modernen« Romans recht deutlich vorzuführen.[9] Zwei Gründe kann man für diese Forschungslage geltend machen: 1. Trotz eines an zahlreichen Titelimitationen, Neuauflagen und steigender Produktion ablesbaren Publikumserfolges hat der Roman zwischen 1700 und 1760 wenig *sichtbar* über die 60er Jahre hinaus gewirkt. Nur wenige Titel blieben bekannt.[10] Die Rezeption von Sterne, Fielding und Richardson verdeckt das Verpflichtetsein der Autoren des Aufklärungsromans in Theorie und Praxis der deutschen Romantradition gegenüber. Die Wirkungsgeschichte jener Romane hat die Romangeschichtsschreibung beeinflußt.[11] 2. Zur Orientierung an der Rezeption des späteren 18. Jahrhunderts tritt als weiterer Grund der Mißachtung und Fehlurteile ein methodischer Ansatz, der nicht in der Lage ist, die historischen Gegebenheiten zu erfassen. Die Literaturgeschichte und mit ihr die Gattungsgeschichte wurde als eine Abfolge von Gipfelpunkten betrachtet. Demnach reduzierte sich die Geschichte des deutschen Romans im 18. Jahrhundert weitgehend auf Autoren wie Bohse, Schnabel, Gellert, Wieland und Goethe.

Die Behandlung von Schnabel ist darin symptomatisch. Statt nachzuweisen, daß er Teil hat an einer allgemeinen poetischen und poetologischen Situation, auf dem

---

8 Noch zuletzt D. Reichardt, Von Quevedos ›Buscon‹ zum deutschen ›Avanturier‹, 1970, S. 97.

9 Vgl. W. Kayser, Entstehung und Krise des modernen Romans, DVJs, 27, 1955; W. Preisendanz, Die Auseinandersetzung mit dem Nachahmungsprinzip in Deutschland ...: Nachahmung und Illusion, 1964, S. 72–95.

10 Sie finden Aufnahme in J. E. Reichardts Bibliothek der Romane, 1782 ff.

11 Von Vilmar über Koberstein bis zu G. Kaiser.

Hintergrund einer Erneuerung der Gattung im Widerspruch zum galanten Roman, hat man ihn isoliert betrachtet und als einen Sonderfall angesehen.[12] Um die Gipfelpunktperspektive zu erhalten, qualifizierte man die Robinsonaden vor Schnabel als schlechte Nachnahmungen Dofeos ab, und die nach Schnabel als mindere Nachfolger seines Werkes. Ästhetische Vermittlungsmodi wurden nicht beachtet, weil es sie angeblich nicht gebe. Der Roman wurde nur als ideengeschichtliches Dokument angesehen. Zaghafte Ansätze zu einer strukturellen Betrachtungsweise blieben im Inhaltlichen stecken, da man nicht nach der Funktion der Einzelaspekte im jeweiligen Roman fragte.[13]

Der erste umfassende Versuch, die im Roman zwischen Lohenstein und Wieland bestehende Forschungslücke wenigstens in ihrem ersten Teil zu schließen, mußte auf Grund der selbstgewählten Perspektive resignieren.[14] Wenn man nach einem »unbekannten Meisterwerk oder gar nach einem verschollenen Dichter von Rang« sucht,[15] wenn man weiterhin normativ von einer klassizistischen Ästhetik ausgehend, nach »eindeutigen und geschlossenen Gattungen«[16], Überzeitlichkeit, Originalität, Innerlichkeit und poetischer Stringenz fragt, dann kann das Ergebnis nur so ausfallen, daß es »ästhetische Qualitäten, Überraschendes und Charakteristisches, Erhabenes und Ergreifendes«[17] nicht gibt. Die These von der ästhetischen Belanglosigkeit ist bisher in jeder Arbeit weitergereicht worden.[18]

Von den vornehmlich am Bildungsroman gewonnenen Gesichtspunkten haben sich eine Reihe von Untersuchungen zum Aufklärungsroman befreit.[19] Zuletzt hat Schönert[20] versucht, den Aufklärungsroman funktional von seinem Wirklichkeitsbezug her zu bestimmen. Der dabei für diesen Romantyp eingeführte Begriff des pragmatischen Romans[21] wurde in dieser Untersuchung übernommen. Die Auseinandersetzung mit diesen Forschungsbeiträgen erfolgt jeweils an geeigneter Stelle im Verlauf der Untersuchung.

Das unserer Fragestellung zu Grunde liegende Interpretationsverfahren geht von dem in der Romanreflexion artikulierten Selbstverständnis der Autoren aus. Dies hat seine Berechtigung darin, daß in der Romanreflexion Kritik an verbrauchten Vermittlungsformen geübt und neue Erzählabsichten formuliert werden; denn Romanreflexion und Romanpraxis verhalten sich zueinander wie Intention und Durchführung. So kann Romanpraxis in all ihren komplexen Zusammenhängen erst dann verstanden werden, wenn das sie begleitende romantheoretische Programm herangezogen wird. Das ist der Fall z. B. bei den sogenannten Robinsonaden, die wie

12 A. Kippenberg, Robinson in Deutschland, 1892; Fr. Brüggemann, Utopie und Robinsonade, 1914; Hans Mayer, Das Kapitel zur *Insel Felsenburg* in: Von Lessing bis Thomas Mann, 1959, S. 35–78.
13 M. Götz, Der frühe bürgerliche Roman in Deutschland, Diss., München 1958.
14 H. Singer, Der deutsche Roman zwischen Barock und Rokoko, Köln 1963.
15 A.a.O., S. 2.
16 A.a.O., S. 5.
17 A.a.O.
18 M. Spiegel, Roman und Publikum; G. Reichhardt, ›Buscon‹, S. 97.
19 V. Lange, Erzählformen im Roman des 18. Jahrhunderts: Anglia 1958, S. 129–44; P. Michelsen, Sterne und der deutsche Roman des 18. Jahrhunderts; E. Becker, Der deutsche Roman um 1780; M. Beaujean, Der Trivialroman in der zweiten Hälfte des 18. Jahrhunderts.
20 J. Schönert, Roman und Satire, 1969, S. 75–103.
21 Zum Begriff s. auch G. Jäger, Empfindsamkeit und Roman, 1969, S. 114 ff.

Lügengespinste erscheinen müßten, berücksichtigte man nicht ihren in der Romanreflexion ausgeführten Wirklichkeitsbegriff. Die Romanpraxis muß andererseits bei der Interpretation der Romanreflexion herangezogen werden; denn deren Begrifflichkeit ist unscharf, die Aussagen poetologisch oft unpräzise und vielfältig deutbar. Daher lassen sich auch Zitatwiederholungen nicht vermeiden. – Dieses historisch immanente Verfahren muß ständig ergänzt und korrigiert werden durch die Methodik und den Wissensstand der modernen Literaturwissenschaft. Der Fiktionsbegriff der Zeit etwa würde nicht ausreichen, die dichterische Praxis voll zu erfassen, ein Ziel, das erst aus dem Überblick über die Geschichte dieses Begriffs und mit Hilfe der daraus entwickelten Interpretationskriterien erreicht werden kann.

Zu der diachronischen Erfassung der Romane muß eine synchronische treten. Die Geschichte des Romans gliedert sich in einzelne literarische Situationen, in denen bestimmte theoretische Gedanken und ihre Umsetzung in die Praxis beherrschend sind. Die davon sich emanzipatorisch ablösenden neuen theoretischen Vorstellungen können zum Wertmaßstab für die Beurteilung der Romanentwicklung werden. Die Reflektiertheit der Romanform stellt ganz allgemein eine literarhistorische Leistung dar, die ein Orientierungsinstrument innerhalb der großen Romanproduktion des 18. Jahrhunderts abgibt.

Die Untersuchung der Vorredenreflexion zwischen 1700 und 1760 hat ein wichtiges Ergebnis gebracht. Aus den Reflexionen kristallisierte sich die Vorstellung von zwei Romantypen heraus: dem »Roman« und der »Historie«, die das Bild der Romangeschichte zwischen Barockroman und Aufklärungsroman bestimmen und die literarischen Phänomene umfassender und strukturgerechter umschreiben. Die in diesem Zeitraum entwickelten Oberbegriffe können aufgrund ihrer Gegenstandsadäquatheit in unser heutiges Begriffsarsenal übernommen werden und damit die bisher herrschende Bezeichnungsvielfalt ablösen. Der Begriff »Roman« umgreift alle Nachfolgeformen des höfisch-historischen Romans, wie den galanten Roman und den sogenannten Intrigen- und Anti-Märchenroman. »Historie« nimmt die bisherige Einteilung von Robinsonade, Avanturierroman und bürgerlichem Roman in sich auf. In ihr manifestiert sich – durch einen veränderten Wirklichkeitsbezug – eine erste Erneuerung der Gattung im 18. Jahrhundert. An ihren Erzählformen knüpft – innerliterarisch gesehen – der pragmatische Roman an, der sich schon vor Wieland auszubilden beginnt. Dieser pragmatische Roman verbindet den moralischen Impetus des „Romans" mit der Ausrichtung an der Empirie der »Historie« zu erzählerisch gestalteten Lernsituationen. Diese können bei Neugebauer oder Müller den Roman selbst zum Gegenstand haben, wodurch die Romanhandlung eine theoretische Dimension erhält.[22]

---

22 Erst nach Abschluß des Manuskripts erschien W. Vosskamps umfangreiche und eingehende Untersuchung: Romantheorie in Deutschland. In dieser Studie, die z. T. ähnliche Intentionen wie die vorliegende verfolgt, wird zum Teil die Romanreflexion mitbehandelt.

Erster Teil

Die Romanreflexion zwischen 1700 und 1760

I. Tradition, Typologie und Sprache der Vorredenreflexion

1. Vorredenreflexion und Exordium

Die Romanvorrede ist zu Beginn des 18. Jahrhunderts der Ort und das Medium der poetologischen Selbstdeutung des Romans. Hier informieren die Romanschreiber ihre Leser, rechtfertigen ihr Tun und erörtern das Einzelwerk übergreifende Probleme der Gattung. Die Romanschreiber, die sich dieser Mitteilungsform bedienen, können dabei auf vorgeprägte Muster und traditionelle Themen im Barock zurückgreifen. In den Vorreden zum Schäferroman, höfisch-historischen und politischen Roman entstand zwischen 1630 und 1680 die Theorie des ›neuen‹ christlich-tugendhaften und mit nützlicher Gelehrsamkeit befrachteten Romans. In ihnen werden, ebenso wie in den Romangesprächen und Rezensionen einiger Zeitschriften (vgl. Rist, *Zeitverkürzungen*; Thomasius, *Gedanken*) theoretische Konzeptionen entwickelt, die die Romanpraxis mit Hilfe so allgemeiner Prinzipien der Poetizität wie fingere und prodesse et delectare aus der seit der Antike gültigen Literaturtheorie zu beschreiben versuchen. Da die Poetiken und Rhetoriken bis hin zu Morhof und Rotth die erzählende Prosa ignorieren, übernahm die Romanvorrede ihre Funktion und konstruierte Richtlinien eines neuen, von der Prosaliteratur des 16. Jahrhunderts abgesetzten Gattungsverständnisses, rechtfertigte den Roman als Dichtung, grenzte ihn gegen andere Prosaliteratur, wie die Geschichtsschreibung, ab und bezeichnete die Aufgaben des Romanschreibers.

Für die Romanautoren im Barock wie zu Beginn des 18. Jahrhunderts lag der Rückgriff auf die Vorrede zum Zwecke der poetologischen Reflexion nahe. Die Romanvorrede steht, wie die Vorreden zu Poetiken oder anderen Gattungen, strukturell wie thematisch in der Tradition des exordiums (auch proömium genannt). Diesem liegt das Modell der Gerichtsrede zugrunde, von der unter anderem auch die Hauptabsicht auf das exordium übertragen wurde: den Hörer für einen bestimmten Sachverhalt durch einen Sprecher benevolum, attentum und docilem zu machen.[1] Als eine aus der Mündlichkeit in die Schriftlichkeit übertragene Zweckform mit bedingt literarischem Anspruch hat das exordium die Struktur eines Kommunikationsvorganges bekommen, durch den vom Autor ein Vorverständnis für das Werk beim Leser geweckt werden soll. Wie dies erreicht wird, ist fest an eine Exordialtopik gebunden, die in der antiken Rhetorik[2] ausgebildet und vom Mittelalter weitergegeben wurde.[3] Sie hat auch die Romanvorrede im 17. und 18. Jahr-

---

1 Vgl. Brinkmann, Prolog, S. 1 ff.
2 Vgl. Cuitus, Europäische Literatur, S. 95 ff.
3 Vgl. Brinkmann, a.a.O.

hundert geprägt. Dem Autor obliegt es, sich über seine Absichten zu erklären, den gewünschten Leser zu benennen, aber dabei bescheiden aufzutreten. Den Leser soll er an das Werk heranführen, seine Neugierde wecken und seine Gunst gewinnen. Die Abfassung seines Werkes hat er zu begründen, seine Entstehung zu schildern, mögliche Auftraggeber, Quellen oder Vorbilder anzugeben, sich zur Gattungsfrage zu äußern und gegebenenfalls durch eine Inhaltsangabe klarzustellen, daß er sich nicht abgedroschener Stoffe bedienen will. Mit zur Exordialtopik gehört auch die Reflexion auf die Funktion der Vorrede selbst.

Die Vorredenreflexion erschöpft sich jedoch nicht in der Exordialtopik. Ein entscheidender Unterschied besteht schon allein darin, daß sich in der Vorrede sowohl ein Bewußtsein von der Geschichtlichkeit des Romans wie von der eigenen Mitteilungsform entwickelt. Zwar gehört es zur Exordialtopik, Vorbilder anzuführen. Aber diese Bezugnahme ist statisch und reproduzierend, während das Geschichtsbewußtsein auf Entwicklungen verweist und Erneuerung anstrebt.

Was hier aus systematischen Gründen an Exordialtopoi zusammengestellt wurde, ist historisch nicht immer von der Vorredenreflexion realisiert worden. So ist z. B. der intendierte Leser im 17. und in der ersten Hälfte des 18. Jahrhunderts eine theoretisch nicht konkretisierte Figur. Die Exordialtopik bildet nur ein überliefertes Grundmuster der Romanreflexion in der Vorrede. Der aussparende oder erweiternde Umgang mit den vorgegebenen Formeln macht ihren historischen Wandel aus. Dabei sind bestimmte Gebrauchstypen der Vorrede entstanden. Ihre Beschreibung bietet zugleich die Möglichkeit, einzelne Vorreden in ihrer Gesamtkonzeption vorzuführen.

2. Gebrauchstypen und Themen der Vorredenreflexion

a) Aus dem Exordium entwickelte Typen

Von der Exordialtopik her angelegt ist eine Zweiteilung der Romanvorrede, und zwar in einen mehr dem Gattungstheoretischen zugewandten Teil und in einen, der den Leser über Inhalt und Intention des jeweiligen Romans informiert. Aus diesem Gliederungsprinzip haben sich die beiden Gebrauchsformen der Vorrede entwickelt. Der eine Typ baut den Teil, der die umfassendere theoretische Problematik behandelt, zu einer romantheoretischen Abhandlung aus, die ihre Herkunft aus dem exordium vergessen läßt. Der andere differenziert sich in drei Unterklassen: eine, die sich auf eine Inhaltsangabe beschränkt, eine zweite, die über die Exordialtopik, soweit sie das Einzelwerk betrifft, nicht hinausgeht und eine dritte, die die Theorie eines Romantyps an einem konkreten Beispiel entwirft. – Im Verhältnis von Vorrede und Roman ergeben sich zwei weitere Vorredentypen, die die schon genannten umgreifen: 1. Die Vorrede ist eine selbständige, dem Roman vorangestellte Mitteilungsform, deren Aussagen einschichtig sind. Diesem Typus sind die meisten Vorreden zuzurechnen. 2. Die Vorrede ist gestaltet und mehr in das Romangeschehen integriert, wodurch eine nicht mit den Formulierungen identische Bedeutungsebene entstehen kann. Zu diesem Typus gehören zum Beispiel die Vorrede Schnabels zur *Insel Felsenburg* oder die Nicolais zum *Sebaldus Nothanker*.

Die Vorrede Ormenios zur *Medea* (1719) entspricht der dritten Unterklasse des zweiten Haupttypus der Romanvorrede. Hier hat ein unbekannter Autor unter

Rückgriff auf Thomasius' Kurzroman (vgl. *Gedanken*, 1689) die kennzeichnenden Merkmale der Struktur des galanten Romans formuliert. Da man diese bisher in der Forschung nur rekonstruieren konnte,[4] sei die Vorrede deshalb ausführlich zitiert.

>Was die Umstände der Historie anbelanget / habe ich die unnöthigen Weitläuftigkeiten / oder andere ungereimte Dinge / die sich nicht zur Sache geschicket / mit gutem Bedacht aussengelassen. Ich weiß wie verdrüßlich es ist / wenn man etwas anhören muß / welches mit unsern Temperamente nicht überein kommet. So ist mir auch bekand / daß der hunderste an einem weitläuftigen Roman keinen Gefallen hat: ... Die Verwirrungen / so sich darinnen ereignet / beziehen sich nur hauptsächlich auf die Liebe zweyer Personen: und wenn ich ja von andern etwas eingemischet: so hatten sie doch entweder einen Theil daran; oder man erfähret gleich unter dem Lesen / wie sie ausgeschlagen. ... Daß ein Roman Intriguen haben muß / oder die Haupt-Sache mit einigen Verwirrungen gleichsam masquirt werden soll / darüber darf man hier erst keine Beweisthümer anführen. Denn Die Schreib-Art bringet es nicht anderst mit sich. Woferne man aber nicht Ziel und Maaß dabey zu beobachten weis / so benimmt man einem neu-begierigen Leser die Gedult / daß er die erfodernde Aufmercksamkeit in einen Widerwillen verwandelt / und den Roman aus den Händen leget.<

Diese »Theorie« baut auf dem Grundgedanken auf: durch Vereinfachung stofflicher Quantität größere Klarheit, die mehr Spannung mit sich führt und das Leserinteresse verstärkt. Ormenio verkürzt die Handlung des Romans weitgehend auf Einsträngigkeit (»Die Liebe zweyer Personen«) und vollzieht damit den entscheidenden Schritt von der Vielgliedrigkeit des höfisch-historischen Romans zu seiner galanten Variante. Damit ist eine Reduktion des ehemals zahlreichen Personals verbunden. Die Verknüpfung von Figur und Handlung wird von der Notwendigkeit einer zielstrebigen und spannungsreichen Handlungsführung bestimmt. Episoden wie Figuren werden dem Geschehen um die zwei Hauptfiguren zugeordnet und dem Ganzen im Sinne eines gesteigerten Aufeinanderbezogenseins eingebunden. Die Durchsichtigkeit dieser Komposition dient zur Aufrechterhaltung der »Lust zum Lesen«. Neben diesem Publikumsbezug wird ein zweiter zur literarischen Tradition erstellt. Einem gewissen Gattungszwang (»Schreib-Art bringet es ... mit sich«) scheint Ormenio sich fügen zu müssen.

Als ein vereinfachtes Verwirrungsschema wird die Romanstruktur zugleich als eine Formkonvention der Gattung hingestellt.[5] Daß dieser Roman Liebesgeschichte erzählt und »man ... sich dannenhero nicht fürchten / [darf] als ob ich die Blätter mit vielen Kriegerischen Begebenheiten ausgefüllet« gehört mit zum Romanbegriff des galanten Typus. Wenngleich Ormenio mehrmals mit Nachdruck versichert, daß die Liebeserzählungen nichts »ärgerliches oder unanständiges« enthalten, so liegt doch sein Hauptinteresse bei den Formproblemen des Romans. Roman schreiben heißt, einer festen Formensprache verpflichtet sein. Ein Bewußtsein davon entsteht bezeichnenderweise erst spät. Der galante Roman hat die Zeit seiner größten Verbreitung hinter sich und mit der »Historie«, den Robinsonaden- und Avanturierromanen konstituiert sich ein neues Romanverständnis. Das von Ormenio am Beispiel der *Medea* ausgeführte theoretische Programm resümiert und systematisiert

---

4 H. Singer hat dessen Charakteristika anhand der Romanpraxis rekonstruiert. Er konstatiert, daß man »allenfalls Materialien zur Beurteilung des Romans überhaupt, nicht aber zur Theorie des galanten Romans« in Vorreden oder Poetiken finden könne. In: Der galante Roman, ²1966, S. 60. Die Vorrede von Ormenio kannte Singer nicht.

5 Wie zählebig die Vorstellung ist, daß »die Haupt-Sache mit einigen Verwirrungen maskiert werden soll«, illustriert das Romangespräch in Hermes' *Sophiens Reise* (1770).

eine länger geübte Romanpraxis. Er liefert eher eine Bestandsaufnahme denn einen richtungsgebenden Entwurf.[6] Der Vorrede als Raum für eine nach dem theoretischen Bewußtsein der Zeit möglichen Theorie eines Romantyps steht die Vorrede gegenüber, die sich auf bloße Inhaltsangabe beschränkt und damit nur das Minimum dessen erfüllt, was das exordium forderte. Walthers Vorrede zu *Weltliebe* (1726) und die zu *Schicksal Antonii* (1746) enthalten sich jeder theoretischen Abstraktion. Aber auch solche Inhaltsangaben sind für den Interpreten von Interesse. An Walthers ausführlichem Beispiel läßt sich erkennen, was für den Leser ein ›delectare‹ am Roman bedeutet. Wendungen wie »welche der geneigte Leser mit gröster Verwunderung vernehmen wird« oder »welches dem geneigten Leser gleichfalls wird angenehm zu hören seyn« lenken die Aufmerksamkeit auf heimliche Liebesverhältnisse, Verkleidungen, deren Folge besondere Abenteuer sind, feurige »Liebes-Discurs« überraschende Enthüllungen etc., Requisiten, wie sie sich vom höfisch-historischen Roman des 17. Jahrhunderts her tradiert haben. Dem Leser kamen solche, auf ein reines Stoff- und Spannungs-Interesse spekulierende Hinweise gewiß gelegen.

Den zweiten Haupttypus der Romanvorrede repräsentiert – neben der Ormenios und Walthers – die Vorrede von Lycosthenes zu *Der Durchlauchtigste Arbaces* (1726). Sie stellt jene Variante dar, wo der Vorredner nichts weiter beabsichtigt, als durch ein paar Hinweise auf den Roman das Interesse des Lesers zu wecken und sich zu diesem Zwecke weitgehend der Exordialtopik bedient. Zu ihr gehört auch die Rechtfertigung des eigenen Vorhabens, die im ersten Teil der Vorrede geliefert wird.

»Zwar ist mir auch gar wohl bewust / daß ein Roman in vieler /sonderlich aber moroser, Augen ein gewisser Greuel ist . . .« Lycosthenes stimmt dem insofern zu, als die unwissende Jugend gelegentlich fehlgreift, weil sie Gutes und Böses bei dem Roman noch nicht deutlich genug unterscheiden kann. Als Erwiderung folgt die immer wieder vorgetragene Erklärung, daß dies »nur nicht von allen und jeden schlechten Dinges / sondern nur von etlichen gesaget werden / (kann) die wegen ihrer hin und wieder ausgestreuten schandbaren Worten und Passagen gar sehr wohl verdienet haben / daß sie . . . mit Feuer und Schwerdt verfolget würden.« Mit dieser Ehrenrettung ist die Voraussetzung gegeben, warum man selbst einen Roman publiziert. Im nun folgenden zweiten Teil werden die üblichen Gesichtspunkte abgehandelt. Der Gattung nach ist der Roman eine Art Geschichtsschreibung und Tugendlehrer; denn »unter dem Zucker eines wohlgesetzten Romans« sollen »die gemeinesten Laster verhasset« gemacht werden. Am Leben des »üppigen und wollüstigen Sardanapali« werden Tugend und Laster exemplifiziert bzw. es wird mit »Beweis-Gründen« versucht, den Leser der Tugend zuzuführen. Die Laster sind in diesem Falle einmal genau angeführt: »Fressen / Sauffen / Hurerey und anderes üppiges Wesen«. Dies sind Sünden, wie sie auch die Kirche bekämpft. Diese Intention, die sich in nichts von anderen Vorreden der Zeit unterscheidet, offenbart eine recht naive Vorstellung der Wirkung des Romaninhalts auf den Leser. Die mit den sittlichen Normen gegebene große Ähnlichkeit zwischen fiktiver und tatsächlicher Wirklichkeit ist die Voraussetzung für den dargestellten Glauben an die unmittelbare Überzeugungskraft des Inhalts. Das steht auch hinter der gelegentlich geäußerten Sorge um die Jugend und ihre Lektüre.

6 Ormenios Gedanken finden sich sporadisch auch später noch, s. Namor, *Gismunda* (1728); V. S., *Jüttische Kasia* (1732).

Mit der Gattungsbestimmung (Sittenlehre), der skizzenhaften Angabe des Inhalts (historischer Lebensbericht) und der Intention (Beförderung der Tugend) sind die für den Leser wissenswerten Informationen über das Werk gegeben. Da in diesem Falle der Stoff der Historie entstammt, werden, des Wahrheitsbeweises wegen, noch historische Quellenangaben gemacht.

Lycosthenes' Vorrede ist beispielhaft für das Gros der Vorreden. Romantheoretisch ist sie noch auswertbar, obgleich die Angaben dürftig und ausschließlich auf einen einzelnen Roman bezogen sind.

b) Der vom Exordium abgelöste Typus

Die Vorrede C. Fr. Troeltschs zu seiner *Geschichte einiger Veränderungen des menschlichen Lebens, In dem Schicksale des Herrn von Ma**** (1753) ist dem ersten Typus der Romanvorrede zuzurechnen, der vom Einzelwerk absieht und die Vorrede zu einer romantheoretischen Abhandlung macht, die den Bezug zum exordium kaum noch erkennen läßt. Troeltsch bemüht sich auch hier, wie in den Vorreden zu seinen beiden anderen Romanen,[6a] Regeln zur Verbesserung der Gattung vorzuschlagen. Entgegen seiner Versicherung, steht die *Von dem Nuzen der Schauspiels-Regeln bei den Romanen* betitelte Vorrede in keinem überzeugenden Zusammenhang mit dem Roman selbst.[7] Sie ist eine selbständige Abhandlung, die zehn Jahre später, als dem Roman als Kunstform allgemein mehr Interesse entgegengebracht wird, in einer Zeitschrift erschienen wäre. 1753 noch muß die Romanvorrede, aufgrund der Popularität der Gattung in gewissen Leserschichten, zur Verbreitung neuer romantheoretischer Konzeptionen dienen. »Da mich iezt das gemeine Schicksal der Schriftsteller trift, eine Vorrede zu machen: so habe ich geglaubt, ich würde meine Pflicht am besten beobachten, wann ich einen solchen Vorwurf wähle, der nicht unnützlich ist, und sich zu dem Werkchen, das ich an das Licht stelle, schiket« (S. 3).

Hauptgesichtspunkt dieser Abhandlung ist die Anwendung von Vermittlungsmodi des als Kunstform weiterentwickelten Dramas auf den Roman: »Ich habe selbst im Schreiben und im Lesen der Romane gefunden, das die Regeln des Schauspieles einen grosen Nuzen bei Verfertigung eines Romanes haben ...« (S. 3). Die Übertragbarkeit geht für Troeltsch sehr weit. »Und zwar ist wohl nicht übel gethan, wenn man behauptet: daß die meisten Regeln, welche sich wesentlich auf das Theatralische gründen, hier nüzlich; dieienige aber, welche ihren Grund in dem gemeinschäftlichen Endzwek allein haben, größtentheils nothwendig sind.« (S. 22). Nur die Aufführbarkeit des Schauspiels schränkt die totale Übertragbarkeit seiner Gesetze ein:

6a *Der Fränkische Robinson* (1751), Vorrede: Allgemeine Gedanken von den Romanen; *Geschichte eines Kandidaten* (1753), Vorrede: An den Herrn von S [emler].

7 Der Roman wird vermutlich ein von Troeltsch bearbeitetes Manuskript aus dem 17. Jahrhundert eines »braven und brauchbaren Gelehrten« sein. Die Herausgeberfiktion entspricht wohl den Tatsachen. Der Hinweis auf die »Canzellei-mäßige Schreibart«, die sehr weitgehenden Veränderungen Troeltschs bei den Briefen, die er nach dem Gellertschen Vorbild einrichtet, die Korrektur der Komposition nach den angeführten Regeln (S. 24) und die Einrichtung der Charaktere der Liebe und Freundschaft, die er »nach dem Muster der geschiktesten Schriftsteller zu bilden gesuchet hat«, lassen diesen Schluß zu. Aber alle diese Veränderungen haben das Werk nicht zu einem guten, dem Stand der Zeit entsprechenden Roman machen können.

>Die Vorstellung machet ohnstreitig, daß der Dichter seine Ausdrücke darnach einrichten muß. Er muß dem Schauspieler alle Worte in den Mund legen, und da dieser rühren soll, so muß er sich auch so ausdrüken, daß dieses erreichet werde. Und dieses hat gewiß in einem Romane seinen grosen Nuzen. Man lässet da die Leute gemeiniglich selbst erzehlen, und man kan dabei ofte die lebhaftesten Ausdrüke anwenden.« (S. 8 f.).

Die Bevorzugung des dramatischen vor dem historischen Erzählen hat hier im Bereich der Romanreflexion einen frühen Beleg. Troeltsch kann sich dabei auf Breitingers *Critische Dichtkunst* (1740, 1. Bd., S. 469 f.) berufen. Dieser führt zwar beide Darstellungsweisen als berechtigt an, billigt aber dem dramatischen Vortrag größere Farbigkeit, Unmittelbarkeit, Ausdrucks- und Illusionskraft zu: »ich werde aus einem Leser ein Zuseher, ich vergesse den Poeten, und ich sehe, ich höre allein, die Person, die er einführet, und der er etwas zu reden giebt.« (S. 470). Hippel wird später den Gedanken vom Erzähler, der mehr zu sehen als zu hören sein soll, aufgreifen (*Lebensläufe*, Bd. 2, S. 1 ff.), nachdem ihm Blankenburg und J. J. Engel in der Theorie und Tr. Hase mit seinem dramatischen Roman *Gustav Aldermann* (1779) in der Abwertung des historischen Erzählens vorangegangen waren. — Aus den verschiedenen Aspekten dessen, was man gemeinhin unter dramatischem Erzählen versteht: szenische Darstellung (Figurenrede, unter Berücksichtigung der Mimik und Gestik, des Schauplatzes und des Auf- und Abtretens der Personen) sowie eine dynamische und höhepunktsorientierte plot-Konstruktion, wird von Troeltsch nur die Personenrede herausgegriffen.

Die Technik des rührenden Lustspiels, eine Besserung der Sitten durch Rührung zu bewirken, will Troeltsch auch auf den Roman übertragen sehen. Statt den Leser wie bisher durch eingeschobene moralische Lehrsätze zu mahnen, soll nun durch »die Sprache des Herzens« das »Herz des Zuschauers und Lesers . . . gerühret werden« (S. 6 und öfters). Diese Rührung ist aber nur dann zu erreichen, wenn das Erzählte möglichst nah an die Wirklichkeitserfahrung des Lesers herangerückt wird.

>»Denn durch die Aufmerksamkeit werden die Leser in eine angenehme Begierde gesezt, sich für eine Person zu erklären. Deswegen muß man gemeiniglich die Personen, für welche die Neigung des Lesers beständig sein soll, gleich am Anfange liebenswürdig bilden. Die Umstände, in die sie nachgehends die Verwiklung der Gesetze sezt, macht den Leser immer partheiischer für seinen Helden, wodurch er mehr gewonnen und gerührt wird.« (S. 14).

Erst die Kenntnis des Herzens befähigt die Autoren, sich der Sprache des Herzens in der erklärten Absicht zu bedienen. Breitinger hat im zweiten Teil seiner *Critischen Dichtkunst* im Kapitel ›von der hertzrührenden Schreibart‹ diese Sprache beschrieben.[8]

Diese Schreibart, so Breitinger, sei nichts anderes »als eine ungezwungene Nachahmung derjenigen Sprache oder Art zu reden, welche die Natur einem jeden, der

---

8 Obgleich bei Troeltsch sich kein Hinweis auf Breitinger findet, ist es bei seiner Belesenheit durchaus denkbar, daß er die Critische Dichtkunst kannte. Seine dramentheoretischen Quellen waren folgende: A. F. Riccoboni, Die Schauspielkunst a. d. F. von Lessing, abgedruckt in: Lessing/Mylius, Beyträge zur Historie und Aufnahme des Theaters, 1750; Chr. Mylius, Untersuchung, ob man in Lustspielen die Charactere übertreiben soll ebd. S. 266 ff.; Chr. F. Gellert, Pro commedia commovénte 1751; P. Corneille, Discours des trois unités, 1660, dt. ebd.; Le discours de la tragédie . . .; Vorrede zu *Heraclius* (1647).

von einer Leidenschaft aufgebracht ist, selbst in den Mund legt.« (S. 353 f.). Die »Übertreibungen«, die durch diese Sprache bei den Charakteren entstehen, und die er grundsätzlich bejaht in Anlehnung an Lessings Zeitschrift ›Beyträge zur Historie und Aufnahme des Theaters‹ (S. 10)[8] hält Troeltsch nur bedingt für übertrieben; »denn es ist gar natürlich, daß ein Mensch in dem Stande einer hizigen Leidenschaft, in Absicht auf einen anderen, der seiner völlig mächtig ist, unnatürlich zu handeln scheinet«. (S. 11). Eine natürliche Übertreibung aufgrund »heftiger Gemüths-Bewegung« sei nur »in Beziehung auf das Gewöhnliche außerordentlich . . .« (S. 12). Diese Art von Hyperbolik gelte mehr für den Roman; eine charakterunabhängige erscheine »dem Schauplaze eigenthümlich« (S. 11).

Die Übertragung von Darstellungsmodi anderer Gattungen zwingt Troeltsch dazu, über die Eigenart des Romans nachzudenken. Er erkennt den im Vergleich zum Drama größeren Realitätsbezug des Romans. Der Romanschreiber sei »verbunden eine genauere Wahrscheinlichkeit zu beobachten (S. 15). Das gilt vor allem für die »Charactere«. Die der Dramentheorie der Zeit entnommene Vorstellung der Vollkommenheit der Handelnden (S. 16) scheint im Widerspruch zu dem Zugeständnis an den Roman zu stehen. Aber Troeltsch erklärt: »Dieses geschiehet, wenn die Personen sich gleich sind, und diese Gleichheit in verschiedenen Fällen ausführlich gemachet wird, welches insonderheit in denen Episoden geschiehet. Der Tugendhafte muß beständig tugendhaft sein, und der Lasterhafte beständig lasterhaft« (S. 16). »Vollkommen« zielt weniger auf den Gegensatz ideal – realistisch, als daß es den Charakter in den Koordinaten von Handlung und Zeit auf Unveränderbarkeit und Identität mit sich selbst festlegt. Der Charakter wird als Typ verstanden. Und doch bewegt sich Troeltsch in Richtung auf Blankenburg, für den der Dramatiker »schon fertige und gebildete Charactere« zeigt, der Romandichter aber »die Veränderungen des inneren Zustandes seiner Personen« sichtbar macht (›Versuch‹ S. 390 f.), wenn er zugesteht, daß im Roman eine Figur nicht immer die Vollkommenheit haben kann. Troeltsch ist bemüht, eine konventionelle, der bisherigen Romanpraxis entnommene Vorstellung von Charakteren mit der neuen Forderung an den Roman, eine genaue Wahrscheinlichkeit zu beobachten, zu vereinbaren.

>»Ich habe gesagt, daß die Charactere gleich sein müssen, es leidet aber dieses in so ferne eine Ausnahme, als eine kleine Ungleichheit den Character nicht aufhebt. Denn gemeiniglich verliehret die Wahrscheinlichkeit etwas, wenn man den Helden vollkommen machet; Doch wolte ich dieses bei dem Roman ehe zulassen, als bei dem Schauspiele. Bei diesem verfährt man schon etwas härter, hier aber machet die Geschichte vielmehr Umstände, da der Held wanken kan. Doch muß, wie gesagt worden, keine solche That vorkommen, die dem vortheilhaften oder geringschäzigen Begriffe einer Person Schaden thut, und den Zuschauer oder Leser verwirret.« (S. 19 f.).

Die Modifikation der für das Drama geltenden Regel hinsichtlich des Romans ist hier gering. Sie wird noch einmal korrigiert, gemäß dem dem Roman zugestandenen größeren Spielraum.

>»In Romanen erfordert es ohnehin manchmal die Geschichte, daß man seine Helden nicht auf einmal gros werden lässet, sondern man lässet sie durch gute Anweisung und Erfahrung erst zur Reife kommen. Dabei denn die Schwachheiten die sie begehen, dem Leser nützlich sind, und der Hochachtung gegen die Haupt-Personen keinen Abbruch thun.« (S. 21).

Die Kenntnis von Aristoteles spricht mit, wenn das Mitleid des Lesers nicht soweit gehen darf, daß er »gar wider das Schiksal der Menschen murret« . . . (S. 21).

Zaghaft formuliert Troeltsch Strukturmerkmale des späteren Entwicklungs-, bzw. Bildungsromans, ohne sich von den Vorstellungen der Figuren als Typen im Drama lösen zu können. Kenntnis der Romanliteratur – besonders jener Romane mit Abenteuerstruktur, wo der Held zu einer sittlichen Reife und Einsicht in den göttlichen Heilsplan heranwächst – und die Orientierung am Schauspiel stehen sich gegenüber; der Kompromiß liegt im Begriff der »Schwachheiten«, im Sinne eines nur scheinbaren Abgehens von der zu verkörpernden objektiven Norm.

Eine ältere und eine jüngere Auffassung vom Wirklichkeitsbezug des Romans konkurrieren hier: der Roman, dessen Realität sich auf die Wahrheit moralischer Prinzipien gründet, und ein Roman als mimetische Kunst. Die Begründungen für den vollkommenen Charakter folgen jeweils einer dieser Vorstellungen. Die zweite gleicht dem, was J. E. Schlegel in den *Gedanken zur Aufnahme des dänischen Theaters* (1747, in: Ausgewählte Werke, Weimar 1963, bes. S. 581–582) die Troeltsch nicht kennen konnte (gedruckt erst nach 1761) entwickelt hat: die gewisse Unveränderbarkeit der Figuren fördert die Illusion des Zuschauers, respektive Lesers. Er kann »immer in der selben Entzückung bis ans Ende bleiben« (Schlegel, S. 582). Voraussetzung für diese Illusion ist das gefühlsmäßige Engagement des Lesers, gefördert durch interessante Verwicklungen, das dem erklärten Endzweck dient. Die ältere Auffassung, die den Leser in der Situation des Lernens am Beispiel beläßt, ohne seine gefühlsmäßige Beteiligung mit wirkungsästhetischen Mitteln zu betreiben, ist bekannt als poetische Gerechtigkeit, die sich erst allmählich als ästhetische Qualität von der weltanschaulichen zu emanzipieren beginnt (vgl. Severinus *Philander*, 1722; Ethophilus *Bellerophon*, 1743; Gleichmann *Herkuliskus*, 1754). Der Tugendhafte muß glücklich, der Lasterhafte unglücklich gebildet werden (S. 18). »Denn man weiß, daß die Menschen durch den Nuzen, den man ihnen vorhält, am leichtesten zu etwas bestimmet werden. Es ist dieses eine Haupt-Eigenschaft eines Vernünftigen . . .« (S. 18).

Bei den Regeln für die Charaktere wird der alte und der neue Ansatz, die Tradition der Romanreflexion und das, was Troeltsch durch seine Kenntnis der dramentheoretischen Literatur seiner Zeit (vgl. Anm. 8) beibringt, besonders deutlich. Zum einen werden die Figuren als personifizierte Eigenschaften angegeben, zum andern zeichnet sich eine gewisse Auflösung typenmäßiger Starre mit der Möglichkeit einer Sprache der Leidenschaft und Unmittelbarkeit des Ausdrucks der »Gemüths-Bewegungen« ab. Das Primat des Innern, die spätere Verinnerlichung des Romans hat hier ihren Ansatzpunkt. Es lockert sich die propagierte Bindung der Taten an einmal festgesetzte Eigenschaften. Zwar werden die der Haupteigenschaft widersprechenden Handlungen strikt ausgeschlossen (S. 19 f.). Doch führen die »Schwachheiten« weg von den unveränderbaren Figuren hin zu dem Helden, der sich entwickelt und »durch gute Anweisung und Erfahrung erst zur Reife« kommt. Im allgemeinen bleiben aber die Charaktere an das Tugend-Laster-Schema gebunden und die »Haupt-Personen« nur dürfen unglücklich sein; denn sie bleiben Vorbild, das mit allem Positiven behängt ist. Doch in den Nebenfiguren wird ein Spielraum gewährt, der für die spätere Romanentwicklung entscheidend ist.

Auch bezüglich der Handlung scheint der Roman von der größeren Wirklichkeitsnähe zu profitieren. Von den drei für das Drama gültigen Einheiten läßt er nur die Einheit der Handlung als für den Roman nützlich gelten. »Die Einheit der Handlung hat ohne Widerspruch einen grosen Nuzen, bei einem Romane. Man nimmt z. E. einen gewissen Saz, den man zum Grunde leget, darauf müssen sich alle Handlungen gewisser massen schiken, und die Haupt-Handlung muß daraus herfliesen.« (S. 7).

Dies ist die eine Möglichkeit, die Troeltsch erwägt: die Einheit der Handlung gründet sich auf eine moralische Idee, und die Episoden sind mit der Haupthandlung nach dem aus ihr abgeleiteten Ideensystem verbunden. Als Beispiel zieht er Richardson *Pamela* heran, der der moralische Gedanke »Virtue rewarded« – so der Untertitel – zugrunde liegt. Mit zu diesem Einheitsbegriff gehört es auch, daß aus leserpsychologischen Gründen die einzelnen Handlungsfäden zu Ende gesponnen werden. »Wenn eine Neben-Person so ist gebildet worden, daß der Leser vor sie eingenommen ist ... so ist billig, daß man zu Ende der Geschichte, ihr Schiksal dem Leser bekanndt machet, und dessen Begierde befriediget« (S. 21 f.). – Die andere Möglichkeit, dem Roman eine Einheit zu geben, sieht Troeltsch in der plot-Struktur. Die Handlung entfaltet sich aus einem Geschehenskern, der »Romanen-Liebe«. Bedingung dabei ist, daß die »Verwiklung« auch eine »geschikte Auflösung« erfährt.

Troeltschs Plädoyer für die Einheit der Romanhandlung muß zusammengesehen werden mit dem Zustand der Romanpraxis um 1750. Eine Vielzahl der Romane reihen Liebes- und Abenteuergeschichten aneinander, ohne daß ein gestaltendes Prinzip zu erkennen wäre. Diese Bücher scheinen für Leser geschrieben zu sein, die aus einer Anhäufung von Stoff ihre Unterhaltung gewinnen. Um diesem Übelstand abzuhelfen, tritt Troeltsch für eine ideenmäßig bestimmte Komposition des Romans ein. Er zieht sie dem Verwirrungsschema als einer Plot-Struktur vor, da diese die konventionelle und mittlerweile verbrauchte Handlungsstruktur seit dem Barock darstellt. Überdies wurde das Prinzip der Handlungseinheit aus der moralischen Idee in den Romanen Richardsons schon erfolgreich angewandt. Es befördert zudem die von Troeltsch nachdrücklich geforderte didaktische Intention, die ihm von der Romanpraxis nicht immer ausreichend realisiert worden ist.

Wo immer man in der Vorredenreflexion für eine stärkere Strukturierung des Romans zum Zweck einer moralisch-sittlichen Wirkung plädiert, verbindet sich damit die Auffassung, daß dies sich besser mit erfundenen als mit wahren Geschichten durchführen läßt. Das ist bei Troeltsch nicht anders als bei Harsdörffer (Vorrede zu Montemayors *Diana*, 1646). Zwar werden wahre Ereignisse als Stoff des Romans nicht ausgeschlossen. Sie mit einzubeziehen ist jedoch nur so weit zulässig, als sie sich in die ideenmäßige Grundkonzeption des Romans schicken. Nur allzubekannte historische Vorgänge sollten nicht verarbeitet werden – so ein allgemeines Theorem der Romantheorie – um zu vermeiden, daß der Leser auch die erfundenen Geschichten für wahr hält.

Die Rationalität der Komposition, ob als ideell festgelegte Begründung eines Gesamtablaufs oder als gesteuerte Verwirrung eines sich entfaltenden Geschehenskerns; die illustrative und exemplehafte Funktion der Handlungsteile für die Charaktere, die objektive Normen, nicht Individualitäten wiederzugeben; die über ihnen waltende poetische Gerechtigkeit in Abwägung von Tugend und Laster; die äußere Einheit des Geschehens im sinnvollen Beenden einer jeden Geschichte, dies alles sind Momente, die den fiktiven Charakter des Romans ins Bewußtsein heben. Sie demonstrieren eine bewußt artifizielle Geschlossenheit der Romanwirklichkeit, deren Wirklichkeitsbezug mit »Wahrscheinlichkeit« nur undeutlich angegeben ist. Sittliche Wahrheit als materieller Gehalt ist für den Roman als Wirklichkeitsgewährleistung ausreichend. Die Distanz zwischen fiktiver und tatsächlicher

Wirklichkeit bleibt sich immer gleich, gemäß der wirklichkeitskorrigierenden und normenbestätigenden Aufgabe des Romans.

Es wäre müßig, herausfinden zu wollen, aus welchem der drei Bereiche der Dramentheorie, der Romantheorie und der Romanpraxis Troeltsch die entscheidenden Impulse erhalten hat. Zum Beispiel mag die Figurenrede als ein Aspekt dramatischer Form aus der Dichtungstheorie entnommen sein; denkbar aber ist auch, daß Troeltsch aus der Beobachtung des Gellertschen und Richardsonschen Briefromans diese Regel gewonnen hat. Troeltsch hat gewisse Ähnlichkeiten zwischen Roman und Schauspiel erkannt. Mit Hilfe der ihm in der Dramentheorie zur Verfügung stehenden größeren theoretischen Klarheit und Begrifflichkeit hat er die die Figuren und die Komposition betreffenden Regeln für den Roman aufgestellt. Darin gleicht er seinen Vorgängern in der Geschichte der Vorrede. Auch sie haben gelegentlich eine andere Gattung, meist die Historie, bemüht, um eine deutlichere Vorstellung vom Roman zu geben. Eines aber unterscheidet Troeltsch jedoch fundamental von seinen Kollegen: die unbedingte Bereitschaft, den Roman – vor aller Gesetzgebung durch das Drama – als eine Kunst- und Ausdrucksform zu akzeptieren. Die Loslösung von einer, im gewissen Sinn auch einengenden, Tradition, geht soweit, daß bezüglich des Romaninhalts nichts festgelegt wird. Die »romanenhafte Liebe« ist nur eine, nicht besonders wichtige Möglichkeit.

Aus Troeltschs Ausführungen ergeben sich die Umrisse eines Romantypus', der manches mit dem von Richardson gemeinsam hat (vgl. Wolpers, *Der englische Roman*, 1969, S. 144–197) und in Deutschland ansatzweise mit Loens *Der redliche Mann am Hofe* und Gellerts *Leben der Schwedischen Gräfin* vertreten ist. Die Bezeichnung »moralischer Tendenzroman« (Spiegel, *Romanpublikum*, 1967, S. 18 ff) verdeckt eher seine Charakteristika, da dieser Begriff einseitig Inhalt und Intention des Romantypus erfaßt. Die moralische Absicht ist nämlich eine Forderung, die für die Gattung schlechthin gilt, und bezüglich des Romaninhalts äußert sich Troeltsch kaum. Besser würde man diesen Romantypus als eine Vorstufe des pragmatischen Romans ansprechen; denn mit der Thematik ›Wirkung durch Rührung‹ kündigt sich der neue, Wirklichkeit nachahmende Charakter der Gattung an, der dem Leser Identifikationsmöglichkeiten bietet. Die Bedeutung, die den Charakteren im Roman zuerkannt wird, weist ebenfalls auf den pragmatischen Romantypus. Ein Vergleich mit Ormenios Theorie des galanten Romans macht das deutlich. Auch er forderte einen straffen Aufbau des Romans, aber bei ihm ist der Motor der Handlung ein sich fortzeugendes Geschehen, während bei Troeltsch die Handlung in den Charakteren verankert ist – wenngleich deren Rolle noch von einem vorgefaßten Ideenprogramm bestimmt ist.

c) ›Gestaltete‹ Vorrede

Troeltschs Abhandlung demonstriert die Möglichkeiten, die die Romanreflexion im Rahmen der Vorrede hat. Mit den meisten Vorreden hat sie gemeinsam, daß in ihr Aussagen getroffen werden, die so gemeint sind, wie sie vorgetragen werden. Sie sind eindeutig, mehr oder weniger systematisch und informativ. Anders steht es mit der Vorrede zu *Wunderliche Fata*. Sie setzt sich von dem üblichen Vorredenvortrag ab. Der Leser muß durch den gedanklichen Zickzackkurs des Autors in Verwirrung geraten, der zu seinem Hauptthema – Wahrheit und Fiktion von Geschichten – scheinbar miteinander unvereinbare Thesen aufstellt.

Zunächst wird dem Leser die Lügenhaftigkeit verschiedener Romane vor Augen gestellt, dann aber die Möglichkeit angedeutet, daß eine »geschickte Fiktion« (S. 21 der Brüggemannschen Ausgabe) durchaus vertretbar sei. Und schließlich wird ihm weitschweifig die Geschichte des Romanmanuskripts erzählt, die ihn in dem Glauben an den Wirklichkeitscharakter des Erzählten bestärken soll. Doch die Wahrheit der Vorrede ist nicht in Sätzen zitierbar, sondern muß dem Vorgang des Vortrages selbst entnommen werden. Erst im Vollzug der Vorrede erschließt sich ihre These. Sie erhält damit eine Dimension, die über die der begriffsgebundenen Abhandlung hinaus geht.

Der erste Satz informiert den Leser über den Gattungscharakter des Romans »Es wird dir in folgenden Blättern eine Geschichtsbeschreibung vorgelegt...«. Er darf mit dieser Aussage eine wahre und wirklich vorgegangene Erzählung erwarten. Aber Schnabel trägt dem Rechnung, daß der Leser schon häufig getäuscht worden ist. Allzu oft sind ihm Geschichten als »bloße Gedichte« verkauft worden. Die rhetorische Frage des Lesers, in die diese Furcht vor abermaliger Täuschung gekleidet wird, muß in ihm das Vertrauen verstärken, daß er sich in rechten Händen befindet. Zugleich liefert sie die Motivation, um in alter Romanautorenweise besonders laut und scharf den Angriff auf die Kollegen zuführen. Selimenens (= J. M. Fleischer) *Herr von Lydio* (1730), *Der englische Einsiedler Quarll* (a. d. E. 1728) und *Joris Pines* (a. d. E. 1726, Neuübersetzung), wie die Robinsone werden aufs Korn genommen. Ein »baumstarker Glaube« (S. 20) gehört dazu, den Beiwörtern der Titel »Wahrhaftig, erstaunlich, erschrecklich, noch niemals entdeckt, unvergleichlich, unerhört, unerdenklich, wunderbar, bewundernswürdig, seltsam und dergleichen« (S. 21) zu vertrauen. Schnabel bedient sich ausführlich und in guter Kenntnis des literarischen Betriebs der in Vorreden üblichen Muster, um durch heftige literarische Kritik die eigene Glaubwürdigkeit zu untermauern. Je empörter er sich über die allgemeine Nasführung des wirklichkeitsinteressierten Lesers gibt, umso sicherer kann er dann selbst den Leser täuschen. Schnabel betreibt nun die Kritik so ausschweifend, daß sie ihm eine effektvolle Gelegenheit bietet, den Leser als Dialogpartner einzuschalten, der ihn vermeintlich von einer sich vom eigentlichen Vorhaben entfernenden Abschweifung zurückhält. »Halt inne, mein Freund! Was gehet mich dein gerechter oder ungerechter Eifer an.« (S. 21). Der Leser wird in eine Rolle geschoben, die ihm einmal kunstrichterliche Qualitäten zuerkennt, zum andern aber eine Haltung aufzwingt, die er vermutlich garnicht einnehmen möchte. Durch diese provozierte Zwiespältigkeit aufmerksam gemacht, kann Schnabel mit der entscheidenden Umorientierung beginnen. Er versucht zunächst seine eigene psychologische Situation zu erläutern. Nur »der liebe Niemand allein kann es allen Leuten recht machen. Was dir nicht gefällt, charmiert vielleicht zehn, ja hundert und wohl noch mehr andere Menschen« (S. 21). Die scheinbar eigne Bescheidenheit (»da solche Autores vielleicht klüger und geschickter sind als du und ich«) muß den Leser nun vollends einnehmen. Das eigentlich literarästhetische Problem ist ins ›Menschliche‹, in den psychologischen Bereich transponiert. In dieser Lage muß es dem Leser nur plausibel erscheinen, wenn die der wahren Geschichte entgegengesetzte Möglichkeit in Erwägung gezogen wird. »Warum soll man denn dieser oder jener eigensinnigen Köpfe wegen, die sonst nichts als lauter Wahrheiten lesen mögen, nur eben lauter solche Geschichte schreiben, die auf das kleinste Jota mit einem körperlichen Eide zu bestärken wären? Warum soll denn eine geschickte Fiktion als ein Lusus Ingenii sogar verächtlich und verwerflich sein?« (S. 21) Schnabel beruft sich auf die Theologen — Bezugspersonen, die immer das Erdichtete als eitlen Tand abgelehnt haben und für die absolut verbürgbare Wahrheit und Wirklichkeit des Geschriebenen eingetreten sind (vgl. W. Gebhardt *Religionssoziologische Probleme*, 1931). So als hätte er sich zu weit vorgewagt, ruft Schnabel sich selbst zur Ordnung. »Allein, wo gerate ich hin? Ich sollte Dir, geneigter Leser, fast die Gedanken beibringen, als ob gegenwärtige Geschichte auch nichts anderes als pure lautere Fictiones wären? Nein! Dieses ist meine Meinung durchaus nicht. Jedoch soll mich auch durchaus niemand dahin zwingen, einen Eid über die pur lautere Wahrheit desselben abzulegen« (S. 22). Schnabel wendet sich zum ersten Mal an dieser Stelle direkt an den Leser und unterstreicht damit die Wichtigkeit seiner Mitteilung. Er nimmt die These, daß eine fiktive Geschichte durchaus denkbar sei, nicht zurück, und läßt damit den Wahrheitsgehalt der eigenen Erzählung in der Schwebe. Als Herausgeber, darin folgt er dem Schema der Herausgeberfiktion, brauche er sich zu nichts zu verpflichten.

Nachdem Schnabel im Fortgang seines Dialogs mit dem Leser diesen auf den Tatbestand aufmerksam gemacht hat, daß viele Romane trotz ihrer vorgegebenen Historizität nur erfunden sind und daß darüber hinaus erdichtete Geschichten durchaus legitim sein können, folgt nun die an Ausführlichkeit ungewöhnliche Geschichte des Romanmanuskripts und wie er selbst zum Autor wurde. Der Leser ist gewarnt, daß es sich hier um einen »Lusus Ingenii« handeln könnte. Aus dem Hinweis, daß die Geschichte des Manuskripts erfunden sein könnte, folgt, daß auch der Roman nicht unbedingt und überall auf Tatsachen beruhen muß.[8a]

In der Auseinandersetzung mit der Vorredenkonvention, den Roman als wahre Geschichte auszugeben, entwickelt Schnabel in einer dem Erzähler-Leser-Verhältnis nahekommenden Weise seine eigenen Vorstellungen. Er bleibt zunächst in der gleichen Argumentationsebene wie andere Vorredner, verläßt sie dann aber, und unter Ausnutzung eines sich aufbauenden Bezugs zum Leser, während dem er das Problem aus dem poetologischen in den psychologischen Raum verschiebt, leitet er den nachdenklichen Leser dahin, seinen eigenen Wahrheitsbeteuerungen mit dem ganzen Herausgeberapparat (Topos: Eingriff in Sprache und Aufbau, S. 24) zu mißtrauen, und mit der Möglichkeit zu rechnen, daß in der erzählten Geschichte Wahrheit und Erfindung sich mischen. Auch dem konventionellen Romankonsumenten wird mit der üblichen Formel – dem in-der-Schwebe-halten des Wahrheitscharakters (vgl. Adamentes *Wohlprobierte Treue*, 1716) – ein Wink gegeben. Schnabel wendet sich auf zwei Ebenen an sein Publikum, einmal auf der gewöhnlichen, die den Leser über bestimmte Eigenschaften des Romans: Gattung, Wirklichkeitsbezug, Intention unterrichtet, und zum andern geht er in einem launigen Gespräch darüber hinaus und gibt ihm Interpretationshilfen. Auf dem Hintergrund des möglichen Erfundenseins des Herausgeberberichtes parodiert er durch Detailrealismus die üblichen Fiktionen. Im Ansatz macht Schnabel damit die Vorrede in ihrer bisherigen Form überflüssig.

3. Romanschreiber und intendierter Leser in der Vorredenreflexion

Die unter dem Gesichtspunkt ihrer Zugehörigkeit zu einem Vorredentypus beschriebenen Romanvorreden sind in doppelter Weise exemplarisch: 1. für den engen

---

8a Mir scheint die Vorrede darauf hinauszulaufen, daß dem Leser bedeutet wird, die *Wunderlichen Fata* enthielten sowohl erfundene wie wahre Geschichten. Vgl. dagegen Vosskamp, GRM 18, 1968, S. 140.

Zusammenhang zwischen Romantyp und der in der Vorrede sich artikulierenden poetologischen Selbstreflexion des Romans (auf diese Abhängigkeit wird im einzelnen noch eingegangen) und 2. für den besonderen Charakter dieser Reflexionsform, die von den durch die Exordialtopik vorgegebene Themen Roman, Autor, Leser, ausgeht, sie übernimmt, beziehungsweise verändert und ausbaut. Inhalt und Stil des Werkes werden zu zentralen Gesichtspunkten der Romanreflexion. Nur wenige Romanautoren vor 1760 erkennen, daß damit die Gattung kaum zureichend theoretisch beschrieben ist. In den Nachfolgeformen des kunstbewußten höfisch-historischen Romans kommt man allmählich zur Erkenntnis struktureller Probleme (vgl. Ormenio), während die Autoren der sogenannten Robinsonaden und Avanturierromane die Frage nach dem Wirklichkeitsverhältnis der Gattung in die praxisbezogene Theoriediskussion einbringen (vgl. Schnabel). Troeltschs differenzierte und durch die Dramentheorie inspirierten Beobachtungen zur Romanpoetik weisen zum Teil auf einen Kenntnis- und Bewußtseinsstand, der eher symptomatisch ist für die Romandiskussion nach 1760, die sich dann nicht mehr nur auf die Romanvorreden beschränkt, sondern auch in Figurengesprächen und Erzählerkommentaren stattfindet.

Was an den beschriebenen Romanvorreden Ormenios, Schnabels und Troeltschs weniger sichtbar wurde, ist das Thema der Selbstbestimmung des Romanschreibers als Poet und Sittenlehrer. Die Vorrede rückt den Autor als ›individuellen‹ Schöpfer eines Werks zwangsläufig in den Vordergrund. Dabei geht es weniger um seine historische Person – die versucht er meist nach Möglichkeit zu verbergen – als um seine moralische Verantwortlichkeit und – soweit er sich in der Tradition des höfisch-historischen Romans sieht – auch um seine Fähigkeit, bestimmte literarische Normen zu erfüllen.

Der intendierte Leser ist in der Vorredenreflexion bis in die 60er Jahre des 18. Jahrhunderts hinein ein romantheoretisch kaum erfaßtes Problem. Die Romanautoren beschränken sich darauf, die angesprochene Zielgruppe zu bezeichnen. Sie verbleiben damit im Schema des exordiums. Sie erkennen den Leser weder als Rezipienten von unterschiedlicher sozialer Herkunft, noch als den, der ein bestimmtes intellektuelles Leseverhalten einnehmen kann. Schnabels Vorrede zu *Wunderliche Fata*, die auf eine Anleitung des Lesers, Romane mit Kunstverstand und nicht auf Faktizität hin zu lesen, hinausläuft, ist vor 1760 eine Ausnahme. Die Romanautoren reflektieren auch kaum über die ästhetischen Mittel, wie sie die eigenen (meist moralischen Absichten) beim Leser eindrücklich und nachhaltig realisieren. Da die Wendung an den Leser noch der Exordialtopik verpflichtet bleibt und sich kaum zu einem romantheoretischen Problem entwickelt hat, sei sie an dieser Stelle beschrieben.

Die Vorredner des galanten Romans bezeichnen ihre Leser mit »gelehrte Leser« oder »galante Welt«[9], denen sie das Buch zur »vergönnten Gemüths-Ergötzung« übergeben. Diese Leser sind zweifellos in der gleichen sozialen Gruppe zu suchen, unter den »Standes-Personen« und »Studenten«[10], wie die Romanautoren selbst; denn nur diese sind durch Erziehung, Bildung und Lebensführung überhaupt in der Lage, Romane lesen und genießen zu können. Der galante Roman ist noch Standes-

9 Meier, *Hebreerinnen* (1697); Lehms, *Michal* (1708); Palmenes, *Bernandis* (1715); Celandor, *Florander* (1725); V. S. *Jüttische Kasia* (1732); Ethophilus, *Bellerophon* (1743); Fidelinus, *Robinsonin* (1752); Gleichmann, *Herkuliskus* (1754).
10 Namor, *Gismunda* (1728); Lehms, *Absalom* (1710); Sylvano, *Mutter-Söhngen* (1728).

dichtung. Daher konnten sich seine Autoren mit den Abbreviaturen »galant« und »gelehrt« begnügen. Untersucht man, welche Romane mehr auf den »galanten«, und welche mehr auf den »gelehrten« Leser hin geschrieben werden, so ergibt sich folgendes: Der »galante« Leser kann erwarten, daß ihm handlungsmäßig verschlungene, amouröse Begebenheiten einer höfischen Gesellschaft in deutsch-französischer Mischsprache erzählt werden. Der »gelehrte« Leser hingegen wird auf einen Roman treffen, der geschichtliche Stoffe, und damit mehr kriegerische Begebenheiten, verarbeitet. – Die Autoren, die sich in den 40er und 50er Jahren noch dem höfisch-historischen, beziehungsweise galanten Roman verpflichtet fühlen, verwenden auch weiterhin »gelehrt« und »galant« als Signale an ihre Leserschaft.[11]

Der »Verständige« (Fidelinus, *Banise*, 1754) und der »aufgeklärte Geist« (Büchner, *Welt-Lauff*, 1754) treten in den 50er Jahren an die Stelle des »galanten« und »gelehrten« Lesers. Die Romanautoren versuchen neue Leser zu gewinnen, die sie nur unter denen der moralischen Wochenschriften finden können. »Vernünftig« und »aufgeklärt« umschreiben bürgerliche Lebenshaltungen, die von den moralischen Wochenschriften seit Mitte der 20er Jahre propagiert wurden. Der »Vernünftige« wird dort dem galant homme als Normfigur gegenübergestellt.[12] Die Romanautoren benutzen demnach Begriffe von hoher Werthaltigkeit, um auf diese Weise die Leser des gehobenen Bürgertums von den Wochenschriften abzuziehen. Gegenüber Handwerkern und Bauern als potentiellen Lesern grenzt man sich bewußt ab, unter Hinweis auf den bildungsmäßigen Vorsprung. So stellt der Verfasser des *Gerbergesellen* (1751) fest, daß allerlei ungebildetes Volk, Bauern und Handwerker zu lesen begänne, das meistens die Sachen nur halb verstünde. Gleichwohl würden »Scribenten« »diesem Unterparlament der raisonnierenden Welt zu Gefallen ... ihre Federn ... bemühen und so ... dem neugierigen Unverstande ein Affenfutter ... bereiten« (vgl. auch Büchner, *Welt-Lauff*, 1754).

Die enge Relation zwischen Romantyp und einem bestimmten gesellschaftlichen Stand besteht noch um 1750, wenngleich, anders als um 1700, das lesende Publikum sowohl den Adel wie die Handwerker umfaßt. Eine Öffnung der Gattung für alle Leser, verbunden mit der Reflexion auf die Wirkungsmittel der Erzählung, wird theoretisch erst mit dem pragmatischen Roman gefordert (vgl. zum Beispiel Blankenburg, *Beyträge*, passim). Sie kündigt sich vereinzelt schon Ende der 40er Jahre an. Einige Romanschreiber wollen bewußt standesübergreifend schreiben. Sie kennen keine sozialen Unterschiede mehr. Ihre Zielfigur ist »der Mensch«. Aufklärerisches Gedankengut beginnt sich zu diesem Zeitpunkt auch im Roman durchzusetzen.

4. Begrifflichkeit und Auswertbarkeit der Vorredenreflexion

Die Romanautoren folgen der Tradition des exordiums, wenn sie das Verhältnis von Vorrede und Roman in der Vorrede thematisieren. So bezeichnet der Autor des *Reisenden Avanturiers* (1748) die Vorrede als einen »Vorläufigen Unterricht an die Leser«, und bestätigt, »daß die Vorreden heutiges Tages einen nothwendigen Theil eines Buches ausmachen. Man hat deswegen mit gutem Grunde in denen Anweisungen, wie man Schrifften beurtheilen solle, diese Regel feste gesetzet; daß man einen jeden Schriftsteller nach seinem Zwecke beurtheilen müsse«. Selamintes legt

11 Vgl. Anm. 9.
12 Vgl. W. Martens, Die Botschaft der Tugend, 1968.

seiner Kritik an Behemnus' Roman *Der liebliche und doch kriegerische Cupido* (1711), dessen Vorrede zugrunde. »Doch ich nehme mir die Freyheit / kürztlich zu untersuchen / ob der Autor das genüge geleistet / was er in der Vorrede versprochen« (*Der närrische und doch beliebte Cupido*, 1713). Das Verhältnis von Vorrede und Roman wird bestimmt als das von Intention und Durchführung. Der Romanschreiber formuliert seine Absichten, bevor er sie praktisch umsetzt. Die Vorrede wird auf diese Weise zum theoretischen Substrat der jeweiligen Romanpraxis. Was aus individuellen Impulsen zu kommen scheint, erweist sich, aus der Perspektive des Interpreten heute, als Ausdruck eines allgemeinen romantheoretischen Bewußtseins. Zwar haben verhältnismäßig wenige Romanautoren die Vorrede überlegt dazu verwandt, am konkreten Beispiel, wie Ormenio, eine umfassende Theorie der Gattung zu entwickeln. Aber eine Interpretation der Masse der Vorreden, die wie die von Lycosthenes zu *Arbaces* nur res et verba des Romans angeben, läßt erst die Konturen einer durchgängigen Gattungs-, beziehungsweise Typenkonzeption erkennen. Romantheoretisch auswertbar ist selbst noch eine Inhaltsangabe, wie an Walther, *Weltliebe,* gezeigt werden konnte. Auch Vorreden, wie die zum *Brandenburgischen Robinson* (1744), die nur einen einzigen Aspekt des Romanschreibens aufgreifen, können aufschlußreich sein. Der Autor dieses Romans erzählt ausführlich, wie er zum Schreiben veranlaßt worden sei. Er gibt sich dabei die Attitüde des vom literarischen Betrieb unberührten und ungelehrten Autors, dessen Unkenntnis ihn auch davon befreit, erläuternde Ausführungen zum Roman zu machen. Solche Vorreden werden im Zusammenhang mit dem Romantyp, zu dem sie gehören, interessant, da sie in ihrer Negation auf einen bestimmten Romanbegriff verweisen. An eine Grenze der romantheoretischen Auswertbarkeit stößt man erst, wenn Vorreden, wie häufiger in den 40er und 50er Jahren des 18. Jahrhunderts, zur Mitteilungsform moralischer und lebensphilosophischer Gedanken des Autors werden, ohne den Roman als literarische Gattung zu reflektieren.

Die Vorredenreflexion ist unter den verschiedenen möglichen Typen der Romantheoriebildung die Form, die besonders praxisbezogen ist. Die Poetik ermittelt und bestimmt den systematischen Ort des Romans innerhalb eines normativ gedachten Gattungssystems. Damit ist sie von vornherein auf Unterscheidung, Abgrenzung und auf möglichst klare Begrifflichkeit aus. Die Romanvorrede hingegen ist primär für einen Leser geschrieben, der zum Roman als Unterhaltung greift. Auch kommt ihr eine Werbefunktion zu, zumal da die Leser, besonders im frühen 18. Jahrhundert, in ihren Lesegewohnheiten und Erwartungen noch von der religiösen Erbauungsliteratur geprägt sind. Die Sprache der Romanvorrede ist daher zwangsläufig mehr anschaulich als begrifflich. Wo Bilder und Metaphern gebraucht werden, bedürfen sie besonders sorgfältiger Interpretation. Im Folgenden wird an drei Beispielen demonstriert, wie sich mit Metaphern romantheoretische Vorstellungen verbinden.

In der Vorrede zu Lehms *Michal* (1707), heißt es:

> »Denn zudem / daß die verkehrte welt öfters ein gold von dem andern nicht unterscheiden kan / und manchmal mit den bienen / welche den besten honig aus den angenehmsten Blumen saugen / aus dergleichen schrifften einen sonderbaren nutzen zu ziehen gedencket / da er ihnen doch oft zu ihrem grösten schaden / wie den spinnen hingegen das gesunde honig zu einem schädlichen gifft ausschläget.«

Das hier gebrauchte Bild von Honig und Biene, Spinne und Gift, wird aus dem Hintergrund der Auseinandersetzung um die Sittlichkeit des Romans erklärbar.

Obgleich der Roman durch eingeflochtene Tugendlehren unterrichten will, unterhält er doch mit Liebesgeschichten. Dieser Thematik wegen wird er besonders von Theologen angegriffen und abgelehnt. Um sich nach dieser Seite hin abzuschirmen, greifen die Romanautoren zu dem Bild. Es gesteht den möglichen Mißbrauch der Romane zu, will aber zugleich bedeuten, daß dieser nicht notwendig sein muß. Meier zum Beispiel will nicht auf die Vorteile des Romans verzichten, die er in der Vermittlung von Sittenlehre hat, nur »weil eitele und liederliche Gemüther daraus einige schädliche Betrachtungen und gleichsam Gift aus den Honig ziehen« (*Hebreerinnen*, 1698). Die bildhafte Sprache umschreibt das poetologische Problem der rechten Romanrezeption wie das der Gattungsidentität. Sie teilt mit, daß der Roman als Liebesgeschichte angemessen zu rezipieren sich der Verantwortung des Autors entzieht. Die schlechte Reputation der Gattung ist nicht ihr selbst anzulasten.

Das bekannteste Bild, das den Roman mit einer verzuckerten, beziehungsweise vergoldeten Pille vergleicht, läßt sich durch das ganze 18. Jahrhundert hindurch belegen. Es charakterisiert das Verhältnis Romanschreiber-Leser als das eines Arztes zu einem Hilfsbedürftigen. Der Überzug über dem bitteren Kern ist auch hier die Liebesthematik, die den »Tugendsätzen etwas von ihrer natürlichen Verdrießlichkeit« benehmen soll. (Meier, *Hebreerinnen*; vgl. auch Büchner, *Welt-Lauff*). Das Bild von der Pille signalisiert auch, daß der Roman sich vornehmlich als didaktische Literatur versteht.

Die Spiegel-Metapher, allgemein über den ganzen hier ausgewerteten Zeitraum gebräuchlich, ist ebenfalls romantheoretisch auswertbar. Sie erfaßt zwei der drei Bezüge, in denen ein Roman steht: einmal das Verhältnis vom Roman zur Realität, und zum andern das zum Rezipienten (ausgespart bleibt das zum Autor). Lehms meint den Wirklichkeitsbezug der Gattung, wenn er schreibt, daß honnette Romane ein lebendiger Spiegel seien, »welcher die schönheit der tugend / wie auch die mackeln verhaster laster vorstellen« (*Michal*, 1707). Hier ist der Roman ein Abbild allgemeingültiger Verhaltensnormen, die in Exempeln verpackt sind. Diese Auffassung von Romanwirklichkeit läßt sich auch noch um 1750 belegen (bis zu diesem Zeitpunkt scheint die Spiegel-Metapher ausschließlich mit ihr verknüpft zu sein). Nicht Naturwahrheit und wirklichkeitserschließende Details will der Autor des *Bremischen Avanturiers* (1751) mit seinem Lebenslauf schildern, sondern allgemeine, der Immanenz eigene Gesetzlichkeiten. Sein Leben sei ein »wohlbeschauungswürdiger Spiegel«, der wiedergibt, »was vor Elend und mühseligen Veränderungen unsere Sterblichkeit in ihrem kurzen Lauf unterworffen«. Der Roman als Spiegelbild einer in besonderer Weise gesehenen Wirklichkeit ist zugleich ein Spiegel zur Selbsterkenntnis des Lesers; denn darin beschaut er die Gedanken anderer, zu dem Zweck, daß »wir unsere eigenen darnach einrichten« (Verulamius, *Graf Gleichen*, 1730; vgl. auch Richter, *Schwachheiten*, 1755).

5. Die Vorrede als alleiniger Reflexionsträger

Die Romanvorrede bleibt bis in die 50er Jahre der einzige Träger der poetologischen Selbstbedeutung des Romans. Erst dann treten zur Vorrede andere Formen der Selbstreflexion hinzu, die in den Handlungszusammenhang integriert sind, wie das Romangespräch und der Erzählerkommentar. Eine Reihe von Gründen hat verhindert, daß Romanreflexion im Roman vor dem genannten Zeitpunkt möglich wurde. Diese Gründe aufzuzeigen ist insofern wichtig, weil dabei auf die besondere Funktion und Aussagemöglichkeiten der Romanreflexion in ihrer integrierten, beziehungsweise nicht integrierten Form verwiesen werden kann. Warum die Romanreflexion in der ersten Jahrhunderthälfte sich auf die Vorrede beschränkte, sei an zwei Beispielen vorgeführt, die scheinbar eine Ausnahme darstellen.

Der *Seltsame Avanturier* gehört zu jenen Romanen, die sich als wahre Geschichte ausgeben und damit ihren Gattungscharakter dem der Historie naherücken. Damit ist zugleich ihr Wirklichkeitsverhältnis umrissen; in der noch naiven Vorstellung dieser Zeit entsprechen sich Romanwirklichkeit und erlebte Wirklichkeit unmittelbar. Nicht eine Erzählerfigur gewährleistet die Wahrscheinlichkeit der Erzählung, sondern der Autor bürgt für die Wahrheit der Geschichte als Ganzes. Diese Bürgschaft wird gewöhnlich durch eine Herausgeber- oder Dokumentenfiktion erbracht; in seltenen Fällen beteuert der Verfasser die Wahrheit der Begebenheiten. Ist diese nun dokumentiert oder versichert, oder der Autor legitimiert, kann die Handlung ablaufen, ohne daß sich der Erzählende bezüglich des Wirklichkeitscharakters seiner Geschichte weiterhin rechtfertigen müßte. Die Vorrede genügt zur Feststellung dieses Sachverhaltes; der Leser weiß dann, woran er ist. Ein wie auch immer gearteter theoretisierender Kommentar im Text erscheint überflüssig.

Diese Auffassung bestätigt zunächst inhaltlich ein in den Fortgang der Erzählung des *Seltsamen Avanturiers* eingebauter Kommentar, der als solcher der These von der Überflüssigkeit der Romanreflexion im Roman bei diesem Gattungsverständnis zu widersprechen scheint.

> »Dichtete ich etwas,« so erinnert der Verfasser, »so müste ich mich freylich an die Regeln der Wahrscheinlichkeit binden; welche ein Geschicht-Schreiber nicht zu respectiren Ursache hat; . . . Denn ein Geschicht-Schreiber erzehlet die Sache, wie sie geschehen ist, nach den Umständen so die Wahrheit vorschreibt; da hingegen einer, der da was dichtet, nicht die Wahrheit, sondern die Wahrscheinlichkeit in Acht zu nehmen hat.« (S. 159).

Es ist der Autor, der hier spricht. Er zielt in die gleiche Richtung, wie der fiktive Herausgeber in der Vorrede. Er bestätigt die dort erstellte Illusion, daß eine wahre Geschichte, und diese besonders, keiner weiteren Demonstration ihrer Glaubwürdigkeit hinsichtlich des Wirklichkeitsbezuges mehr bedarf.

Diese »Erinnerung« (S. 159) entspricht, dadurch daß der Autor für sie verantwortlich zeichnet, einer Vorredenreflexion, die nur mehr »zufällig« in den Roman geraten ist. Ihre Vorredenzüge werden durch den Ort ihrer Integration in die Handlung unterstrichen. Der Ich-Erzähler hat nach einem glücklich überstandenen Schiffbruch die nordafrikanische Küste erreicht, und entschließt sich »einen bessern Ort« zu finden (S. 158). Hier nun unterbricht er sich:

> »Diejenigen, so gegenwärtige Erzählung von den Begebenheiten meines Lebens vor einen Zusammenhang von blossen Erdichtungen ansehen werden, bekommen bey folgender Geschichte Gelegenheit, sich in ihrer Meinung zu bestärcken . . .« (S. 158).

Die »Ausschweiffung« ist zwar auf diese Weise lose motiviert und dem Geschehen eingebunden. Wie sehr sie als ›Vorrede‹ notwendig war, um den Leser in dem Glauben an die Wahrhaftigkeit der Geschichte zu erhalten, beweist der literarische Charakter der unmittelbar folgenden Begebenheit. Der nächtliche Löwenkampf, den der Ich-Erzählende zu bestehen hat, ist Lesern von Ziglers *Banise*, Palmenes' *Bernandis* (1715) und anderer Romane durchaus geläufig. Diesem Verfasserkommentar kommt die gleiche wahrheitsillusionsfördernde Funktion zu wie der Vorrede. Beide wollen sie den Leser zur Abnahme einer Geschichte bewegen, deren Handlungselemente – im Falle dieses Romans: Schiffbruch, Sklaverei, Überfall, Entführung – nur allzusehr der Romantradition verpflichtet sind.

Auf eine indirekte Weise scheint die Romanreflexion im *Seltsamen Avanturier* die These zu erhärten, deren Beweis ex negativo geführt werden mußte: für die Autoren des Romantypus, der sich als wahre Geschichte versteht, sei dies nun eine Fiktion oder nicht, besitzt die Vorrede genug an Aussagekraft, um den zu begründenden Wahrheitswert des Romans festzulegen. Dort wo Romanreflexion im Roman auftritt, wie im *Seltsamen Avanturier,* unterscheidet sie sich weder thematisch noch in ihrem Reflexionsträger (dem Autor) von der Vorredenreflexion.

Die Tatsache einer als notwendig empfundenen »Erinnerung« zwischen zwei besonders ›romanhaften‹ Ereignissen wie Schiffbruch und Löwenkampf, wie auch später das Eingehen auf Gattungscharakter (S. 15, 166, 275, 257 ff.) und Intention (S. 197) oder die verkappte Kritik an Themen des galanten Romans (S. 325 ff.) lassen auf eine Unsicherheit schließen, aus der einzig der Vorredner der *Insel Felsenburg* die entscheidende Konsequenz zieht: das Erfundensein von Geschichten als möglich anzuerkennen. Der *Seltsame Avanturier* nimmt noch die Wahrheit für sich in Anspruch, obgleich einem romankundigen Leser die geschickte Mischung aus romantraditionellen Elementen und neuer Wirklichkeit in persönlichen Beobachtungen und Erlebnissen auffallen mußte. Er bemüht eine Fiktion unter Einsatz wiederholter Beteuerungen, um an entscheidenden Stellen den teilweise literarischen Charakter seiner Lebensgeschichte zu überdecken.

Das zweite Beispiel für eine Romanthematik im Roman in dieser frühen Zeit liefert der *Entlarvte Cupido,* 1704 erschienen. Dieses Werk gehört einem andern Romantyp an als der *Seltsame Avanturier.* Dieser Romantyp sei hier kurz charakterisiert.

Im Barock wie in der galanten Zeit, aber auch später (*Amerikanischer Freybeuter,* 1742; *Schicksal Antonii,* 1746) gibt sich der Roman häufig als erfunden aus. Die Formel dafür lautet meist ähnlich der Wendung in Adamantes' *Wohlprobirte Treue* (1716) »ich überlasse jeden die Freyheit zu glauben / daß er [der Held] würklich in der Welt / oder nur in meiner Einbildung glückselig oder unglückselig gewesen« (Vorrede). Nicht die Wahrheit, sondern die Wahrscheinlichkeit muß gewährleistet sein. Sie wird im Rekurs auf ähnliche Erfahrungen des Lesers begriffen.

> »Ein in der Lieb erfahrner,« so fährt der Verfasser fort, »wird das erste urtheilen / einen Unerfahrnen aber kan versichern / dass nichts so toll und unglaublich kan geschrieben werden / so nicht dieser und jener mit sein eigen / oder andern Exempel bestättigen könnte. Dieses bin versichert / dass sich niemand mit recht wird beschweren können / dass man ihme abgemahlet / es müssten dann seine eigene Fata mit meines Lamandins einige Gleichheit haben.«

Auch bei diesem Romantyp versieht die Vorrede den Leser mit der notwendigen Information. Sie hat, besonders in der galanten Zeit, geringe theoretische Qualität. Sie begnügt sich meist mit dem Hinweis auf Inhalt und das delectare. Dem Inhalt sind auf Grund einer einseitigen Fixierung auf die Liebesgeschichte durch die Gattungstradition enge Grenzen gezogen. Das Thema höfisch-geselliger Liebe wie der Verzicht auf moralische Intention (bei Adamantes, Melissus, auch Corvinus) bieten kaum eine Integrationsmöglichkeit für eine Reflexion auf die erzählerischen Probleme des Romans selbst – auch nicht im engen Rahmen des damaligen theoretischen Bewußtseins. Andererseits böte die gesellig-höfische Welt der Romane genug Gelegenheit, im Rahmen einer Konversation über den Roman zu sprechen, wenn nicht in Gestalt einer theoretisierenden Reflexion, so doch als Wissensaustausch und Lektüregespräch.

Daß diese Art der Romanthematik fehlt, kann nicht an der immer wieder behaupteten Ablehnung der Gattung liegen. Diese hat im wesentlichen nur im religiöskirchlichen Bereich bestanden. Im Kreis der Galanten gab es solche Vorbehalte kaum.

Der *Entlarvte Cupido* mag dafür ein Beispiel sein. Er belegt das, was später im *Teutschen Don Quichotte* oder *Don Sylvio* satirisch behandelt wird: die Beliebtheit der Romane im allgemeinen, und unter den Galanten im besonderen. Darüberhinaus bestätigt er die Beobachtung, daß dort, wo der Gattungszwang nachläßt, der Roman zum Gesprächsthema werden kann. Die Briefform erleichtert solchen Austausch.

Der Gattungscharakter des *Entlarvten Cupido* ist nicht eindeutig. Singer[13] führt ihn unter den theoretischen Schriften auf, verstanden wohl als Briefsteller. Für diese Zuordnung spricht einiges. Die wahrscheinlich nicht fiktive Briefsammlung ist handlungsarm und ohne rechte Komposition. Auch haben die Briefe zum Teil exemplarisch vorbildlichen Charakter, unterstrichen durch die charakterisierenden Überschriften des Herausgebers. Andererseits weist dieses Werk durchaus auch Züge des galanten Romans auf. Zwischen Dolores und Polander zum Beispiel entsteht eine in den Briefen facettenhaft beleuchtete Liebesgeschichte. Ihr plötzlicher Tod veranlaßt ihre Schwester, Polander brieflich zu trösten. Der Kreis der Schreibenden bleibt klein, die Romanthematik einer Person, L. V. R. (identisch mit C. V. L., siehe Druckfehlerverzeichnis S. 330), zugeordnet (S. 56 ff., 215 ff., 232 ff.; s. a. S. 162 u. 322 ff.). Gerade dieser Mischcharakter und die damit verbundene Unabhängigkeit vom Gattungszwang des galanten Romantyps scheint Romanthematik im Roman zu ermöglichen.

Die Antwort auf das *Rathfragungs-Schreiben eines vornehmen Adelichen Fräuleins an einen guten Freund was Sie vor Romanen lesen solle* (S. 215) enthält eine kommentierte Lektüreliste. Ein Unterschied zwischen deutschen und aus dem Französischen übersetzten Romanen wird nicht gemacht. Höchstes Lob neben der *Banise* erhält die *Ariane* Desmarets als »ein vollkommen galanter / und nach allen Reguln eingerichteter Roman« (S. 219). Galant und zu empfehlen für die »tugendhafftesten Frauenzimmer ohne Aergerniß« sind die »vortrefflichen Schrifften des ingenieusen Talanders«, die ausführlich aufgezählt werden. Als für Frauen ungeeignet, wird von der Lektüre der sogenannten ›Staatsromane‹ wie *Astrée* (d'Urfé, 1607/27), *Bassa* (Scudéry, 1641), *Grosser Cyrus* (Scudéry, 1649/53), *Arminius* (Lohenstein, 1689) abgeraten. Hier ist das Politische, dem die »Anmut« (S. 222) fehlt (*Politische Colica*, 1680; *Kluge Trödelfrau*, 1682), oder in Happels Romanen das Kriegsgeschehen, das die Liebesgeschichte überdeckt, der Grund der Ablehnung. Der Maßstab, an dem die Romane gemessen werden, ist die Liebesgeschichte in Form des galanten Romans. Nicht akzeptiert werden Liebesromane im schäferlichen Gewand, wie *Amandus und Amoena* (anonym, 1632). Romane wie *Octavia* (Anton Ullrich) oder *Pharamund* (1661–71, des Calprenède) entsprechen nicht dem Streben nach Kürze im galanten Roman. Jedenfalls gilt dies für Frauen. – Um

---

13 H. Singer, Der deutsche Roman, S. 202; vgl. a. Faber du Faur, cat. number 1375.

Hunolds galante Romane *Verliebte Welt* (1700) und *Adalie* (1702) geht es in der in den letzten Briefen enthaltenen literarischen Fehde und Romankritik. Hunold hatte in seinen Gedichten Pohlmanns ersten Roman *Lustige Studier-Stube* (1703), eine in einer Gesprächsrunde vorgetragene Reihe von Studentenstreichen, verächtlich gemacht. Pohlmann antwortet darauf mit Enthüllungen über die Hamburger Damenwelt, die Hunold offensichtlich in seinem ersten Roman verschlüsselt abgeschildert hatte. Der *Adalie* wirft er vor (S. 328), sie hätte »wider die Gesetze der Romanen-Schreiber« gröblich verstossen. Lügen könne man in einem Roman, »aber nicht daß es sogar klar zu mercken ist«.

Im *Entlarvten Cupido* werden zwei zu einer Theorie des Romans gehörende Gesichtspunkte thematisiert. Einmal die Rezeption und Reputation für die Gattung repräsentativer Romane und zum andern welcher Romantypus für den Autor als verbindlich und für den Geschmack einer bestimmten Lesergruppe als empfehlenswert anzusehen ist. Der galante Roman konnte diese Themen nicht in einen Erzählzusammenhang integrieren, da er ausschließlich Liebesverhältnisse und höfische Vorgänge wie Jagd und festliche Gesellschaften schilderte. Erst wenn die Gattungsidentität aufgehoben ist, wie im Fall des *Entlarvten Cupido,* der zum Briefsteller tendiert, ist eine Möglichkeit gegeben, in Form der Konversation in Briefen auch romantheoretische Probleme zu behandeln.

Zusammenfassend seien noch einmal die Gründe genannt, warum die Romanreflexion in der ersten Hälfte des 18. Jahrhunderts sich auf die Vorrede verwiesen sah: 1. eine durch die Gattungstradition bedingte einseitige thematische Festlegung ließ keine Integrationsmöglichkeit entstehen; 2. gemäß dem Selbstverständnis der Gattung genügt die Vorrede zur Unterrichtung des Lesers und zur Absicherung der Wahrheit des Erzählten; 3. entscheidend jedoch ist die Abwesenheit einer Erzählerfigur für das Fehlen der Romanreflexion im Roman. Ein Erzählprinzip mit Schauplatzwechsel (*Bellisandra,* 1742, S. 167, 192), Raffung der Handlung (*Philander,* 1723, S. 179; *Bellisandra,* S. 188, 198 ff., 242; *Schöne Österreicherin,* 1747, S. 21, 79) war zwar immer vorhanden, nicht aber eine fiktive, als Individuum sich charakterisierende Figur in einer nicht-Ereignis-gebundenen Funktion wie die erlebenden und handelnden Figuren. Eine über der Handlung stehende, im Bewußtsein der eigenen Vermittlungstätigkeit erzählende Figur kann auch romantheoretische Probleme aufgreifen oder sie in den Mund einer Figur der Erzählung legen. Der 1753 erschienene *Teutsche Don Quichotte* des W. E. Neugebauer ist der erste deutsche Roman, der eine Romanreflexion in die Handlung integriert. Der Held macht einen Erkenntnisprozeß in Bezug auf den Wirklichkeitscharakter der Romane durch. In einem bestimmten Erkenntnisstand läßt der Erzähler ihn über den Roman reflektieren. – Wie noch im einzelnen zu zeigen sein wird, ist der Ort und damit die Aussagemöglichkeit der praxisbezogenen Romanreflexion durch den jeweiligen Romantypus bedingt.

Der *Teutsche Don Quichotte* verzichtet konsequenterweise auf eine Vorrede mit romantheoretischem Thema. Dieser Verzicht entspricht einer allgemeinen Tendenz. Für die 50er und 60er Jahre ist ein auffälliger Rückgang der Vorredenreflexion zu verzeichnen. Der Grund dafür liegt einmal in einem veränderten Gattungsbegriff und der damit sich eröffnenden Möglichkeit einer integrierten Form der Romanreflexion und zum andern in der verbreiteten Erkenntnis, daß eine Vorrede nur mehr leere Rhetorik sei, oder vornehmlich der Leserwerbung diene. Das Bewußtsein einer gewissen Klischeehaftigkeit läßt sich schon früher nachweisen (s. Schnabel, *Wunderliche Fata,* 1731; *Cavalier,* 1738). Aber die Vorrede wurde als Träger der poetologischen Selbstreflexion der Gattung nicht in Frage gestellt. In den 50er und 60er Jahren hingegen bezweifelt man die Glaubwürdigkeit ihrer Aussagen, da sie nur noch ein Mittel der Werbung[14] zu sein scheinen.

> »Es ist ein im Schwange gehendes Vorurtheil derer Menschen, welche den Inhalt und die Beschaffenheit eines Buchs schlechterdings aus der Vorrede beurtheilen wollen. Ist die Vorrede wohleingerichtet, so lesen sie das Werk ... Es dienet also heutzutage eine wohl eingerichtete Vorrede denen Büchern ... als ein ausgehängeter Cranz oder Tafel denen Weinschenken ...« (*Don Felix*, 1754).

Zwar bleibt ein Gefühl ihrer Notwendigkeit[15] aber die Kritiker verweisen auf die Gefahr, daß aus Vorreden »Lügen-Schriften« (*Begebenheiten einer Kosakischen Standesperson*, 1766) werden. Die Diskrepanz zwischen der Intention, faktisch wahre Geschichte zu erzählen und ihrer praktischen Durchführung, brachte die Vorrede als Maßstab der Beurteilung in Mißkredit.[16] Auch die Selbstverständlichkeit, die bestimmte Darstellungsmittel durch die Romanpraxis gewinnen, ließ ihre

---

14 H. Ehrenzeller hat die Seite der Vorrede, die der Förderung der Kauflust diente, viel zu einseitig gesehen. Vgl. Studien zur Romanvorrede, 1955 (S. 14 ff. u. 36). Eine solche Reklame- und Rechtfertigungssituation war durchaus gegeben: Die Vorrede zu Polanders *Studierstube* (1703) trägt dem Rechnung. Der Verfasser beschreibt die Lesererwartung: »Jetzo wird der Autor mit der Ursache heraus wischen, warum er dies geschrieben.« Mit möglichen Antworten setzt er sich dann auseinander. Aber die einsinnige Akzentuierung dieser Motivation der Vorrede durch Ehrenzeller wird nicht der historischen Vielfalt gerecht. Ehrenzellers Auffassung hat zweierlei zur Folge: einmal wird der Gebrauch der Vorrede, im Ansatz schon unhistorisch (vgl. S. 38 u. 127), von einem Standpunkt aus geprüft, der für Jean Paul gelten mag, aber kaum früher. Die ›Pillenformel‹ ist nicht Heuchelei, sondern entspricht einer bestimmten Dichtungsauffassung. Zum andern überbetont Ehrenzeller den Leserbezug der Vorrede (wie H. Riefstahl in: Dichter und Publikum in der ersten Hälfte des 18. Jahrhunderts, Diss. Frankfurt, 1934, die Entwicklung des Autorbewußtseins) und löste sie von ihrem intentionalen Bezug zum Werk, wie grundsätzlich von den Problemen einer sich entfaltenden Gattung ab. Das allmähliche Verschwinden der Vorrede sei auf ein zunehmendes Desinteresse des Publikums an Vorreden zurück zu führen (S. 7, 17). Bei Riefstahl ist es die Emanzipation des Autors auf ein Künstlerbewußtsein hin. Die Haltung Goethes und Lessings zu Vorreden werden als maßgeblich herangezogen.
Die programmatische Tendenz der Vorreden, ihre Versuche, das Werk selbst gegen Angriffe abzusichern, und in dieser Verteidigung auch romantheoretische Probleme zu erörtern und dem Roman eine über das Werk hinausgehende theoretische Basis im Rahmen des theoretisch überhaupt zu Leistenden zu geben, muß in einer Betrachtungsweise untergehen, die in der Vorrede im wesentlichen ein verpflichtetes und verpflichtendes Klischee erkennt. Sie kann dann eine Entwicklung nur noch in der unterschiedlichen Anwendung der Mittel im Kampf um das beim-Leser-Ankommen feststellen. Ein Ergebnis einer so ausschließlich artbezogenen und artimmanenten Untersuchung, wie die Ehrenzellers, ist die Pauschalisierung der Vorredenkritik.
15 »Inzwischen aber, weil es nun fast zur Nothwendigkeit geworden ist, daß man einem Wercke eine Vorrede vorsetze, wenn es anders vollkommen heißen soll, so habe ich der Mode folgen ... wollen« (*Die Einfalt*, 1766). Ähnlich auch Klenner in seiner Reisebeschreibung *Der Gerbergeselle* (1751): »Ein Buch, das ohne Vorrede sich auf den Schauplatz der Zeit präsentiert, sieht nach heutiger Mode ebenso seltsam und mangelhaft aus, als ein ... Wagen ohne Räder ...«
16 »Es ist zwar ganz unnöthig, einem Werke eine Vorrede anzuhängen, oder vielmehr vorauszusetzen; indem die Vorreden mehrentheils zu Lügenschriften geworden sind, welche mehr versprechen und verheißen, als sie leisten können« (*Die Einfalt*, 1766).

theoretische Abhandlung im Rahmen der Vorrede überflüssig erscheinen. Die Möglichkeiten, die die Exordiumtradition der Vorrede einräumte, wirkte mit zunehmender Komplexität der Romanpraxis und Differenziertheit des theoretischen Bewußtseins einengend auf die Romanreflexion. Erst ihre Integration in das Erzählgeschehen, sei es durch den Erzählerkommentar, sei es durch die Figurenrede, erlaubte vielfältigere Brechungen und differenziertere Perspektiven des romantheoretischen Programms. Durch die Entwicklung des Rezensionswesens und das Interesse, das dem Roman als Kunstform seit den 50er Jahren zunehmend von den Literaturkritikern entgegengebracht wird, verliert die Vorrede ihre Funktion, den Leser über den Roman zu unterrichten. Von drei Seiten aus wird in den 50er und 60er Jahren die Vorredenreflexion in Frage gestellt: einmal vom Gebrauch, beziehungsweise Mißbrauch durch die Romanautoren selbst; zum andern durch einen neuen Romanbegriff, der die in ihrer Struktur vom exordium festgelegte Vorrede als einen nicht mehr adäquaten Träger der komplexer gewordenen romantheoretischen Probleme erscheinen läßt, und zum dritten durch die Übernahme wesentlicher Funktion der Vorrede seitens der Rezensionen in den Zeitschriften.

II. Das poetologische Programm der Vorredenreflexion

1. Die Gattungstypen »Roman« und »Historie«

a) Der »Roman«

Eine Poetik hat ein Interesse daran, dem Roman seinen Ort in der Hierarchie der Gattungen anzuweisen, sowie seine spezifischen Merkmale möglichst vollständig hervorzuheben. Eine Gattungscharakteristik ist deshalb eine ihrer vordringlichsten Aufgaben. Die Romanreflexion, als praxisbezogene Aussageweise kann auf eine solche systematische Einordnung in übergreifende Zusammenhänge verzichten. Dieser Verzicht ist vor allem dadurch bedingt, daß der Leser in erster Linie über seine Lektüre informiert werden soll. Ausführungen zu einer Literatursystematik sind dabei für ihn irrelevant. Damit entfallen für die Romanreflexion eine Reihe von Feststellungen, wie sie einige Poetiken treffen; so kann der Romanleser auf eine Definition von Roman verzichten. Auch die Unterscheidung zwischen Vers und Prosa wird unwichtig angesichts einer eindeutigen Praxis. Die Abgrenzung des Romans vom Epos ist kein Gegenstand der Vorrede, obgleich beide Gattungen teilweise den gleichen Inhalt haben, formelhaft als »Liebes- und Helden-Geschichte« erfaßt. Gemäß den thematisch wichtigsten Gesichtspunkten der Vorredenreflexion, Intention und Inhalt des Romans, aber auch auf Grund des Wirklichkeitsbezuges wird der Gattungscharakter mit Hilfe solcher Einzelmomente beschrieben. Das Moment des sukzessiven Erzählens erlaubt, die Verwandtschaft von Roman und Geschichtsschreibung festzustellen; wird der Roman als Lebensgeschichte begriffen, hebt man die Struktur der Handlung und den Wirklichkeitsbezug hervor; wird er nach dem Inhalt gattungsmäßig bestimmt, dann geschieht das lange Zeit nur als »Liebes- und Helden-Geschichte«; liefert die Intention das Kriterium, ist der Roman didaktische Literatur.

Diese und andere Aspekte der Gattungscharakteristik polarisieren sich um die beiden Begriffe »Roman« und »Historie«, die zeitlich phasenverschoben, wenn auch nicht genau abgrenzbar, aufeinander folgen. Sie repräsentieren komplexe Roman-programme, in denen sich der Wandel in der Gattungsauffassung und damit letzt-lich auch der seiner Reputation in der ersten Hälfte des 18. Jahrhunderts ablesen läßt. Gleichfalls in der Zeit verwendete Begriffe wie »Liebes- und Helden-Ge-schichte«, »Liebes-Geschichte« oder »Lebens-Geschichte«, »Robinsonade« und »Avanturier« ordnen sich dem unter.

Die hier eingeführten, auf den Sprachgebrauch der poetologischen Selbstreflexion des Romans zurückgreifenden Begriffe »Roman« und »Historie« ersetzen die bisher in der wissenschaftlichen Literatur verwandten Romantypbezeichnungen. So steht »Roman« für höfisch-historischen und galanten Roman[17] »Historie« für bürger-lichen Roman[18], Robinsonade und Avanturierroman[19]. Damit wird keine Nivellie-rung vorhandener Unterschiede vorgenommen, sondern, aufgrund der von den Romanautoren selbst erstrebten Zuordnung zu historischen Strömungen, deut-licher die beiden Gattungskonzeptionen in der Romangeschichte der ersten Hälfte des 18. Jahrhunderts herausgearbeitet und das mit dem Begriff verbundene theore-tische Programm in der Vorredenreflexion erfaßt.

Bis zum Ende der galanten Zeit ist »Roman« die allgemein akzeptierte Gat-tungsbezeichnung. Im Barock hatte sich vor allem der höfisch-historische Roman mit diesem Begriff identifiziert; sein Gegenbegriff war »Amadische Fabeln«. Mit »Roman« waren feste Vorstellungen verknüpft, die mit bestimmten Lesererwar-tungen korrespondierten. Wenn der Vorredner der *Constantine* das Werk mit dem Gütezeichen »nach Art meiner bißherigen Romainen« empfiehlt, dann spricht dar-aus nicht nur der Stolz des Erfolgreichen,[20] sondern auch, daß diese Literaturform allgemein akzeptiert wird. Und wenn Colombini seine literarische Vorlage, eine Oper, zu einem Roman »nach dem goût Roman-Lesender« (*Talestris*, 1715) um-arbeitet, dann deutet das auf die Präferenz dieser Gattung andern gegenüber hin.

Zu Beginn des 18. Jahrhunderts ist für den Leser mit dem Begriff »Roman« die feste Vorstellung verbunden, daß es sich um Liebesgeschichte handelt. Die Gattung scheint sich fast ganz mit der Liebesthematik zu identifizieren, ja überhaupt darin das Spezifikum der Gattung zu sehen. Belege finden sich in nahezu jeder Vorrede. Aber schon J. L. Rost wehrt sich gegen diese Gleichsetzung: »Romanen, nennet man zwar insgemein: Liebes-Geschichte / Liebes-Bücher / Liebes-Gedichte; aber wie be-reit erwehnet / so muß nun alles ein Roman heißen / was nur etliche verliebte Be-gebenheiten bey sich führet.« Er will den »Roman« nicht ganz in der Liebesge-schichte aufgehen lassen (Vorrede zu *Curieuse Liebes-Begebenheiten*, 1714).

Wo der galante Roman von einem neuen Gattungsverständnis her abgelehnt wird, gesellt sich auch die Kritik an der Liebesthematik hinzu. Der Autor des *Schlesischen Robinson* beteuert, daß er »lauter seriöse Dinge« und nicht »Liebes-Intriguen oder unflätige Courteoisien« vorbringe. In einem Teil der Gattung bleibt die Liebe jedoch weiterhin einziges Thema. So heißt es 1762 in der Vorrede zu *Wettstreit der Grosmuth* »aber die Romanen handeln von Liebe, von Zärtlichkeit etc. Allerdings, denn ob wir gleich auch einen Roman ohne Liebe haben, so hat

---

17 Vgl. H. Singer, Der deutsche Roman.
18 Vgl. M. Götz, Der frühe bürgerliche Roman, 1958.
19 Vgl. A. Kippenberg, Robinson, 1892; Fr. Brüggemann, Utopie 1914.
20 Zur Verfasserschaft des Romans s. H. Singer, Der deutsche Roman, S. 174–181.

Herr Tartuffe doch recht, wenn er saget, daß hauptsächlich von der Liebe in Romanen gehandelt wird. Fast alle gehen auf eine Heirath aus; ... « Dieses Zitat läßt erkennen, daß in den 60er Jahren die Liebe nicht mehr mit der Ausschließlichkeit[21] Gegenstand des »Romans« ist, wie das etwa in den ersten beiden Dekaden des 18. Jahrhunderts der Fall war. Fidelinus (*Böhmische Robinsonin,* 1753) ist an der Verbreitung von Erziehungsvorschlägen durch den Roman interessiert. Büchner möchte ein umfassenderes Bild »des törichthen Laufs« der gegenwärtigen Welt entwerfen *(Welt-Lauff).* Dort, wo die Liebe ein Thema unter andern ist, in der Lebensgeschichte zum Beispiel, hat sie ihren ursprünglich galanten Charakter verloren. »Ich weiß nichts von Geduld, Seufzern, Briefen, Liedern und andern zärtlichen Bemühungen, welche sonsten einen Romanhelden machen.« (Richter, *Schwachheiten,* 1755). Das Liebesthema hat sich zur Romanliebe pervertiert. Als literarische Konvention, als das Unnatürliche, wird sie zurückgewiesen. Ihre enge Verknüpfung mit dem »Roman«, die höfischen Züge, das Nichtsnutzige im bürgerlichen Sinn, wird ihr zum Verhängnis. Daß man sich dennoch ihrer bedienen kann, indem man sie ihres galanten Gewandes entkleidet, demonstriert der Verfasser des *Wettstreits.* Liebe ist für ihn nur als Ehe darstellenswert, da sie erst dort nützlich ist; denn die Ehe hat eine staatserhaltende Funktion. Miller, Timme und andere werden später ähnliche Überlegungen anstellen.

Die Barockpoetik behandelte den Roman im Zusammenhang mit dem Epos. Beiden Gattungen ist gemeinsam, daß sie die Schilderung von Liebes- und Heldentaten miteinander verbinden, jedoch so, daß im Roman die Liebes-, im Epos die kriegerischen Begebenheiten überwiegen.

In der Vorredenreflexion um 1700 gibt es korrespondierende Auffassungen.

Während Meier an der Verbindung von Liebesaffären und Staatsaktionen festhält (*Smyrna,* 1705), ist sich Autorff über das Publikumsinteresse an »Kriegs-Händeln« nicht mehr so sicher (*Scipio,* 1698); »Artige Liebes-Sachen« sollen für Abwechslung und Unterhaltung sorgen. Die Tendenz in den Vorreden der Romane, die überhaupt »Kriegs-Händel« erzählen, geht dahin, die Liebesgeschichte ausschließlich zum Inhalt zu machen. Ormenio (*Medea,* 1719) entschuldigt sich fast für die eingefügten Kriegsgeschichten. »Man darf sich dannenhero nicht fürchten / als ob ich die Blätter mit vielen Kriegerischen Begebenheiten ausgefüllet ...« Aber die Tradition der Romane mit heroischer Thematik setzt sich bis ins zweite Viertel des 18. Jahrhunderts hinein fort. Melander schreibt mit *Perseus und Andromeda* (1726) eine »Staats- und Helden-Geschichte«, die »unter dem Mantel dieses Helden-Gedichts viele wahrhaffte Staats-Historien vergangener Zeiten« vorträgt. Der Verfasser der *Jüttischen Kasia* (1732) widmet sich der »neueren Staats-, Kriegs-, und Liebes-Geschichten hoher Häupter«. Immer dort, wo geschichtliche Stoffe verwandt werden, ist der Anlaß besonders stark, die Identität von »Roman« und Liebesgeschichte zu durchkreuzen.

Das Verfahren der Vorredenreflexion, den Gattungscharakter des Romans zu bestimmen, unterscheidet sich prinzipiell von dem der Poetik. Während die Poetik von einem vorgefaßten Dichtungsbegriff die Gattung systematisch ableitet, entwickeln die Romanautoren immer neu einzelne Aspekte, die sie nach Maßgabe der jeweiligen Romanpraxis in einer verabsolutierenden Weise benutzen. So erscheint der »Roman« einmal als populäre Form der Geschichtsschreibung; hier liefert der Inhalt das Gattungskriterium. Zum anderen wird er als eine Tugend-

---

21 Vgl. H. Singer, Der deutsche Roman, S. 171–174.

lehre bezeichnet; hier ist die Intention das den Gattungscharakter bestimmende Moment. Daher kann Meier die »guten« Romane unter die »Tugend- und Moral-Bücher« (*Hebreerinnen*, 1697) rechnen, und Lehms bekräftigt diese Aussage zehn Jahre später: die »honetten Romanen« sind »nichts anders als getreue Sittenlehrer . . . welche die unschätzbaren tugenden und verdammlichen laster so geschickt abbilden / als irgend dort des berühmten Apelles pinsel ein bewundrungswürdiges bild« (*Michal*, 1707). Und Celander betrachtet seinen satirischen Roman *Verkehrte Welt* (1718) als Ersatz für ein »geistliches Straff-Buch« für diejenigen, die ein solches niemals in die Hand nehmen. Für diese Autoren ist der Roman nur ein neues, in der Gunst der Leser stehendes Mittel, um die alten Absichten der religiösen und gelehrten Literatur durchzusetzen.

In der Weise, wie der »Roman« mit der Tugendlehre identisch wird, in der Weise dient er auch der Verbreitung von Geschichtskenntnissen. Meier sieht im »Roman« einen vergnüglichen Unterricht in historischen Ereignissen, seien es die der Antike, die der europäischen Hofgeschichte oder des Volkes Israel. Die *Smyrna* sei zu »dem Ende ersonnen / daß er eine Erklärung der jenigen Zeiten sey / welche noch zu denen Mythischen oder Fabelhafften gerechnet werden / die man meiner Meynung nach / solchergestalt weit angenehmer und deutlicher erläutern kan / als wann man einen ungeheuren Commentarium darüber schriebe«.

In verkürzender Einseitigkeit von Tendenzen im höfisch-historischen Roman[22] ist der Roman für Meier nur Ersatz für gelehrte Geschichtsschreibung. Als Autor stellt er sich mit »denen Gelehrten« in eine Reihe. Folgerichtig diskutiert er in der Vorrede zur *Smyrna* einen Streit unter Historikern über das trojanische Reich.[23] Er bedient sich des Romans, der ihm als »liederliche Gestalt« erscheint, aufgrund eines vorhandenen Leserinteresses.

Dabei schildert er die Vorzüge des »Romans« so, wie es in dieser Zeit möglich ist: als spannenden Inhalt. »Ein Roman hat einen plausiblen Titul / und bildet sich die gantze Welt ein / nichts als ergötzende und anmuthige Sachen darinn zu finden. Daher geschieht es / daß man dieselben begierig lieset / und der Eyfer zu demselben uns so gar übernimmt / und es uns verdreußt in deren Lesung entweder gestöret / oder gezwungen zu werden, davon abzulassen.« Die mit dem Begriff »Roman« verbundene Lesererwartung und der spannende Inhalt des Romans ist für Meier Anreiz genug, in ihm eine Möglichkeit für eine populäre Form der Geschichtsschreibung zu sehen. Die Romane Meiers, Lehms' und Autorffs erscheinen im Vergleich mit denen der galanten Autoren ihrer Zeit als Gruppe mit einem überholten Romanbegriff. Sie verabsolutieren Tendenzen, die schon im Schäferroman, dem höfisch-historischen und politischen Roman vorhanden waren, mit dem Unterschied, daß der »Roman« ausschließlich ein Vehikel für erzieherische Zwecke ist. Liebe, Kriegsgeschehen oder spannende Handlung sind nicht mehr spezifische Gattungscharakteristika, sondern Anreiz für lernunwillige Leser.

Die galanten Autoren wie Bohse, Hunold, Melissus und andere, lehnen diesen Romanbegriff ab. Für sie ist er kein Mittel, Geschichtswissen oder Tugendlehre zu popularisieren. Diese Konzeption ist sicher mit hervorgerufen durch einen allmählichen Wandel des »Roman«-Inhalts. Je weniger der »Roman« Kriegs- bzw. Helden-Geschichte ist, je mehr er Liebesgeschichten zu seinem Stoff wählt, um so

---

22 Vgl. die Romane von Lohenstein und Happel.

23 Die Quellenlage zu seinem historischen Stoff erörtert auch Lycosthenes, der in seinem *Arbaces* (1725) Geschichtsunterricht mit moralischer Belehrung verbindet.

mehr verliert sich die Gelegenheit, Geschichtskenntnisse in den Roman zu integrieren. Zwar verzichten die galanten Romane keineswegs auf die Gestaltung geschichtlicher Stoffe. Die Titel verraten oft den zeitbezogenen Hintergrund: – *Der Europäischen Höfe Liebes- und Helden-Geschichte* (Hunold, 1704); *Liebes- und Helden-Geschichte des Schwedischen Hofes* (1707); *Liebes- und Helden-Geschichte des Sächsischen und Britannischen Hofes* (1708); *Eines Nordischen Hofes Liebes- und Helden-Geschichte* (Rost, 1715). Jedoch geschieht ihre Verwendung aus einem anderen Interesse heraus als bei Meier. Hunold hat nachweislich nicht nur Werke der zeitgenössischen Geschichtsschreibung benutzt, sondern sie auch wörtlich abgeschrieben, gleichsam montiert.[24] Die Geschichte dient ihm als Stoff für anekdotische, kuriose und absonderliche Einlagen. Dort, wo die Liebe zum Hauptthema des »Romans« aufrückt, muß der Leser auf die Geschichtsschreibung zurückgreifen, wenn ihn der historische Hintergrund des Erzählten interessiert.

> »Denen meisten / dürfte es weit angenehmer seyn / wenn ich an statt der Helden-Geschichte; oder der Martialischen Begebenheiten / nichts als verliebte Historien aufgezeichnet... durch die eingemischten kriegerischen Erzehlungen / [habe ich] nichts anders gesuchet / als wie ich dem curieusen Leser im Durchblättern / eine Abwechselung der Materien verschaffen; auch den Unwissenden / ein wenige Nachricht / von der unvergeßlichen Spanischen Streit-Sache geben möchte« (Vorrede Rosts zu ›Helden- und Liebes-Geschichte‹, 1715).

Zur weiteren Unterrichtung wird dann der Leser auf französische und deutsche Geschichtswerke und Zeitschriften über den spanischen Erbfolgekrieg verwiesen. Damit hat der »Roman« die Funktion der Wissensvermittlung von Geschichte weitgehend aufgegeben.

Gleichwohl wird der »Roman« noch als gelehrtes Werk apostrophiert, ohne daß dies noch als Auszeichnung verstanden wird. Vielmehr ist die Abwendung, die das Zitat von Rost andeutete, endgültig. Zu einem literarischen Streit um den Gattungscharakter kommt es zwischen Behmenus und Selamintes. Letzterer rezensiert den Roman Behmenus *Der liebliche und doch kriegerische Cupido* (1711/12), in der Vorrede zu seinem *Närrischen und doch beliebten Cupido* (1713). In der Antwort darauf wehrt sich Behmenus (in der Vorrede zum *Poetischen Cabinet*, eine Sammlung seiner Lyrik) dagegen, daß sein Roman ein Ergebnis seiner Gelehrsamkeit sei: »Wer hat jemals Romanen geschrieben / um dadurch seine Gelehrsamkeit zu zeigen?... Ich meines Theils habe meinen Roman niemahls vor eine Marque einer Gelehrsamkeit ausgegeben;« (S. 18). Behmenus verwahrt sich gegen den Vorwurf des Altmodischen und Rückständigen, der – berücksichtigt man die Tendenzen in der Entwicklung des »Romans« zwischen Meier und Rost – dem Begriff Gelehrsamkeit anhängt.[25]

Mit ähnlicher Vehemenz verteidigt sich der anonyme Autor des *Americanischen Freybeuters* (1742/45, Vorrede zum zweiten Teil) gegen eine Rezension in den *Göttingischen Zeitungen von Gelehrten Sachen* (Juli 1742, S. 475):

---

24 H. Wagner, Die Komposition der Romane Christian Friedrich Hunolds, Berkeley, Los Angeles 1969 (Univ. of Calif. Publications in modern philology. 94). S. 42–87.

25 Auch weiterhin gibt es Nachzügler und Verspätete, die den »Roman« dem gelehrten Bereich zuordnen. So sieht der Verfasser der *Jüttischen Kasia* (1732) im Romanschreiben eine Betätigung in den »Wissenschaften« und er drückt sein Vertrauen »zu der Bescheidenheit derer Herren Rezensoren gelehrter Sachen« aus, wenn sie das Werk, das vorgibt, einen Ausländer zum Verfasser zu haben, beurteilen.

»Es erscheinet nun der zweyte Theil des Americanischen Freybeuters, ich weiß nicht, soll ich sagen, in der galanten oder gelehrten Welt, denn da der erste Theil desselben das Glück genossen, von dem Verfasser der Göttingischen so genannten gelehrten Zeitungen recensirt zu werden, wiewohl mit nicht allzuvorteilhafften Umständen; so bin ich zweifelhafft, ob die Romanen nicht mit unter die gelehrten Dinge gehören.«

Der Verfasser stellt eine Verbindung her zwischen dem Ort der Rezension einerseits, einer Zeitschrift, die sich vornehmlich mit gelehrten Schriften befaßt, und der Kritik an dem Wahrheitscharakter seines Romans andrerseits. Ähnliches gab es schon um 1700 (s. Thomasius, Gundling, Tenzel). Tatsächlich aber wird dem Anonymus der Vorwurf, ein gelehrtes Werk mit dem Roman geliefert zu haben, an das der Maßstab der Faktizität mit Recht angelegt werden kann, nicht gemacht. Vordergründig gesehen, verschiebt er damit, taktische geschickt, das Problem, indem er sich über eine Beurteilung von unberufener Seite erregt und damit die Aufdeckung der in der Vorrede zum ersten Band geleugneten Literarität überspielt. Die Abwehr gegen die angebliche Unterstellung der Gelehrsamkeit erscheint daher nur noch als Spielelement in einem taktischen Manöver.

Die Autoren der galanten Romane entwickelten einen Begriff vom »Roman«, der den Vorstellungen eines Meier, Autorff oder Lehms insofern entgegengesetzt war, als sie die Gattung frei halten wollten von ihr nicht gemäßen Themen und Mitteilungsformen. Eine zeitgenössische Abhandlung, das *Raisonnement über die Romanen* (1708) führt das aus, was mehr die Romanpraxis als die Vorredenreflexion ausspricht: die Verbindung von Erzählen einer Geschichte und Erörterung wissenschaftlicher Tatbestände ist miteinander nicht vereinbar. Der Roman hat darin seine spezifische Identität, daß er erzählt. Er ist ein Werk »bloßer Dinge Erzehlweise« (wie ihn Meier abwertend nennt), und damit ausreichend charakterisiert. Er bedarf zur Bestimmung seines Gattungscharakters keiner Anleihen bei anderen Gattungen.

Die Tendenz, zu einer zweckfreieren Kunstform zu gelangen,[26] kann sich jedoch nicht durchsetzen. Die Wende und damit die Rückkehr zum »Roman«, der das Erzählen einer Geschichte mit didaktischen Zielen verbindet,[27] markiert Rosts Selbstkritik an seinem bisherigen Romanschaffen. Nur der Roman sei ein guter Roman, der auch eine nützliche Funktion erfülle: »Was die rechten Romanen anbelanget: sollen es Bücher seyn / die schöne Historien, kluge Erfindungen / nützliche Maximen und lehrreiche Moralien, auch eine annehmliche / keusche Schreib-Art / und bißweilen etwas von der vernünftigen Poesie, nebst andern tugendhaften Fürstellungen in sich halten« (Rost, *Begebenheiten*, 1714). Der Roman wird von Rost gleichsam zur (bürgerlichen) Ordnung gerufen. Liebesgeschichte ist ohne Tugendlehre als das prodesse nicht denkbar. Erzählt wird nach dem Schema: die »Tugend belohnen« und das »Laster bestrafen«. Was hierbei Tugend/Laster im einzelnen bedeutet, ist allein aus der Romanreflexion nicht auszumachen. Die Tendenz geht jedoch dahin, daß die christlich-sittliche Komponente der didaktischen Intention allmählich von einer mehr pragmatischen, das Selbst- und Welt-Verständnis der nunmehr bürgerlichen Leser betreffenden, abgelöst wird. So empfiehlt sich Fidelinus' *Böhmische Robinsonin* (1753) als Erziehungsanleitung und

---

26 Vgl. Pohlmann, *Studierstube* (1703); Corvinus, *Carneval* (1712); Damirus, *Wallfahrt* (1713); Melissus, *Adelphico* (1715); Sylvano, *Mutter-Söhngen* (1728).

27 Wenngleich nicht zu jener Identität von Sittenlehre und Roman wie bei Meier und Lehms.

Briefsteller, und der *Fränkische Avanturier* von Troeltsch als vernunftbestimmte Verhaltenslehre. Unterhaltung durch den »Roman« scheint nicht anders denkbar, als daß »ein solcher Nutzen entspringe, welcher die mit Lesen angewendete Zeit reichlich ersetzen möge« (*Europäische Robinsonetta*, 1752). Dieser Nutzen kann sich auf das Erreichen eines ,privaten' Lebensglücks beziehen, aber auch auf die gesellschaftliche Rolle des Bürgers.[28] So heißt es in der Vorrede zu *Wettstreit der Grosmuth* (1762): Die Liebe, vornehmstes Thema des »Romans«, sei die heftigste Leidenschaft, die gerade »gebessert und gelehrt zu werden« verdiene. Der Verfasser fährt fort: »Dem Staat überhaupt sowohl, als einzelnen Gliedern desselben, lieget unendlich viel daran, daß gute Ehen geschlossen werden ... Was lieget einem Bürger, einem Mann vom Stande sogar, daran, wenn seine Kinder bey der Liebe ihr Herz allein zu Rath ziehen? In Romanen finden sie, welche Charactere den Beifall des Herzens verdienen; diejenige nemlich, welche die Vernunft billiget.«

Das Erzählen von Liebesgeschichten ist für die Romanautoren, die sich dem Gebot des Nutzens und der Sittlichkeit unterwerfen, stets ein Problem gewesen. Vor dem Hintergrund einer Lebenshaltung, die durch Streben nach Vernunft, Zufriedenheit und Glückseligkeit[29] gekennzeichnet ist, muß die Darstellung der Liebe die Aufmerksamkeit geradezu heranziehen. Sie gilt als eine Leidenschaft, als das Unberechenbare, das die Zufriedenheit zerstören kann.[30] Einen Kodex erlaubter Liebeshandlungen anzulegen ließe sich kaum realisieren; es fehlt denn auch in der Vorredenreflexion jede Präzisierung von Inhalten einer Liebesgeschichte. Man behilft sich damit, daß das Grundsätzliche das Detail in erlaubten Grenzen halten soll. Ein Feld der Sittlichkeit wird daher bezeichnet: die »tugendhafte, ehrliche Liebe« (vgl. Celandor, *Florander*, 1725; Mirandor, *Belisandra*, 1742; Sincerus, *Österreicherin*, 1747; Polimon, *Eginhard*, 1749). Die »Schranken der Keuschheit« (Lehms, *Michal*, 1707; Ormenio, *Medea*, 1719) dürfen nicht durchbrochen, der Leser muß in einer »vernünftigen Liebe« unterwiesen werden, die Leserinnen dürfen nicht hoffen, daß sie besondere »Vorteile im Lieben« aus der Geschichte ziehen können. Der Autor ist gebunden, sich einer »keuschen Schreibart« zu befleißigen.

Weder die Wahrscheinlichkeitsfrage noch Probleme des Stils nehmen eine so zentrale Stellung in der Theorie des »Romans« ein, wie die didaktische Intention und der damit postulierte Nutzen der Lektüre. Auf diesen Gebrauchswert rekurrieren die Romanschreiber, wenn sie die Gattung verteidigen müssen. Die Angriffe erfolgen von Theologen und Pädagogen und in den moralischen Wochenschriften. Heidegger (*Mythoscopia romantica*, 1698), Freyer (*Vom Romanlesen*, 1730), Kiliani *(Das unverantwortliche Unternehmen der Verfasser der Romanen*, 1736) und andere warnen vor der »sittenverderbenden« Lektüre. Die wissenschaftliche Literatur[31] hat in der didaktischen Zielsetzung des »Romans« eine Alibi-Funktion für eine fehlende künstlerische Legitimation gesehen. Ist aber wirklich der Hinweis auf den Gebrauchscharakter als Aufwertung einer von den Autoritäten der Zeit verworfene Gattung gedacht? Ist das Herausheben des prodesse eine unmittelbare Reaktion auf die Krtik am »Roman«? Nach der Rezeption der Vorwürfe

---

28 Zum Begriff s. C. Fr. Barth, Handbuch der Morals für den Bürgerstand, 1789, S. 12.
29 Vgl. Thomasius, Schriften; J. A. Hoffmann, Zwey Bücher von der Zufriedenheit [10]1745, S. 7 ff.
30 Vgl. Hoffmann, a.a.O., S. 32 ff.
31 Zuletzt G. Jäger, Empfindsamkeit, S. 64 ff., bes. S. 67.

in der Vorredenreflexion zu schließen, kann das nicht der Fall sein. Es scheint nur eine einzige Vorrede zu geben, die auf diese Vorwürfe überhaupt eingeht. Dies geschieht jedoch zu einem Zeitpunkt, als die Vorstellungen der Theologen und Pädagogen in der Diskussion um die Gattung kaum noch eine Rolle spielen.

> »Aber werden strenge Gottesgelehrte sagen, ein Roman ist halt doch so ein Buch, womit man die Sitten verderbet, und wodurch der Verfasser Sünden begehet, welche desto abscheulicher sind, weil sie nach seinem Tode sogar fortwähren. Nein, mein ehrwürdiger Herr Tartuffe, die Romane sind nie in der Absicht geschrieben worden, die Sitten zu verderben ... Was man aus übelverstandenem Eifer vor die Frömmigkeit an denen Romanen desfals tadelt, das ist wohl dasjenige, so ihnen zu einem besondern Vorzuge gereichet. Welche Leidenschaft ist heftiger, und algemeiner, als die Liebe? Welche verdienet also mehr gebessert und gelehret zu werden?« (*Wettstreit der Grosmuth*, 1762, Vorrede).

Es ist kaum anzunehmen, daß die Kritik am »Roman« dessen theoretisches Programm in so entscheidender Weise geprägt haben soll; denn es gibt plausiblere Gründe für die zentrale Bedeutung des prodesse: 1. Das Prodesse ist ein wesentlicher Bestandteil der Formel, mit der Dichtung bis zu Gottsched von anderer Literatur abgegrenzt wird. Die Vorstellung einer autonomen Literatur kennt man in der Poetik dieser Zeit nicht. Wenn also der Roman didaktische Absichten verfolgt, entspricht er darin einem aus der Antike überkommenen Dichtungsbegriff. 2. Die in Prosa geschriebene Literatur, wie die theologische, historische und philosophische war didaktische Literatur. Prosaform und belehrende Intention waren vor allem im 17. Jahrhundert eng miteinander verknüpft. Es ist daher denkbar, daß von der Prosaform her sich für den »Roman« zwangsläufig eine Verpflichtung zur Didaxe ergab, die im 18. Jahrhundert weitergeführt wurde.

Die Autoren des »Romans« stellen immer wieder nachdrücklich die mit ihrer Tätigkeit verbundene didaktische Absicht heraus. Dabei darf jedoch nicht übersehen werden, daß es ihnen auch darum geht, die Poetizität der Gattung herauszuarbeiten und sie nicht, wie das Meier oder Lehms tun, in Geschichtsschreibung und Erbauungsliteratur aufgehen zu lassen. Sie verstehen den Roman als Dichtung, obgleich sie ihn nur selten so bezeichnen. Aus dem Begriff »Erfindung« und der Reflexion auf die Kunstformen des »Romans« läßt sich, unter Einbeziehung der Literaturtheorie, dieses Selbstverständnis rekonstruieren.

Für die Literaturtheorie vom Barock bis hin zu Gottsched ist Poet der, der erfindet. In der Vorredenreflexion ist der »Roman« meist, im Gegensatz zu »Historie«, erfundene Geschichte; das heißt, er ist nach dem Dichtungsbegriff der Literaturtheorie, Dichtung. Ein Zitat aus einer der wenigen zeitgenössischen Poetiken, die sich zum Roman äußern, spricht den Zusammenhang von Erfindung und Poetizität deutlich aus: »Daß wir aber von denen Romanen etwas in dieser Schrifft / welche von der Ticht-Kunst ... [handelt] mit beyfügen / so geschiehet solches mehrentheils darum / weil sie zu schönen Erfindungen Anlaß geben / über das auch ein Gemüth sich gar wohl im Dichten üben muß ...« (*Lehr-mäßige Anweisung Zu der Teutschen Vers- und Ticht-Kunst*, 1702, S. 143; vgl. auch Hunold, *Menantes academische Nebenstunden*, 1713, S. 54 ff). – Zur Tätigkeit des Poeten gehört weiterhin, daß er die der Gattung eigenen Kunstformen anwenden kann. Wiederum im Gegensatz zur »Historie« nimmt ihre Erörterung in der Vorredenreflexion zum »Roman« breiten Raum ein. Solche Kunstmittel sind zum Beispiel Verwirrung als Handlungsstruktur, poetische Gerechtigkeit, Behandlung der Figuren nach dem Tugend-Laster-Schema und eine rhetorisch geschmückte Sprache, die besonders bei der Gestaltung der Dialoge verwandt werden soll. – Den dritten Aspekt, den der Dichtungsbegriff im 17. und 18. Jahrhundert bis zu Gottsched hin hat und dem die Vorredenreflexion des »Romans« folgt, formuliert Thomasius so: Ein Dichter sei der, der die »Welt-Weißheit . . . in anmuthigen Fabeln verstecket«. Die didaktische Absicht, ob sie nun mehr Wissensvermittlung (Thomasius) oder mehr Verhaltenslehre (im »Roman«) impliziert, ist Teil der Definition von Dichtung. Der Poet muß nicht nur erfinden und sich der Kunstmittel bedienen können, er muß auch die Rolle des Erziehers wahrnehmen,[32] der eine deutliche Vorstellung von der Tugend hat. Nur der ist auch Poet, der seine Leser zum Guten führen will. Vielleicht rührt die schlechte Reputation des Romans in den moralischen Wochenschriften bei Pädagogen und Theologen und seine Einstufung als trivial daher, daß er der Norm von Dichtung in der Verwirklichung der didaktischen Absicht nicht genügte.

Zu Beginn des 18. Jahrhunderts existieren in der Vorredenreflexion zwei miteinander konkurrierende Auffassungen vom Gattungscharakter des »Romans«. Die Vertreter der einen begreifen ihn als eine andere Form der Geschichtsschreibung, bzw. der Tugendlehre. Sie führen damit Tendenzen im spätbarocken Roman, bei Lohenstein oder Happel, fort. Die anderen identifizieren den »Roman« als ein Kunstprodukt, das durch erfundene oder historisch wahre Liebesgeschichten, das Verwirrungsschema als Handlungsstruktur und eine gewisse Zweckfreiheit charakterisiert ist. Dieser zweite Gattungsbegriff kann sich durchsetzen. Er wird gegen Ende der galanten Zeit jedoch dahingehend modifiziert, daß der »Roman« wieder stärker an bestimmte Zwecke gebunden wird.

Zur gleichen Zeit beginnt man in Romanen, die mehr an der pikaresken Tradition der Gattung anknüpfen, sich mit dem »Roman« auseinanderzusetzen. Zwei Zitate aus dem *Seltsamen Avanturier* (1724) dokumentieren diese Kritik, die sich auf die Thematik und das Wirklichkeitsverhältnis beziehen. »Ich schreibe hier keinen Roman, sonst würde ich meine zärtlichen und verliebten Gratulationen zu ihrer Restitution . . . mit ausdrücklichen Worten hersetzen müssen« (S. 15). Während hier der Verfasser die galanten Formen der Liebe als in seinem Lebensbericht für überflüssig ablehnt, kann man dem folgenden Zitat den Abscheu gegenüber allem Erfundenen und Unwahren, das der »Roman« verkörpert, entnehmen. »Man mag von dieser meiner Erzehlung dencken was man will, so bin ich doch in meinem Gewissen versichert, daß ich meinem Leser, keine Romanen-Geschichte zu erzählen iemahls gesonnen gewesen« (S. 166); s. a. S. 158 f.).[33]

Rosts Kritik am Roman *(Begebenheiten*, 1714) ist eine typimmanente Kritik. Sie beschäftigt sich mit jenen, die sich den didaktischen Absichten des »Romans« zu entziehen suchen. Inwieweit die zunehmend negative Besetzung des Begriffs »Romanist« (bei Thomasius in den *Monatsgesprächen*, 1689, S. 655, noch ohne verächtlichen Nebensinn) eine Wandlung in der Gattungsauffassung ankündigt, läßt sich nicht feststellen. Meier (*Smyrna*, 1705), Celander (*Studente*, 1709) wie der Verfasser des *Freigebigen Geitzigen* (1708) geben diesen Titel den bewunderten Autoren Bohse und Hunold, möchten aber selbst nicht als »Romanisten« angesehen werden (ähnlich auch Rost in *Bescheidene Verantwortung*, S. 169).

---

32 Diese Rolle behält der Romanschreiber bis hin zur Klassik: vgl. Hermes, *Sophiens Reise*, Bd. 1, Kap. 12 und Knigge, Über Schriftsteller und Schriftstellerei, 1793, S. 256–269.
33 Diese Art Kritik wird später, z. B. im *Nordischen Hyacinthus*, aufgegriffen und zu widerlegen versucht.

Je mehr sich die Vorstellungen vom Roman als Historie durchsetzen, je weiter sich das Gattungsverständnis von einer didaktischen in Richtung auf eine mimetische Darstellung verschiebt, um so mehr wird der »Roman« mit seinem Verwirrungsschema, seiner teilweise formelhaft verfestigten galanten Sprache und seiner stereotypen Liebesthematik als literarisches Klischee angesehen.

Die Bezeichnung und das Programm »Roman« hält sich im Bereich der Nachfolgeformen des höfisch-historischen Romans. Als diese in neuen Erzählformen aufgehen, wird der Begriff Roman nicht aufgegeben, obgleich er nicht mehr mit dem ursprünglichen poetologischen Programm identifiziert werden kann. Diejenigen, die die Gattung mit Liebesgeschichte in eins setzen (Miller; Bretschneider, *Ferdinand von Thon;* Timme, *Faramond*), halten an der Bezeichnung »Roman« fest.

Der Begriff Roman ist verfügbar geworden und jeder der Autoren im späteren 18. Jahrhundert kann auf ihn im Positiven wie im Negativen zurückgreifen, sich polemisch abwenden oder ihn als Gattungsbegriff akzeptieren. Zum Beispiel bringt der *Americanische Freybeuter,* der von der Romanpraxis her eher der »Historie« zuzurechnen ist, die erlebten wahren Begebenheiten »in die Form eines Romans«. »Roman« wird also schon zu diesem Zeitpunkt nicht mehr unbedingt mit dem, was formal und inhaltlich der höfisch-historische Typ repräsentiert, in eins gesetzt. Man aktualisiert ihn und setzt ihn schließlich auch in der Auseinandersetzung zwischen emanzipatorischer und trivialer Literatur im späten 18. Jahrhundert ein, zumeist in herabsetzendem Sinne.

b) Die »Historie«

Etwa seit 1720 bedienen sich die Romanautoren in zunehmendem Maße der Begriffe »Historie« und »Geschichte« zur Kennzeichnung der Gattung. Er ist nicht identisch mit »Geschichtsschreibung«, versteht sich jedoch aufgrund manchen Ähnlichkeiten mit dieser Prosaform als Gegenbegriff zu »Roman«. »Historie« artikuliert ein neues Romanverständnis, das ein verändertes Wirklichkeitsverhältnis, eine gewandelte Romanstruktur, wie eine neue Rolle des Autors beinhaltet.

Von »Historie« sind die Romane zu unterscheiden, die antike oder zeitgenössische Geschichtsschreibung als Stoffreservoir benutzen, jedoch weder »Historie« noch historischer Roman[34] sind. Man bedient sich der historischen Ereignisse »in denen Romans gleichsam zur Richtschnur seiner Erfindungen« (Meier, *Hebreerinnen,* 1697). Autorffs und Meiers, zum Teil auch Rosts und Hunolds Romane, Lycosthenes *Arbaces,* Damiros *Rosamundae,* Polimons *Eginhard und Emma,* der *Nordische Hyacinthus,* um nur einige zu nennen, zählen zu ihnen. Als Zulieferant der Romanstoffe wird Geschichte als Mittel zu übergeordneten Zwecken eingesetzt: sei es, um polyhistorische Gelehrsamkeit zu beweisen (Meier, Autorff), sei es, um das höfische, bzw. großbürgerlich-städtische Publikum mit gesellschaftlichem Klatsch zu unterhalten (Hunold), sei es, wie bei Lycosthenes, daß das Bewußtsein der Faktizität der geschichtlichen Begebenheiten die Wirkung des didaktischen Vorhabens besonders nachhaltig zu unterstützen verspricht.

Das Gebot faktischer Wirklichkeit ist auch dem »Roman«-Programm geläufig; es entsteht nicht erst mit dem Auftreten der »Historie«. Sie ist jedoch den didak-

---

34 Diese Romane unterscheiden sich vom historischen Roman allein schon dadurch, daß ihnen die Intention fehlt, Geschichte darstellen zu wollen. Die eigentliche Absicht ist Unterhaltung, bzw. Unterrichtung.

tischen Intentionen untergeordnet, zu deren Verwirklichung – das hatte man durchaus erkannt – eine Erdichtung sehr viel dienlicher sein kann.[35] Das roman-theoretische Programm der »Historie« zieht eine solche Möglichkeit erst garnicht in Betracht. Die Unterordnung des Wirklichkeitsbezuges unter die moralische Absicht wird verworfen und die in der Moral (›Constantia‹, Keuschheit, Gerechtigkeit) beschlossene, handlungsbestimmende, grundsätzliche und allgemeingültige Wahrheit als Wirklichkeitsausweis des Erzählten für ungenügend angesehen. Der zentrale Punkt im theoretischen Programm der »Historie« ist die Forderung, daß die Begebenheiten Tatsachen schildern.

Dieses Programm wird einmal dadurch realisiert, daß Vorgänge als biographisch und autobiographische deklariert werden. Der *Sächsische Robinson* (1722) sei eine »wahrhaffte Historie«, in der man »weder selbst erdichtete Abentheuer oder von Hören-Sagen erfahrne Dinge« findet »sondern lauter wahrhaffte Würckung meines unbegreifflichen Schicksals«. In der *Zeitverkürzenden Assemblée* (1743) heißt es: die »wunderbaren Historien« seien keine »Romanische oder Robinsonische Geschichte / sondern in der That solchen Leuten wiederfahren / die entweder selbst noch am Leben / oder von deren Freundschafft noch viele gegenwärtig / aber nicht erkannt seyn wollen«. – Die »Historie« ist dem Inhalt nach vornehmlich Lebensgeschichte (z. B. *Seltsamer Avanturier*, 1724; *Sächsischer Robinson*, 1735; *Schicksal Antonii*, 1746; *Bremischer Avanturier*, 1751; *Europäische Robinsonetta*, 1752, u. a.). Sie erweitert damit den in den Roman hereingenommenen Wirklichkeitsbereich beträchtlich, dessen einseitige Fixierung auf Liebesgeschichte gelegentlich schon als einengend empfunden wurde (*Landkutsche*, 1725; *Namor, Gismunda*, 1728). »Historie« als Lebensgeschichte bietet aber keine umfassende Biographie des Helden. Bei aller gesuchten Illusion unbedingter Wirklichkeitstreue läßt sich gleichwohl ein, wenn auch schwacher, künstlerischer Formwillen feststellen. »Sind die Dinge, welche erzelht werden, wirklich geschehen, müssen sie nicht alltäglich, sonst machen sie keinen Eindruck, noch Aergerlich seyn . . .« (*Verhängnisse*, 1765). Eindruck macht nur das, was interessant ist, und interessant kann kaum eine detailliert nachzeichnende Biographie sein. So rafft der Verfasser des *Seltsamen Avanturiers* (S. 257 f., 261 f.), wählt wie der *Bremische Avanturier* (1751) »außerordentliche Erfahrungen« aus, die zumeist in »Glücks- und Unglücks-Fällen«, im überraschenden und wunderbaren Wechsel bestehen. Dort, wo das didaktisch-pädagogische Element sich stärker bemerkbar macht und sich nicht nur im Aufweis göttlicher Vorsehung erschöpft, kann Lebensgeschichte, befrachtet mit aufklärerischem Gedankengut, zur beispielhaften Erziehungsgeschichte werden, wie in Fidelinus *Böhmische Robinsonin* (1753). Beispielhaftigkeit intendiert die »Historie«, bei aller ›Individualität‹ der erzählten Lebensläufe von vornherein. Indem der Ich-Erzähler seine Lebensgeschichte zugleich als die Biographie eines Sünders interpretiert (vgl. *Seltsamer Avanturier; Gustav Landcron*), gibt er ihr Exemplarität. Diese strebt auch der Verfasser der *Verhängnisse* (1765) an, wenn er ankündigt, »daß ich den Endzweck gefaßt, in der Erzehlung meiner denkwürdigsten Vorfälle des Lebens zugleich der Historie des menschlichen Herzens Dienste zu leisten« (Vorrede).

Um das Hauptanliegen dieses romantheoretischen Programms, den Wahrheitsanspruch, zu unterstützen, gehen die Autoren über eine bloß inhaltliche Absicherung hinaus. Kaum eine der Lebensgeschichten wird (vorgeblich) vom Verfasser selbst

---

35 Vgl. Birken, Vorrede zur *Aramena* (1669) und: *Rede-bind und Dichtkunst*, S. 306.

veröffentlicht. Die biographischen Dokumente erfahren eine Bestätigung durch einen Herausgeber. Mit dem Dazwischenschalten einer zweiten Instanz sollen die Berichte authentischer, ihre faktische Wirklichkeit noch sichtbarer vor Augen geführt werden. Dem dient auch Struktur und Sprachstil der »Historie«. Corvinus verzichtet auf den »gewöhnlichen Ausputz und Zierrath« und kleidet sein Werk »garnicht mit einem prächtigen Romanischen Gewand aus«, sondern richtet es »nach der Eigenschafft der Historie und wie es die damahligen Umstände« erfordern ein (ähnlich Celandor,, *Florander*, 1725). Die »Historie« paßt die Struktur der Erzählungen den tatsächlichen Gegebenheiten an, verzichtet demnach auf den als Durcheinander empfundenen Aufbau des »Romans« und setzt an seine Stelle die Begebenheitenreihung. Die Rolle des Autors ist damit gleichfalls bestimmt als diejenige »eines tugendhafften und bescheidenen Historien-Schreibers« (Menander, *Türkin*, 1733), der keinem ›willkürlichen‹ Kompositionsprinzip dient, sondern (passiver) Vermittler der Faktizität ist. Auf rhetorische Sprachmuster, die im »Roman« den Objektbezug verstellen konnten, verzichtet er und schildert die Geschehnisse »mit gewöhnlichen Redens-Arten« (Celandor, *Florander*, 1725).

Damit sind die poetologischen Implikationen der »Historie« weitgehend beschrieben. Das Programm ist in den Vorreden weit weniger ausgeführt als das des »Romans«, da sich die »Historie« als ungekünstelter Lebensbericht versteht. Der mit Nachdruck vertretene Anspruch, faktische Wirklichkeit zu erzählen, hat eine Erneuerung der Gattung bewirkt, die stereotyp Inhalt und Handlungsschemata reproduzierte, in ihren rhetorischen Sprachmustern festgefahren und einer veränderten und erweiterten Leserschaft in ihrem Realitätsbezug unverständlich geworden war. In der Romanpraxis sind »Roman« und »Historie« nicht so streng geschieden, wie die jeweilige theoretische Intention glauben machen könnte.

Den Aussagen der Romanschreiber, welchem Typ sie ihr Werk zuordnen, kann nicht immer Glauben geschenkt werden.

Severinus nennt seinen *Philander* »Roman«, obgleich in Struktur und zum Teil dem Inhalt nach er typische Züge der »Historie« trägt. *Don Felix* (1754) hingegen gibt sich wie Namors *Gismunda* als wahre Geschichte aus, obgleich beide zur höfisch-historischen Romantradition gehören. Die »Historie« betont gelegentlich stärker ihren moralischen Glaubenscharakter, indem sie auf die Vorbildlichkeit der wahren Geschichte verweist. »Ein Historienbruch muß nach meinem Geschmack erfreuen, erbauen und unser Herz bessern. Daher habe ich diese wahre Geschichte nach vieler Überlegung endlich zu Stande gebracht« (*Kosakische Standesperson*, 1761; ähnlich Verulamius, *Graf Gleichen*, 1730, und *Verhängnisse*, 1765). Die Divergenz von Ankündigung und praktischer Durchführung legt die Vermutung nahe, daß mit dem Begriff »Roman« beziehungsweise »wahre Geschichte«, unabhängig vom jeweiligen theoretischen Programm Reizwörter für bestimmte Lesergruppen ausgegeben werden. »Roman« war zur Zeit Severinus' wie »wahre Geschichte« in den 50er Jahren das wertmäßig positive Wort.

Romangeschichtlich gesehen, hat die »Historie« wesentlich zur Erneuerung der Gattung beigetragen. Sie vollzog sich durch begriffliche Anleihe und im Rückgriff auf eine Prosaform, die geeignet war, den »Roman« aus der hemmenden, wirklichkeitsverstellenden Eigengesetzlichkeit herauszuführen.[36] »Historie« als Lebens-

---

36 Auch die Romantheorie stellt eine Verwandtschaft von Roman und Geschichtsschreibung fest. Siehe z. B. J. C. Stockhausen, Critischer Entwurf einer auserlesenen Bibliothek, Berlin ³1764, S. 127 f.

geschichte war das quellenmäßig Abgesicherte, Verbürgte und vielleicht auch Überprüfbare, ihr Wirklichkeitsbezug der der angestrebten Unmittelbarkeit. Ihre Vortragsart entsprach einem absichtslosen, im Aufbau (scheinbar) von den Ereignissen selbst bestimmten Erzählen. Der Berichterstatter war Diener der Faktizität. Überdies konnte man mit dem Begriff »Historie« einen Leserkreis anlocken, der sich gegenüber erdichteten Geschichten reserviert verhielt und nur die Geschichtsschreibung als empfohlene Lektüre betrachtete.

2. »Roman« und »Historie«: ihre Formprobleme

a) Die Struktur der Romanhandlung

»Roman« wie »Historie« entwickeln jeweils ihre eigenen Formvorstellungen. Durch die Ausrichtung auf »vorläufigen Unterricht« jedoch, durch die Absicht, den Leser, der zu einer angenehmen Lektüre greifen möchte,[37] nicht mit einem gelehrten, abstrakt theoretischen Vorspann aufzuhalten, erscheinen die Aussagen vergleichsweise wenig differenziert. Bestimmend für die Formvorstellungen vom Roman sind die Einteilungskriterien, Denkmuster und die begriffliche Sprache der Rhetorik. Sie gab auch im 17. Jahrhundert[38] das Modell für alle literaturtheoretischen Überlegungen ab.

Die Rhetorik kam mit ihren Beschreibungsmöglichkeiten der Romanauffassung um 1700 entgegen. Von der Intention her verstand die Gattung sich als eine gefällige Form eines Sittenbuches oder auch als unterhaltsame Version eines gelehrten Werkes. Sie war attraktive Hülle und Einkleidung für moralische Ideen und geschichtliches Wissen. Die Rhetorik als persuasive Rede, mit deren Hilfe man eine Vorstellung zur Geltung bringen oder einen Gegenstand entwickeln konnte, daß er überzeugend wirkte, bot sich als Darstellungsmittel an. Gliederung der Materie und stilistische Verfahren ergeben sich daraus als die formalen Probleme. Unter res et verba, Stil und Materie, werden denn auch die Einzelprobleme der Romanreflexion in den Vorreden subsummiert. Erst im Laufe des Jahrhunderts tritt dann die Frage nach den spezifisch romangemäßen Vermittlungsmodi in den Vordergrund, die hier, auch aufgrund der angenommenen Identität von Romanwirklichkeit und Objektwelt nicht bewußt werden. Zunächst nennt, beziehungsweise erkennt man nur sehr einfache Dinge.

Erzählen ist ein Problem der Anordnung und Verteilung von Stoff (res); es erschöpft sich weitgehend in der kompositorischen Funktion des Autors.[39] Darin

---

37 Vgl. Selamintes' *Cupido* (1713); Sylvanos *Muttersöhngen* (1728); Namors *Gismunda* (1728).

38 Vgl. dazu I. Behrens, Einteilung, 1940; R. Hildebrandt-Günther, Antike Rhetorik, 1966; J. Dyck, Ticht-Kunst, 1966; K. R. Scherpe, Gattungspoetik, 1968.
Die Rhetorik gehörte mit zum Programm der Schulerziehung. Lehrbücher wie das von G. Ludwig, Teutsche Poesie dieser Zeit / Vor die in Gymnasiis und Schulen studirende Jugend / An nöthigen Reguln itzt berühmten Poeten ... und allen den, was zur Invention, Disposition und Elocution eines Teutschen Carminis ... erfordert wird, durch Frag und Antwort vorgestellet ..., Leipzig 1703, wurden zu diesem Zwecke geschrieben. Von dieser Seite her wird vermutlich das Bewußtsein der Romanautoren für poetische Formen geprägt worden sein; denn eine Kenntnis der bekannten Poetiken läßt sich nur bei ganz wenigen nachweisen.

39 Verknüpfungshinweise wie: Vorausdeutungen, Rückverweise, Schauplatzwechsel; s. Ormenio, *Medea*, S. 81, 126, 156, 216, 359, 439; s. auch Mirandor, *Bellisandra*.

sind die Vorstellungen der Romanreflexion denen der Barockpoetiken verwandt. Bei Harsdörffer wie bei Roth bedeutet »Erzehlung« »Gestaltung eines sinnvollen Nacheinanders«, bzw. »Darstellung einer Sache nach ihren Umständen.«[40] Die Möglichkeit dramatischen Erzählens wird theoretisch erst bei Troeltsch (1753) formuliert. Die Vorteile der Ich-Form, um eine optimale Vergegenwärtigung zu erreichen und dem Leser den Eindruck der Augenzeugenschaft zu vermitteln, werden gelegentlich reflektiert (Corvinus, *Carneval*, 1712). Der Ablösungsvorgang des Erzählers vom Autor hat aufgrund der didaktischen Ausrichtung des Romans noch nicht eingesetzt. Demzufolge bleiben die durch das »fiktive Rollendouble«[41] des Autors entstehenden vielschichtigen sprachlichen Vermittlungsmodi aus. Sprache wird als »oratorische Blume« *(Jüttische Kasia)*, als Schmuckform verstanden, und nicht als Differenzierungsmöglichkeit im Hinblick auf den Erzählvorgang. Sie wird erst zu dem Zeitpunkt in ihren Charakterisierungsmöglichkeiten erkannt, als sich der Roman zunehmend mit Charakterdarstellung identifiziert (*Luftschloss*, 1749). Das Überzeugen-Wollen ist noch eng an Inhalte und Autorität gebunden. Der poetische Reiz des Romans, seine Attraktivität, gerade auch für die auf Sittenverbesserung zielenden Autoren, liegt im Wesentlichen im spannenden Fabulieren.

Die rhetorische Figur des exemplum bietet Ansätze für eine komplexere Form des Erzählens. Sie ist neben den moralia das Darstellungsmittel, dessen man sich, schon im Barock und durch das ganze 18. Jahrhundert hindurch, immer wieder bedient. Besonders verhaftet sind beide Darstellungsmöglichkeiten mit der Vorstellung vom Roman als einem »Tugend Buche«. Meier geht in seiner Vorrede zu den *Hebreerinnen* (1697) auf sie ein. »Es ist gewiß / daß anitzo offt mehr durch Vorstellung der Exempel / worinnen wir die Belohnung der Tugend und Bestraffung der Laster sehen / als durch tausend Tugend-Regeln ausgerichtet wird.« Das Argument für eine beispielhafte Darstellung ist bei ihm wie auch in Lehms' *Michal* psychologischer, nicht ästhetischer Art. »Denn ich frage jemanden: ob tausent vermahnungen / und wenn man einem den gantzen tag die besten regeln eine tugendhaffte conduite zu erlangen / und hingegen eine lasterhafte zu meiden / vorpredigte / so viel ausrichten würde / als ofters ein eintziges exempel in einem tugendhafften Roman / ...?« Den Vorteil sieht Lehms darin, »daß nemlich exempel mehr afficiren / als tausend vorgeschriebene regeln«. Die Bevorzugung der einen Darstellungsweise wird psychologisch begründet in der Wirkung, die der Roman – ähnlich der Tragödie – auf den Leser hat. Die exempla »geben uns entweder Belustigung oder Schrecken / wovon uns das erste zum Verlangen desselben gleichfalls theilhafftig zu werden / das andere aber zum Abscheu und Haß solches zufliehen anreitzet« (Meier, *Hebreerinnen*). Für das, was später Anschaulichkeit genannt wird, scheint es nur vage Andeutungen und keinen Begriff zu geben. Meier (a.a.O.) spricht von »anmuthigen Bildern der Tugend«, die besser im Gedächtnis haften, als Regeln, die durch das religiöse Schrifttum und die sonntägliche Predigt dem Gewöhnungseffekt unterliegen.

Gegenstand solcher Exempel muß nicht allein christliche Moral sein. Auch höfisches, sittenkonformes Verhalten können sie propagieren. »Wann aber ein Roman jungen Standes-Personen auf eine geziemende Art mit Eexempeln vorleuchtet und weiset wie sie bey sich ereignender Gelegenheiten mit tugendhafften Personen auf welche sie etwan eine ehrliche Absicht gerichtet / umgehen und conversiren sollen /

---

40 W. Lockemann, Die Entstehung des Erzählproblems, 1963, S. 83.
41 V. Lange, Erzählformen, 1958, S. 130.

so sehe ich nicht / was für Schaden ihnen daraus zuwachsen könne / ...« (Namor, *Gismunda,* 1728).

So sehr man den Vorteil einer beispielhaften Darstellungsweise, der in Handlung integrierten Anweisungen für moralisch-sittliches Verhalten, erkannt hat, behält man doch die andere Ausdrucksform bei: die Moralia gleichsam unverpackt und ohne ›goldenen Überzug‹ anzubieten. Namor preist sein Werk »mit einem Schatz der Gelehrsamkeit angefüllet« an. Lehms, der in der *Michal* (1707) den exempla zuneigte, bietet seinen *Absalom* (1710) mit »vielfach eingemischten Moralia« an. In der *Sofronisbe* (1728) findet man, so der Autor, »nebst der in guter Connexion wohl unter einander lauffenden Avanturen einen so schönen Vorrath von allerhand guten Moralien«. Die Moralia können alles beinhalten. In Evandros *Floramundi* (1735) erweitern sie sich zu »lustigen und dabei nützlichen und in der Litteratur lauffenden Anmerckungen«. Man würde das Wesen des Romans in dieser Zeit verfehlen, betrachtete man die Moralia mit ihrer nicht erzählenden sondern aussagenden Form als Einschiebsel und Fremdkörper im Handlungszusammenhang. Sie gehören unablösbar zu einem Roman, der seinen Gattungscharakter als »getreue Sitten-Lehre« (Lehms, *Michal,* 1707) oder »geistliches Straff-Buch« (Celander, *Verkehrte Welt,* 1718) verstand. Der Roman sah sich als Lernmodell, als Lebenshilfe, als praktische Handhabung und in der Anwendbarkeit seiner Thesen verwirklicht und nicht allein im Vortrag seltsamer Begebenheiten oder gar eines rein erzählerischen Integrationszusammenhangs. Das belegt nicht nur der Auszug an Wissenswertem, der aus Lohenstein zu Beginn des 18. Jahrhunderts gemacht worden ist. Gelegentlich wird der Roman mit »einer Zugabe von Moralischen Gedancken, in gebundener und ungebundener Rede« (*Reise nach der Insul Caphar Salama,* 1741) versehen.

Zusammenfassend läßt sich sagen, daß man etwas über die dahinter stehende Absicht, den Inhalt und Ort der beiden Ausdrucksformen exempla und moralia im Roman erfahren kann, nichts jedoch über ihre ästhetische Seite. Das *Was* der Mitteilung ist wichtiger als das *Wie.*

Die Formen des Erzählens, wie sie sich mit dem sogenannten modernen Roman einstellen, sind in der ersten Hälfte des 18. Jahrhunderts nur ansatzweise innerhalb der Beschreibungsmuster der Rhetorik vorhanden. Das Stoffliche und seine Aussage, das untergelegte ideelle Programm, dominieren und haben eine ›künstlerische‹ Bewältigung zur Folge, deren Kennzeichen eine nicht weiter präzisierte Anschaulichkeit und Spannung aufgrund kompositorischer Gestaltung ist. Die Reflexionen Ormenios und Troeltschs sind typisch für ihre Zeit. Angesichts der zentralen Bedeutung, die der sukzessive Aufbau des Romans in den Überlegungen zur Form des Romans hat, überrascht es, wie selten im Vergleich zu anderen romantheoretischen Äußerungen[42] Zuordnung und Verknüpfung von Haupt- und Nebenhandlung behandelt wird. Im Sinne der Gliederung des Geschehens sind Ormenio wie Troeltsch fast die einzigen, die darauf eingehen. Die Rolle der Episode findet sonst nur Erwähnung im Zusammenhang mit dem Verhältnis von Historizität und Faktizität der Geschichten. Episoden dürfen erfunden sein; sie sind meist der Bereich der Wirkung der literarischen Motivtradition (vgl. *Teutscher Don Quichotte,* 2. Buch, 4. Kapitel).

Für die Gliederung der res, den kompositorischen Aufbau des Romans, gibt es eine Reihe von Begriffen, die sich zwei Strukturen zuordnen lassen. Beide sind

---

42 Vgl. z. B. Omeis, *Anleitung* (1704); *Raisonnement . . .* (1708).

abhängig vom jeweiligen Selbstverständnis des Romans. Begriff er sich mehr als »Roman«, und damit als literarische Form mit einer aufweisbaren Gattungstradition, dann war das Handlungsschema der ›Verwirrung‹ oder ›Intrige‹ vorgegeben. Zielte der Roman auf eine unmittelbare Wiedergabe von Wirklichkeit, dann entsprach das Gestaltungsprinzip einer in der Wirklichkeit vorgegebenen Struktur, beschrieben mit ›Avanture‹ oder ›Glücks- und Unglücks-Fälle‹. Die damit bezeichnete Begebenheitenreihung ist konstitutiv für die »Historie«. Nun ist nicht auszumachen, wieviel Realität dem Handlungsschema ›Verwirrung‹ in der Vorstellung der Zeit entsprach. Durchaus denkbar ist, daß im Barock, bei grundsätzlicher Anerkennung des wirklichkeitsrepräsentativen Charakters des höfisch-historischen Romans ›Verwirrung‹ unabdingbar zu einer Liebesgeschichte gehörte. Gewiß ist, daß schon vor 1750 diese Handlungsstruktur als besonders literarisch empfunden wurde.

Gelegentlich ist es schwierig, von den Angaben in den Vorreden auf die Romanstruktur rückzuschließen. Die Begriffe werden nicht mit der Eindeutigkeit eingesetzt, die man in einem theoretischen Text erwarten kann. Die *Constantine* (1698) gehört sicherlich in die Tradition des »Romans«, während der *Americanische Freybeuter* der »Historie« zuzuzählen ist. Beide jedoch gebrauchen die Wendung »die Begebenheiten, wie sie an sich vorgegangen« und bringen sich damit in einen Gegensatz zum Roman der ›Verwirrung‹, obgleich gerade der »Roman« dieser Romanstruktur verpflichtet ist.

Mit ›Verwirrung‹ beschreibt Ormenio in seiner ›Theorie‹ des galanten Romans die Struktur der Haupthandlung. Wie auch andere[43] erläutert Ormenio den Ausdruck nicht. Erst die Kritik an diesem Handlungsschema offenbart, was ihm alles implizit ist. ›Verwirrung‹ bezieht sich nicht auf die Ein- oder Mehrsträngigkeit eines Geschehens – Ormenio setzt sich für Einsträngigkeit ein und verwendet gleichwohl den Begriff – vielmehr ist mit ›Verwirrung‹ das Gegenteil des historischen und sukzessiven Vortrages gemeint, eine künstliche Unordnung, bei der durch den ständigen Einschub nicht als notwendig empfundener Episoden die Haupthandlung aufgehalten wird. »Jede Geschichte mitten in ihrem Lauff abbrechen, oder auf eine andere Art durch einander werffen«, so formuliert der Anonymus des *Americanischen Freybeuters* (Vorrede zum zweiten Band) seine abwehrende Kritik. Nicht erst der Verfasser der *Geschichte eines Frauenzimmers* (1766) sieht in den »gehäuften Abwechselungen der Schicksale und Zufälle« den direkten Gegensatz zu »den wahren Geschichten des gemeinen Lebens«. Vor ihm hat Schnabel sich in der Vorrede zur *Insel Felsenburg* gegen den Vorwurf verwahrt, daß er seine Geschichten »durcheinander geflochten« habe, nach dem »Modell von einigen Romainenschreibern«. ›Verwirrung‹ als das vermeintlich Zusammengewürfelte ohne echte Notwendigkeit wird zu einem Zeitpunkt mit dem Romanhaften gleichgesetzt, als sich der Roman mehr und mehr als Historie versteht, deren Begebenheiten dem ›Diktat‹ der Wirklichkeit folgen. Das Unterhaltungsmoment, die Spannung, wird bei dem Roman als Historie aus dem Seltsamen und Wunderbaren (mithin aus dem Stofflichen) des Berichteten gezogen (s. *Bremischer Avanturier*, 1751; Gleichman, *Herculiscus*, 1754), während der »Roman« gerade aus den künstlichen, aus dem kompositorischen Kunstgriffen den Reiz gewinnt. »Endlich waltet die bey Erzehlung einer Geschichte / oder eines Gedichtes / wann sie anders divertiren und entreteniren soll / unentbehrliche Intrigue hierinnen so durchgängig /

---

43 Vgl. *Jüttische Kasia* (1732) und *Etophilus Bellerophon* (1743): »artige Verwirrungen«.

daß der Leser unfehlbar / wenn er den ersten Bogen nur ohne Vorurtheil zu lesen anfängt / die folgenden ... in einer kettenmäßigen Aufmercksamkeit und süßen Ungedult des Endes verbleiben wird« (*Jüttische Kasia*, 1732).[44]

Das Schema der Verwirrung ist typmäßig an den »Roman«, und dadurch auch eng an die Liebesgeschichten gebunden. Bei Troeltsch ist das 1753 noch sichtbar. Er zitiert seinen französischen Gewährsmann in dramentechnischen Fragen,[45] der der »Romanen-Liebe« »viel Seltenes, Verborgenes und Schweres« zuerkennt, »damit sie dadurch eine Verwikelung bekommt, welche sich nachgehends auf eine theatralische Weise auflöset« (*Geschichte einiger Veränderungen*, Vorrede, S. 6). Mit der Abnahme der Liebesgeschichte zugunsten einer mehr wirklichkeitseinholenden Lebensgeschichte (»Historie«) verschwindet auch die Ankündigung der Struktur als ›Verwirrung‹ sowie die Kritik daran.

Einer der Punkte der Kritik an dem Handlungsschema bestand in der als willkürlich angesehenen Abfolge und Austauschbarkeit der Begebenheiten. Hinter dieser Kritik steht der Gedanke, Handlung und Figur enger miteinander zu verbinden, um so die Komposition stringenter zu machen. Zwar bietet die ›Verwirrung‹ ein fest umrissenes Handlungsgerüst nach Heliodorschem Vorbild; doch das Movens des Geschehen liegt weder in einer Figur noch in einer moralischen Idee, sondern in einer gesellschaftlich spezifizierten Vorbildlichkeit (z. B. constantia). Dadurch ist der Roman fast beliebig ›aufschwemmbar‹ mit neuem Geschehen, das als ständig rekapitulierte Norm begriffen wird.

Bei Ormenio finden sich die ersten Ansätze, dem Roman eine größere kompositorische Dichte zu geben. »Was die Umstände der Historie anbelanget / habe ich die unnöhtigen Weitläuftigkeiten / oder andere ungereimte Dinge / die sich nicht zu Sache geschicket / mit gutem Bedacht aussengelassen.« (*Medea*, 1719, Vorrede). Profilierter tritt der Gedanke von der »Umstände« ordnenden Sache erst bei Troeltsch (*Geschichte*, 1753) wieder hervor. »Man nimmt z. E. einen gewissen Saz, den man zum Grunde leget, darauf müssen sich alle Handlungen gewisser maßen schiken, und die Haupt Handlung muß daraus herfliesen« (S. 7). Hier wird der Zusammenhang – nicht nur im Verhältnis von Haupthandlung und Episoden, sondern auch in dem von Figuren und Handlung – durch einen Grundgedanken hergestellt. Handlung resultiert aus den Eigenschaften der Figuren (S. 16 f. u. S. 21), diese wiederum sind Verkörperung der allem zugrundeliegenden moralischen Idee. Die Verzweigungen des Geschehens nähern sich einem moralischen System (vgl. Troeltsch, Vorrede zu *Geschichte einiger Veränderungen;* Knigge, Vorrede zu *Mildenburg*, 1790).

Fidelinus vertritt in der Vorrede zu *Robinsonin* (1753) eine weitere Möglichkeit, dem Roman eine strukturelle Einheit zu geben. Er will die Handlung in den Handelnden begründet sehen. Damit ist noch nicht eine Motivierung des Geschehens aus Seelenzuständen gemeint, sondern Handlung resultiert aus dem, was einen Charakter formt, aus der Erziehung.

> »Es ist hiernechst zu gegenwärtiger Robinsonin ein solches Frauenzimmer erwehlet worden, welches in seiner zarten Jugend einer guten Erziehung genossen, und nicht nur im Christenthum und weiblichen Künsten, sondern auch in verschiedenen Sprachen

---

44 Zum Begriff Intrigue vgl. K. Lugowski, Wirklichkeit und Dichtung, abgedr. in: Deutsche Barockforschung, S. 385.
45 A. Fr. Riccoboni, L'art du théâtre, 1750; dt. von Lessing, Die Schauspielkunst, in: Beyträge zur Historie und Aufnahme des Theaters, 1750, hrgb. v. Lessing und Mylius.

und andern nützlichen Wissenschaften unterrichtet worden. Daher [sic!] hat sie sich auch hernach in ihrem Leben jederzeit sehr sittsam, bescheiden, vorsichtig, und insonderheit bey ihren vielen Fatalitäten standhaft aufzuführen gewust.« (*Robinsonin*, Vorrede).

Das hier angesprochene Grund-Folge-Verhältnis von Figur und Geschehen als strukurbildendes Prinzip läßt sich sowohl auf den »Roman« wie auf einen zweiten Strukturtyp anwenden, der, wie im Falle Fidelinus, im Begriff der »Fatalitäten« eine andere Aufgliederungsmöglichkeit der Begebenheiten zeigt.

Häufiger als »Fatalitäten« finden sich in den Vorreden »Avanturen« oder »Glücks- und Unglücks-Fälle« zur Kennzeichnung der Handlungsstruktur. Die beiden letzten Bezeichnungen werden synonym gebraucht, bzw. die »Avanturen« erklärt als eine Abfolge von »Glücks- und Unglücks-Fällen«. Als Beleg dafür zieht man für gewöhnlich den *Sächsischen Robinson* (1722) heran.[46] Der Avanturier sei ein Mensch »der in der Welt allerhand außerordentlichen Glücks- und Unglücks-Fällen unterworffen gewesen« sei. Ähnlich noch über 30 Jahre später im *Leipziger Avanturier* (1756): der »Avanturier« wolle sich »in seinen Erzelungen als einen Menschen [vorstellen], welcher manche wunderbare seltzame Avanturen, Begebenheiten, Schicksale, Zufälle, oder wie man es sonst zu nenen Belieben träget, in seinem Leben erfahren hat«. (S. 7). Ein Synonym hat der Verfasser noch vergessen: für »Glücks- und Unglücks-Fälle« wird auch »Fata« eingesetzt. (*Schicksal Antonii*, 1746; vgl. auch *Brandenburgischer Robinson*, 1744). »Fata« bzw. »Fatalitäten«, »Avanturen« und »Glücks- und Unglücks-Fälle bezeichnen mithin das Gleiche: die Struktur der »Historie« als eine Begebenheitenreihung »wie im gemeinen Leben« (*Feldzug*, 1768) – im Gegensatz zum Handlungsornament der »Verwirrungen« und »irrendritterlichen Abenteuer« (a.a.O.).

Damit ist für die Mehrzahl der diesem Typ zugehörenden Romane schon alles gesagt, was in der Romanreflexion zur formalen Seite überhaupt geäußert worden ist. Einige wenige geben eine genauere Vorstellung von der Abenteuerstruktur. Die Vorrede zu *Schicksal Antonii* (1746) möge als Beispiel dienen. Die Reihung der Fatalitäten ist verankert in einem einzigen Ereignis, in einem moralischen Fehltritt des Abenteurers.

> »Was war der Anfang zu meinen ersten Fatalitäten, als daß ich fast in meiner zarten Jugend die Gräntzen ein wenig zu weit überschritten? Kam ich dadurch nicht bey meinem Vater in Ungnade, daß ich bey nahe ums Leben kommen?«

Gegliedert werden die Abenteuer durch Glück und Unglück, durch schicksalhafte Zufälle, deren teleologischer Charakter dem Autor im Rückblick deutlich wird.

> »Wenn man aber dieselbe (Zufälle des Lebens) am Ende besiehet, so muß man freylich dabey eine mehr als menschliche Weißheit erkennen, die alle solche Zufälle zu einem edlen Zweck leitet, nemlich den Menschen auch dadurch auf die Erkenntniß der Eitelkeit, und von dieser endlich auf den Weg zur wahren und ewigen Glückseeligkeit zu führen.« (*Sächsischer Robinson*, S. 2).[47]

Der verhältnismäßig primitive Aufbau dieses Romantyps erhält durch den motivierenden Anfang (meist ein kurzer Hinweis auf die Eltern und ihren Beruf und einen resümierenden Bericht von Geburt und Auferziehung) und den von der Willkür des sich Ereignenden durch das glückliche Ende und das christliche Welt-

---

46 Vgl. B. Mildebrath, Avanturiers, 1907; H. Ullrich, Robinson und Robinsonaden, 1898.
47 Zum Glücksgedanken vgl. C. Heine, Der Roman in Deutschland, 1892.

bild des Autors befreiten »Glücks- und Unglücks-Fälle« eine gewisse kompositorische Dichte und Notwendigkeit. Diesem steht die zweite Variante des Typs entgegen, bei dem die Begebenheiten sich ohne das Gerüst bürgerlicher Ethik[48] unter der Richtschnur des Seltsamen, Wunderbaren und Zufälligen entwickeln. Diese Romane bewegen sich – inhaltlich gesehen – sehr viel mehr in der Randzone bürgerlichen Lebens und Wertbewußtseins.[49]

Es gibt einige Romane, deren Vorreden eine Art Begriffsmimikry zu treiben scheinen. Celander (*Verliebter Student*, 1709), Adamantes (*Verliebte Treue*, 1716) und der Anonymus der *Verliebten Fama* (1719) verwenden den Ausdruck »Avanturen«, obgleich die Romane der beiden Letztgenannten zum Roman der Verwirrungen (hier zum galanten Roman) gehören. Gemeint sind »Liebes-Avanturen«, glückliche und erfolglose Begebenheiten in der Liebe. Im Gegensatz zu dem Roman der Fatalitäten, der meist den größten Teil des Lebens des Helden erfaßt, und in dem die Liebe eine zwar wichtige, aber keineswegs ausschließliche Rolle spielt, ist hier der Abenteuerbegriff stofflich auf das Gebiet der Liebe eingeschränkt. Erst eine Interpretation der in der Zeit der allgemeinen Verbreitung des galanten Typs geschriebenen Romane kann die Frage beantworten, ob nicht hier die Verwendung des Abenteuerbegriffs in einer Nachfolgeform des höfisch-historischen Romans als dem Roman der »Verwirrung« ein Zeichen für eine neue Weltimmanenz ist. Liebe wäre dann nicht mehr als constantia in einen höfischen Werthorizont eingebaut, sondern bekäme Züge eines einmaligen, an besondere Umstände gebundenen Erlebnisses.[50]

Eng verflochten mit dem Abenteuerbegriff ist die Vorstellung einer Fortuna-Welt, die theodizeehaft gedeutet werden kann. Für den Roman der Verwirrung wie den der Fatalitäten trägt die Wirklichkeit schicksalhafte Züge. Die Welt scheint dem »allesbeherrschenden Glück« (Benindus, *Hermoine*, 1733; Palmenes, *Bernandis*, 1715) und den »unerforschlichen Fügungen des Verhängnisses« (Menander, *Türkin*, 1733) unterworfen, und der Zufall willkürlich und blind. Nur eine göttliche und zugleich poetische Gerechtigkeit steuert dem, sodaß es nur so scheint, als wären »die tugendhafftesten Personen / und die lasterhafftesten vielmahls / wenigsten denen äußerlichen Umständen und ihren Gedancken nach / vergnügt«. (Benindus). In den Romanen des »Historie«-Typs erscheint die Wirklichkeit zwar nicht »verrätselt« und mißverständlich (Lugowski, a.a.O.), aber gleichwohl als eine Reihe von »Zufällen«,[51] die sich in einem Teil der Romane (vor allem in den Robinsonaden) im Nachhinein als göttliche Fügung herausstellen. Dies wird vor allem dort relevant, wo es um Belohnung der Tugend bzw. Bestrafung lasterhaften Verhaltens geht. Dem Zufall als Chance ist damit Raum genug gelassen. Während im heroischen Roman der Zufall »das Bild [ist], das sich der in der Wirklichkeit isolierte Mensch von der gefühllosen und im wörtlichen Sinne unmenschlichen Kausalität macht« (Lugowski, a.a.O., S. 389), ist er für den Avanturier eher eine Möglichkeit, daß sich das Schicksal zu seinen Gunsten zu wendet.

Es ist denkbar, daß die in manchen Punkten von der Theorie her aufgezeigte Verwandtschaft der beiden Romanstrukturen dazu geführt hat, daß sie interessante

---

48 Vgl. M. Götz, Bürgerlicher Roman, 1958.
49 Vgl. T. M. Hatfield, Some German Picares, 1932, S. 509–529.
50 Dieses Abenteuer verlangt keine vorbildliche, normgerechte Haltung mehr.
51 *Peter Robert* (1744); Büchner, *Welt-Lauff* (1754); *Ostfriesländische Robinsonin* (1755).

und manchmal auch mißlungene Verbindungen eingegangen sind.[52] Die Vorrede zu *Schicksal Antonii* spiegelt solche Vermischungen in der Reflexion wieder, ohne daß ein ausgeprägtes Bewußtsein der Romantradition vorhanden wäre. Die Trennung von der Geliebten, die Suche nach ihr trotz größter Widerstände, die Treue in allen Versuchungen, schließlich das Wiederfinden, ist ein dem Roman der »irrendritterlichen Abenteuer« eigentümliches Handlungsschema. Aus den Angaben dieser Vorrede geht hervor, daß die mit diesem Schema verbundenen Begebenheiten, wie Sklaverei und Schiffbruch, nur den Anfang der Lebensgeschichte nach dem Fehltritt ausmachen, gleichsam als eine Art erotisches Abenteuer, dem Kriegserlebnis und Studentenleben u. a. nachfolgen. Eine reduzierte Verwirrungsstruktur wird zusammen mit dem romanhaften Inhalt verfügbar, eingebaut in eine Abfolge der Fatalitäten und zusammengebunden unter dem Gesichtspunkt eines exempelhaften – im Vorbildlichen wie im Fehlerhaften – Lebens.

Das Handlungsschema der Begebenheitenreihung von Fatalitäten hat sich wegen seiner größeren Offenheit und Unverbindlichkeit der Struktur besser als das Verwirrungsschema durchsetzen können. Die »Liebes-Avanturen« bedeuten eine inhaltliche Säkularisation innerhalb desselben Strukturtyps. Beide Typen sind jedoch jeweils von ihren Voraussetzungen aus offen im Sinne verhältnismäßig beliebiger Erweiterungen. Im Roman der Fatalitäten ist die potentielle Fortsetzung von seiner picarischen Tradition her angelegt. Eine Einheit wird nicht strukturell gesucht. Erst Troeltsch fordert sie, wenn er verlangt, daß am Ende des Romans des Schicksals aller erwähnten Personen abschließend gedacht werden soll (*Geschichte einiger Veränderungen*, 1753, S. 21). Man trifft immer wieder auf den Hinweis, daß »noch ein guter Vorrath von Begebenheiten übriggeblieben« (*Seltsamer Avanturier*, 1724; *Schicksal Antonii*, 1740), oder daß vieles »verändert und ausgesetzt werden« konnte (*Verliebte Fama*, 1719).[53] Die Romane sind nicht so streng gefügt, als daß nicht Geschichten austauschbar wären.[54]

b) Sprach- und Stilprobleme

Auf die Diskussion der »Schreib-Art«, der Sprach- und Stilprobleme der Gattung verzichtet fast keine Vorrede. Sich zu dem verba zu äußern, und sei es nur mit dem Hinweis, der Roman sei »im netten Stylo« geschrieben, ist der Romanschreiber gebunden, sofern er einem minimalen literarischen Anspruch genügen will. Die Stilvorstellungen lassen sich wieder den beiden Gattungstypen »Roman« und »Historie« zuordnen. Das Stilideal des »Romans« ist – in Fortsetzung barocker Auffassungen – die Stileinheit der Gattung, das der »Historie« die natürliche Sprache.

Das Geschehen im »Roman« wird in eine von rhetorischen Mustern geprägte, prunkvoll umschweifige Sprache eingekleidet – ungeachtet möglicher individualisierender Momente, wie sie sich mit Briefen verschiedener Briefpartner oder den Reden der Romanfiguren anbieten. Diese Stilauffassung hat sich auch dann noch gehalten, als in der 20er und 30er Jahren mit der Entwicklung des »Historie«-

---

52 Vgl. Severinus, *Philander* (1722); *Teutsche Avanturiere* (1725); *Schicksal Antonii* (1746); Fidelinus, *Engländische Banise* (1754).

53 Vgl. zum »müßigen Detail« K. Lugowski, a.a.O., S. 389; M. v. Waldberg, Empfindsamer Roman, I, S. 366; N. Würzbach, Wandlungen in der Struktur der englischen Prosaerzählung vor Defoe in: Neue Sprachen 12 (1968), S. 595.

54 Vgl. Vorrede zum 3. Bd. der *Insel Felsenburg* in den Auflagen nach 1736.

Typs eine zweite Stilvorstellung entsteht. Die Vorrede zur *Jüttischen Kasia* (1732) mag für die ältere als Beispiel stehen: »An Oratorischen Bluhmen und Figuren und schönen Realien von Gleichnüssen und Exempeln fehlt es dieser Piece gewiß auch nicht / und wäre schon die Gleichheit des Styls nicht überall so genau beobachtet / noch jede Ausdrückung an dem rechten Orte angebracht worden ...:«.

Auch die »Historie« zeigt sich gelegentlich nicht ganz unbeeinflußt von dem Stileinheitsideal des »Romans«. »Übel geschriebene Blätter«, so heißt es in der Vorrede zum *Seltsamen Avanturier,* seien ins reine zu bringen« gewesen. Der Herausgeber verweist darauf, daß er sich »zuweilen an seine [des Autors] eigene Reden gebunden wie man solches aus einigen Stellen ... leichtlich wird mercken können«. Gerade die Herausgebersituation – in der galanten Zeit wohl auch durch Auftragsarbeit herbeigeführt – bringt eine stilistische Überarbeitung dokumentarischen Materials mit sich. Der Herausgeber interpretiert, aber schon in bezeichnender Weise, seine gelegentlich geübte stilistische Enthaltsamkeit; er stellt eigentlich weniger die Erfüllung der Einheitlichkeit in den Vordergrund, als daß er den ›Stilbruch‹ zum Ausweis der faktischen Qualität seiner Geschichte ummünzt.

Im Rahmen der Echtheitsfiktion wird immer mehr die Stileinheit zugunsten einer wirklichkeitsnäheren Schreibart durchbrochen. Der Wahrheitsanspruch, die intendierte Wirklichkeitsnähe des Romans, bildet die treibende Kraft. Das ist auch bei Romanen möglich, die von Inhalt und Struktur her eher zum Typ »Roman« gehören. Lehms z. B. wehrt sich in der Vorrede zu seinem *Absalom* (1710) gegen die Vorwürfe der Kritik in seinem Roman *Michal* (1707), daß »viele Briefe nicht in einerley Schreib-Art aufgesetzet« worden seien. Dem hält er folgendes entgegen: »Nun will ich ihnen nur dieses melden / daß in wahrhafften Geschichten / und da man offt Verse und Briefe durch fremde Hand bekommet / die Schreib-Art nimmermehr egal seyn kan.« Das decorum der Poetiken und Rhetoriken kommt dieser Tendenz zu einer wirklichkeitsnäheren Sprache entgegen: Die *Verliebte Fama* (1719) sei so eingerichtet worden, »daß also zuweilen von geringen und einfältigen Leuten nach ihrer Beschaffenheit einfältige Worte und Rodomontaten; von Höhern und Vornehmern aber hochtrabende Redens-Arten gnug zum Vorschein kommen«.

Erst die Festlegung des Romans auf eine imitatio-naturae-Haltung befreit ihn auch aus den Fesseln allzu schematischer und prinzipiengetreuer Stilhaltungen. Daß diese noch 1749 durchaus wirksam sind, gibt der Autor des *Luftschlosses* zu verstehen. Er ist sich bewußt, gegen festgefügte Konventionen und Lesererwartungen zu verstoßen. »Ein Buch von einem ungleichen Vortrag wagt sich in die Welt! Wer wird es lesen!« Das veränderte Bewußtsein resultiert aus der imitatio-Intention. »Die verschiedenen Lebens-Umstände darinnen die aufgeführten Personen stehen, machen nothwendig einen Unterscheid unter ihren Bezeigungen, und wer wird zweifeln, daß der Magister anders in seiner Kindheit, anders in den nachfolgenden Jahren und anders als ein geschworner Meister, gedacht, geredet und sich aufgeführet? Dieses ist natürlich: Ein Schriftsteller muß der Natur nachgehen.« (*Luftschloss,* Vorrede).

Mit der Aufgabe der stilistischen Einheit ist der Weg frei zu einem komplexeren Erzählen. Erst anhand des Romans selbst kann man feststellen, ob die stilistische Ungleichheit sich auf die Erzähler- oder Figurenrede bezieht. Entweder werden die verschiedenen Lebensabschnitte durch den Erzähler sprachlich unterschieden, oder die stilistischen Differenzen liegen in den unterschiedlichen direkten Reden des Helden.

Die Stilvorstellungen des Verfassers des *Luftschlosses* unterscheiden sich grundsätzlich von denen seiner Vorgänger. Während auch jene, die vom Stilideal schmückender Einheitlichkeit abrückten, doch noch innerhalb des Horizontes der Rhetorik bleiben, da das decorum der Tendenz zu größerer Wirklichkeitsnähe entgegenkam. So wird hier der Gebrauch der Sprache als ornatus aufgegeben zugunsten eines Erzählens nach Maßgabe der Wirklichkeitserkenntnis.

Mit dem *Luftschloss* ist eine Entwicklung zu einem gewissen Abschluß gekommen, die durch das neue Selbstverständnis der Gattung, wie es sich in der »Historie« artikulierte, angestoßen wurde und die die Ausbildung einer natürlichen Sprache zum Ziel hatte. Im Namen größerer Wahrscheinlichkeit sollen, anstelle der »hochtrabenden Redensarten« (Icander, *Holländerin*, 1740) die »gewöhnlichen Redens-Arten« treten (Celandor, *Florander*, 1725). Vermutlich ist damit eine mittlere Stillage gemeint. Es fehlen aber hier wie überall in den Vorreden genauere Ausführungen, die solche Hinweise plastischer werden lassen. Der Begriff »natürlich« setzt sich (wohl auch in der Nachwirkung Gottschedscher Bemühungen zu einer Sprachreform) immer mehr zur Bezeichnung dieser Stillage durch. »Natürlich« bedeutet im Roman 1742 (*Freybeuter*) daß man »bey jeder Sache diejenigen Ausdrücke gebrauche, die damit übereinkommen«. Der Gegenbegriff dazu ist der »Baumbast« (*Don Felix*, 1754), der »schwülstige Vortrag«[55], der »noch nicht das Wesen einer poetischen Erzählung« ausmacht (Troeltsch, *Robinson*, 1751). Anders als im *Americanischen Freybeuter*, der die Sprache von der Sache her bestimmt wissen will, begründet Troeltsch neun Jahre später »eine fließende und gute Schreib-Art« mit einer Interessenlage seiner Leser. »Denn die mehresten Leser sind Leute, die noch in einem lebhaften Alter sind, und also muß man auch billig ihre Neigung zu Rathe ziehen.« Dieser wirkungsästhetische Aspekt steht in der Romanreflexion vereinzelt da. Als Ansatz zu einer Ausdruckssprache, wie sie Bodmer und Klopstock in dieser Zeit entwickeln, können die Bemerkungen Troeltschs nicht verstanden werden. Vermutlich hat er mit dem Begriff »fließend« der Begriffssprache der Rhetorik ciceronischer Prägung[56] zu entkommen versucht, indem er eine plausiblere ›menschlichere‹ Stilkategorie einführte.

Begriffe wie »fließend« oder »natürlich« sind auch Begriffe der lebhaften Diskussionen der Zeit um Stil und Sprache. Die Stilhandbücher versuchten eine neue Klassifizierung der Stilarten, Gottsched bemühte sich, eine zwischen Lohenstein und Weise angesiedelte mittlere Schreibart zu verbreiten, Bodmer trat für die Wiederverwendung der Metapher ein, und die moralischen Wochenschriften kämpften um eine reine deutsche Sprache.[57] In der Romanreflexion entspricht kaum etwas solcher Vielfalt. Zur Theorie des Prosastils hat sie nichts beizutragen. Die Romanpraxis hingegen nähert sich der Prosa der moralischen Wochenschriften.

---

55 Im Wesentlichen geht es dabei um die Kritik an barocker Sprache. Selamintes, Autor des galanten Romans *Cupido* (1713), erteilt der metaphernreichen, mit Synonyma aufgebauschten und durch Bilder weitschweifigen Sprache eine Absage. »Daß der Stylus leicht und ungekünstelt ist, wird niemand übel aufnehmen / als solche Leute / denen nichts gefället / wo es nicht auf Steltzen gehet.« Er zitiert dann eine Passage, in der mit allen rhetorischen Mitteln Trauer ausgedrückt wird, und kommentiert sie folgendermaßen »Der muß aber Mücken im Gehirne haben / dem dieses wahrscheinlich fürkommet / daß ein Mensch solche galanten Gedancken führen könne / wenn er betrübt ist.«

56 Vgl. E. H. Blackall, Literatursprache, S. 111 ff.

57 Vgl. a.a.O., W. Martens, Tugend, S. 408–418; H. K. Ketteler, Baroque tradition, passim.

Ein Reflex dieser Annäherung findet sich in der Vorrede Etophilus' zu seinem *Bellerophon* (1743). Der Verfasser nimmt die sprachverbessernden Bemühungen der Wochenschriften auf, wenn er seinen Kollegen empfiehlt, reines Deutsch zu schreiben: »Wir wenigstens haben bey der Beschreibung der Liebes-Geschichte der unvergleichlichen Philonoë mit ihrem Bellerophon keinen andern Endzweck, als die teutsche reine Mund- und Schreib-Art der Jugend ... einzuflößen.« Etophilus' Kritik zielt auf eine im Roman noch nicht verschwundene Mischsprache, die vor allem den galanten Roman kennzeichnet. Die Ablehnung hat kaum etwas mit einem (bei Gottsched jedoch schon spürbaren) Nationalbewußtsein zu tun.[58] Das sprachpuristische Bemühen Etophilus' muß auf dem Hintergrund einer Emanzipationsbewegung gesehen werden, in der Sprache nicht mehr nur Inhaltsträger, sondern ein selbständiges, nach Vernunft und Geschmack einzurichtendes Ausdrucksmittel ist.

c) Figurendarstellung

Zur Charakterdarstellung äußern sich die Autoren – im Gegensatz zum Stilproblem – in der Vorredenreflexion nur sporadisch. Offensichtlich stellt sie lange Zeit kein Problem dar. Von den über neunzig herangezogenen Vorreden beschäftigt sich weniger als ein Zehntel mit diesem Thema. Die Hinweise sind gelegentlich so vage, daß man auf die Romanpraxis als Verstehenshilfe zurückgreifen muß. Die Gründe dafür sind einmal im Selbstverständnis des Romans, zum andern in seinem spezifischen Gattungscharakter zu suchen. Für die »Historie«, die Lebensgeschichte und Wirklichkeitsdokument sein will, stellt sich erst garnicht die Frage nach einer überzeugenden Präsentation der Figuren. Anders im »Roman«. Für diesen Typ, der weitgehend mit dem höfisch-historischen Roman und seinen Nachfolgern im 18. Jahrhundert zusammenfällt, ist das Figurenproblem eine Frage der Ein- und Anordnung in ein bewegtes, vielgliedriges Geschehen, das seiner eigenen Motivation folgt. Die Figuren sind passive Helden, die selbst ihr Glück »erleiden«[59]. Eine Verknüpfung von Figur[60] und Handlung ergibt sich nur insofern, als die Figur ausführendes Organ ist. Eine motivierende Verankerung der Handlung im Charakter aus Gründen der Wahrscheinlichkeit (wie später bei Blankenburg, Knigge oder Wezel) ist nicht vorhanden.[61] Ein derartig handlungs- und inhaltsfixierter Roman bedarf nicht notwendigerweise eines Programms der Charakterdarstellung.[62]

Einen wichtigen Beitrag zur Veränderung hat Ormenio (*Medea*, 1719) geleistet, indem er das fast zahllose Personal höfisch-historischen Geschehens auf nur ein Liebespaar in der Haupthandlung reduzierte. Diese Einschränkung ist die quantitative Voraussetzung für den Roman als Charakterdarstellung. Unverändert aber

---

58 Versuche, die französisch-deutsche Mischsprache durch eine reinere deutsche Sprache zu ersetzen, hat es schon in den Sprachgesellschaften des 17. Jahrhunderts gegeben, vgl. A. Langen in: Deutsche Philologie im Aufriß, I, Sp. 931 ff. ²1957.

59 K. Lugowski, Wirklichkeit und Dichtung, S. 386.

60 Diese Bezeichnung ist angemessener, als die des mit psychologischen und individuellen Konnotationen behafteten ›Charakters‹.

61 Vgl. H. Singer zur Romanpraxis, Der deutsche Roman, S. 96.

62 Die epische Struktur des Romans kommt dieser Tendenz entgegen. Das Drama ist auf die Figuren als Handlungs- und Aussageträger angewiesen. Im Roman kann der Autor ihre Funktion übernehmen.

repräsentieren die Figuren höfische Wertvorstellungen, wenngleich weit weniger von *constantia* und unwandelbarer Treue in allen Schicksalsschlägen die Rede ist, als allgemeiner von Tugend und Laster. »Diese so wohl durch Geburth als seltene Leibes- und Gemüths-Gaben über viele tausend Sterbliche erhabene Prinzessin...« beweist, »eine unüberwindliche Standhafftigkeit und unbewegliche Tugend« (Benindus, *Hermoine*, 1733). Bei dem Mangel und der Undifferenziertheit solcher zu Formeln zusammengeschnurrter Aussagen ist es schwer festzustellen, in wie weit sich eine Verschiebung in Richtung auf ein mehr städtisch-bürgerliches Wertsystem vollzogen hat. In der Romanpraxis ist das zweifellos der Fall (z. B. Fidelinus, *Banise*; Severinus, *Philander*). Sehr selten nur wird die Hauptfigur zum negativen Helden und abschreckenden Beispiel gemacht. Das kann überhaupt nur im Umkreis des sogenannten niederen Romans geschehen. In einem solchen Falle übernimmt der kommentierende Autor die Normfunktion (Gialdi, *Student,* ca. 1709).

Ein weiterer Schritt im Abbau der traditionellen Figurenbehandlung stellt die Vorrede zur *Verliebten Fama*, (1719) dar: »Zudem habe ich / nach denen Personen welche hierunter interessirt / meine Einrichtung gethan / daß also zuweilen von geringen und einfältigen Leuten nach ihrer Beschaffenheit einfältige Worte und Rodomontaten; von Höhern und Vornehmern aber hochtrabende Redens-Arten gnug zum Vorscheine kommen.« Troeltsch klassifiziert später Romane nach dem gesellschaftlichen Stand ihrer Hauptpersonen. »Einige beschäftigen sich mit Helden, andere mit Leuten von geringern Umständen« (*Geschichte einiger Veränderungen,* 1753). Zwar schöpfen beide Verfasser aus der gleichen Quelle, der Dramentheorie; während Troeltsch jedoch eine Gepflogenheit der Romanpraxis beschreibt (dem ›hohen‹ Roman die Vornehmen, dem ›niederen‹ Roman die Bürgerlichen) geht der Anonymus einen Schritt weiter. Er versucht die traditionelle Figurenvorstellung in einem Romantyp (dem ›hohen‹ Roman), der wie die Tragödie an der Ständeklausel orientiert ist, aufzulösen. Er selbst gibt einen Grund für den Traditionsbruch an: »nach denen Personen welche hierunter interessirt«. Vermutlich sind mit den interssierten Personen die Auftraggeber gemeint, und nicht der Anspruch einer neuen Leserschaft (vgl. Spiegel, Publikum, S. 37 ff.).[63]

Poetologisch gesehen stellt das Zitat aus der *Verliebten Fama* einen der nicht gerade häufigen Belege für die Übernahme dramentheoretischer Vorstellungen in die Romanreflexion dar. Der größere Gattungsspielraum, den der Roman dem Drama gegenüber hat, schlägt sich auch theoretisch nieder. Zwar wird das Stiltrennungsprinzip streng eingehalten, doch die Ständeklausel, die noch bei Gottsched (*Critische Dichtkunst*, 1730) sowohl für die Komödie wie für die Tragödie gilt, wird im Roman allmählich aufgehoben. – Aus dieser Vorrede läßt sich nicht entnehmen, welche Rolle einmal die Figuren niederen Standes in den Liebesbegebenheiten spielen – sicher tragen sie komische Züge (vgl. »Rodomontaten«) – zum

---

63 Dieses Zitat kann als ein – in der Romanliteratur sehr seltener – Beleg dafür dienen, daß die Ablösung literarischer Wertvorstellungen auch eine ihrer Ursachen im gesellschaftlichen Wandel hat. Gewiß kommt auch das Thema ›Liebe‹ der Einführung von Figuren niederen Standes entgegen. Aber dieses Thema präsentiert sich gleichwohl schon in verwandelter Form (»weilen aber die mächtige Göttin Venus...ihre Herrschafft bald hier bald da sehen und blicken läßt«). Geht man davon ab (wie Corvinus in seinem Roman *Carneval*, 1712), die Liebe an *constantia* und den höfischen Verhaltenskodex zu binden, dann ist das Auftreten hoher Standespersonen nicht mehr verständlich – es sei denn, diese würden mit neuen, dem Publikum anliegenden Wertvorstellungen behaftet.

andern, wer eigentlich zu diesem Personenkreis zählt. Hält man sich an Gottscheds Ausführungen zur Schreibart der Komödie, werden dazu alle, vom niederen Adel bis zum Hofgesinde, gerechnet. Es gibt im Roman den positiven, nichtadligen Helden jeden Standes. Zahlreiche Romane haben das Leben und die Begebenheiten von Handwerkern und Kaufleuten zum Thema.[64] Da sich aber diese Romane als nicht fiktiv ausgeben, erfahren wir nichts aus der Romanreflexion über die Vorstellung der Figurenbehandlung.

In den 50er Jahren werden Reflexionen zum Figurenproblem immer mehr zum festen Bestandteil der Vorreden. Sie deuten die Emanzipation des Romans vom Handlungs- und Stoffmäßigen an, als Folge der Einsicht in komplexere Aussagemöglichkeiten des Romans. Der Charakter wird als Konstituens des Romans anerkannt.[65]

> »Die wahren Schilderungen, die natürlichen Charactere, und das ächte Bild des menschlichen Lebens, diese Stücke ... die das Wesen und den Werth eines guten Romans ausmachen, mußten nothwendig die falschen und widersprechenden Charactere ... auch bey dem gemeinsten Leser verhaßt und ekelhaft machen. Man sahe ein, daß die berühmten und erhabenen Helden, die man so sehr bewundert hatte, aufs höchste nichts als Unsinnige wären; aber diese Entdeckung, die man so leicht von selbst hätte machen können, machte der größte Haufe der Leser erst, da Marivaux und seine noch glücklichern Nachfolger im Natürlichen, Richardson und Fielding in ihren wahrhaften Romanen um die Menschen gezeigt hatten« (Pistorius, Vorrede zu seiner Übersetzung des *Don Quichotte im Reifenrocke* der Charlotte Lennox, 1754).

Pistorius nennt zwei der Impulse, die ein verändertes Bewußtsein hervorriefen, das Vorbild französischer und englischer Romane und die Bewegung hin zu natürlicheren, der eigenen Wirklichkeitserkenntnis mehr entsprechenden Figuren. Es läßt sich noch ein dritter, sehr entscheidender Impuls nachweisen: die erzieherischen Intentionen der Romanautoren. Sie haben letztlich – soweit sich das der Vorredenreflexion entnehmen läßt – zu den beiden wichtigsten Veränderungen in der Auffassung von der Rolle der Romanfiguren geführt: zum einen, die Handlung von den Charakteren her zu motivieren, zum andern, auf den »erhabenen Helden« zu verzichten. Die Ablösung des Standes durch das Wirkungskriterium ist in diesen Absichten begründet: es genügte nicht mehr, den Leser mit vorbildlichen Personen zu konfrontieren, um ihn durch die Idealität des Gegenüber zu einer veränderten Lebensführung zu veranlassen. Der Leser mußte emotional, durch Mittel der Rührung für die vorgeführten Verhaltensweisen eingenommen werden. Die Ablehnung des »erhabenen Helden« bedeutet noch nicht, daß an seine Stelle der individuelle Charakter tritt; die Figuren werden nach wie vor als »Exempel der Sitten-Lehre((*Frankfurter Gelehrte Zeitungen*, 1740, S. 39) verstanden. Sie sind nach wie vor Typen, in denen sich exemplarisch die Weltvorstellungen des Autors verwirklichen. Das Allgemeine und Überzeitliche, das sie darstellen, ist wichtiger als individuelle Motivation und Charakterzüge.

---

64 Z. B. *Lebenslauf eines politischen Bürstenbindergesellen* (1705); *Beschreibung eines desparaten Studenten, so ein listiger Kaufmanns-Pursche geworden* (ca. 1709); *Der verliebte Kaufmanns-Diener* (1731); *Der reisende Buchbindergeselle* (1753); *Die Glücks- und Unglücks-Fälle Martin Speelhovens, eines Kaufmanns* (1769), u. a.
65 Engel wird später (*Gespräch*, 1774) die Handlung ganz vom Charakter her definieren als »Veränderung durch die Thätigkeit eines Wesens ... das mit Absichten wirkt« (S. 191).

Über diesen Erkenntnisstand kommen die Romanschreiber der 50er Jahre kaum hinaus.[66] Akzeptiert ist die zentrale, motivierende Rolle der Figuren für die Romandhandlung. Pfeil (*Graf P.*, 1756) stellt die beiden Möglichkeiten des Verhältnisses von Romanhandlung und -figur einander gegenüber: die traditionelle Form, wo die Handlung in einer außerhalb des Romans liegenden allgemeinen Gesetzmäßigkeit oder durch den Zufall oder in einer Kausalkette begründet wurde, die neuere, sich in den 20er Jahren anbahnende Form, die die Handlung aus bestimmten Eigenschaften der Figuren motivierte. Diese Eigenschaften begriff man noch als allgemein menschliche.

>Sind also unsre Laster und unsre Tugenden mehr das Werk derjenigen Macht, welche uns in diese zufälligen Umstände (»Verschiedenheit des Climas, der Nation, der Auferziehung, der Gesellschaft, des Glücks«) versetzt hat, als das Werk unsers eignen Herzens? Nein, sie bleiben allemal das Werk dieses letztern, so lange dasselbe keiner Nothwendigkeit unterworfen ist, in dieser oder jener Sphäre des Glücks so zu handeln und nicht anders.«

Konsensus besteht in den 50er Jahren auch darin, daß »erhabene Helden« nicht mehr den Wirklichkeitsvorstellungen entsprechen. An ihre Stelle rückt der tugendhaft-vollkommene Held. Jedoch beginnt man darüber zu diskutieren, ob nicht ein Held, der dem Erlebnisbereich der Leser näbersteht, besser die moralisch-didaktischen Intentionen umsetzen kann: »Ich weiß nicht, welches zum Unterricht des Menschen nützlicher ist, das Herz des Menschen so zu schildern, wie es wirklich ist, oder wie es seyn sollte. So viel aber weis ich, daß der menschliche Stolz mehr gedemüthiget als gereizt zu werden nöthig hat« (Vorrede zu *Graf P.*, 1756, zit. 3. Aufl. 1762). Noch entscheiden sich viele Romanautoren in den 50er Jahren für den idealen, tugendhaften Helden. Das ändert sich erst mit einer neuen Bestimmung des Wirklichkeitsbezugs der Gattung im pragmatischen Roman.

Angesichts der noch um die Jahrhundertmitte eingenommenen Positionen erscheint Severinus' Eintreten für den gemischten Charakter dreißig Jahre zuvor als revolutionäre Tat (*Vorrede zu Philander*, 1722). »Wolan wer dichten will: muß mit Vernunft so dichten, Daß kein Schlaraffen-Land der Leser Sinn ergözt.« Zwar wird die poetische Gerechtigkeit aufrechterhalten: das Glück darf nur der Tugend, das happy-end nur dem Verdienstvollen zustehen, doch soll das »Laster« nicht verschwiegen und eine allzu harmonische Darstellung und Schönfärberei vermieden werden. Tugend und Laster verteilt Severinus nicht, wie sonst üblich, auf verschiedene Personen, sondern vereinigt sie in einem Helden, dem Philander. Er ist gleichwohl »zum Muster auserlesen«. Er zeichnet sich durch die besten Anlagen aus. »Doch, wo wir unsren Sinn auf seine Thaten lencken; So ist sein großer Ruhm nicht ohne Ziel und Maas«. Damit hat Severinus auf doppelte Weise mit der Tradition gebrochen; er ersetzt den idealen Helden durch einen gemischten Charakter und hebt die Parallelität von Figur und Handlung des höfisch-historischen Romans auf, indem er sie in einen Grund-Folge Zusammenhang bringt. Aus Philanders Charakterschwäche, seiner »Frechheit« und Voreiligkeit, folgen seine Handlungen. Seinen frühen Tod hat er durch seine Haltung selbst verschuldet. Hand in Hand mit dieser entscheidenden Strukturveränderung geht eine Umwertung höfischer

---

66 Vgl. Büchners Vorrede zum dritten Teil seines *Welt-Lauffs* (1754): »wie die Welt fortläuft, so laufen auch diese Tugenden und Laster mit fort, deren Urbilder meine Feder hier abgeschildert hat. Nach fünfzig und hundert Jahren wird noch eben die Comödie gespielet, nur mit andern Personen«.

Wertvorstellungen vor sich. Was Severinus »Frechheit« nennt, der Geliebten durch alle Widerwärtigkeiten hindurch »Sturm und Meer«, »Sclaverey«, »Eifersucht« die Treue zu bewahren, galt sonst als höchst achtbar und verdienstvoll. Die alten Normen werden abgelöst von neuen, wie die Bewahrung der geglückten Wiedervereinigung (sie überredet ihn, sich nicht aufs Neue in Gefahr zu begeben) und »Klug- und Erfahrenheit nebst tugendhaftem Wesen«.

Angesichts der weitgehenden Zentrierung des Romangeschehens um die Charaktereigenschaften des Helden Philander kann die Berufung auf das antike Epos Homers und Vergils als Vorbild für zwar tugendhafte aber nicht vollkommene Helden nur aus dem Bewußtsein erklärt werden, daß für so ungewöhnliche Erneuerungen eines überkommenen Romanschemas eine Autorität zitiert werden muß. Der Roman selbst kann die Referenzen nicht anbieten. Severinus setzt, nur wenige Jahre nachdem Ormenio den höfisch-historischen Roman quantitativ verändert hat, die für die Zukunft des Romans wichtigen Akzente: Aufhebung eines selbständigen, von den Eigenschaften der Figuren unabhängigen Geschehens; in-den-Mittelpunkt-Rücken eines sich nicht mehr rein passiv einer verräteslten und widerstrebenden Wirklichkeit gegenüber verhaltenden Helden;[67] Aufgabe der allzu höfisch orientierten Idealität der Hauptperson; Heraushebung ihrer ›individuellen‹ Eigenschaften; und letztlich Verankerung der Handlung in diesen.

Am Beispiel von C. F. Troeltschs Vorrede zu *Geschichte einiger Veränderungen* (1753) sei zusammenfassend ausgeführt, welche Konzeption von der Funktion der Figur im Roman in der poetologischen Selbstreflexion um die Jahrhundertmitte gültig war. Troeltschs Vorrede eignet sich insofern, als in ihr traditionelle und zukunftsweisende Vorstellungen sich unverbunden nebeneinander finden.

Die Behandlung der Charaktere wird von der programmatischen Tendenz des Romans her bestimmt: Rührung beim Leser zu erzielen (S. 6). Rühren verhält sich zu Überzeugen ähnlich wie Empfinden zu Denken.[68] Das Moment der Hervorrufung rationaler Einsicht wohnt ihm inne. Überzeugt wird der Leser durch Exempel, denen hinwiederum ein moralischer Satz zugrunde liegt (S. 7). Die Figuren haben demnach so gut wie keinen individuellen Spielraum. Sie sind moralische Abstraktionen, personifizierte Sittengesetze. Ihre Vollkommenheit (S. 16) zielt jedoch weniger auf Idealität und makellose Vorbildlichkeit, als auf eine von der moralischen Idee her geforderte Kontinuität des Verhaltens. Sie soll es dem Leser erlauben, sich zu engagieren, wenn nicht gar zu identifizieren, sodaß sich eine kathartische Wirkung einstellt. Severinus scheint mit seiner psychologischen Motivierung des Romangeschehens Troeltsch vorauszusein; in der Einhaltung der poetischen Gerechtigkeit treffen beide sich wieder (S. 16). Tugend und Laster sind gleichsam das Fadenkreuz im Objektiv der Weltbetrachtung. Das Allgemeine und das die jeweilige Figur Übergreifende ist immer noch wichtiger, als eine Facette psychologisch und individuell strukturierter Wirklichkeit. Einerseits bleibt Troeltsch traditionellen Vorstellungen verhaftet, wenn er die Unveränderbarkeit des Charakters postuliert. Andrerseits besitzt er gleichwohl genug Einsicht in die Gattung Roman, um deren größeren Wirklichkeitsbezug und die sich damit einstellende Forderung nach Wahrscheinlichkeit auch in der Charakterdarstellung zu berücksichtigen. Er erlaubt – entgegen seiner zuvor geforderten Vollkommenheit – daß sich die Helden

---

67 Vgl. K. Lugowski, Wirklichkeit und Dichtung, S. 385 ff.
68 Vgl. G. Kaiser, Denken und Empfinden: ein Beitrag zur Sprache und Poetik Klopstocks, DVJs, 1961.

zu einer gewissen Reife hin entwickeln können (S. 21). Der Gedanke der Entwicklungsfähigkeit des Helden, noch an die Bedingung geknüpft, daß sie dem Leser nützlich sei, bricht mit den bisherigen Ansichten und Postulaten der Romanreflexion. Ausgeführt wurde er sowohl theoretisch wie praktisch erst im pragmatischen Roman.

3. Faktizität und Fiktion

a) Die »wahrhaftige Geschichte«

Ich erzähle »keine erdichtete / noch aus eigenem Gehirne entstandene Phantasien / sondern lauter wahrhaftige Geschichte« (Celander, *Verliebter Student*, 1709). Dieser Wahrheitsanspruch wird vornehmlich von der »Historie« erhoben, findet sich aber auch in Vorreden zum »Roman«. Lehms versichert in seinem »Roman« *Salomo* (1722), daß alle Geschichten »die Wahrheit zum Grunde« haben, auch wenn der Zeithintergrund unter der historischen Einkleidung (biblische Namen) nicht gleich sichtbar wird.[69] Circa 40 Jahre später hat sich an der Intention der Autoren nichts geändert, wenngleich die »Wahrheit« nicht mehr aus der Hof- und Kriegs-Geschichte der eigenen Zeit genommen wird. »Diejenige Geschichte, welche ich hier beschreibe, ist sowenig erdichtet, als mit dem geringsten Zusatz vermehret worden.[70]

Was dem Erdichteten als »wahrhafftig« entgegengesetzt wird, kann unterschiedliche Bedeutung haben. Ich »werde mich in viele Städte wenden und dir gewissen Bericht erstatten.« Die enge Übereinstimmung von Romanwirklichkeit und geschichtlicher Wirklichkeit wird bewiesen mit dem Hinweis auf eine ›normale‹ Abfolge und Anordnung des Geschehenen; denn dem Roman haftet der Ruch des verwickelten Vortrages, der Umschweifigkeit und des Episodenreichtums an, alles Gelegenheiten, in denen der Autor seinen Einfallsreichtum spielen lassen kann. Wahr heißt dann, daß die »Geschichte mit allen ihren Umständen also zugetragen, wie sie hier erzehlet wird« (*Europäische Robinsonetta*, 1752). Der Wirklichkeitsbericht darf nicht verkürzt und ihm nichts hinzugefügt werden. Dem Autor kommt dabei die Rolle eines passiven Mediums zu (vgl. *Lebenslauf eines Wollüstigen*, S. 52).

Über die Vorstellung von der engen Übereinstimmung von Romanwirklichkeit und wie auch immer gearteter geschichtlicher Wirklichkeit (seien diese nun persönliche Affären, wie in den sogenannten Studentenromanen oder europäische Hofgeschichten, wie in einem Teil der Schlüsselroman, z. B. Hunolds und Rosts) geben uns die Ausführungen der Autoren zum Inhalt ihrer Werke Aufschluß. Meist geht es dabei auch um die Rechtfertigung des Romans gegenüber einer Kritik, die allzu schnell bereit ist, von »erdachten Fäbelchen und Romänchen« (*Asiatischer Avanturier*, 1754) zu sprechen. Von Hunolds *Adalie* (1702) bis zum *Asiatischen Avanturier* (1754) ist man geneigt, die Wirklichkeit als einen solchen Schauplatz anzusehen, »worauf sich täglich soviel seltsames zuträgt, wormit ein curieuser Leser und

---

69 Ähnliches bezeugt Palmenes, dessen *Bernandis* (1715) vermutlich gleichfalls ein Schlüsselroman ist. »Die Geschichte ist wahrhafftig, jedoch um einiger Ursachen willen etwas verstecket worden.«
70 Ähnlich Veramandus *Wagehals* (1752); *Europäische Robinsonetta* (1752).

Hörer so occupiret werden könte, daß ihm auch keine Minute zu der höchstnöthigen Ruhe übrig bliebe ohne den mindesten Zusatz einer Erfindung beyzufügen« *(Asiatischer Avanturier)*. Das bedeutet in letzter Konsequenz, daß, nach Meinung einiger Romanautoren, die Wirklichkeit selbst so romanhaft und abenteuerlich erscheint, daß es keiner Erfindungen bedarf, um den Leser spannend zu unterhalten.[71] Begebenheiten, die den Eindruck erwecken, als seien sie der Phantasie des Autors entsprungen, müssen als faktisch wahr angesehen werden. Es ist daher nur folgerichtig, wenn in der Vorredenreflexion »wahre Begebenheiten« mit den Begriffen eines Romantypus beschrieben werden. »Es zeuget die tägliche Erfahrung / und die uns fast stündlich vor Augen kommenden Exempel / wie großen Antheil das alles beherrschende Glück an denen menschlichen Verricht- und Unternehmungen habe / und mit was unumschränckter Macht es bald seine hämische Tücke . . . zu erkennen gebe« (Benindus *Hermoine,* 1733).

In dieser Perspektive ist Fortuna nicht nur ein literarisches Prinzip, das Zufälle und plötzliche Handlungsumschwünge motiviert, sondern auch eine der Realität inhärente Struktur. Der Roman bestätigt die Wirklichkeitserfahrungen seiner Leser – zumindest bezüglich der strukturellen Gleichheit von tatsächlicher und wiedergegebener Wirklichkeit; denn das den Roman gestaltende Prinzip ist zugleich Erkenntnisprinzip. Das gilt für die »Historie« (*Sächsischer Robinson,* 1722: »Glücks- und Unglücks-Fälle«) wie für den »Roman«. Die Handlungsklischees der Gattung werden für Faktizität ausgegeben. So nimmt der Anonymus des *Schicksal Antonii* (1746) Bezug auf eine Wirklichkeit vom Hörensagen. Man erzähle sich immer wieder von großen Stürmen, Schiffbrüchigen, Sklaverei und wunderbaren Dingen. »Sehe ich nun auf meine eigene Lebens-Geschichte zurück, so kan ich mir selbst ein Exempel für Augen stellen in Ansehung meiner dreyfachen Sclaverey.« Die Wirklichkeit des Romans scheint austauschbar zu sein mit tatsächlicher Wirklichkeit, eine Annahme, die als Voraussetzung für die moralische Wirksamkeit des Werkes gilt. Selbst das literarische Handlungsschema mit Trennung, Umwegen und Wiederfinden der Geliebten wird als eigene Erfahrung von diesem Autor ausgegeben (vgl. *Peter Roberts,* Tl. 1, Vorrede 1744).

In den Romanvorreden macht sich um die Jahrhundertmitte in zunehmendem Maße die Erkenntnis breit, daß mit dem Wahrheitsanspruch häufig ein Vorredenklischee weiter gegeben wird. »Es ist aber auch gewöhnlich, daß die Verfasser in der Vorrede nicht selten versichern, daß ihre Erzehlungen alle wahr wären«, obgleich sie nicht immer einer Nachprüfung standhalten könnten (Troeltsch *Geschichte eines Kandidaten,* 1750). Die Gründe dafür sind, nach Ansicht der Autoren, zum Teil in der Leserschaft zu suchen, an deren Urteilsfähigkeit sie zweifeln. »Die meisten wissen aber keinen Unterschied zu machen, zwischen dem, was wahrhaftig geschehen, und dem was erdichtet worden« (Gleichmann, *Herculiscus,* 1754). Diese Unfähigkeit des Publikums machen sich Autoren zunutze, um mit dem Wahrheitsanspruch zu spielen, nach dem Motto »mundos volt decipi, ergo decipiatur«. Der Anonymus des *Americanischen Freybeuters* (Vorrede zum 2. Teil) gesteht offen zu – von der literarischen Kritik gedrängt (Rezension in den *Göttingschen Zeitungen von gelehrten Sachen,* 1744, S. 669) – nach dieser Maxime gehandelt zu haben.

---

71 In der Vorrede zum Don Felix (1754) heißt es: daß »keine Erdichtung so närrische, abentheuerliche und wunderbare Erfindungen ausfündig zu machen vermögend seyn, welche sich nicht bereits schon, obgleich mit andern Umständen . . . solten zugetragen haben«.

Die Entstehungsgeschichte des Romans, die er erzählt, soll beweisen, daß die Wahrheitsbeteuerung in der Vorrede zum ersten Band durchaus rechtens war. Aber sie fördert jedoch nicht mehr zutage, als daß der Tatsachenkern des Romans aus einem persönlichen Erlebnis des Verfassers besteht. Dieses wiederum ist seinem Inhalt nach so literarisch,[72] daß das Ergebnis des rhetorischen Aufwandes letztlich den erdichteten Charakter des Romans bestätigt.

Während einige Autoren bei der schlichten Wahrheitsbeteuerung bleiben, andere wie Schnabel und der Verfasser des *Americanischen Freybeuters* die Faktizität nur zum Schein behaupten, um indirekt auf die Möglichkeit eines erdichteten Romans aufmerksam zu machen, versuchen viele durch Echtheitsfiktionen den Beweis abzustützen. Die weitaus häufigste Form dieses Echtheitsanspruches ist die Herausgeber- und Dokumentenfiktion, die über den ganzen hier behandelten Zeitraum angewandt wird.

Der Herausgeber versteht sich selbst als »getreuer Historienschreiber, welcher der Geschichte keinen Zusatz geben soll, sondern sie bey ihrer Reinlichkeit zu lassen sich gehalten findet« (*Constantine*, 1698). Sie sind nur Diener am Werk anderer, das sie in seinen Tatsachen unverändert weitergeben wollen. Das gilt um 1700 wie um 1750. »Die Geschichte und Begebenheiten des Don Felix haben sich in der That also zugetragen, wie ich sie entworfen zur Ausarbeitung empfangen, wobey ich mich sehr gehütet, den geringsten Zusatz zu vermeiden, oder dem Entwurf zuwider, eine Sache zu vergrößern oder verkleinern zu suchen; dahero darf man dieses Werk um so viel weniger unter die Erdichtungen zehlen, oder dem Autori eingemischte Erfindungen einiges Zusatzes beymessen.« (*Don Felix*, 1754; s. a. *Seltsamer Avanturier*, 1724). Das Bemühen, größte Wirklichkeitsnähe vorzugeben, und sich selbst als Herausgeber ganz hinter das Werk zurückzuziehen, führt gelegentlich zu dem Eingeständnis, daß die Hauptperson aufgrund ihrer genauen Kenntnis der Begebenheiten ihre besten Darsteller seien (siehe Sincerus, *Schöne Österreicherin*, 1747; Corvinus, *Carneval*, 1712). – Aus den Zitaten der Vorreden zur *Constantine* und zum *Don Felix* geht hervor, daß sich die Wirklichkeitstreue nicht auf die sprachliche Präsentation erstreckt, sondern nur die Anordnung des dokumentarischen Materials betrifft. Der »Herausgeber« des *Seltsamen Avanturiers* (1724) hat das Manuskript des Verfassers eingerichtet und stilistisch überarbeitet: »Man begehrte von mir, als man mir sie ins reine zu bringen übergab, daß ich weiter außer dem, was ich finden würde, nichts hinzu thun sollte«.[73] Weitere, oft angewandte Mittel, sind die Berufung auf Gewährsleute (*Jüttische Kasia*, 1732; *Europäische Robinsonetta*, 1752), oder den Verfasser in der Vorrede selbst sprechen zu lassen, um seine Rede dann im entscheidenden Moment abzubrechen. Der Herausgeber setzt diese dann fort. »So weit gehen dem Verfasser seine Gedancken, der etwann aus nothwendigern Geschäfften abgebrochen« *(Dänischer Avanturier)*. Seine eigene Glaubwürdigkeit versucht der Verfasser durch ein kritisch-distanziertes Urteil zu erhöhen. Den Autor persönlich gekannt oder gar von ihm direkt die Legitimation zur Herausgabe des Manuskripts erhalten zu haben, muß den Leser vollends sicher machen. – Wie der Verfasser des *Dänischen Avanturiers* versucht auch Schnabel

---

72 Phantasiespiele eines Freundeskreises, der Überlegungen anstellt, einen demokratischen Staat in Amerika zu gründen; vgl. Schütz *Die glückseligste Insul* (1728); *Joris Pines* (1726); u. a.; dazu K. Reichert in: Arcadia, 1966, S. 50–69.

73 Vgl. Schnabel, *Wunderliche Fata*. Den Stil hat der fiktive Herausgeber verändert, die Ordnung der Begebenheiten nach Vorlage und Intention des Verfassers ausgearbeitet.

(*Wunderliche Fata*, 1731) mit der Geschichte, wie er zu dem Manuskript gelangte, den Dokumentcharakter des Romans zu untermauern. Die Herausgeberrolle aber erlaubt ihm, sich vom Autor und seinen (möglichen) Unwahrheiten zu distanzieren.[74] Dadurch unterstützt er zwar die Herausgeberfiktion, die Faktizität der Geschichte aber bleibt in der Schwebe. – Es ist an Hand der Vorredenzitate nicht auszumachen, welchen Realitätsgehalt die Herausgebergeschichten haben. Zum Teil dürften die Romane, vor allem in galanter Zeit, tatsächlich Auftragsarbeiten gewesen sein. Daß sich aber deutlich bestimmte Darstellungskonventionen herausschälen lassen, deutet auf die Literarität dieser Form der Wahrheitsbeteuerung.

Zwei weitere, öfters gebrauchte Mittel, schon in der Vorrede einen Wahrheitsbeweis zu fingieren, seien noch erwähnt: 1. Der Hinweis auf unterschiedliche Sprachstile in der Erzählung dient als Beweis der Faktizität. So betont Lehms in der Vorrede zu *Absalom und Thamar*, 1710, »daß in wahrhafften Geschichten / und da man offt Verse und Briefe durch fremde Hand bekommt / die Schreib-art nimmermehr égal seyn kan«.[75] 2. Ungewöhnliches und Widersprüchliches, wie die Abweichung von der Erwartung der Leser, soll diesen nahelegen, daß es sich um eine historisch wahre und nicht romanhafte, in literarischen Klischees befangene Darstellung handelt. (Richter, *Schwachheiten* 1755; Büchner, *Welt-Lauff*, 1754).

Aufgrund der Zitate läßt sich zusammenfassend sagen, welche Vorstellungen vom Verhältnis von Roman und Realität mit dem Begriff »Wahrhaftige Begebenheiten« verbunden sind: das Erzählte muß faktisch verbürgt sein; ein denkbarer Unterschied zwischen erzählter und tatsächlicher Wirklichkeit wird indessen nicht reflektiert, genauso wenig, wie ein möglicher Realitätsverlust durch den Vermittlungsmodus, der etwa durch Mittel der Illusion ausgeglichen werden könnte. Das Problem, ob und wie Begebenheiten nach ihrem Interesse auszuwerten wären, stellt sich für diese Bewußtseinslage noch nicht.

Es erhebt sich die Frage, warum für viele Romanautoren der Faktizitätsnachweis für ihre Geschichte so wichtig war. »Roman« wie »Historie« wurden auch als didaktische Literatur verstanden. Als solche traten sie in Konkurrenz zur Erbauungsliteratur, die bis zur Verbreitung der moralischen Wochenschriften den Lesergeschmack und die Lesererwartungen bestimmten.[76] Für diese Literatur, die Heilswahrheiten mit Lebenshilfe vermittelte, gehörte die Wahrheit der Mitteilung zur unabdingbaren Voraussetzung. Den Anspruch, didaktische Literatur zu sein, konnte der Roman also nur aufrecht erhalten, wenn er zugleich die Wahrheit der Begebenheiten, aus denen der Leser lernen sollte, nachwies.

Die angestrebte Faktizität stellt – typologisch gesehen – eine erste Stufe in der Orientierung des Romans an Mimesis dar. Roman ist noch keine Naturnachahmung in dem Sinn, wie sie später von Gottsched in Erneuerung der aristotelischen Kunstauffassung vertreten wurde. Der Roman ist hier noch nicht in die aristotelische Tradition eingegliedert. Die Tendenz, didaktische Literatur zu sein, überwiegt. Ob hier eine späte Wirkung von Scaligers Poetik (s. bs. 7. Buch, 3. Kapitel) vorliegt, der der Naturnachahmung als Prinzip der Dichtkunst abschwört und die

---

74 Vgl. auch die Vorrede zum *Seltsamen Avanturier*: »Ob sich alles so zugetragen, wie sich der Leser wird berichten lassen müssen, weiß ich nicht. Ich bin nicht gesonnen wegen durchgängiger Wahrheit dieser Geschichte Wetten zu thun.«

75 Ähnlich *Seltsamer Avanturier* (1724); *Verliebte Fama* (1719); *Luftschloß* (1749).

76 Vgl. H. Beck, Die religiöse Volksliteratur, 1891. W. Gebhardt, Religionssoziologische Probleme, S. 31 f.; W. Wittmann, Beruf und Buch, 1934; s. a. M. Spiegel, Roman und Publikum, S. 22–33.

moralische Einwirkung beim Leser (Hervorrufung von Affekten durch Handlung) in den Vordergrund rückt, oder ob diese Mimesishaltung des Romans mit der allmählichen Konstituierung der Gattung verbunden ist, läßt sich hier nicht genau ausmachen.

b) Mischung von Wahrheit und Erfindung

Angesichts der vielfältigen Versuche, die Faktizität des Romans nachzuweisen, übersieht man leicht, daß im 17. und 18. Jahrhundert die Gattung in der Romantheorie wie in der Romanreflexion bewußt als fabula ficta angegeben wird (vgl. Rist, *Des Rüstigen Unterredungen*, 1668, Bd. II, S. 234 ff; Thomasius, *Monatsgespräche*, 1688, S. 23). Die Lexika des 18. Jahrhunderts, wie die von Corvinus, Zedler und Jablonski folgen dieser Auffassung. Thomasius erweitert, wie sein französischer Zeitgenosse, Pierre Bayle (*Nouvelles de la Republique des Lettres*, Okt. 1684) die opinio communis dahingehend, daß er die Erfindung geradezu fordert, in der Erkenntnis, daß dem durch faktisches Geschehen ungebundenen Autor größere Möglichkeiten gegeben sind »einem Menschen mehr Nutzen [zu] verschaffen« (Thomasius, a.a.O.) und alles miteinzuführen / was zu des Dichters gutem absehen und zur erbauung dienet« (Birken, Vorrede zur *Aramena*, 1669).

Bevor wir auf den Roman als erfundene Geschichte eingehen, sei noch eine Gruppe von Romanvorreden behandelt, die das Problem wahre Begebenheiten mit erfundenen zu mischen, erörtern: Auch hier können die Romanschreiber des 18. Jahrhunderts auf im 17. Jahrhundert entwickelte Konzeptionen zurückgehen. Birken stellt folgendes in seiner Vorrede zu Anton Ulrichs *Aramena* fest: »Die Gedichtgeschicht-Schriften / behalten zwar die wahrhafte Historie mit ihren haupt-umständen / dichten aber mehr neben umstände hinzu / und erzehlen die sachen nicht in der ordnung / wie sie sich zugetragen.« Immer dort, wo die Romanreflexion sich ablöst vom unmittelbaren Bezug zum vorliegenden Roman, gewinnt sie die Freiheit und Selbstdistanz, verschiedene Wirklichkeitsverhältnisse des Romans zu erörtern, ohne die eigene als die einzig mögliche hinzustellen.

Was für Birken noch ein möglicher Romantyp war (Mischung von Wahrheit und Erfindung), erscheint vielen Autoren im 18. Jahrhundert problematisch. Troeltsch erwägt in einer Erörterung des Aufsatzes *Gedanken von Übereinkommung der Romane mit den Legenden* des Theologen J. S. Semler (in der Vorrede zu *Geschichte eines Kandidaten*, 1753) ob Romane überhaupt vertretbar sind, »welche eine wahre Geschichte zum Grunde legen, und mit vielen Erdichtungen bereichern und ausschmüken«.

Diese Romane erzählen meist politische Geschichte,[77] die dem Leser bekannt oder nachprüfbar ist. Die Romanschreiber und Romantheoretiker sahen daher die Gefahr, daß der Leser aufgrund der Faktizität einiger Begebenheiten auf den Realitätsgehalt der erfundenen schloß. Aus dieser Perspektive verbot es sich, Wahrheit und Erfindung im Roman zu mischen, zumal der Leser, der eigentlich nur das tatsächlich Geschehene als vorbildhaft akzeptieren sollte (vgl. *Nordischer Hyacinthus*, 1757), irregeführt werden konnte. Mit diesem Argument begründet Gundling seine Einstellung: »Und thut man besser, wenn keine Histoires mit untergemischet werden; Aus der Ursache; weil, mit der Zeit, die Histoire obscur wird und man

---

77 Siehe Colombini, *Talestris* (1715); dieser Roman arbeitet vermutlich Hofklatsch der Zeit auf; Polimon, *Eginhard* (1749) greift auf altdeutsche Geschichte zurück, die Liebesaffäre zwischen der Tochter Karls des Großen und seinem Sekretär.

darnach verum, a falso, nicht distinguiren kan.« (*Collegio Lit. Hist.* 1738–42, S. 647). Die Romanautoren versuchen die Gefahr dadurch zu umgehen, indem sie versichern, die Geschichte sei in der Haupthandlung wirklich geschehen. »Die Haupt-Historie ist mit allen Umständen wahr, und nichts ertichtetes dabey, als einige Gespräche« (Sylvano, *Muttersöhngen*, 1728). Damirus hilft sich, indem er bedeutet, welche Teile erfunden sind: »man hat sich dabey möglichst in acht genommen, dasjenige, was zur Haupt-Historie gehöret, unverfälscht vorzutragen, obgleich eines oder das andere dazu erdichtet worden, absonderlich die Liebe eines Printzens der Gepider gegen die Longobardische Prinzessin« (*Rosamunda*, 1729). Nur die Nebenhandlungen des Romans werden als Tummelplatz der Erfindungsgabe des Autors, die mehr eine Gabe des Findens ist, freigegeben, denn die Übereinstimmung in den Stoffen lassen auf ein verfügbares Reservoir an einsetzbaren Inhalten schließen, die nicht allein auf deutsche Romane beschränkt sein müssen (siehe z. B.: Hunold, *Adalie*). Der in den Nebenhandlungen geübten poetischen Lizenz kommt offensichtlich ein so erhebliches delectare zu, daß dieser Wert es den Autoren ermöglicht, die Vermischung von Tatsachen mit Erfindungen zu rechtfertigen.

c) Die fiktive Geschichte

Den Begriff Fiktion kennt die Romanreflexion durchaus, wenngleich nicht in seiner heutigen Komplexität. »Warum die Welt mit vielem fingiren sich die Mühe geben mag / besonders aber mit Romanen / da doch so viele Tadler derselben sich finden . . .« heißt es bei Namor (*Gismunda*, 1728) und der Übersetzer von Iriflors ›Illustren Französinnen‹ (1728) benutzt den Begriff Fiktion im gleichen Sinn: »inmassen der Erfinder so arm in seiner Fiktion war / daß er gleich auf dem 3ten Blat im Anfang p. 152 alles von Wort zu Wort nachschreibet«. Fiktion meint einsinnig nur Erfindung, die Erzählung von Begebenheiten, die (wissentlich) nicht geschehn, sondern ersonnen sind. Dieser einfache Fiktionsbegriff beschreibt nichts weiter als einen Inhaltsmodus. Er impliziert noch nicht Fiktion als ästhetische Umsetzung von Wahrheit. Seine Verwendung geschieht noch ohne die Erkenntnis, daß der Romanwirklichkeit ein grundsätzlich anderer ontologischer Status zukommt, als der Realität.

So bekennt sich J. L. Rost zur erfundenen Geschichte, ohne die ästhetisch notwendigen Schlußfolgerungen anzustellen. »Was nun meine Erfindungen betrift: so mag es wol seyn / daß sich hier und dort eine Begebenheit in der That ereignet hat / die einer oder der andern / in manchen Stücken / ähnlich schiene: ich bezeuge aber bey meiner Ehre . . . / daß ich sie aus meinem Gehirne ersonnen . . .« (*Helden- und Liebesgeschichte*, 1715). Die Beteuerung ist ungewöhnlich, und geschieht nicht aus Stolz auf seine ›Originalität‹, sondern vermutlich aus Furcht vor der Unterstellung, daß in der Erzählung Hofgeschichte und Hofklatsch eingeflochten sind. Das Wirklichkeitsverhältnis dieses Romans wird nicht erörtert. Vermutlich drückt der Autor der *Verhängnisse* (1765) aus, was sonst unausgesprochen an Wirklichkeitsgehalt in der Fiktion enthalten ist: »Sind die Begebenheiten erdichtet, so müssen sie der Ehre der Vernunft und des Wohlstandes, überhaupt aber der Verherrlichung der ewigen Vorsehung und den aufgeklärten Begriffen keinen Abbruch thun«. Zwischen erfundener Geschichte und tatsächlicher Wirklichkeit besteht in Prinzipien Übereinstimmung. Es genügte für die Rückbindung der erzählten Wirklichkeit an die Empire, daß sie den allgemein anerkannten Gesetzmäßigkeiten, erkenntnistheoretischer, religiöser oder gesellschaftlicher Art, nicht widersprach. Wahrscheinlichkeit der Begebenheiten heißt, daß diese aufgrund prinzipieller Ähnlichkeit mit der Realität übereinstimmen. Dieser Begriff von Fiktion ermöglicht es, in der Romanpraxis den Schauplatz in exotische Länder zu verlegen, oder Vorgänge zu schildern, die in ihren Details sich dem Erfahrungsbereich der Leser entziehen. Eine Rechtfertigung des »Merkwürdigen« ist nun nicht notwendig.[78]

Wo das Erfundensein ein Thema der Vorredenreflexion ist, werden meist auch »Romanische Formalien« erörtert (zum Beispiel Ormenio, *Medea*, 1719; Troeltsch, *Geschichte einiger Veränderungen*, 1753). Jedoch stellen die Romanschreiber keinen Zusammenhang zwischen beiden Aspekten in dem Sinne her, daß die poetischen Mittel zur Herstellung einer Wirklichkeitsillusion eingesetzt werden sollen. Der Gedanke, einer mit künstlerischen Mitteln geleisteten Rekonstruktion erzählter Wirklichkeit, die der Realität ähnlich ist, liegt den Autoren fern. Die Beschreibung der künstlerischen Formen, besonders im »Roman«, geschieht unter dem Aspekt, den Stil der Gattung zu konkretisieren (zum Beispiel Ormenio) oder sie auf den formalen Standard anderer Gattungen anzuheben (zum Beispiel Troeltsch).

Ende der 40er Jahre wird zur gleichen Zeit, in der die Dichtungstheorie jede literarische Produktion als eine imitatio naturae definiert, in der Vorredenreflexion die Forderung erhoben: »ein Schriftsteller muß der Natur nachgehen« (*Luftschloss*, 1749; siehe auch Büchner, *Welt-Lauff*, 1754). Mit Natürlichkeit des Romans ist nicht mehr eine prinzipielle Ähnlichkeit von Realität und erzählter Wirklichkeit gemeint, sondern die Darstellung des Erfahrungsbereichs des Lesers und damit eine Übereinstimmung von Romanwirklichkeit und Realität im Detail. »Je mehr die Umstände darinne (erzählte Geschichte) mit denjenigen überein kommen, die man selbst hat, oder doch haben möchte, je mehrere Gewogenheit wird man einer solchen Schrift schenken« (*Peter Roberts*, 1744). Es ist aus der Vorredenreflexion nicht ersichtlich, ob diese Forderung mehr impliziert, als eine Erweiterung des Gegenstandsbereichs der Gattung. Es liegt nahe, sie so zu verstehen, zumal hier das gleiche Argument gebraucht wird, wie in der »Historie«: daß der Leser nur Interesse an einer Wirklichkeitsdarstellung haben kann, die für ihn nachvollziehbar ist. Dann wäre die Forderung nach Natur eine konsequente Fortsetzung des von der »Historie« eingeführten Wirklichkeitsbegriffs, das heißt, Faktizität als eine weitgehende Identität von erzählter und tatsächlicher Wirklichkeit und nicht eine Wirklichkeitsillusion mit poetischen Mitteln.

Erst der Romanpraxis der 50er Jahre ist zu entnehmen, daß mit der Forderung nach Naturnachahmung sich die Auffassung vom Realitätscharakter des Romans gewandelt hat. Dem Leser wird modellhaft an einer Romanhandlung vorgeführt, was die Vorredenreflexion nicht artikuliert: die Fiktivität des Romans (Neugebauer, *Teutscher Don Quichotte;* Musäus, *Grandison der Zweyte*).[79]

---

78 Das Wunderbare ist kein Thema der Vorredenreflexion. Wo von »wunderbaren Dingen« oder von des Lesers »Begierde zu dem Wunderbaren« die Rede ist (Gleichmann, *Herculiscus*, 1754) meint man ein auf die Immanenz zurückgenommenes »Merkwürdiges« (*Seltsamer Avanturier*, 1724).

79 Das Fehlverhalten von Romanlesern gegenüber erzählter Wirklichkeit kritisiert auch der Verfasser des *Verliebten und galanten Studenten*, (1750, zuerst 1735): »Andere ... meinen, die Liebe sey das schönste passetemps, sie nehmen derowegen einen verliebten Roman, studiren darinnen biß auf das letzte Blat, und indem ihre Sinnen am Ende der Historie, oder der genauen Umarmung hafften, träumet ihnen, sie wären die Haupt-Person ...«.

Keine andere Form der Romantheorie, sei es die Poetik, die Abhandlung oder die Rezension, bietet ein so ausgeprägtes und differenziertes Bild eines entstehenden Gattungsgeschichtsbewußtseins wie die Romanvorrede. Ihr unmittelbarer Praxisbezug wirkt sich hier aus. Am Zitat von Romantiteln ist das Gattungsgeschichtsbewußtsein ablesbar. Diese Titel verraten etwas über das Autorbewußtsein, die Verbindlichkeit von Schreibkonventionen, Vorstellungen von Romantypen, den Literaturbetrieb und über die Lektürekenntnis von Autoren und Lesern. Der Roman war zu Beginn des 18. Jahrhunderts im allgemeinen Bewußtsein eine geschichtslose Gattung. Er konnte sich weder auf eine theoretische Begründung in der antiken Poetik berufen, noch sich mit einer in die Antike zurückreichenden Geschichte ausweisen. Damit war ihm jede Möglichkeit genommen, in die anerkannte Gattungshierarchie der normativen Literaturtheorie des Barock aufgenommen und somit ›offiziell‹ anerkannt zu werden. Das ändert sich allmählich, nachdem Huet in seinem *Traité* mit großer Gelehrsamkeit antike Formen des Romans nachweisen konnte. Morhof (*Unterricht Von Der Teutschen Sprache und Poesie*, 1682, S. 691 bis 698) und Rotth (*Vollständige Deutsche Poesie*, 1688, S. 348–354) und in ihrer Nachfolge Omeis (*Gründliche Anleitung*, 1704, S. 217–220) ordneten nun den Roman als eine dem Epos, beziehungsweise der Fabel verwandte Form in ihr Gattungssystem ein. Bei Gottsched und später bei Eschenburg (*Entwurf einer Theorie und Literatur der schönen Wissenschaften*, 1783) sind die Vorbehalte der Poetiker gegenüber einer als trivial angesehenen Gattung noch erkennbar.

Die Romanautoren versuchten auf ihre Weise, in den Vorreden ihre Tätigkeit moralisch und literarisch zu legitimieren. Im 17. Jahrhundert adaptierten sie den allgemeinen Dichtungsbegriff; der Roman sollte wie alle »Schrift-arten« zur »Gottes erkentnis füren« (Birken, Vorrede zu *Aramena*, vgl. auch Harsdörffer, Vorrede zu Montemayors *Diana*, 1646). Zu Beginn des 18. Jahrhunderts verfolgt die Gattung dann mehr immanente Zielsetzungen: der Roman will Geschichtswissen vermitteln, und höfisch-galantes, politisch-weltmännisches und christlich-tugendhaftes Verhalten lehren.

Mit diesem Programm geht eine Reflexion über das Romanschreiben als Kunstübung einher. Prinzipiell ist das in der Vorredenreflexion nicht neu (vgl. Birken, a.a.O., und Harsdörffer, a.a.O.); aber diese Reflexion ist Teil einer öffentlichen Diskussion um die Gattung, die von den Romanautoren selbst geführt wird. Der Bezugspunkt der Ausführungen ist die Romanpraxis, das Werk des Kollegen, das im Gegensatz zu später zur Kenntnis genommen wird, nicht wie im 17. Jahrhundert, die Literaturtheorie oder ein literarisch gebildetes Publikum. Im Gegensatz zu den Jahrzehnten bis 1760 verfahren in der galanten Zeit die Autoren dialogisch, wenngleich dieser Dialog zum Teil die Form von Fehden mit erhabschneiderischen Tendenzen hat.

Pohlmann wehrt sich in seinem *Entlarvten Cupido* (1704, S. 328) gegen eine ihm hinterbrachte Kritik Hunolds an seiner *Lustigen Studier-Stube*. J. L. Rost hängt an seine *Curiösen Begebenheiten* (1714) eine *Bescheidene Verantwortung und abgenöthigte Ehrenrettung wider Celanders grobe Beschuldigungen und unbesonnene Injurien . . .* an, in der er sich gegen – auch nur vom Hörensagen bekannte – Vorwürfe seitens Celander in dessen Roman *Der verliebte Studente* (1709 u. sp.) verwahrt. Schließlich antwortet Behmenus (Anh. zum *Poetischen Cabinet*, 1715) auf die literarische Kritik an seinem *Lieblichen und doch kriegerischen Cupido* (1711/12), die sein Antagonist Selamintes in seiner Vorrede zu *Der närrische und doch beliebte Cupido* (1713) veröffentlicht hat.

In diesen literarischen Fehden liefert das Beurteilungskriterium teilweise ein historisch am Roman des späten Barock gewonnener Maßstab, teilweise ein nirgends festgelegter, gleichwohl verbindlicher Romanbegriff, der zum Teil wohl durch die Schreibformen erfolgreicher Autoren wie Bohse geprägt worden ist.

Pohlmann *(Cupido)* bezieht sich auf ihn, wenn er Hunold vorwirft, »wider die Gesetze der Romanen-Schreiber« verstoßen zu haben als er der Geschichte nicht genügend Verwicklung gab, und somit die Erwartungen der Leser bezüglich der Spannung enttäuschte. Auch mit der Historizität nähme er es nicht so genau: »Lügen kan man in einer Romane wohl / aber nicht daß es so ganz klar zu mercken ist.« (S. 328). – Auch Behmenus und Selamintes beziehen sich auf solche Übereinkünfte. In der Zeit von Rosts wortreicher Zerknirschung über seine Vergangenheit als Romanschriftsteller (Vorrede zu *Begebenheiten*, 1714) ist es für Behmenus selbstverständlich, sich gegen die Vorwürfe der Unsittlichkeit und unkeuscher Reden in seiner Liebesgeschichte zu wehren (S. 14, 19). Die Tugend zu loben, und »die Laster durch hübsche Moralia eckel« zu machen (S. 17) in einer Liebesgeschichte, dies sei durchaus miteinander vereinbar. In Sprache (Fremdwörter) und Stil unterscheide er sich in nichts von Selamintes. Auch den Vorwurf des Plagiats gibt er zurück und weist Selamintes nach, was dieser von Hunold und Rost übernommen hat (S. 23). Damit gesteht Behmenus eine Gepflogenheit galanter Autoren ein, die sehr selten in den Vorreden angedeutet wird: sich galanter Redewendungen, sowie Situationen und Konstellationen aus anderen Romanen, vornehmlich aus denen der Erfolgreichen, wie die Bohses, Rosts und Hunolds zu bedienen, ohne daß dies als ein besonderes Vergehen angesehen wird.[80] Die galante Zeit kennt noch nicht den Originalitätsbegriff des Sturm und Drang.

Stil, Sprachform, Sittlichkeit und Wahrheit sind, wie allgemein in der Vorredenreflexion der ersten Jahrhunderthälfte, die Themen der polemisch geführten Romandiskussion unter den Autoren der galanten Zeit. Im Unterschied zu später jedoch, werden sie weniger am Beispiel des eigenen Romans, als an dem der Zeitgenossen abgehandelt. – So bekannt deren Produktion ist, so unbekannt scheinen den galanten Romanautoren jene Barockromane zu sein, die, wie Lohensteins *Arminius*, Anton Ulrichs *Octavia* oder Zieglers *Banise* als hervorragende Repräsentanten der Gattung gelten. Während in zeitgenössischen Zeitschriften über diese Werke noch diskutiert wird, scheinen die Autoren des galanten Romans sie zu ignorieren. Die Gründe dafür mögen einerseits die große strukturelle Ähnlichkeit zwischen höfisch-historischem und galanten Roman sein, die kein Bewußtsein einer Differenz entstehen ließ. Zum andern auch aber gravierende Unterschiede, wie die angestrebte Kürze, ein vereinfachtes Handlungsschema, der Verzicht auf Befrachtung mit Gelehrsamkeit und eine Liebesdarstellung, die einer Anti-constantia-Haltung nahekam. Diese Differenzen herauszuarbeiten fehlte das historische Bewußtsein. Man hat nur konkrete Vorstellungen von der Norm der eigenen praktizierten Romanform.

Eine Auseinandersetzung mit dem zeitgenössischen Roman gibt es erst wieder in den 70er und 80er Jahren des 18. Jahrhunderts. Daß sie in den beiden ersten

---

80 Anders verhält es sich mit den Brief- und Lyrikeinlagen; s. Lehms *Absalom* (1710); Vorrede zu Balloks *Ritter Myro*.

Dekaden des 18. Jahrhunderts möglich war, liegt vermutlich an einem allgemein akzeptierten Bildungsideal und Lebensprogramm, das der Begriff galant bezeichnet,[81] und dem sich auch die Romanautoren verpflichtet fühlten.

Schon in den zwanziger Jahren werden die Romane der Zeitgenossen ignoriert, wie zum Beispiel in der Vorrede zur *Jüttischen Kasia*. Ihr Verfasser tut pauschal die Romane seiner Zeit als »Mode-Schriften« ab (gemeint sind »Reisen« und »Wunder-Begebenheiten«), ohne einen der häufig nachgedruckten Romane (z. B. *Gustav Landcron* oder *Der Sächsische Robinson*) einer Erwähnung für würdig zu erachten. Auch Schnabel *(Wunderliche Fata)*, der viel aufgeschlossener den neuen, von höfisch-historischer Tradition wegführenden Tendenzen gegenüberstand, weiß an deutschen Romantiteln nur Fleischers *Herr von Lydio* anzuführen. Der deutsche Romanautor ist für seine Kollegen bis in die 60er Jahre hinein in der Vorredenreflexion so gut wie nicht vorhanden. Eine Ausnahme bildet die Erwähnung Gellerts und Loens sowie die als etwas anrüchig geltenden *Wunderlichen Fata*. Die Gründe für die Ignoranz gegenüber der zeitgenössischen Romanproduktion können nur vermutet werden: 1. Der Roman wird nicht mehr innerhalb einer gesellschaftlich homogenen Schicht geschrieben. Der Hof war nicht mehr und die Stadt noch nicht das literarische Zentrum. 2. Die moralischen Wochenschriften haben in den 20er und 30er Jahren dem Roman vermutlich Leser entzogen. Die Erwähnung eines zeitgenössischen Romanautors in der Vorrede konnte zur unbeabsichtigten Werbung ausschlagen und damit den eigenen Verkaufserfolg gefährden. 3. Es fehlten auch die Zeitschriften, die wie etwa nach 1760 für die Verbreitung, beziehungsweise Kenntnis der Romanliteratur sorgten. Die moralischen Wochenschriften verweigerten sich noch dieser Aufgabe. 4. Die Romanautoren, die »Romane« schrieben, hielten vermutlich jene Romane, die einen großen Lesererfolg hatten, die »Robinsons«, für trivial und damit nicht erwähnenswert.

Der galante Roman scheint in den zwanziger Jahren schon nahezu vergessen zu sein, oder nur noch, wie in den moralischen Wochenschriften, als negative Verkörperung des Romans überhaupt erwähnt zu werden. Die Vorrede zur *Jüttischen Kasia* (1732) bildet eine Ausnahme bezüglich der Rezeption der Galanten. Doch sie hebt die veränderte literarische Situation ins Bewußtsein und verweist zugleich darauf, welche Romane den Geschmackswandel überdauert haben.

> »Das güldne Romanen-Seculum ist zwar bey nahe gantz verschwunden / oder deutlicher zu reden / man machet zu ietziger Zeit lange nicht mehr so viel Wesens von Liebes- und Helden-Geschichten als etwan vor zwanzig/ dreyßig/ und mehr Jahren / als da man die Buchläden davon gleichsam überschwemmet sahe / weil ein jeder nicht allein würcklicher / sonder auch mancher sich selbst nur dafür haltender Bel Esprit in Herausgebung dergleichen Art Schrifften eine besondre Gloire suchte / ...«.

Der Autor begreift seine ›spätzeitliche‹ Situation durchaus, und deutet an, daß sich die Romansituation zum Teil verändert hat, daß aber die Romane jener Zeit doch noch ihr Publikum finden. Sein subjektiver Eindruck der Rückläufigkeit gerade des von ihm geschätzten Typus stimmt mit den jüngsten statistischen Angaben überein.[82]

---

81 Vgl. H. Wendland, Die Theoretiker und Theorien der sogenannten galanten Stilepoche, Lpz. 1930.
82 Vgl. Spiegel, Publikum, S. 24.

»...ob schon der Geschmack der immer delicater werdenden Kenner heut zu Tage
dißfalls ungemein verändert ist / und gleichwie durch den Überfluß und die Menge der
Preiß aller Sachen / was für welche es auch seyn mögen / in Abnehmen kömmt / auch
also solchen Büchern ein gleiches widerfahren / zumahl viel abgeschmacktes / allzu-
lügenhafftes / oder höfflicher / allzuunwahrscheinliches / nicht minder unfläthiges und
ärgerliches Zeig dabey mit untergelauffen; So bleibet doch ein wohlgesetzter Roman
allen Neulingen von Schreib-Art und öffters allzu praejudicieusen Verächtern zu
Trotze in seinem Werthe / und wird bey der galanten Welt auch noch unter der
späthen Nachkommenschafft seine Liebhaber finden.«

Zu diesen »wohlgesetzten Romanen« zählt der Verfasser Lohensteins *Arminius*,
Zieglers *Banise*, sowie die Werke der Galanten Bohse, Hunold und Rost (dessen
Pseudonym er fälschlich mit Meier auflöst).

Um 1730 lassen sich erste Anzeichen einer Rezeption höfisch-historischer Romane
in den Vorreden feststellen (vgl. auch Namor, *Gismunda*). Die eigentliche Rezeption setzt erst Ende der 40er Jahre ein. Zu diesem Zeitpunkt scheint ein Bedürfnis
bei einigen Romanautoren zu entstehen, das eigene Tun historisch zu legitimieren.
Zu diesem Zweck beruft man sich auf die als vorbildhaft angesehenen Barockromane. Für die Geschichte der Romanreflexion beginnt damit die bewußte Rezeption eines historischen Gattungstyps. Die Autoren können bei ihren Lesern die
Kenntnis dieser Literatur voraussetzen. Wie verschiedenen Belegen zu entnehmen
ist, scheinen Barockromane stets gelesen worden zu sein. G. E. Scheibel beschreibt
in seinen *Unerkannten Sünden der Poeten* (Leipzig, 1735, S. 480 f.) eine zeitgenössische Bibliothek, die vornehmlich barocke Autoren führt und »Romaine mit
starck vergüldeten Titteln«.[83] Aus den moralischen Wochenschriften ist zu entnehmen, daß galante Leser neben Bohse und Hunold auch Buchholtz, Happel, Lohenstein und Ziegler lasen[84] und die Satiren der Romangegner belegen, daß die Lektüre dieser Autoren fast allgemein war.[85] Wieland bezeugt dies noch für die 50er
Jahre (Anzeige von Schillers *Historischem Calender für Damen*, 1791, S. W., Bd.
36, 1858, S. 186 f.). Äußerlich ablesbar ist die ungebrochen Beliebtheit höfisch-
historischer Romane an den Auflagenzahlen. Lohensteins umfangreiches Werk
wird 1731 neu aufgelegt, Buchholtz' *Hercules* erlebt 85 Jahre nach seinem Erscheinen eine neue Auflage (1744, fünfte Auflage, eine stark verkürzte Fassung).
Den Rekord hält zweifellos Zieglers *Banise*, die 1753 eine elfte (revidierte) Auflage erlebt. Auch ihre Fortsetzung durch Hamann (1724 und später) ist ein Zeug-
nis ihrer Popularität. Diese nutzen drei Autoren aus, die ihren Romanen einen an
Zieglers *Banise* angeglichenen Titel geben: J. C. Eberhard, *Begebenheiten der
deutschen Banise* (1752); *Der europäischen Banisetta Liebesgeschichte* (1753); C. E.
Fidelinus (Pseudonym) *Die engelländische Banise* (1754). Hinzu tritt 1754 ein auf
die Beliebtheit Buchholtz spekulierender Roman J. Z. Gleichmanns (?) *Begebenheiten des Europäischen Herculiscus*.[86]

---

83 Siehe auch die Diskussion um den Lohensteinschen Stil (E. A. Blackall, Literatursprache,
 S. 222 f.); befürwortet wird die metaphernreiche Sprache von J. H. Hauptmann in
 seinem Aufsatz: Anmerkungen und Regeln zu der itzt neu wider aufblühenden lohensteinschen Schreibart; abgedruckt in: Das Neueste aus der anmuthigen Gelehrsamkeit,
 1757, S. 136 ff.
84 W. Martens, Tugend, S. 501.
85 H. Singer, Der deutsche Roman, S. 89 f.
86 Auch Grimmelshausens *Simplicissimus* erlebt unter neuem Titel eine Wiederkehr: *Der
 Wechsel des Glücks und Unglücks ...* (1755).

Die echten und scheinbaren Nachahmungen sind eine Antwort auf die gegen Ende der 40er Jahre in den Vorreden auftretenden Forderungen, die barocken Romanautoren sich zum Vorbild zu nehmen. (Arselinus, *Spanische Eyfersucht*, 1745). *Banise* und *Argenis* werden hingestellt als »zwey fürtreffliche Muster ... nach welchen sich billig alle nach ihnen aufgestandenen Romanschreiber hätten richten sollen«. (Gleichmann, *Herculiscus*, 1754). Zieht man die Eigenwerbung zwecks Rechtfertigung der eigenen Absichten ab, bleibt dennoch das in der deutschen Romangeschichte noch nicht dagewesene Faktum, daß deutsche Romane zum poetischen Maßstab gemacht werden. Das in der Vorrede zur revidierten Fassung der *Banise* (1753) gezeigte Selbstbewußtsein (»Muster eines gesunden und tugendhaften Romans«) überrascht angesichts der Romansituation nicht mehr. Der deutsche Roman hat, vornehmlich als »Roman«, wenn auch kurzfristig, innerhalb des höfisch-historischen Traditionsstromes zu einem gewissen Gattungsgeschichtsbewußtsein gefunden. Die Romanautoren haben einen Bezugspunkt entdeckt, eine durch geschichtliche Distanz wie Erfolg beim Publikum bedingte Autorität, die für sie selbst gewisse normative Funktionen erfüllt und gleichzeitig für die – wenn auch im Abnehmen begriffenen – Romankritiker[87] ein präsentierbares Vorbild. Sie sind sich einer lange geübten Verpflichtung bewußt geworden, zu der sich zu bekennen nur ein Vorteil sein konnte; denn die Nachahmung – und sei es auch selbstinszenierter Vorbilder – war für das Ansehen bedeutsam in einer Zeit, in der poetische Gesetze noch wie im Barock von geschichtlich gewordenen Autoritäten abgeleitet wurden.

Zwei Gruppen von Romanautoren lassen sich um 1750 nachweisen, die ihre poetischen Vorstellungen von solchen Autoritäten beziehen. Die einen, wie z. B. Troeltsch und Pfeil orientieren sich an den Franzosen und in zunehmendem Maße auch an den Engländern, da sie in deren Romanen »die wahren Schilderungen, die natürlichen Charactere, das ächte Bild des menschlichen Lebens« (Pistorius) zu finden meinen. Ganz andere Gründe bewegen diejenigen, die sich auf den Barockroman berufen. Am Beispiel von Fidelinus' Vorrede zur *Engelländischen Banise* (1754) sollen zunächst die poetologischen Gründe und romantheoretischen Absichten geschildert werden.

> »Alle Verständige machen einen vernünftigen Unterschied unter guten und schlimmen Romainen. Ich halte diejenige für gut, deren Auctores die löbliche Absicht gehabt, die Tugend recht anmuthig und liebenswerth vorzustellen; hingegen die Laster so abscheulich zu machen, daß ein jeder Verständiger zu einem gerechten Haß wider dieselbe bewogen wird.«

Fidelinus wiederholt mit dieser unverbindlichen und allgemeinen Definition eine längst festgelegte Maxime, der man sich gewöhnlich ohne den historischen Bezug (hier besonders Barclays *Argenis* und Zieglers *Banise*) verpflichtet. Er verwischt, indem er seinen, den guten Roman mit dem höfisch-historischen in eins setzt, den Unterschied zwischen constantia und Tugend, zwischen heroischem Gebaren und bürgerlichem Wohlverhalten. Er weckt damit den Anschein, als habe sich im Roman seit dem Barock nichts verändert. Durch bestimmte Reizwörter wie »Tugend« und »Gelehrsamkeit« und das Herausstreichen der Brauchbarkeit (»vielen klugen und politischen Regeln und Staats-Maximen«) umwirbt er eine Leserschaft, deren Wertvorstellungen von den moralischen Wochenschriften geprägt werden. Die Vorrede scheint die romangeschichtliche Entwicklung der vorangehenden fünfzig

---

87 Vgl. W. Martens, Tugend, S. 512.

Jahre zu ignorieren. Bezeichnenderweise entspricht der Roman nicht der in der Vorrede ausgeführten Theorie.

Die *Engelländische Banise* geht nicht auf im Begriff des höfisch-historischen Romans, obgleich sie fast einer Nacherzählung des Zieglerschen Werkes gleichkommt. Die romangeschichtliche Entwicklung, die Fidelinus verbal durch Nichterwähnen leugnet, wird von der Romanpraxis begrenzt eingeholt, indem inhaltliche und ›ideologische‹ Elemente des galanten Romans wie des bürgerlichen Historie-Typs eingebaut werden, die den heroisch-epischen Gehalt des höfisch-historischen Romans als Versatzstück erscheinen läßt.

Diese Diskrepanz zwischen dem durch die Barockromane abgestützten Anspruch und der tatsächlichen Umsetzung in poetische Wirklichkeit verrät die wahren Gründe, weshalb Fidelinus und andere sich in eine romangeschichtliche Tradition einfügen wollen. Diese Romanautoren sind bemüht, die gestiegene Nachfrage nach Romanen mit höfisch-historischer Thematik zu befriedigen, wo offensichtlich die Nachdrucke der Werke jener Zeit nicht mehr ausreichen.[88] Sie befriedigen direkt, bewußt und ausschließlich Lesererwartungen. Der Begriff der Bestätigungsliteratur auf sie anzuwenden, erscheint, zumindest von der Intention der Autoren her, gerechtfertigt.

Polimons Vorrede zum *Eginhard* (1749) erweitert die bei Fidelinus gemachten Beobachtungen. In Deutschland, so schreibt er, gebe es eine große Zahl von Liebesgeschichten und Romanen,

> »davon Arminius, Banise, der verliebte Irrgarten [von Schnabel] und die Helden-Geschichte der Europäischen Höfe [von Hunold] ein ohnverwerfflich Zeugnis ablegen, und dieselben bey der heutig galanten Welt kein geringes Vergnügen erwecket, auch dadurch noch mehrer Autores animiret, durch dergleichen Schreib-Art diese die allgemeine Approbation geniessende Piecen zu imitiren«.

Die Nennung der Titel erscheint aus dieser Sicht als ein Mittel, den ›Markt‹ für sich einzunehmen. Um das Interesse und Vertrauen der Leser zu gewinnen, baut man eine nachahmenswürdige Autorität auf und gibt sich den Anstrich des Rechtmäßigen wie des Vertreters des eigentlichen und guten Romans, indem man sich von ihr herleitet. Daß es ein Kampf um den Kaufwillen des Lesers ist, gesteht Polimon freimütig ein; denn die Marktposition wird durch die sogenannten Robinsons angefochten, gleichwohl – so fährt Polimon fort – sei ihnen »eine Gebißschiene angelegt ... daß derselben nicht soviel mehr an des Tages Licht getretten, und an deren Statt die Robinsons häufig zum Vorschein gekommen, welche ... nicht anderst als ohngerathene Kinder anzusehen sind«.

Mit der Verurteilung der Robinsons wird der letzte Aspekt des Zitierens von Barockromanen sichtbar. Mit dem Mittel der Denunziation als Trivialliteratur wird eine in der Gunst des Publikums stehende Romanart sowohl ästhetisch als auch gesellschaftlich – als Lektüre des »gemeinen Geschmacks« – abqualifiziert. Schon in der *Jüttischen Kasia* und nach ihr in allen Romanen, deren Autoren sich der höfisch-historischen Tradition verpflichtet fühlen (Ausnahme: Polimon), werden die Robinsons kaum erwähnt, bzw. totgeschwiegen. Ihr Ansehen ist trotz ihres publizistischen Erfolges nicht groß. In der Vorrede zum *Polnisch-preußischen Robinson* (1736) konstatiert der Verfasser ironisch: »Die Deutschen waren kaum mit Durchlesung des englischen Werkes fertig, so theilte jede kleine Landschaft einen Abentheuer-vollen Robinson aus«, und er bemerkt zu einem gelehrten Werk, das

---

88 Vgl. dazu H. Singer, Deutscher Roman, S. 100–103.

sich des publikumsfängerischen Titels bedient, »es schien fast, als ob dieser sonst unbekannte Nahme, nunmehro zu einer rechten Schmincke werden wollte, damit entweder die Herren Buchhändler, oder auch die Herren Autores selbst ihre Arbeit zu bestreichen und den Abgang derselben zu befördern bemüht sind«. (Vgl. auch *Westphälischer Robinson*, 1748, S. 287; *Sächsischer Robinson oder des närrischen Barons Reisen*, 1735; *Robinson vom Berge Libanon*, 1755).

Aber nicht so sehr die buchhändlerische Ausbeutung eines erfolgreichen Titels bestimmt ihre Reputation (die Galanten haben dies vor ihnen schon gemacht; man vergleiche zum Beispiel die Cupido-Romane), als ihre gesellschaftliche Rolle und Rezeption bei den Lesern. Für den Verfasser des *Americanischen Freybeuters* (Vorrede zum 2. Band) sind »Robinsons« das, »was nun der gemeine Geschmack gerne lieset ... Dann seit 20 Jahren her ist man dergestalt in die Robinsons verliebet worden, daß fast die mehrsten Romains ihre Ritter auf eine Insul führen, und daselbst entweder alleine lassen, oder aber Gesellschafft geben ...«. Die Klassifizierung dieser Literatur als trivial geschieht hier vom dominierenden Geschmacksträger aus.[89] Mit der gesellschaftlichen Diskriminierung ist die ästhetische eng verbunden. Während Polimon sich allgemein abschätzig ausdrückt (»ohngerathne Kinder«), präzisiert der Verfasser des *Freybeuters* seine Ablehnung: er wirft den Robinsonaden stofflichen Schematismus und Handlungsstereotypie vor. Büchner (*Welt-Lauff*, 1754) bedient sich des Vorwurfs, der meist den Romanen allgemein galt: »das thörichte, das unnatürliche, das kriechende und unwahrscheinliche [herrscht] auf allen Blättern«. Und auch er schlägt sich auf die Seite des Literaturbewußtseins der Autoren des »Romans«, wenn er die Robinsonaden und Wundergeschichten der Lektüre eines »edlen und aufgeklärten Geistes« für unwürdig hält, da sie als Zeitvertreib »kaum vor Handwercks-Pursche reichet«.[90]

Die Abgrenzung des »Romans« von der »Historie« zu Beginn der 50er Jahre geschieht unter einer anderen Konstellation als die des galanten vom gelehrten Roman. Diese Abgrenzung wird gerechtfertigt aus dem Bewußtsein einer eigenen Gattungsgeschichte. Die Autoren des »Romans« erkennen die Tradition, der sie verpflichtet sind. Obgleich sie kaum etwas zur Theorie des Romans beitragen, gebärden sie sich gleichwohl mit ihrem theoretischen Programm emanzipatorisch. Sie treten als wahre Vertreter der Gattung auf, gestützt auf das konventionelle Rechtfertigungsmuster, daß derjenige, der eine Geschichte aufweisen kann, den eigentlichen Vertreter der Gattung repräsentiert.

IV. Vorredenreflexion und Romantheorie

Die Vorredenreflexion ist ein Teil der allgemeinen Diskussion um die Gattung Roman, die in Poetiken, Rhetoriken, Zeitschriften, theologischer und pädagogischer Literatur und selbständigen Abhandlungen geführt wird. Es erhebt sich die Frage 1. nach dem Verhältnis von Vorredenreflexion und Romantheorie, unter der all

---

89 Zum Problem siehe H. Kreuzer, Trivialliteratur, DVJs 1967.

90 Dieses zeitgenössische Urteil hatte auch wissenschaftsgeschichtliche Konsequenzen. Hier ist ganz offensichtlich einer der Gründe für die Vernachlässigung und Herabsetzung der Robinsonaden in der Literaturgeschichtsschreibung des 19. und 20. Jahrhunderts. Sie ließ sich allzusehr von der zeitgenössischen Resonanz dieser Romane beeinflussen.

das verstanden wird, was in den genannten Mitteilungstypen zum Roman geäußert wird und 2. welche Gesichtspunkte die Vorredenreflexion aufgrund ihres unmittelbaren Praxisbezuges in eine Geschichte des Romans einbringt.

Ansätze zu einer Theorie des Romans finden sich in der Geschichte des Romans zum ersten Mal in der Romanvorrede, also im engsten Zusammenhang mit der Romanpraxis. Der Schäferroman (zum Beispiel *Jüngst-erbawete Schäfferey*, 1632), der höfisch-historische Roman (zum Beispiel Buchholtz, *Des Herkules und der Valiska Wunder-Geschichte*, 1659) und der politische Roman (zum Beispiel Bellamirus Coccyx, *Der lustige Politische Guckguck*, 1684) im 17. Jahrhundert[91] führen meist eine Vorrede als Legitimation ihres Tuns in Form einer allgemeinen weltanschaulichen oder literaturgeschichtlichen Reflexion oder in der einer Leserinformation mit sich. Vorreden zu Romanübersetzungen (Harsdörffer zu Montemayors *Diana*, 1646) und (fiktive) Gespräche und Rezensionen in Zeitschriften (zum Beispiel Rist, *Die Zeit-Verkürtzung*, 1668; Brachmonat, *Unterredungen;* Thomasius, *Gedanken*, Januar 1688, August und September 1689; *Acta eruditorum*, Mai und Juni 1689), die sich rezipierend mit der zeitgenössischen Romanpraxis auseinandersetzen, tragen ebenfalls dazu bei, Normen des Romanschreibens zu bilden, bzw. zu bestätigen. Wichtige Themen sind die Rechtfertigung als nicht-geistliche Literatur und, eng verbunden damit, als poetische Literatur, die Abgrenzung des Romans als Gattung gegenüber anderen Prosaformen, Voraussetzungen des Romanschreibens und die Aufgabe des Romans gegenüber dem Leser. Dieser Themenliste ist zu entnehmen, daß die Vorredenreflexion zum Teil Funktionen einer Poetik übernommen hat. Sie entwirft in Grundzügen Regeln des Romanschreibens, da die Literaturtheorie die Gattung ignoriert. Der Roman schien geschichtslos und somit den anderen Gattungen Epos und Tragödie nicht ebenbürtig. Als Prosaform war er nur schwer in das System der Dichtung einzuordnen. Erst um 1680 findet die Gattung Aufnahme in die Poetik (Morhof, *Unterricht von der Teutschen Sprache und Poesie*, 1682; Rotth, *Vollständige deutsche Poesie*, 1688), einmal bedingt durch die Rezeption von Huets *Traité de l'Origine des Romans*, (1670), der dem Roman eine bis in die Antike reichende Geschichte nachwies, zum andern dadurch, daß der Vers als Dichtungskriterium an Bedeutung verlor. Der Roman wurde, aufgrund seiner Thematik, als eine dem Epos verwandte Form eingestuft, deren Regeln, leicht modifiziert, nun auch für den Roman galten.

Um 1700, zu dem Zeitpunkt, in dem diese Untersuchung der Romanreflexion einsetzt, haben sowohl Vorredenreflexion wie Romantheorie ihre eigene Geschichte. Die Unterschiede, die sich im Laufe des 17. Jahrhunderts entwickelt haben, sind bedingt durch die jeweilige Mitteilungsform und die damit verbundene Funktion. Die Vorredenreflexion beschreibt legitimierend Romanpraxis und versucht sie normierend oder erweiternd in Regeln zu kleiden. Die Gesichtspunkte gewinnt sie aus dem Themenkatalog des exordiums. Dieser vorgegebene Mitteilungstyp und die in der Vorrede angestrebte Werbung für den Roman lassen nicht zu, daß mehr als Einzelaspekte einer Theorie der Gattung ausgeführt werden. Aber sie kann unbelastet durch tradierte Werthierarchien der ›offiziellen‹ Literaturtheorie eine sich neu konstituierende oder sich verändernde Gattung beschreiben.

91 Auch der pikareske oder sogenannte niedere Roman im 17. Jahrhundert, der ebensowenig den Anspruch erhebt, ein Kunstwerk zu sein, wie seine Nachfolgeform, die »Historie« im 18. Jahrhundert, weist gelegentlich Romanreflexionen auf: siehe Grimmelshausen, *Continuatio des Simplicissimi* (1669), Kap. 1; Beer, Vorrede zu *Zendorii à Zendoriis Teutsche Winternächte* (1682), 4. Buch, 1. und 7. Kap.

Die Poetik hingegen strebt eine Einordnung des Romans in das System der Dichtungen an. Aus dem Bezug zu anderen, ›etablierten‹ Gattungen ergibt sich dann der Regelkodex für den Romanschreiber. Dieses auf einen vorgegebenen Poesiebegriff und eine tradierte Gattungshierarchie bezogene Verfahren hindert jedoch die Poetiker im 18. Jahrhundert in zunehmendem Maße daran, einer vielgestaltigen und sich verändernden Romanpraxis gerecht zu werden. Schon im 17. Jahrhundert erfaßte sie von den verschiedenen Romantypen nur den höfisch-historischen, da dieser sich aufgrund seiner Liebes- und Kriegsthematik am besten in die Gattungshierarchie einordnen und mit dem Epos vergleichen ließ. Die Poetik hat eine Theorie des Romans anzubieten, die stringenter und systematischer ist und andere Probleme als die Vorredenreflexion erfaßt. Doch durch den Gattungszwang, dem sie unterliegt, und der darin besteht, daß man sich an einem überlieferten Wissen und Wertsystem orientiert, kann die Beziehung zur Romanpraxis verlorengehen.

Die Vorredenreflexion als besonders praxisnah und die Poetik als eine der Romanpraxis fernere Form der Romantheorie verändern in dem hier zur Diskussion stehenden Zeitraum zwischen 1700 und 1760 nicht die Art ihrer Theoriebildung. Unverändert bleibt auch, daß zwischen den Romanautoren und Poetikern kein Dialog geführt wird, wie er sich in Zitaten niederschlagen kann. Vorredenreflexion wie Poetik scheinen unverbunden nebeneinander zu bestehen, so als hätten die ›Systematiker‹ nichts von den ›Praktikern‹ und vice versa gelernt. Für die Poetiker scheint die vergleichsweise unsystematische, begrifflich unpräzise und auf einen anderen Zweck zugeschnittene Vorredenreflexion wenig interessant. Die Romanautoren rezipieren statt der deutschen die französische Romantheorie,[92] die sie, wie zum Beispiel in der Frage der Trennung des Erfundenen vom Wahren, als Autorität anrufen.[93] Dieser Tatbestand mag dadurch verursacht sein, daß einmal die Dichtlehren und -anweisungen zwischen 1700 und 1720 den im 17. Jahrhundert entwickelten Romanbegriff mehr oder weniger modifiziert weiterreichen[94] (vgl. Hofmann, *Lehr-mäßige Anweisung*, 1702; Omeis, *Gründliche Anleitung*, 1704; Wächtler, *Commodes Manual*, ⁵1703; *Anleitung zur Poesie*, 1725) und daß zum andern zwischen 1720 und 1760 kaum eine Poetik den Roman behandelt. Die Vorbehalte gegenüber der oft als trivial angesehenen Gattung brechen wieder durch.[95]

---

92 Eine Ausnahme ist Troeltschs Vorrede zur *Geschichte eines Kandidaten*, wo er sich mit Semlers satirischem Aufsatz *Gedanken von Übereinkommung der Romane mit den Legenden* (1749), kritisch auseinandersetzt.

93 Damirus bezieht sich in seiner *Rosamunda* (1729) auf P. Bayle, *Nouvelles de la Republique des Lettres* (1684); Arselinus in seiner *Spanischen Eyfersucht* (1745), auf die Madame Scudéry; Pistorius in der Vorrede zum *Don Quixote im Reifrocke* (1754) auf Boileau.

94 Zu solchen Modifikationen gehört, daß der Roman gegen Fabeln und Geschichtsschreibung abgegrenzt wird.

95 Vgl. Gottscheds Critische Dichtkunst, die erst in der vierten Auflage ein Kapitel zum Roman aufweist. – Auch nach 1760 findet der Roman nur gelegentlich Aufnahme in die Poetik, da diese ein in vergangenen Zeiten aufgelaufenes Wissen und einen bereits überholten Erkenntnisstand kompendienhaft reproduziert (z. B. Faber, Anfangsgründe, 1767). Viele haben zum Roman nichts oder nur wenig beizutragen, z. B. Hohl, Kurzer Unterricht, 1771/72; C. G. Schütz, Lehrbuch der Bildung, 1776/78; Gäng, Ästhetik, 1785; A. H. Schott, Theorie, 1789/90. Zum Teil bleiben sie längst überwundenen Vorstellungen verhaftet: Eberhard, Ästhetik, 1805; C. Nicolai, Theorie, 1819; Wessenberg,

Zwischen 1700 und 1760 werden über den Roman einige Abhandlungen geschrieben (*Raisonnement über die Romanen*, 1708; *Gedanken von Romanen*, 1715; *Einige Gedanken und Regeln von den deutschen Romanen*, 1742; Loen, *Die verteidigte Sitten-Lehre in Exempeln*, 1741; Semler, *Gedanken von Übereinkommung der Romane mit den Legenden*, 1749; *Versuch einer Lobrede auf die Romanschreiber*, 1749). Obgleich sie, wie die Vorredenreflexion, Theorie aufgrund von Deskription oder Kritik der Romanpraxis bilden, nehmen die Romanautoren auch auf sie nicht Bezug. Ein Vergleich mit einem dieser Aufsätze, betitelt *Einige Gedanken und Regeln von deutschen Romanen* (1742)[96] soll zeigen, welche Aspekte des Romans eine von Mitteilungstypen und ihren Zwängen unbeeinflußte Reflexion diskutiert.

Vom methodischen Ansatz des Verfassers her bietet sich ein Vergleich mit der Romanreflexion geradezu an; denn auch er geht deduktiv vor und orientiert sich an der Romanpraxis: »Die Regeln also, die ich ietzo fürtrage, habe ich nicht durch die Übung erlernet, sondern ich habe sie aus den gut und schlecht geschriebenen Romanen hergenommen« (S. 22). Wie in einer Poetik wird der Roman zunächst gattungsmäßig eingegrenzt, indem all jene Gattungen herangezogen werden, die in der Romantheorie für die Bestimmung der Gattungsidentität des Romans relevant waren (Epos, Fabel, Geschichtsschreibung, Drama). Schon hier zeigt sich, daß diese Form der Romantheorie die Möglichkeit gibt, unter (der unausgesprochenen) Einbeziehung der Romantheoriegeschichte verschiedene Gattungskonzeptionen zu erörtern.

Im Folgenden seinen nur jene Aspekte des Romans referiert, die in dieser Abhandlung behandelt, von den Romanschreibern aber erst in den 50er Jahren problematisiert werden: a. Funktionalität aller Handlungsteile des Romans; b. besonders enge Verknüpfung von Handlung und Charakter; c. Darstellung des Innern; d. Allwissenheit des Autors; e. die Wahrscheinlichkeitsprobleme, die sich aus der Tugend-Laster-Thematik ergeben. Den erzählten Begebenheiten, so der Verfasser, ist eine Notwendigkeit zu geben (a), »daß nicht eine einzige hat können ausgelassen werden« (S. 38). Das ist nur dann gewährleistet, wenn »nicht bloße Glücks- und Unglücksfälle« (S. 30), dem Roman irgendeine lose Gliederung geben, sondern nur dann, wenn die Taten »Folgen aus den Handlungen der aufgeführten Personen« (S. 29 ff.) sind (b). Der Romanautor ist darin dem Geschichtsschreiber voraus; denn »er ist ein Werkmeister von seiner Geschichte« (d). Er kann seine Personen »in solche Umstände kommen lassen, die ihren Thaten ähnlich sind. Er ist derselben vertrautester Freund, und weiß ihre geheimsten Gedanken« (S. 28). Ein Geschichtsschreiber muß sich an die äußeren Umstände halten, will er nicht gegen das Prinzip verstoßen, nur das zu schreiben, was man weiß. Er läuft dabei aber Gefahr, einen »Gottlosen« in besseren äußeren Umständen zu schildern, als er es verdient. Der Romanautor kann hingegen auf den »Zustand der Seelen« (S. 28) zurückgreifen und in seiner Allwissenheit die inneren Motive bloßlegen. (c). Der gemischte Charakter ist eine konsequente Folgerung daraus (S. 37). Die Tugend-

Einfluß, 1826. Zum Teil wissen sie ihn nicht recht einzugliedern: Lindner, Lehrbuch, 1767; Eschenburg, Theorie, ²1789; zum Teil verweisen sie ihn überhaupt ganz an das Ende des Werkes: Meiners, Grundriß, 1787; Heusinger, Handbuch der Ästhetik, 1797.

96 Dieser Aufsatz ist als Vortrag von der Deutschen Gesellschaft in Greifswald von einem unbekannten Mitglied gehalten und in dem Publikationsorgan dieser Gesellschaft, Critische Versuche, abgedruckt worden (Bd. 1, S. 21–51).

Laster-Thematik bildet gleichsam das ideelle Rückgrat der Regeln. Die Didaxe liefert auch hier den Antrieb zu Differenzierung und Ausfächerung der poetischen Mittel. Zum Beispiel ist die Auflösung des Handlungsknotens bestimmt durch den Glauben an Gottes Gerechtigkeit auf Erden. »Ein Romanschreiber beobachtet nicht seine Pflicht, wenn er seine fromme und gottlose Personen in solche Umstände setzet, daß entweder Gott durch seine Allmacht, oder doch ein über die Substanzen unserer Erdkugel erhabenes Geschöpf die ersten aus ihrem Elende herausreißen, und die andern bestraffen muß. Diese Auflösung des Knotens beleidiget die Wahrscheinlichkeit« (S. 31). Fällt dieser Glaube fort, bleibt eine bestimmte Art der Handlungsauflösung als poetisches Prinzip zurück.

An diese Abhandlung wird folgendes im Vergleich zur Vorredenreflexion erkennbar: 1. Die Vorredenreflexion beschreibt nicht die ganze Romanpraxis.[97] So ist zum Beispiel die Allwissenheit des Autors kein Thema der Vorredenreflexion. 2. Die Romantheorie ist zu Beginn der 40er Jahre der Vorredenreflexion in den poetologischen Erkenntnissen voraus. Der gemischte Charakter und die Motivation von Handlungen durch den »Zustand der Seele« werden erst in den 50er Jahren in der Vorredenreflexion gefordert. Zu diesem Zeitpunkt beschreibt sie damit Romanpraxis, die um 1740 weder eine Darstellung des Inneren, noch den gemischten Charakter kannte. Das heißt 3. die Vorredenreflexion verhält sich eher affirmativ zur Romanpraxis,[98] während in der Romantheorie, soweit sie nicht in einer Poetik formuliert wird, der jeweiligen zeitgenössischen Romanpraxis vorausgreifende Theoreme entwickelt werden können. 4. In der referierten Abhandlung werden, wie im *Raisonnement* (1708), Regeln für den Roman aus einem (wenngleich nicht neuen) Grundsatz abgeleitet. Vergleichbares findet sich in der Vorredenreflexion nur dort, wo sie sich aus der Exordium-Tradition gelöst hat (zum Beispiel Troeltsch, *Vorrede zu Geschichte einiger Veränderungen);* denn diese verhindert letztlich, daß die poetologischen Einzelaspekte eines Romantyps in eine geschlossene Romankonzeption eingebracht werden.

Zwischen der Vorredenreflexion und der Romantheorie, die Poetik eingeschlossen, gibt es bei allen Unterschieden in der Fragestellung und der Funktion der verschiedenen Theorietypen Gemeinsamkeiten. Gemeinsam ist allen, daß sie eine Theorie des »Romans« als des weiter entwickelten höfisch-historischen Romans entwerfen. (Die Romantheorie ignoriert in ihrer Gesamtheit die »Historie«). Bezüglich dieses Romantyps besteht folgender Konsensus. 1. Er ist (zumeist) erfunden. 2. Er erzählt vornehmlich Liebesgeschichten. 3. Seine Handlungsstruktur ist die der Verwirrung. 4. Das Tugend-Laster-Schema bestimmt die Einrichtung der Figuren, die Wertvorstellungen, nach denen geschrieben wird, den Wirklichkeitsbezug und die Ziele, die mit dem »Roman« erreicht werden sollen.[99] Die Vorredenreflexion

---

97 So werden zum Beispiel differenziertere Seelenvorgänge (Severinus', *Philander;* Richter, *Schwachheiten*), die gelungenere Integration von Dialogen im Gegensatz zu den rhetorischen Glanzleistungen einer Banise auf dem Schafott (Faramunds *Glückseligste Insul;* Schnabels *Insel Felsenburg*), ein zunehmender Detailrealismus *(Seltsamer Avanturier, Sächsischer Robinson)* oder auktoriales Erzählen *(Luftschloß,* Neugebauers *Teutscher Don Quichotte)* in den Vorreden nicht reflektiert.

98 Ein Vergleich der Vorredenreflexion mit dem Raisonnement, 1708, würde ähnliche Ergebnisse bringen.

99 Das Verhältnis Roman-Epos, das Wunderbare, die Wahrscheinlichkeitsproblematik und die Motivation der Handlung im Charakter sind bis etwa zur Jahrhundertmitte fast ausschließlich Themen der Romantheorie.

unterscheidet sich demnach in so grundsätzlichen Problemen wie Wirklichkeitsstatus, Funktion und Stoff des »Romans«, nicht von der Romantheorie.

Aus dem Vergleich, beziehungsweise der Geschichte der Vorredenreflexion und der Romantheorie ergibt sich zum Teil schon die Antwort auf die oben gestellte Frage, in welchen Punkten die Vorredenreflexion das Theoriegespräch über die Gattung Roman bereichert. 1. Die Romantheorie ignoriert die Robinsonaden und Avanturierromane und mit ihnen ein theoretisches Programm, das in dieser Untersuchung unter dem Begriff »Historie« zusammengefaßt wurde. Die Romantheorie nimmt damit nur einen Teil der Romanpraxis zur Kenntnis. Sie übersieht, an welchem poetologischen Programm der pragmatische Roman anknüpft. 2. Aufgrund ihres Praxisbezugs ist die Vorredenreflexion allein in der Lage, den allmählichen Wandel des Gattungsbewußtseins umfassend zu dokumentieren. 3. In ihr entwickelt sich auch zuerst ein Gattungsgeschichtsbewußtsein. 4. Sie spiegelt die Reputation der Gattung wieder. 5. Allein durch sie ist das Autorbewußtsein der Romanschreiber und deren Vorstellung von der Leserschaft feststellbar. 6. In der Zeit, in der die Romantheorie in ihrer Gesamtheit den Roman so gut wie nicht zur Kenntnis nimmt, zwischen 1720 und 1740, ist die Vorredenreflexion der einzige Ort der Romantheorie. Sie sichert damit die Kontinuität der Entwicklung der Romantheorie von der galanten Zeit bis zur Aufklärung. 7. Erst durch die Vorredenreflexion werden die nach 1760 auftretenden neuen praxisbezogenen und vom exordium wegführenden Reflexionsformen des Figurengesprächs und des Erzählerkommentars, sowie die in die Romanhandlung selbst verlegte Vorredenreflexion sowohl in ihrer Form wie in ihren Thesen verständlich.

Zweier Teil

Die Romanreflexion zwischen 1760 und 1790

I. Roman, Romanreflexion und Romantheorie um 1760

1. Konventionelle und emanzipatorische Romanprogramme

Die Ausführlichkeit, mit der die Romanreflexion bis in die 60er Jahre des 18. Jahrhunderts hinein bisher beschrieben und analysiert wurde, hat einen ihrer Gründe in der literaturwissenschaftlichen Situation. Selbst dort, wo man sich mit dem Roman dieser Zeit bisher beschäftigte, übersah man, daß diese Werke eine Art theoretischen ›Überbau‹ in programmatischer Form mit sich führen. Ihn galt es bekannt zu machen und seine grundlegende und richtungsweisende Relevanz für die Romanpraxis nachzuweisen. Bei nur oberflächlicher Betrachtung trägt ein Teil der Romane selbst zur Verkennung des sie begleitenden theoretischen Konzepts bei. Der galante Roman zum Beispiel verzichtet nicht nur gelegentlich auf die Vorrede, er scheint auch, ohne nachweisbare theoretische Grundlegung, dahin zu erzählen. Ormenios Vorrede zur *Medea* belegt jedoch das Gegenteil. Ebenso schienen jene Romane, die sich als Dokumentensammlung autobiographischer Aufzeichnungen geben, eher geistiger Wildwuchs zu sein, und nicht, wie sich nachweisen ließ, erneuernde Antwort auf einen verfestigten Zustand der Gattung. Ihr theoretisches Programm konnte man der Vorredenreflexion entnehmen. Lediglich Motive und die stoffliche Abhängigkeiten dieser Romane (meist die sogenannten Robinsonaden und Avanturiers) fanden das Interesse der Forschung.[1] Die Intensität der Interpretation der Vorredenreflexion resultiert nicht zuletzt aus dem Charakter der Texte selbst. Die zumeist fehlende Intention, auf eine umfassendere Theorie hinzuarbeiten, und ihre nur ansatzweise ausgebildete Begriffssprache machten es notwendig, ein zahlenmäßig umfangreiches Material auszuwerten. Erst aus dem Mosaik der vielfältig auswertbaren Zitate, die oft nur auf den einzelnen Roman gemünzt waren, ergab sich ein um zentrale Probleme wie Komposition, Wirklichkeitsbezug, Gattung und Intention gruppiertes Bild von der poetologischen Gattungskonzeption und ihren geschichtlichen Veränderungen.

Mit der breiten Darstellung des theoretisch-programmatischen Substrats der Vorreden ist eine Ausgangsbasis geschaffen worden, von der aus die Romanpraxis besser verstanden und beurteilt werden kann. Zugleich sind auch die Voraussetzungen vorgeführt, auf denen die Romanreflexion nach 1760 aufbaut. Die bisher in der Forschung vermittelten Vorstellungen vom Roman vor Wieland als einer gefälligen Konfektionsware, die sich nach schwankem Publikumsgeschmack richte,

---

1 F. Brüggemann, Utopie und Robinsonade, 1914; A. Kippenberg, Robinson in Deutschland, 1892; H. Ullrich, Defoes Robinson, 1924; D. Reichardt, Von Quevedos *Buscon* bis zum deutschen *Avanturier*. 1970.

muß ebenso aufgegeben werden, wie das Bild einer durch die Vorbildlichkeit der englischen und französischen Romane erst in Gang gekommenen poetologischen Reflexion über den Roman.[2] Es ließen sich vielmehr in der Romanpraxis zwei Typen nachweisen: der »Roman« knüpft an die Tradition des höfisch-historischen Romans an und führt sein Formen- und Aussagegut bis in die 50er Jahre hinein modifiziert weiter. Sein Gegentyp, die »Historie«, in der Tradition des pikaresken Romans wurzelnd, bildet neue Erzählformen aus, die später zur Verfügung stehen. Begleitet wird diese Romanpraxis von einem theoretischen Bewußtsein, das sowohl beschreibend wie programmatisch vorgeht und dabei neue Formen und Themen ausbildet, auf die z. B. Blankenburg und Wezel zurückgreifen.

In der Darstellung der Romanreflexion haben wir eine Zäsur um 1760 herum gesetzt. Sie bot sich einmal aufgrund der weitgehenden Einheit in Form und Funktion der Romanreflexion bis zu diesem Zeitpunkt an. Erst in den späten 50er und frühen 60er Jahren wird die Haltung der Autoren zur Vorrede und damit zur Vorredenreflexion verbreitet kritischer. Nur wenige führen (zunächst) die Tradition unverändert fort; einige lassen die Vorrede ganz fallen, einige verändern und erneuern sie. Der Einschnitt läßt sich zum andern von den neuen poetologischen Ideen her rechtfertigen, die sich in den 50er Jahren zu artikulieren beginnen: die Figurenbehandlung, die Darstellung von Empfindungen und »Herz« werden wichtig. Die Forderung nach einem deutschen Originalroman, nach deutschen Sitten und Charakteren im Roman ist mit der nach maßgebenden und allgemeinen Regeln verbunden. Das theoretische Bewußtsein nimmt zu und artikuliert sich außer in der Vorrede in neuen Reflexionsformen.

Mit der Zäsur in der Darstellung soll nicht der Gedanke unterstützt werden, das Jahr 1760 sei eine mathematische Größe. Wie fließend die Grenzen sind, die den Einschnitt eher als interpretatorische Hilfskonstruktion erscheinen lassen, zeigt ein Vergleich zwischen der Romanreflexion in Neugebauers *Teutschem Don Quichotte* (1753) und der des anonym erschienen *Wettstreit der Grosmuth* (1762).

Die Romanreflexion beschränkt sich im *Wettstreit* auf die programmatische Vorrede, die die übliche Zweiteilung von Einführung in das Werk und Äußerungen zur Gattung aufweist. In ihrer Funktion – auf Absicherung gegen den alten Vorwurf der Sittenlosigkeit von Romanen bedacht – bleibt sie gleichfalls in der eingespielten Tradition. Neugebauer hingegen geht schon formal neue Wege, indem er der Hauptfigur romantheoretische Gedanken in den Mund legt (S. 262 bis 267) und die Romanreflexion sowohl situationell wie von der Handlung und vom Bewußtsein der Figur her in das Geschehen integriert. Der konservativen Reflexionsform des neun Jahre nach dem *Teutschen Don Quichotte* publizierten *Wettstreit* entspricht auch die Gattungsauffassung. Hierin besteht der grundsätzliche Unterschied zwischen den beiden Reflexionen. Der *Wettstreit* resümiert Althergebrachtes; der *Teutsche Don Quichotte* formuliert die Probleme, die in der Romanreflexion fortan dominieren. In polemischer Form wird in der Vorrede des *Wettstreit* die Gattung als zur Sittenlehre geeignet gegenüber einen angenommenen theologischen Widersacher ausgewiesen, zu einem Zeitpunkt, als die Theologen von Heidegger bis Semler viel von ihrem Einfluß auf die Reputation des Romans verloren hatten. Der Roman sei Träger von Erziehungsimpulsen. Spezifische Kommunikationsmodi, die ihn von anderen Gattungen unterscheiden könnten, werden nicht angeführt. Im Grunde genommen entfernen sich die Aussagen dieser Vorrede

---

2 Vgl. W. Kayser, DVJs 1955.

nicht vom Tenor zahlreicher Romanreflexionen der 50er Jahre, die in Anpassung an die Zielsetzung der moralischen Wochenschriften in der »Aufnahme der Tugend« die Vollkommenheit des Romans sehen (Troeltsch *Fränkischer Robinson*, 1751, ähnlich auch Büchner). Die propagierte Sittlichkeit dient als Visitenkarte für die sich anbahnende Eingliederung des Romans in den Kanon der Dichtung. Neu ist das nicht. Was aber die Vorrede zum *Wettstreit* etwa im Vergleich zu Troeltschs Vorreden zehn Jahre früher so unzeitgemäß erscheinen läßt, ist ihre einseitige thematische Fixierung auf den Romaninhalt, wo hingegen Troeltsch in Anlehnung an die rhetorische Tradition sich Gedanken über die Struktur des Romans macht.

Für Neugebauer hingegen ist der Roman nicht Prosa mit moralischem Inhalt und Ziel, sondern mimetisch gedachtes Kunstwerk, ein Spiegelbild der Wirklichkeit, ohne daß eine Vermittlung spürbar sein soll. Er geht nicht weiter auf die Bedingungen der ästhetischen Illusion ein, sondern bezeichnet die Wirklichkeit näher, die Vorwurf der Gattung sein soll; mit »Seele«, »Bewegungen des menschlichen Herzens« und »Leidenschaften« wird der Roman, in Ausrichtung an französischen Vorbildern (Marivaux, Prévost), ein neuer Bereich der Natur zugewiesen, der in der »Historie« schon anvisiert worden war (vgl. *Seltsamer Avanturier*, 1724). Der Roman wird schon hier – zumindest der Intention nach – zur »inneren Geschichte« des Menschen (Blankenburg). Die Handlungen werden als Zeichen und Ausdruck dieser inneren Welt begriffen. – Während der Verfasser des *Wettstreit* ein geringes theoretisches und historisches Bewußtsein zeigt, verbindet Neugebauer mit seinen Reflexionen eine Kritik an früheren Darstellungsformen des Romans. Indem er seinen Roman auch als Gegenentwurf zum galanten Roman verstanden wissen will, bewegt er sich aus der Eindimensionalität der bisherigen Romanreflexion heraus, die, zumeist nur das eigene Werk vor Augen, nicht immer ein Bewußtsein ihres historischen Standorts aufwies.

2. Die Reputation des Romans um 1760

In den 50er und 60er Jahren des 18. Jahrhunderts tritt ein allmählicher Bewußtseins- und Formenwandel in der Romanreflexion ein. Beharren auf den zigfach wiederholten Themen und emanzipatorisches Bemühen begegnen einander. *Wettstreit* und *Teutscher Don Quichotte* sind die Exponenten der traditionellen, bzw. zukunftsweisenden Romankonzeption. Die Einsicht in den Kunstcharakter der Gattung mit den sich daraus ergebenden Darstellungsformen wird allgemeiner und verdrängt die Auffassung vom Roman als einer anderen Form der Sittenlehre. Dabei darf nicht übersehen werden, daß inhaltlich das Programm, Sittenlehre zu sein, in der Aufklärung nie aufgegeben wird. Aber Kunstform und Zweckform gehen neue Verbindungen ein. Diese Veränderungen müssen zusammen gesehen werden mit einer breiteren Rezeption und einer allgemeinen Umwertung des Romans innerhalb der gesamten literarischen Situation. Der Roman gewinnt eine Popularität, die sich nicht nur auf die Unterhaltung suchenden ›Konsumenten‹ erstreckt.

Diese Neubewertung ist einmal rein quantitativ erkennbar; das Interesse am Roman, bisher nur von wenigen bekundet, verbreitet sich auf die publikumswirksamen gelehrten Zeitschriften. Sie, die zuletzt um 1700 das Für und Wider der Gattung diskutiert haben, beginnen in den 40er Jahren Rezensionen, zunächst überwiegend französischer Romane, aufzunehmen. Allmählich und vereinzelt werden dann auch deutsche Romane in den *Wesphälischen Bemühungen, Freymüthigen Nachrichten, den Schlesischen zuverlässigen Nachrichten, der Berlinischen Privilegirten Zeitung, den Frankfurtischen Gelehrten Zeitungen* und den *Göttingischen Zeitungen* bekannt gemacht und beurteilt. Jedoch richtet erst 1766 die *Allgemeine Deutsche Bibliothek* eine Abteilung für Romanrezensionen ein. Diese Zeitschrift ist bemüht, die schönen Wissenschaften zum Gegenstand der Bildung zu machen. Es ist ein Zeichen seiner neugewonnenen Reputation, daß der Roman mit in die bürgerlichen Bildungsinhalte des 18. Jahrhunderts eingeht. Gellert, Loen, Troeltsch und Justi sind die mit am häufigsten rezensierten deutschen Romanautoren. Aber auch so unbedeutende Werke wie *Franz Urban Bawiers Reisen und Begebenheiten (Schles. Zuverl. Nachrichten* 1752, S. 167) finden die Beachtung der Kritiker. Von der allgemeinen Literaturdiskussion blieb der Roman bis zur Jahrhundertmitte fast ganz ausgeschlossen. In den Poetiken und Ästhetiken Baumgartens, Breitingers, Batteux' und Dubos' wird er kaum erwähnt. J. A. Schlegel widmet ihm einige Aufmerksamkeit in den Abhandlungen, die er seiner Batteux-Übersetzung anhängte (²1759, S. 344 ff., *Von der Einteilung der schönen Künste*). Gottsched räumt ihm, wohl unter dem Eindruck seiner zunehmenden Reputation, ein Kapitel in der 4. Auflage seiner *Critischen Dichtkunst* ein. Aber schon für die Autoren der *Briefe die neueste Literatur betreffend* (1759–65) gehört der Roman mit zur mitteilenswerten Literatur der Zeit, wie die Ode, das Trauerspiel oder das Epos. Mit ihren drei Besprechungen deutscher Romane (Justi *Wirkungen; Freywell;* Musäus *Grandison der Zweite*) dokumentieren sie die sich allgemein durchsetzende Einsicht, daß der Roman zur Dichtung gehört. Die moralischen Wochenschriften hatten um 1745 herum mit dieser Umwertung begonnen. (Vgl. Martens *Botschaft der Tugend*, S. 512 ff.). Sie gestehen der Gattung die Möglichkeit der Sitten- und Geschmacksverbesserung wie den Kunstcharakter zu. Noch zur gleichen Zeit konnte man bei einem Ästhetiker, dem Baumgarten-Schüler G. Fr. Meier, in seiner *Untersuchung Einiger Ursachen des verdorbenen Geschmacks der Deutschen in Absicht auf die schönen Wissenschaften* (1746) über die »vermaledeyeten Romane« (S. 24) lesen: »... solange das unsinnige Vergnügen der Deutschen an den Romanen währt, so lange hat man nicht, daß der herrschende Geschmack werde geheilt werden.« (S. 25 f.). Als ein Indiz und eine Folge der allgemeiner werdenden neuen Einschätzung des Romans können die Versuche gelten, ihn gattungsmäßig in der Hierarchie der Dichtungsarten zu plazieren, wie auch seinen besonderen Kunstcharakter herauszustellen. Die moralischen Wochenschriften gestehen ihm zwar prinzipiell den Rang einer Dichtung zu, erörtern aber nur seinen praktischen Wert zu Unterstützung und Verbreitung ihrer Intentionen, den Menschen klug und tugendhaft zu machen. Dagegen geht es in der Auseinandersetzung zwischen M. Mendelsohn (1761, 166.–171. Literaturbrief) und Hamann (*Abaelardi Virbii Chimärische Einfälle;* s. a. Brief an G. Lindner vom 25. 8. 1761) über Rousseaus *Nouvelle Héloise* um die poetische Seite des Romans, der mehr ist und mehr sein soll als ein philosophisches Lehrbuch. Damit sind die beiden Argumente wie die Zielvorstellungen fixiert, der Roman als Sittenlehre und der Roman als fiktionales Erzählwerk, die die Umwertungsdiskussion in diesen Jahrzehnten beherrschen. Der Verfasser von *Einige Gedancken und Regeln von den deutschen Romanen (Critische Versuche,* Greifswald, 1742), wie auch Troeltsch in seinen abhandlungsmäßigen Romanvorreden bemühen sich Gemeinsamkeiten und Unterschiede zwischen dem Roman und anderen Gattungen, wie Fabel, Geschichtsschreibung, Epos und Drama, herauszuarbeiten. Sie werden dem Kunstcharakter der Romane gerechter als etwa J. Chr.

Stockhausen (*Critischer Entwurf einer auserlesenen Bibliothek für die Liebhaber der Philosophie und schönen Wissenschaften*, Berlin, ³1764, S. 127 ff.) oder der Verfasser von *Versuch einer Lobrede auf die Romanschreiber* (1749), die vornehmlich seinen gesellschaftlichen Nutzwert anvisieren. In den 60er Jahren wird der Roman auch von jenen akzeptiert, die ihn (seit dem Spätbarock) am hartnäckigsten ignoriert haben: den Ästhetikern. C. Fr. Brämer noch erwähnt den Roman in seiner *Gründlichen Untersuchung von dem wahren Begriff der Dichtkunst* (Danzig, 1744, S. 75, 98, 129) ebenso flüchtig, wie G. Fr. Meier in seiner Poetik *Anfangsgründe aller schönen Wissenschaften* (Halle 1748, S. 41, 233). Sowohl in J. G. Lindners *Lehrbuch der schönen Wissenschaften* (Königsberg 1767, S. 261 ff.) als auch in J. H. Fabers *Anfangsgründe der Schönen Wissenschaften* (Mainz 1767, § 209, S. 865 ff.) ist ihm jeweils ein Kapitel gewidmet, dessen lexikalischer Charakter vielleicht ein Ausdruck einer noch nicht gewonnenen Souveränität gegenüber der Materie ist. Sie bescheiden sich damit, über Ursprung und Geschichte der Gattung zu informieren und verzichten darauf, verbindliche Regeln aufzustellen. Wie sehr aber der Roman schließlich als ernstzunehmende literarische Form akzeptiert wird, beweist ein 1777 in Ansbach gehaltener Schulvortrag (*Einige Gedanken über den Roman* von Johann Friedrich Degen, Onolzbach). Der Redner geht darin von der Tatsache aus, daß der Roman zu den Werken des Witzes und des Geschmacks gehört, für die in den letzten 10 bis 12 Jahren das Interesse gewachsen sei. Zum Lob des Romans gehöre es auch – wie in der Romanreflexion des frühen 18. Jahrhunderts oder in den Zeiten der Umwertung (s. *Critische Nachrichten*, hrsg. v. Dähnert, Greifswald 1751, S. 81) – mit der Möglichkeit von verwerflichen Vertretern der Gattung zu rechnen und vor deren Gebrauch zu warnen. Gleichwohl – das macht diese Rede deutlich – hat der Umwertungsprozeß seinen Abschluß gefunden, und zwar zu dem Zeitpunkt, wo die Forderungen nach einem erneuerten deutschen Roman sich erfüllt haben. Mit Hermes' *Sophiens Reise*, Nicolais *Sebaldus Nothanker* oder Wezels *Tobias Knaut* sind vorbildhafte Werke geschaffen worden. Mit ihnen steht nicht mehr grundsätzlich der ästhetische oder sittliche Wert der Gattung in der allgemeinen Literaturdiskussion in Frage, sondern fortan nur bestimmte Ausprägungen, wie schon bald der empfindsame Roman Millers und anderer.

Inwieweit die Vorredenreflexion die Umwertung beeinflußt hat, läßt sich nur schwer feststellen. Es gibt keine ausdrückliche Bezugnahme auf sie. Gleichwohl fällt die Themengleichheit zwischen Vorredenreflexion und Umwertungsdiskussion auf. Es ist anzunehmen, daß die erstere der letzteren den Boden bereitet hat. Bei aller offiziellen Verachtung der Gattung hatten die Romane schon in den 40er Jahren ein zunehmend aufgeschlossenes und interessiertes Publikum gefunden, unter dem sich sicherlich auch die späteren Literaturkritiker befunden haben (vgl. Lessings Romankenntnis in seinen Rezensionen).

Die Vorredenreflexion jedenfalls registriert wieder die für den Roman veränderte Situation. Sattlers Vorrede zu *Friederike* beschreibt treffend den Umwertungsprozeß und sein Ende.

»Noch zu der Zeit, da Deutschland in den verschiedenen Feldern seiner Litteratur, die vortrefflichsten Produkte aufzuweisen hatte, war das Feld der Romane entweder noch unangebaut, oder mit Disteln und Dornen bedeckt. Wir konnten zwar einem Milton unsern Klopstock, einem Corneille unsern Lessing und Weise, einem Pope unsern Haller entgegen stellen: aber gegen einen Richardson oder Fielding hatten wir fast keinen Mann aufzuweisen. Der eine Theil des Publikums mußte sich mit Übersetzungen guter und schlechter ausländischer Romane behelfen; und der andere Theil ließ sich mit dem Eulenspiegel, dem Kaiser Octavianus, der Insel Felsenburg und den Robinsonaden begnügen. . .

Der Verfasser der Fanny Wilkes und der Reise Sophiens von Memel nach Sachsen, der Verfasser des Magisters Sebaldus Nothankers, und (wenn ich ihn anderst in dieses Fach zählen darf) der Verfasser des Agathons, machen eine neue Epoche. Den Werth dieser Schriften hat das unpartheyische Urtheil des gelehrten und ungelehrten Publikums entschieden. So wird, zum Exempel, Sophiens Reise bald das Verdienst der gellertischen Schriften haben, nemlich das Verdienst, von jeder Landpredigers Tochter – wie Abt sagt – gelesen zu werden.« (Sattler, *Friederike*, 1744, Vorrede; unpag.).

II. Alte und neue Formen der Romanreflexion

1. Tradition und Erneuerung der Vorredenreflexion

a) Die Entwicklung der konventionellen Vorredenreflexion

Die Achtung und Zustimmung, die sich der Roman in den literarisch maßgebenden Kreisen erwerben konnte, hat entscheidende Auswirkungen auf die Vorredenreflexion. Ein Teil der Intentionen, die sie getragen haben, wie die moralische Apologie der Gattung, die Information über den sich anschließenden Roman und die Erörterung des poetologischen Konzepts, sind (vorübergehend) überflüssig geworden. Die Autoren geben deshalb häufig die Vorrede auf, oder begnügen sich mit kurzen Hinweisen auf Inhalt und sittliche Haltung. Der sich grundsätzlich mit der Gattung beschäftigende Teil fehlt ganz. Das liegt nicht nur an der durch den Umwertungsprozeß entstandenen außertextlichen Semantik, dem allgemeinen Einverständnis mit der literarischen Tätigkeit des Romanschreibens. Zur veränderten Rezeptionssituation treten als Ursache andere Aussageformen, vor allem die Rezensionen, die der Vorrede gewisse bis dahin ihr allein zukommende Geschäfte abnehmen. An Musäus' Schriften, der Romanautor und eifriger Rezensent (über 400 Romanrezensionen in der *Allgemeinen deutschen Bibliothek*) zugleich war, läßt sich die Verlagerung bestimmter Reflexionsinhalte und -formen von der Vorrede in die Zeitschriften ablesen. Sowohl in *Grandison der Zweite* wie in den *Physiognomischen Reisen* verzichtet er auf den üblichen Vorspann und in der Vorrede zur zweiten Auflage des *Grandison der Zweite*, dem *Deutschen Grandison* (1781) tritt an die Stelle lehrhafter Unmittelbarkeit ein bildhafter und launiger Erzählstil, der eher auf witzige Unterhaltung des Lesers als auf poetologische Reflexion auszugehen scheint. Seine Rezensionen in der *Allgemeinen deutschen Bibliothek* hingegen führen in Inhalt und Vortragsart, Aufbau und Intention die Vorredenreflexion fort. Sie informieren über den vorliegenden Roman, reflektieren über die Gattung und setzen Maßstäbe und Regeln für die Handlungsführung oder Charakterbehandlung. Das Verhältnis von Theorie und Praxis bleibt zunächst noch unberührt, mit dem einzigen Unterschied, daß es keine Personalunion von Romanautor und -theoretiker im Roman mehr gibt und die programmatischen Regeln in anderer Form dem Publikum unterbreitet werden. Vor allem in den 60er und 70er Jahren sind die Kunstrichter der Zeitschriften die normative Institution, die die Maßstäbe setzt,[3] an denen sich die Romanautoren orientieren. Die Wendung an die Kunstrichter und die Bitten um strenge Beurteilung bei Schummel und Hermes[4] verweisen auf die Bedeutung der Rezensenten in jener Zeit.

Die Autoren geben bewußt die Vorredenreflexion auf. Sie äußern sich vor allem nach dem siebenjährigen Krieg, der auch im Roman die literarische Entwicklung aufgehalten hat, verstärkt kritisch zur Vorrede, sofern sie sich ihrer noch bedienen. Diese Kritik deckt einen weiteren Grund für die allgemeine Vorredenmüdigkeit auf. Die Vorrede, so klagt man, habe an objektiv verbindlicher Aussagekraft verloren; diese Art der Selbstrezension und programmatischen Zielsetzung sei angesichts der Romanpraxis nicht mehr überzeugend; sie sei zum lesertäuschenden Instrument der Werbung degeneriert. »Es ist zwar ganz unnöthig, einem Werke eine Vorrede anzuhängen, oder vielmehr voraus zu setzen, indem die Vorreden mehrentheils zu Lügenschriften geworden, welche mehr versprechen und verheißen, als sie leisten können« (*Die Einfalt*, 1766; s. a. *Begebenheiten einer kosakischen Standesperson*, 1766). Vorrede und Vorredenkritik gehen auch bei Schummel Hand in Hand; ». . . läst sich wohl etwas kläglicheres erdenken, als der Einfall, eine Vorrede vor seine Schrift zu schreiben?« (*Empfindsame Reisen*, 1771, S. 3). Er resümiert die abgegriffenen Topoi (Beifall der Leser erschleichen, sich selbst loben bzw. tadeln, einen guten Anspruch anstelle einer guten Ausführung) und unternimmt den Versuch, durch eine szenisch dargebotene Kritik an den Konventionen seiner Vorrede wenigstens einen Schein von Originalität und Legitimation zu geben – um schließlich doch in einem Nachwort (S. 310 ff.) die eigenen Intentionen zu präzisieren und einen erläuternden Kommentar zu liefern. Die Vorrede als Träger der Romanreflexion tritt hier durch die Hintertür wieder ein, nachdem man sie zuvor theatralisch abgewiesen hat. Das Bewußtsein vom verfallenen Zustand einer Sache rettet diese noch nicht.

Als Schummels Roman erschien, hatte die Gattung schon neue Formen der Romanreflexion aufzuweisen. Diese neuen Formen, wie das Figurengespräch (s. Neugebauer, *Teutscher Don Quichotte;* Hermes' *Sophiens Reise*) und der Erzählerkommentar (Hermes *Fanny Wilkes*) tragen sicher mit dazu bei, die Vorrede zu ersetzen, bzw. sie auf bestimmte Funktionen, wie die der Werbung zu reduzieren. Figurengespräch wie Erzählerkommentar sind unbelastet von der Tradition der Vorrede und daher von vornherein glaubwürdiger. Sie können sich ganz den poetologischen Fragen des Romans widmen, da sie, als handlungsintegrierte Teile, der Verpflichtung enthoben sind, wie die Vorrede zur Verbesserung der ökonomischen Situation des Autors beizutragen. Dem Figurengespräch fehlt, idealtypisch gesehen, die lehrhafte Eindeutigkeit der Vorredenreflexion. Die Gedanken zur Poetik des Romans werden Figuren in den Mund gelegt, die als Charaktere subjektive Meinungen nach Maßgabe ihrer Kenntnis und Einsicht äußern. Die Subjektivität der Reflexionen wird im »pragmatischen Roman«[5] jedoch weitgehend dadurch verbindlich gemacht, daß die Figuren, wie in Timmes *Faramonds Familiengeschichte* (1779–81, Bd. 2, S. 234–247) oder in J. G. Müllers *Herr Thomas* ([2]1791/92, Teil 3, S. 44–69), die Sympathien des Erzählers genießen und ihre Rede damit von der Instanz des

---

3 Vgl. die ausführlichen Rezensionen von Nicolais *Nothanker* und Hallers *Fabius und Cato* in: Weise, Neue Bibliothek, Bd. 17, 1775; von Goethes *Werthers Leiden*, a.a.O., Bd. 18, 1775, und von Hermes *Sophiens Reise*, a.a.O., Bd. 19, 1776.

4 Schummel, siehe Vor- und Nachrede der *Empfindsamen Reisen;* Hermes, siehe Vorrede zu *Miß Fanny Wilkes* ([2]1770).

5 Zum Begriff s. J. Schönert, Satire, S. 83 ff.; G. Jäger, Empfindsamkeit, S. 114 ff.

Romans autorisiert wird, die für den Leser der damaligen Zeit mit dem Verfasser identisch war. In *Sophiens Reise* (1770/73) entwickelt Herr Selten gesprächsweise als seine Meinung ein Romanmodell; die konjunktivische Aussageform bestätigt noch den Vorschlagscharakter der Thesen. Rezipiert und diskutiert aber werden sie als das Romankonzept J. Th. Hermes' (s. Sattler *Friederike*, 1774). Auch die inhaltliche Identität von Romangespräch und Vorredenreflexion bei Timme wie bei Müller spricht dafür, daß die Autoren ihre Romanpoetik mit Hilfe der Romanfigur unter die Leserschaft tragen. Dieser wird durch den besonderen Vermittlungsmodus auf Grund des besonderen Erzähler-Figur-Verhältnisses nichts von ihrem programmatischen Charakter genommen.

Für den großen Teil der mit den 70er Jahren lawinenartig anschwellenden Romanproduktion gilt, daß für sie eine Vorrede nicht mehr verpflichtend ist, so daß diese dann verkümmert bzw. ganz verschwindet. Dieser Tatbestand trägt zum Teil sicher auch der Interessenlage eines auf Unterhaltung ausgehenden Lesers Rechnung. Der einstmals für den Roman so wichtige Begleittext ist auf andere Publikationsorgane übergegangen. Gleichwohl wird die Vorrede und mit ihr die Vorredenreflexion von Autoren weitergeführt, die wie Nicolai, Blankenburg, Hermes, Wezel, Knigge, J. G. Müller, Hippel oder Bouterwek kunstbewußt schreiben und vielleicht gerade deswegen eine Wirkungsgeschichte zum Teil bis heute aufweisen können. Auch in ihrer Funktion, Programm, Apologie und Poetik zugleich zu sein, bleibt die Vorredenreflexion, sofern sie Vorredenreflexion ist und sich nicht zum Erzählerkommentar gewandelt hat, unverändert. Sie gewinnt dann wieder an Bedeutung, als sich mit dem Auftreten des empfindsamen Romans die Gattung erneut der ablehnenden Kritik ausgesetzt sieht. Vor allem Pädagogen und wiederum auch Theologen (vgl. Jäger, *Empfindsamkeit*, S. 63 f.) bezweifeln in den 80er und 90er Jahren ihren pragmatischen Wert. Die Kritik Campes an Jung-Stillings *Florentin von Fahlendorn* (zum 3. Teil, *Allgem. dt. Bibl.*, 1784, Bd. 58, 1, S. 121) beschreibt den aufklärerischen Standpunkt:

> »Seine Absicht mag immerhin gut seyn, – ob er aber je thätige, weise, ausdauernde Menschen bilden wird! – Romanen-Dichter haben oft einen weit größern Einfluß als sie selbst glauben auf den Schwung der leerköpfigen Menge. Es ist also äußerst unbedachtsam, wenn ein Schriftsteller unbekümmert über den Eindruck welchen sein Buch hervorbringt, Schilderungen entwirft, wie sie die Natur nie darbot, unsrer Einbildung einen unwahren Lauf der Dinge überredet; Charaktere aufstellt die den Glauben an uns selbst überspannen, und so einen Enthusiasmus anzündet, der am Ende nichts als Leere, tödtende Kleinmuth und Ekel des Lebens, zurückläßt.«[6]

Der empfindsame Roman bricht aus dem allgemeinen Konsensus der Umwertungszeit aus. Von der Rezeption her gesehen, trifft es für ihn nicht zu, daß er »mit Hilfe des empfindsamen Enthusiasmus ... die neue bürgerliche Ethik im Bewußtsein der Leser zu verankern« sucht (Schönert, *Satire*, S. 88). Vielmehr bezweifeln gerade die Vertreter einer bürgerlichen Moral den »pragmatischen Rückbezug« (Schönert, a.a.O., S. 84) zur Wirklichkeit, wie ihn Blankenburg, Müller oder Knigge postulieren und realisieren. Die Vorredenreflexion dient nicht nur wieder den Autoren zur Absicherung ihrer gefährdeten bürgerlichen Existenz als Autoren empfindsamer Romane (z. B. bei Miller), sie tritt auch wieder in den Dienst der Erläuterung des Romanbegriffs und der wirkungspoetischen Intention.

---

6 Schon 1781 hieß es im 48. Bd., S. 448 »Der Gang der Geschichte ist äußerst romanhaft, voller Unwahrscheinlichkeiten ...«

In der Vorredenreflexion einer Reihe von Autoren haben die Veränderungen sowohl in der Romanpraxis wie in der Vorredenreflexion bezüglich des sich wandelnden Gattungsbegriffs keine Spuren hinterlassen. Sie reproduzieren theoretische Konzepte in abgegriffenen Sprachformeln und Vorstellungsmustern und führen dementsprechend die Vorredenreflexion weiter, wie sie aus der ersten Jahrhunderthälfte tradiert wurden. Ihnen gemeinsam ist der lehrbuchhafte Stil, Ausdruck eines unerschütterten Glaubens an die Überzeugungskraft und Leserwirksamkeit einer expositorischen Aussage. Der erhobene Zeigefinger ist vor allem in den nicht romanspezifischen Reflexionen zu erkennen (s. *Schicksale Schkolanus*, 1778), die dem Leser die Welt- und Menschenkenntnis, Tiefsinn und ein Streben nach dem »Höhern« des Autors beweisen, und so sein Vertrauen in seine pragmatische Fähigkeiten gewinnen sollen. Diesem Leser wird denn auch solide Kost versprochen, in Gestalt eines »guten Buches«, das zur »gemeinen Wohlfahrt der Menschheit« (*Lebensjahre eines Edelmannes*, 1789) oder zur »Verbesserung« der Leserseelen (*Schicksale Schkolanus*, 1778) beiträgt, sei es in Form der längst aus dem ästhetischen Programm gestrichenen moralischen Hinweise und Reflexionen (*Der reisende Weltweise*, 1766; *Falkenberg*, 1784), sei es in Exempeln (*Schicksale Schkolanus; Lebensjahre eines Edelmannes*). Nicht die Tatsache, daß weiterhin unverändert prodesse und delectare die Formel für die Romanintention ist, nicht der angestrebte Zweckcharakter des Romans ist es, der diese Vorreden mit dem Geruch des Vorgestrigen behaftet, sondern der damit verbundene Romanbegriff, der sich in der alten, topoihaften Vorstellung von der versüßten bitteren Medizin erschöpft (*Falkenberg*, 1784). Auch Blankenburg und Knigge, J. G. Müller und Westphal halten an dem Gebrauchscharakter des Romans fest. Durch das ganze 18. Jahrhundert hindurch ist die Intention der Sittenverbesserung – zu der wie etwa bei Blankenburg auch die ästhetische Erziehung hinzukommt – oberstes Gebot der Romanschreiber und fester Bestandteil der Romanreflexion. Aber die Mittel, dieses Ziel zu erreichen, ändern sich entsprechend dem sich wandelnden Romanbegriff. Diese Autoren haben die formale Qualität des Romans erkannt und bedienen sich poetischer Mittel, etwa der motivierenden Verknüpfung von Handlung und Charakter, um die moralische Intention zu verwirklichen. Sie geben die direkte und unvermittelte, weil unpoetische Belehrung auf zugunsten einer erzählerischen Umsetzung, um den Leser auf bestimmte (bürgerliche) Verhaltensweisen hin zu motivieren. (Blankenburg, Knigge, Nicolai, J. G. Müller). Die Autoren eines *Karl Falkenberg* oder der *Lebensjahre eines Edelmannes* verlangen nicht mehr von der in stereotypen Begriffen wie »Unterhaltung«, »Vergnügen« oder »Angenehmes« beschriebenen erzählerischen Gestalt des Romans, als »wohl zusammenhängende Begebenheiten« und »eine feine, fließende Schreibart« (*Reisende Weltweise*, 1766). Das Vergnügen für den Leser liegt letztlich darin, daß die Erzählweise rhetorischen Normen genügt und nicht, wie vom pragmatischen Roman gefordert und realisiert, im Wiedererkennen der vertrauten Wirklichkeit in der erzählten Wirklichkeit. Der Wunsch zu unterhalten wird mit der eindringlichen Beteuerung verbunden, daß »Unanständigkeiten und andere Schwänke, die das Herz verderben« (*Schicksale Schkolanus*) nicht geliefert werden. Gemessen an der emanzipatorischen Romanentwicklung entstammt dieser Topos der Romanapologie dem Arsenal einer theoretisch längst erledigten Vorredenreflexion. Andererseits aber kann er als ein Indikator dafür genommen werden, wie sehr sich einzelne Autoren wieder den kritischen Einwänden der Theologen und Pädagogen anzupassen gewillt sind – und deshalb auf vertraute, Gesinnungsgleichheit signalisierende Formeln, zurückgreifen. Diese Kritiker verdammen, provoziert durch die empfindsamen Romane, die Gattung wieder in Bausch und Bogen und sehen sie wie einst G. Heidegger in eins mit der Liebesgeschichte, mit der sie Unsittlichkeit assoziieren. – Einfach wie die Gattungsvorstellung ist auch die Bestimmung des Wirklichkeitsbezugs. Auch hier begegnet man wieder einer vertrauten Vorstellung. Nur das faktisch Wahre, der authentische Bericht gilt, wie einst um 1720 herum für die »Historie«. Dafür wird, wie Jahrzehnte früher, die Dokumentenfiktion bemüht (*Karl Falkenberg*, 1784; *Ungarischer Robinson*, 1797), oder das Erzählte als autobiographischer Bericht ausgegeben (*Der entlarvte Graf*, 1763; *Schicksale Schkolanus* 1784; *Lebensjahre*, 1789).

Die Romanpraxis korrespondiert in ihrer Klischeehaftigkeit mit diesen Vorreden, wie sich das am Beispiel des *Karl Falkenberg* ausführen läßt. Zwar werden im Erzählerkommentar aktuellere Themen der Romanreflexion wie ideale, bzw. realistische Charaktere aufgegriffen. Aber auch diese Äußerungen eines zeitbezogeneren theoretischen Bewußtseins bleiben oberflächlich und unplastisch. Handlungsschemata und Figurenschablonen wie der treue, mahnende Freund; das geliebte Mädchen, das sich als Hure entpuppt; plötzlicher Glückswechsel; Wirklichkeitserwartungen nach Romanlektüre und allmähliche Desillusion bestimmen das Geschehen. Die Verknüpfung von Handlung und Charakter wird zwar postuliert, aber nicht geleistet. Immer dort, wo der Erzähler den Verlauf des Geschehens unterbricht, um den Handlungsstand und den Entwicklungsgang des Helden zu resümieren und zu kommentieren, wird die Diskrepanz zwischen Anspruch und Ausführung besonders augenfällig (bes. S. 174 f. u. 245). Seine Unfähigkeit zur künstlerischen Gestaltung gesteht er dort ein, wo er den Leser auf ähnliche Szenen in anderen Romanen verweist, wenn er nicht in der Lage ist, die Situation angemessen zu gestalten (S. 141 u. 142). Formale Äußerlichkeiten des ›modernen‹ pragmatischen Romans werden adaptiert, wie bestimmte Formen des Lesergesprächs, oder die Selbstdarstellung des Erzählers.

Dieser Exkurs in die Romanpraxis bestätigt nicht nur die Entsprechung von niederem theoretischen Bewußtsein und geringer Fähigkeit zu künstlerischer Gestaltung, sondern auch eine auffällige Divergenz zwischen Vorredenreflexion und Erzählerkommentar, die darin besteht, daß erstere nichts von der oberflächlichen Aktualität der letzteren besitzt. Dieser Tatbestand bestätigt die Beobachtung, daß der romanprogrammatische Charakter der Vorrede hier nicht mehr gilt, und der Autor die Wendungen der Vorredenreflexion zu Werbezwecken nutzt, die auf eine konservative Lesergruppe innerhalb der immer mehr zunehmenden, sich differenzierenden und unterschiedliche Ansprüche stellenden Leserschaft zielt. Die Vorredenreflexion wird auf eine einzige Funktion reduziert, die sie schon als exordium hatte: Erwartungen im Literaturkonsumenten zu wecken, ohne daß die damit verbundenen Äußerungen über den Roman poetologische Dimensionen erhalten. Es darf gleichwohl nicht übersehen werden, daß die Verwendung von Reflexionsformen wie gewisse aktuelle romantheoretische Inhalte auf einen Reflexionszwang verweisen, in dem Sinne, daß, um den Anschluß an den pragmatischen Roman nicht zu verlieren, die dort übliche Reflexion nachgeahmt wird. (Das ist vor allem am Erzählerkommentar, z. B. im *Karl Blumenberg* ablesbar). Es gehört von den 70er bis in die 90er Jahre hinein zum ›guten Ton‹, den poetologischen Problemen des Romans in den sich anbietenden Formen Vorrede, Erzählerkommentar und Romangespräch Aufmerksamkeit zu zollen. Das kann zur Information und ästhetischen Erziehung des Romanlesers lexikonhaft verkürzt geschehen, wie in Seybolds *Reizenstein* (1778) oder der Vorrede zu Kindlebens *Matthias Lukretius* (1780).

> »Romane sind erdichtete Erzählungen solcher Begebenheiten, die in der Welt sich ereignen können, und sich zum Theil wirklich ereignen; es werden darinn Menschen und Charaktere als handelnd aufgestellt, wovon auf dem Erdboden hin und wieder Originale leben, oder doch zerstreute und einzelne Züge bey den auf der Erde leben-den und wirkenden Menschen vorhanden sind. Es können auch oft bey einem Romane eine oder mehrere wahre Geschichten zum Grunde liegen, welche durch die Fiktion erweitert, verschönert, und für den Leser interessanter gemacht werden«. Die Absicht solcher Erdichtungen ist gemeiniglich zwiefach, entweder, die Sitten zu verbessern, und Tugend unter den Menschen zu befördern, oder den Lesern blos auf eine ange-nehme, unterhaltende Art die Zeit zu verkürzen.«

Mit einer Romandefinition setzt die Vorrede hier wie bei Seybolds *Reizenstein* ein, und ähnlich wie dort ist sie ohne rechten Zusammenhang mit den nachfolgenden Erläuterungen zum jeweiligen Roman. Vom Inhalt her repräsentiert sie den Ro-manbegriff der 60er Jahre, was die Vermutung verstärkt, daß sie sich dieser resü-mierenden, definitorisch verknappten und unmittelbar lehrhaften Art der Reflexion bedient, um einer bestehenden Konvention der Romanreflexion zu genügen. In den 60er Jahren, zur Zeit der Umwertung des Romans, wo er sich gegenüber den neu-gewonnenen und interessierten Lesern und Kunstrichtern auszuweisen hatte, war es sinnvoll, in so kurzer Form die Gattung ästhetisch vorzustellen (wie etwa in *Verhängnisse eines Leipziger Studenten,* 1765). Um 1780 herum gab es jedoch nicht nur praxisnähere Formen der ästhetischen Erziehung (wie etwa in Blankenburgs *Beyträgen*), sondern es hatten sich zum Vorteil der Romanpoetik andere Autoren besser der Tradition der Vorredenreflexion zu bedienen gewußt.

J. G. Müller formuliert die in der Vorrede liegenden Möglichkeiten wie folgt: »Nützlicher für angehende Schriftsteller, mithin besser, ist es vielleicht, wenn ich die etlichen Blätter, die sich mit einer Vorrede anfüllen ließen, dazu anwende, von einigen meiner Grundsätze in der Theorie des Romans Red und Antwort zu geben. Dieses Feld der Poetik ist ohnehin noch so wenig gebauet, daß sich daraus schlie-ßen läßt, eine gesunde Theorie des Romans müsse wohl sehr schwer zu schreiben seyn.« (Vorrede zu *Emmrich,* 1786/87, S. 10).

Die Vorrede ist für diesen Autor, wie vor ihm für Miller (*Karl Burgheim,* 1778/79) und Wezel (*Hermann und Ulrike,* 1780) eine Gelegenheit an der Auf-stellung einer Poetik des Romans intensiv mitzuarbeiten, mit dem Ziel, von der eigenen Romanpraxis her verbindliche Regeln aufzustellen. Kindleben hatte nur dürftig den Erkenntnisstand der 60er Jahre remüsiert, wo die Fiktionalität sich noch nach der Quantität des Erfundenen im Verhältnis zum Faktischen, richtete. Bei Müller oder Wezel ist der Romanautor Kunstrichter, Ästhetiker und Praktiker in einer Person. Wezel z. B. gewinnt in seiner Vorrede zu *Hermann und Ulrike* in einem Verfahren die Regeln des Romans, die den Poetiken eigentümlich ist.[7] Zum einen betrachtet er den Roman nicht isoliert, sondern im System der Gattun-gen; Epos und Geschichte sind die benachbarten Gattungen, an denen der Roman als Kunstwerk partizipiert. Zum andern beschreibt er seine geschichtlichen Aus-prägungen und gibt der eigenen Romankonzeption einen festen historischen Stand-ort. Als Romanpraktiker legt er sich auf einen bestimmten Romanbegriff fest, der für ihn zwangsläufig aus der Romanentwicklung resultiert.

---

7 Vgl. Meier, Faber, Lindner, Eschenburg s. o. S. 82; dazu K. R. Scherpe, Gattungspoetik, 1968.

Nur wenige Autoren bedienen sich der Vorrede zu einem Essay über die Poetik des Romans. In der traditionellen Form der Vorredenreflexion ist diese Erweiterung des grundsätzlich theoretischen Teils durchaus angelegt. Die ›große Form‹ der Vorrede löst auch nicht den intentionalen und einführenden Bezug zum nachfolgenden Roman. Wezel widmet ungefähr die Hälfte seiner Vorrede der Erläuterung seines Vorhabens in *Hermann und Ulrike.* Bei Miller und J. G. Müller ist dieser Zusammenhang noch stärker gewahrt.

b) Integrierte Formen der Vorredenreflexion

Wenigstens dem äußeren Schein nach versuchen einige Autoren der Vorbelastung durch die Vorredenreflexion zu entgehen, indem sie ihre Reflexionen in das erste Kapitel des Romans verlegen. Hermes (*Miß Fanny Wilkes,* 1766), Wagner (*Sebastian Sillig,* 1776), Thilo (*Lorenz Arndt,* 1784), J. G. Müller (*Geschichte der Grafen von Waldheim,* T. 2., 1787) u. a. folgen darin einer Einrichtung Fieldings (*Tom Jones*). Gleichwohl spricht vieles gegen eine bloß modische Imitation und für eine modifizierte fortgesetzte Vorredenreflexion. Deren typische Inhalte finden sich denn auch bei J. G. Müller, der die Vorrede in das 26. Kapitel seiner *Geschichte der Waldheime* legt, oder bei Thilo im ersten Kapitel von *Lorenz Arndt:* die Auseinandersetzung mit der Romankritik bzw. der Kritik an der eigenen Romanform; die Entwicklung des eigenen Romanbegriffs in Erwiderung auf diese Anwürfe; die Verbindung von einführendem Kommentar zum Werk und allgemeiner Gattungsproblematik; das lehrhafte Hinsprechen auf eine nicht weiter spezifizierte Leserschaft. – So sehr auch diese einführenden Kapitel Vorredencharakter haben, sie werden dennoch als zur Romanhandlung gehörig empfunden. Die Integration nimmt dort zu, wo der poetologische Kommentar stilistisch eingebunden wird. So eignet die humoristische und ironische Sprechweise des Erzählers im *Sebaldus Nothanker* auch der Vorrede. Statt eines lehrhaften Vortrags wird die Dokumentenfiktion der »wahren Geschichte« durch übertreibende Betonung ihrer Rechtmäßigkeit ad absurdum geführt, und unter anderem dem Werk eine Leserschaft gewünscht, die der Nothankerschen Schrulligkeit und Komik – als einem Unangemessensein von gesellschaftlicher Position und Weltperspektive – nicht nachstehen soll. Die säuberliche Trennung von poetologischem Kommentar und Romanhandlung ist in Hippels *Lebensläufen* (1778/81) aufgehoben und das, was aufgrund seiner Stellung im Roman Vorredenreflexion genannt werden kann, ganz in die Handlung integriert. Wie zu Beginn des Romans der autobiographische Erzähler sich nach dem ersten Wort unterbricht, um nach Vorredenweise (ähnlich wie Schummel in der *Empfindsamen Reise*) sich im szenischen Erzählen »der Garde der gelehrten Republik« auszuweisen, so erläutert er dem Leser, nachdem er im zweiten Band den Erzählfaden wieder aufgenommen hat, seinen Romanbegriff. Durch seinen launigen, Assoziationen nachgebenden und scheinbar abschweifenden Erzählstil verwischt Hippel als Erzähler stilistisch den Unterschied zwischen Reflexion und Handlung, und über die Brücke der Identität von reflektierendem, bzw. erzählendem und handelndem Ich wandelt sich die Vorredenreflexion zu einem Erzählerkommentar. Dadurch gewinnt die Romanreflexion bei Hippel eine neue Dimension. Sie wird qua Reflexion zur Stütze des romantheoretischen Konzepts, eine Möglichkeit, die jeder Vorredenreflexion durch ihren besonderen, vom Roman unterschiedenen, Sprachmodus verwehrt blieb. Um diese neue Funktion der Reflexion ganz zu verstehen, bedarf es einer kurzen Erläuterung des Hippelschen

Romanbegriffs, wie er zu Beginn des 2. Bandes der *Lebensläufe* vorgetragen wird.

Hippel lehnt den Begriff Roman für seine Erzählung ab, der zu sehr Kunstbegriff sei, um nicht seine, Hippels wahren Absichten zu verschleiern. Der Roman entspreche einem optischen Kasten, in dem man die Bilder nur durch ein Glas, nicht unmittelbar betrachten könne (II, S. 44, zit. nach Göschen-Ausg., 1859). Seiner und seiner Familie Lebensgeschichte (I, S. 1) soll alles Zufällige, Ungegliederte und Unkomponierte des Lebens anhaften. Sie soll gleichsam ein diplomatischer Abdruck der Wirklichkeit sein, nach der Maxime »So wie es in der Welt geht, so muß es auch in der Geschichte gehen« (II, S. 44). Zum Zwecke der Verdeutlichung führt Hippel den Begriff der »redenden Geschichte« ein (II, S. 2). Mit dem Erzähler im Druck wird der Rhapsode im gemeinen Leben verglichen. Dieser ist jenem an Unmittelbarkeit überlegen. Wenn ein Erzähler zu sehen ist, d. h. wenn er als handelnd erfahren werden soll, dann bildet die Verknüpfung von autobiographischer Erzählstruktur und auktorialem Sprechen die günstigste Voraussetzung. »Nicht die Geschichte erzählen wir, sondern wir erzählen uns selbst in der Geschichte.« (*Kreuz- und Querzüge*, Göschen 1846, Bd. 1, S. 207). Nur in dieser Kombination ist die Wirklichkeitskopie vollkommen, da sowohl ein Erzähler da ist, der das Wie und Was, die tatsächlichen Vorgänge und ihre Ursachen zu Gehör bringt, zugleich aber auch als Handelnder zu sehen ist. Die Realität des Erzählten soll durch die Unmittelbarkeit des Erzählaktes erreicht werden. Hier zeigt sich auch der Sinn der häufigen Unterbrechung der Handlung durch den Ich-Erzähler und der damit verbundenen Romanreflexion. Durch die Verlebendigung des Sprachgestus soll eine dem sichtbaren Handeln und der Mimik des Rhapsoden analoge Unmittelbarkeit des schriftlich Fixierten erreicht werden. Dadurch wird die Romanreflexion in Gestalt des Erzählerkommentars qua Reflexion zum Zeichen der Lebensunmittelbarkeit. Sie wird zum formalen Ausdruck der pragmatischen Rückbindung an die Wirklichkeit. Sie postuliert die wahre Geschichte und trägt selbst zur Verwirklichung dieser Intention bei.

Bei Hippel kann von einer Vorredenreflexion nicht mehr die Rede sein. Hier sind die Konsequenzen aus den Möglichkeiten gezogen, die sich aus der Verlegung der Vorredenreflexion in das erste Kapitel des Romans ergaben, während Thilo und J. G. Müller solche ungenutzt ließen. Die Anfangskapitel der einzelnen Bücher von Hermes *Geschichte der Fanny Wilkes* (1766), stellen eine weitere Variante der Romanreflexion dar, die zwar aus der Vorredenreflexion erwachsen ist (vgl. Thilo; Wagner, *Sebastian Sillig*), diese aber entscheidend modifizierte. Der lehrhafte und programmatische Vortrag des Autors wird vom Erzähler-Leser-Gespräch abgelöst, wobei dem Erzähler die Gelegenheit gegeben wird – gemäß dem aufklärerischen Pragmatismus des Romans – das Vertrauen seiner Leser in seine »wertorientierende« (Schönert, *Satire*, S. 97 f.) Wirklichkeitsdarstellung zu gewinnen. Der Vorrede war versagt, den Wirklichkeitsbezug mit herstellen zu helfen; sie konnte ihn nur ankündigen. Hermes' moralisches Anliegen in der *Fanny Wilkes* ist enger mit dem Roman als gesellschaftlichem Phänomen (vgl. Jäger, *Empfindsamkeit*, S. 79 ff. zur Lesewut) verbunden als bei Büchner. Die Lektüre seines Romans soll das Spiel und den Müßiggang ersetzen, Ungerechtigkeit und Ausschweifungen verhindern und nicht zuletzt auch Maßstäbe für andere Schriftsteller setzen. (S. 2 ff.). Mit Recht kann der Leser nach der moralischen Legitimation dessen fragen, der ihm ein solches Leseerlebnis vermitteln will. »Ich kann« (so beginnt der Erzähler das zweite Buch) »aus den lebhaften Vorstellungen, mit welchen ich so oft an meine Leser denke, und aus der Begierde, die ich habe, sie kennen zu lernen, mit ziemlicher Wahrscheinlichkeit schließen, daß sie auch ... mich kennen zu lernen wünschen.« (²1770, S. 100). Die Fragen des präfigurierten Lesers nach seiner biographischen und moralischen Person lehnt der Erzähler ab und verweist statt dessen auf seine ästhetische Rolle. Die Romanreflexion dient damit in besonderer Weise dazu, den persönlichen Erzähler vorzustellen und seine poetische Funktion im Kunstwerk Roman zu definieren. Das geschieht zumeist in einem eingängigen Bild. Musäus vergleicht den Romanschreiber in der Vorrede zum *Deutschen Grandison* (1781), mit den Parzen; sie »spinnen den Lebens- und Geschichtsfaden ihrer Helden an, ziehen ihn aus, und schneiden ihn ab, ie nachdem es ihnen lüstet; ... sie schlingen ihren ausgesponnenen Faden in so viele Maschen, daß daraus ein Gewebe von gewisser Form und Gestalt entstehet, sich nach Beschaffenheit der Umstände erweitern und verengen läßt, so viel möglich an den Fuß des zeitigen Modegeschmacks anschließt ...«. Musäus hebt die Souveränität des Erzählers heraus, mit der er den Roman ›macht‹ und zu einem »angenehmen Ganzen« (Wezel) zurichtet, während Hermes mit dem Bild vom Erzähler als »Feuerwerker«, der aus unscheinbaren Dingen ein »Kunstfeuer« (S. 105) zusammenstellt, den Akzent auf den Vorgang des Erzählens wie auf die Wertsetzung in der Wirklichkeitsvermittlung legt, bei der die biographische Person des Autors bedeutungslos ist. »Man sieht ihn arbeiten« (S. 105) heißt es – eine Wendung, die den Ort der Romanreflexion festlegt; denn sie weckt die Aufmerksamkeit des Lesers für den »rechten Gesichtspunkt«. Sie verkündet die wirkungsästhetische Konzeption und vollzieht sie mit.

Die Selbsteinführung des Erzählers ist u. a. das Produkt der formalen und stilistischen Integration der Vorredenreflexion in den Roman. Sie ist erst durch die Gleichberechtigung der reflexiven Ebene mit der erzählten Romanhandlung möglich geworden. Die ersten Kapitel zu den einzelnen Büchern der *Geschichte der Miß Fanny Wilkes* sind deshalb interessant und aufschlußreich, weil sie ein Beispiel des Übergangs in Form und Thematik von der traditionellen Vorredenreflexion zur integrierten Romanreflexion abgeben. Sie sind zwar der Romanhandlung vorgesetzt und dienen, wie die Vorredenreflexion, zur Einführung in den Roman wie zur Verdeutlichung des Romanbegriffs. Aber die Reflexion geht in einer neuen Form vor sich, die die Aufmerksamkeit und das Einverständnis des Lesers sucht. Die theoretischen Gedanken werden nicht mehr monologisch vorgetragen, sondern der Erzähler geht auf den Leser ein und nimmt mögliche Einwände vorweg. Was Schummel über das Erzähler-Leser-Verhältnis in seinen *Empfindsamen Reisen* äußert, gilt in gleicher Weise für die Romanreflexion bei Blankenburg, Hermes oder Wezel. »Ich will für euch und für mich denken und das kann ich, kraft der Vielwissenheit eines Autors, der sein Handwerk schlecht verstehen müste, wenn er nicht bei iedem Worte, was er schreibt wißen sollte, was die Leser dabei denken nicht bei iedem Worte, was er schreibt, wißen sollte, was die Leser dabei denken Anm. 9) meist naive Fragen, wie etwa »Enthält denn dies Buch wirklich etwas, daß die Geschichte des berühmten Herrn Wilkes betrifft?« (*Fanny Wilkes*, S. 7). Sie aber nimmt der Erzähler zum Anlaß, dem Leser die Fiktionalität seiner Geschichte und damit den besonderen Modus des Kunstwerks Roman in Abgrenzung gegen »Vernunftlehre«, »Naturlehre« und »Metaphysik« klarzumachen. Das Verfahren, daß der Erzähler »mit dem Leser zu spielen scheint, und wie ein weiser Pädagoge Unterricht in das Spiel mischt« (Wezel, *Tobias Knaut*, 1773, S. VIII) ist neu und gilt für den Roman wie für die Romanreflexion. Anders als die Vorredenreflexion sucht der Erzähler hier das Vertrauen des Lesers, das ihm erlaubt, »meinungs- und sympathiemanipulierend vorzugehen« (Schönert, Satire, S. 101).

Dieses Prinzip ist in den 70er Jahren ein Hauptthema der Romanreflexionen. Zumeist wird es im Bilde des Spaziergangs beschrieben. Wagner nennt den Leser im *Sebastian Sillig* (1776) seinen »Fellowtraveller« (S. 11) und bei Hermes heißt es »Und gleich jetzt kommen wir mir vor, als eine Gesellschaft, die spatzieren geht. Ich bin die Person, zu der sich andre gesellen, und aus Neubegierde, oder aus Gefälligkeit, oder aus Mode, oder aus Müßiggang sie begleiten« (S. 242). Aus der »Begierde meinen Lesern zu gefallen« (*Luftschloss*, 1749, S. 50) hat sich die Gesprächssituation entwickelt, in der der Leser nicht nur zum Objekt der Romanreflexion geworden ist, sondern sie vor allem in ihrer Darstellungsform verändert hat. Daß die Marktsituation des Romans sich dabei fühlbar machen kann – die vor allem Hermes trefflich zu nutzen versteht – ist eine zwangsläufige Folge der Öffnung auf einen differenziert gesehenen Leser hin.

Der »Roman« wie die »Historie« wandten sich an ihre »galante« oder »gelehrte« Leserschaft, deren soziologische Herkunft nur andeutungsweise damit beschrieben war. (Nicolai übernimmt ironisch diese Gruppierung, wenn er in der Vorrede zum *Sebaldus Nothanker* sein Publikum nach Berufsständen aufgliedert). Erst in den 50er Jahren wird das Roman-Leser-Verhältnis stärker thematisiert. Gemäß seinem aufklärerischen Pragmatismus, mit der Wirklichkeitsnachahmung zugleich ›Lebenshilfe‹ zu geben, wendet sich der Roman gezielt an verschiedene Lesergruppen, wie Frauen und Jugendliche (s. *Don Felix*, 1754; Richter, *Schwachheiten*, 1755). Immer häufiger wird die soziale Gruppe bezeichnet, deren Wirklichkeit der pragmatische Roman abschildert: der bürgerliche Stand. C. Friedrich Bahrdt nennt ihn 1789 in seinem *Handbuch der Moral für den Bürgerstand* die »Zweckklasse«, die »die eigentliche Nation ausmacht« (S. 12), weil er eigentlich »der erwerbende Theil der Nation« (S. 10) sei, der »alle Bedürfnisse des Lebens, theils durch Hervorbringung, theils durch Verarbeitung der dazu erforderlichen Dinge« (S. 11) erzeuge. Der Autor des pragmatischen Romans schreibt »für den Mittelmann, den wohlhäbigen Bürger, der im Schooß seiner Familie gerne die langen Winterabende bey einer Pfeife Toback und einem unterhaltenden Buche vertreiben würde...« (Wagner, *Sebastian Sillig*, 1776, S. 7). Der Roman wird als Gattung vom bürgerlichen Autor fürs Bürgertum reklamiert. Selbstbewußt schließt man potentielle, in der gesellschaftlichen Hierarchie höher oder tiefer stehende Lesergruppen von der Lektüre aus. Während Wagner seine Leserschaft nach obenhin abgrenzt – ihm sei diese »über die Achsel angesehne Klasse von Mitbürgern« lieber als »zwanzig bebänderte und besternte privilegirte Müßiggänger« (S. 8) tut Westphal in *Edelwald* das Gleiche nach unten hin. Der Roman ist ihm ausschließlich Bildungsgut und Unterhaltung für den »Mittelstand«. »Und wenn dies die Würkung des Romans seyn soll, [die Selbstüberprüfung], so gilt, außerdem daß er nicht für Handwerksburschen, Bedienten und Kammermägden geschrieben seyn muß...« Mit dieser Auffassung von der Zuordnung von Roman und Leser konkurriert eine zweite. Einige Romanschreiber sind sich bewußt, daß verschiedene soziale Gruppen Romane lesen. Aber sie richten sich gleichwohl nicht an eine bestimmte Zielgruppe, sondern wollen ständeübergreifend, für alle Leser, schreiben. So fordert zum Beispiel Miller (Vorrede zu *Siegwart*, 1776), daß der Romanschreiber »Leser von verschiedenen Ständen, von verschiedenem Geschlecht, von verschiedener Denkungsart befriedigen soll« und »soviel als möglich Allen alles werden« (vgl. auch Kindleben, *Mathias Lukretus*, 1780). Diese Haltung ist vor allem für die Autoren des empfindsamen Romans kennzeichnend, die mit Hilfe des empfindsamen Enthusiasmus die Standesgrenzen zu überspringen versuchen. –

Hinter der Benennung des erwünschten Lesers stehen nicht zuletzt auch finanzielle Interessen, da viele Autoren auf den Ertrag ihrer schriftstellerischen Tätigkeit angewiesen sind. Das geht aus dem Argument hervor, mit dem sowohl J. G. Müller für »den großen Haufen« (Vorrede zu *Waldheime*, 1784) wie Westphal für das bürgerliche Publikum schreiben: »sie machen den größten Theil des lesenden Publikums aus . . .«.

Eine entscheidende Veränderung im Roman-Leserbezug tritt in den 80er Jahren mit einem neuen Romanbegriff ein. Die Romanautoren interessiert nicht mehr der soziale Status des Lesers, sondern allein, welches Verhältnis er zu ihrem Werk einnimmt, und welches Kunstverständnis er besitzt. Bouterweks Ausführungen in der Vorrede zu seinem *Graf Donamer* (1792) sind dafür symptomatisch. Er unterscheidet 3 Gruppen von Lesern: 1. Die Masse der Lesenden, die am ›Kulturbetrieb‹ teilnehmen, auf eigene Urteilbildung verzichten, und nur darauf warten, »wo ein autorisirter Herold seine Stimme erschallen läßt« (S. VIII); sie verfügen über ein nur naives Kunstverständnis, das sie hinter den Charakteren wahre Personen suchen läßt. 2. Die ungerechten Kollegen. 3. Die »Theoretiker und Zunftmänner«, »welche die freien Spiele der menschlichen Natur nach Regeln beurteilen, die sie von vorhandenen Mustern abstrahiert haben.« (S. IX). Den Romankonsumenten, den Kollegen und den Kunstrichtern wird der verständnisvolle Leser gegenübergestellt, der etwas vom »Geist des Werks« (S. III u. X) begreift. Zwischen Roman und Leser wird eine Beziehung aufgebaut, die in ihrem persönlichen Charakter von Hermes einst abgelehnt wurde. (1. Kap. d. 2. Buches der *Fanny Wilkes*). Vorstufen dieses besonderen Verhältnisses deuten sich dort an, wo die biographische Person des Autors mit ins Spiel gebracht wird, wo er Mitteilungen über seinen jeweiligen Zustand oder über sein häusliches Leben macht. (s. Miller, J. G. Müller, Knigge). Autor und Leser begeben sich in einen hermetisch abgeschlossenen Raum privaten Einverständnisses, der weit abgerückt ist von der wirkungsästhetischen und erzieherischen Tendenz des pragmatischen Romans. Der *Graf Donamar* Bouterweks weist – das kann nur angedeutet werden – nach seinem Romanbegriff Züge des klassisch-romantischen Romans auf, der nicht mehr »ein treues Gemälde interessanter Scenen aus dem gewöhnlichen Leben« (*Donamar*, S. 11) sein will, sondern ein auf sich selbst verweisendes, funktionales Ganzes, eine in sich schlüssige Totalität, deren Wirklichkeitsbezug nur symbolisch sein kann. Für diesen Romanbegriff bedarf der Leser besonderer Einführung. Sie wird durch eine Vorrede geleistet, deren Herkunft aus der Vorredenreflexion nur noch schwach erkennbar ist. Der Form nach sind es Briefe und Briefauszüge, die ein »Freund« als Inbegriff des verstehenden und wohlwollenden Lesers an den Verfasser über sein Werk geschrieben hat. Die Vorredenreflexion wird verpersönlicht und erfährt dadurch eine vollkommene Umänderung. Um diese zu verstehen, bedarf es eines kurzen Überblicks über die Romanentwicklung seit den 60er Jahren und ihres Verhältnisses zur Literaturkritik.

In den 50er Jahren beginnt die Literaturkritik sich auch mit dem Roman auseinanderzusetzen, nachdem schon Mitte der 40er Jahre die moralischen Wochenschriften zu einer positiven Einschätzung gefunden haben. Gleichzeitig kommt vielen Romanautoren die Konventionalität und Unglaubwürdigkeit des Romans zu Bewußtsein. Als Folge beginnen sie zu experimentieren. In dieser für die Diskussion aufgeschlossenen Situation wenden sie sich an die Kunstrichter, die eine nicht in Zweifel gezogene autoritative Position im literarischen Betrieb einnehmen, bitten um Richtlinien oder richten sich nach schon gesetzten Maßstäben. Hermes Vorrede zur 2. Auflage seiner *Fanny Wilkes* (»An die Kunstrichter. Wohlweise, Gestrenge, Hochgebietende Herren...«) ist ein Beispiel für die Autorität der Kritik. Von den ihm in die Hände gekommenen Beurteilungen bekennt er: »So oft ich Eine gelesen hatte, verbesserte ich mein Buch da wo sie mich überzeugte; und dies wiederholte ich bei iedem ähnlichen Fall.« Aber angesichts der – zitierten – widersprüchlichen Urteile, steht er etwas ratlos da. Gleichwohl bleibt hier sein Grundprinzip (wie auch in *Sophiens Reise*) »einen Versuch [zu] machen, und dann auf das Urtheil der Richter .. möglichst acht [zu] haben.« (12. Kap. von *Sophiens Reise*). Schummel erhebt die Rezensenten zu Richtern über das Sein oder Nichtsein eines Schriftstellers: »Nicht daß sie meine Fehler einzeln durchgehen und striegeln sollen, wiewohl Sie es auch thun können, wenn Sie wollen, sondern daß Sie überhaupt aus diesem Extempore ein Urtheil über meinen Kopf fällen sollen. Wo mir recht ist, legt Ihnen Ihr Amt auch unter andern die Pflicht auf, iunge Autoren auf den rechten Weg zu weisen – Ich fordere Sie hiermit feierlich auf, mir denienigen zu zeigen, den ich gehen soll.« (Schummel, *Empfindsame Reisen*, 1771, S. 18). Wieland zollt der Macht der maßgeblichen Kritik seinen Tribut, wenn er dem Romanerstling der La Roche, dem *Fräulein von Sternheim* (1771) eine Vorrede als Schutzschrift mit auf den Weg gibt. Die Rezeption dieses Romans und die damit verbundene Kritik an Wieland (s. Sengle, Wieland, S. 297 f.) zeigen aber, daß die Kunstrichter nicht mehr die Autorität besitzen wie zuvor. Mehr und mehr rückt an die Stelle ihres Urteils eine Art Leserplebiszit. Die Romanautoren orientieren sich am Geschmack der Leser und nicht mehr an den Forderungen der Kunstrichter. Schon Hermes hatte in *Sophiens Reise* den Leser mit zum Kunstrichter erhoben (»... aber auch ieder Leser und iede Leserin wäre mein Richter«). Sattler (*Friederike*, 1774) versichert sich nach beiden Seiten hin; der Vorrede läßt er einen Auszug aus dem Brief eines Freundes folgen, der eine wohlwollende Beurteilung des Romans enthält.

Die Vorredenreflexion hat in den 60er Jahren den Charakter einer Visitenkarte des theoretischen Bewußtseins, mit der der Romanschreiber sich den kunstrichterlichen Autoritäten vorstellte. Mit ihr präsentierte er seinen Romanbegriff, der zugleich das Kriterium war, nach dem er sein Werk beurteilt sehen wollte (s. Wezel, *Tobias Knaut*, Vorrede). Diese Kriterien befanden sich in mehr oder minder großer Übereinstimmung mit denen der Kunstrichter (vgl. Musäus, Romanrezensionen in der Allg. dt. Bibliothek).

Dieses Einvernehmen jedoch wurde durch den empfindsamen Roman gestört, obgleich Kritik an und Gleichgültigkeit gegenüber den Theoretikern nicht neu war (s. Namor, *Gismunda*, 1728). Nicolai ist das auffälligste Beispiel eines Kunstrichters, (vgl. seine Kritik an Herders Schriften in der Allgem. Dt. Bibliothek), und Romanautors (vgl. *Geschichte eines dicken Mannes*), der nie von seinen pragmatisch-aufklärerischen Maximen abgegangen ist. So erfolgt die Abwendung von einer verständnislosen Kritik, die in der Mitteilung eines neuen Gefühlsbewußtseins nur eine Gefahr für ihre auf Lebenspraxis bezogenen Interessen sah. Diese Abwendung kann soweit gehen, daß der Autor – wie Schöpfel in *Thomas Imgarten* (1777) – die Rechtfertigung seiner Schriftstellerei aus dem Votum einer Leserzuschrift zieht. Der beteiligte, mitfühlende und von den vorgeführten seelischen Bewegungen überwältigte Leser ist der neue Orientierungspunkt des Autors. Er wird zur kunstrichterlichen Autorität der mit dem Herzen fühlend urteilt und nicht nach vorgefaßten theoretischen Regeln (vgl. Bouterweks *Graf Donamar*). Der freundschaftliche Brief, längst ausgewiesen als Ausdrucksform einer subjektiv erfahrenen

Wirklichkeit wird zur neuen Ausdrucksform der Vorredenreflexion. Er hat eine doppelte Funktion: er dient weiterhin als Einführung in den »Geist des Werks« (Bouterwek); durch eingeschobene Kommentare kann der Autor seinen Standpunkt deutlich machen (vgl. Sattler *Friederike*, 1774). Darüber hinaus präformiert sie die Gefühlshaltung des Lesers zum Werk und stimmt ihn damit ein. Diese, dem neuen Gefühlsbewußtsein angeglichene Form der Vorredenreflexion realisiert eine unter anderen Bedingungen und Einflüssen gegebene Anregung Schummels (*Empfindsame Reisen*, 1771); angesichts der Konventionalität vieler Vorreden schlägt er zu ihrer Erneuerung vor, sie durch »ein kleines vertrauliches Gespräch mit seinen Lesern« (S. 4) zu ersetzen.

Züge eine solchen Gesprächs trägt die zweite Vorrede zu J. P. Sattlers *Friederike oder die Husarenbeute* (1774). Sie enthält den Antwortbrief des Autors an einen Freund, dessen Brief ausführlich zitiert und kommentiert wird. Um dem Freundesurteil in den Augen der Leserschaft das nötige Gewicht zu geben, werden zu Beginn des Briefes die besonders guten und einverständlichen mitmenschlichen Beziehungen zwischen beiden Briefpartnern herausgestellt. »Sie kennen mein Herz, und werden also leicht glauben, wie theuer mir die Freundschaft eines Mannes seyn müsse, der wie Sie, die vortrefflichsten Talente des Geistes mit dem edelsten, rechtschaffensten und gefühlvollsten Herz vereiniget, besitzt.« Dieser Briefanfang baut die Autorität des Urteilenden auf, und streut zugleich für die »denkenden und empfindsamen Leser« bestimmte Reizwörter aus (»Gefühlvolles Herz«), die ihm zeigen, daß zur verstandesmäßigen Einsicht auch das einfühlende Verstehen (»aus meiner eigenen Seele herausgeschrieben«) der Gleichgesinnten hinzutreten muß (s. a. Jung-Stilling *Florentin von Fahlendorn* III, S. 54). Bei aller Subjektivität des Lesererlebnisses wird gleichwohl dadurch eine Verbindlichkeit der Reflexionen angestrebt, daß der Urteilende nur vage vermutet, sein Freund könnte der Autor sein. – In dieser Ambivalenz drückt sich die Übergangsposition J. P. Sattlers aus. Er verzichtet nicht auf die übliche, auf den Kunstrichter hin orientierte Vorrede, und betont auch in diesem Brief, daß er sich »gerne den öffentlichen Tribunalen der Kunstrichter« unterwerfe. Die kritischen, einer Rezension gleichenden Ausführungen des Freundes werden noch als »kleinen Eingriff in ihre Kunst« angesehen. Andererseits bedient er sich einer Reflexionsform, die in Form und Inhalt dem brieflich im Bild von »Vater« und »Kind« beschriebenen Verhältnis von Werk und Autor angeglichen ist; denn solche Privatisierung und Sentimentalisierung bedarf eines empfindenden, die persönliche Qualität des Romans schätzenden Lesers.

Während Sattler noch versucht, die beiden widerstreitenden Tendenzen von Leser- bzw. Kunstrichterorientierung der Reflexion wenigstens äußerlich miteinander zu vereinbaren, bekennt sich Bouterwek in der Vorrede zu seinem *Donamar* (1792) zu einem Roman und mit ihm zu einer Reflexionsform, die eine elitär gesinnte Lesergemeinschaft anstrebt. Die Romanreflexion ist für Bouterwek in viel größerem Maße die Einführung des Lesers zu den ›Heiligen Hallen‹ des schöpferischen Geistes und der sich selbst verantwortlichen Phantasie. »Aber es giebt Fälle, wo der Berührungspunkte zwischen dem Geber und dem Empfänger so wenig sind, daß jener bei der lautersten Absicht Gefahr läuft, von diesem ärgerliche Misverständnisse für Dank einzuernten.« (S. III). Nur der Leser ist zugelassen, der nach Herders Grundsatz handelt, man müsse sich erst in die Seele des Dichters versetzen, um sein Werk verstehen zu können. Das Kunstwerk erklärt sich (s. Bouterwek, S. III) dem Geistesverwandten. Die »eingelernten Regeln der Theorie« (S. VI) bleiben irrelevant gegenüber dem Schöpfungsakt der Phantasie.

Zweifellos stellt die zuletzt beschriebene Art der Romanreflexion die durchgreifendste Veränderung der traditionellen Vorredenreflexion dar. Zwar ist das poetologische Programm des Autors noch ablesbar. Doch wichtiger als dessen Mitteilung ist die Funktion, die die Vorrede zur Einstimmung eines besonders sensiblen und kunstsinnigen Lesers hat. Von da aus ist es nur noch ein kleiner Schritt zu einem Roman, der auf die Vorrede ganz verzichtet, weil mit ihr weder eine theoretische Rechtfertigung der Gattung noch eine Werbeintention verbunden ist.

2. Neue Formen der Romanreflexion

a) Das Romangespräch

Die zweifellos auffälligste Form der Romanreflexion im 18. Jahrhundert ist das Romangespräch. In dieser Weise ist später kaum wieder über den Roman im Roman reflektiert worden. Es gibt zwar zahlreiche Belege einer Selbstbesinnung des Romans im 19. und 20. Jahrhundert, aber daß Figuren über die Bedingungen ihres scheinhaften Seins im Roman dialogisieren, daß sie, wie etwa in Hermes *Sophiens Reise* ihren Stellenwert (unbewußt) selbst bestimmen und ihren Weg und ihr Verhalten abstrakt verkürzt vorzeichnen, das ist eine spezifische Ausprägung des pragmatischen Romans. Die Gattungstheorie, die in einer für die Romanreflexion seltenen Vollständigkeit in den Romangesprächen vorgeführt wird, hat sich zum Thema des Romans emanzipiert. Sie bedient sich dabei des Dialogs als einer Kunstform, die sich nur ganz allmählich entwickelt hat und dabei die langen und monologisierenden Redepartien, vor allem im »Roman«, verdrängte.

Diese Emanzipation des Theoretischen setzt mit der Ausbildung des pragmatischen Romans in den 50er Jahren ein. Er hat sich ganz der Empirie geöffnet; seine Thematik beschränkt sich nicht mehr nur auf Liebesgeschichte wie im »Roman«. Seine erzählte Wirklichkeit ist mit der zeitgenössischen Wirklichkeit vergleichbarer geworden als bei der »Historie«, in deren Tradition er steht. Diese war in moralischen und ideenmäßigen Gesetzmäßigkeiten wirklichkeitsnah, nicht aber im ›Milieu‹. Im pragmatischen Roman hat der Wirklichkeitsgehalt quantitativ zugenommen. Realität wird in größerer Vollständigkeit wiedergegeben, als das in der »Historie« der Fall war. Der Roman selbst ist durch die Umwertungsdiskussion, die ihn in die schönen Wissenschaften und das aufklärerische Erziehungsprogramm eingliederte, zu einem Teil der Realität selbst geworden. Gemäß der wirklichkeitsabschildernden Intention des pragmatischen Romans kann die Romandiskussion zum Thema des Romans gemacht werden – bedarf aber einer besonderen Integration. Diese Einbindung in die Romanhandlung wird durch die Figuren geleistet, die mit Argument und Gegenargument die Illusion eines lebensnahen Dialogs erwecken und zugleich der theoretischen Reflexion etwas von ihrer Abstraktheit nehmen. Die einzelnen Situationen, in denen Romangespräche geführt werden, sind denn auch in die Handlung eingebettet und motiviert. In Neugebauers *Teutschem Don Quichotte* findet die Diskussion in einem Wirtshaus beim Abendessen statt; in Hermes' *Sophiens Reise* zum Zeitvertreib auf der Postkutsche. In Timmes *Faramond* bildet ein Familienstreit um die Erziehung der Kinder das wirklichkeitsverknüpfende Moment (ähnlich auch in Timmes *Mauritius Pankratius*, 2. Bd., 1. Kap.) und in J. G. Müllers *Herr Thomas* ist es der Generationskonflikt zwischen dem schreibenden und empfindsamen Studenten und seinem nüchternen und belesenen Großvater, der den lebensnahen Hintergrund und die Motivation für die theoretische Reflexion abgibt.

Figuren sind in Romangesprächen die Reflexionsträger. Sie scheinen sich über romantheoretische Probleme situationsgebunden und nach Maßgabe ihrer Vorbildung, ihres Verständnisses und ihrer Einsicht zu äußern – was die Frage nach der Verbindlichkeit ihrer Äußerungen aufwirft. Nur bei Neugebauer und bei Müller sind sie auch auf die ihnen zugedachte Aufgabe vorbereitet. Bellamonte im *Teutschen Don Quichotte* ist ein eifriger Romanleser, der durch seine Romannachahmung auf eine praktische und ungewöhnliche Weise z. B. mit dem Problem des Wirklichkeitsverhältnisses der Gattung Bekanntschaft macht. Herr Bernd im *Herrn Thomas* zeigt sich als ein belesener und gebildeter Mann, der durch eigene Schreibversuche in der Jugend die Schwierigkeiten auch eines Romanschriftstellers kennt. Dagegen sind weder Herr Selten *(Sophiens Reise)* noch Minchen bzw. Faramond *(Faramonds Familiengeschichte)* durch eine Vorbildung zu Romankritikern prädestiniert. Jedoch ist die moralisch eingefärbte Subjektivität der Perspektive, unter der die Figuren die Welt sehen und beschreiben, im pragmatischen Roman Teil der Wirklichkeitsperspektive des Erzählers. Die Figuren können ihm zwar näher oder ferner stehen, aber immer sind sie auf den übergreifenden, sich im Handlungsfortgang erschließenden Wert- und Wirklichkeitshorizont des Erzählers hin ausgerichtet. Ihre Interrelation, die Weise, wie sie miteinander verkehren und übereinander urteilen, läßt ein Bild von ihrer jeweiligen Aussagegewichtigkeit entstehen, das nicht notwendigerweise der auktorialen Bestätigung bedarf. Nur im Briefroman kommt dem Schreiber ohnehin auktoriale Bedeutung zu (vgl. Würzbach, *Struktur des Briefromans*, 1964 passim). Die Figuren können ›Delegierte‹ der Erzählermeinung sein, von der sie ohnehin einen Teilaspekt repräsentieren, je nach ihrem ›Rang‹ und der Gültigkeit ihres Wirklichkeitsverhältnisses. Damit ist die Verbindlichkeit der Romanreflexion im Munde der Figuren gesichert. Sie stellen keine ›privaten‹ Meinungsäußerungen vor, da ihre Subjektivität bedingt ist durch die des Erzählers, die sie einschließt. Gleichwohl kann sich dieser der eingeschränkten Figurenperspektive bedienen, sei es, daß er das entworfene Romanmodell nur in Vorschlag bringen möchte, sei es, daß er durch Kontrastierung im Kunstmittel des Dialogs die Reflexionen besonders lebensnah gestalten will.

Bellamonte ist die Hauptfigur des *Teutschen Don Quichotte*, von der sich der Erzähler ironisch distanziert. Erst die zunehmende Diskrepanz von Wirklichkeitserwartungen und tatsächlich gemachten Erfahrungen und schließlich die Konfrontation mit einem Menschen von ähnlich verwirrten Begriffen lassen ihn zu der Erkenntnis gelangen, die der Erzähler mit seiner Geschichte gestaltet hat. Theorie und Praxis fließen in einem Wirtshausgespräch zusammen; Bellamonte entwickelt ein romantheoretisches Konzept, zu dem er selbst praktisch das Beispiel abgegeben hat. Die Romanreflexion in Neugebauers Roman ist mit der ›Entwicklung‹ des Helden eng verbunden, und dadurch psychologisch motiviert und geschickt integriert. Erst zu dem Zeitpunkt, wo Bellamonte den Bewußtseinsstand des Erzählers erreicht, kann ihm dieser das Wort zum Vortrag seines eigenen Romanbegriffs erteilen. Die Aussage der Figur entspricht dann der Meinung des Erzählers, bzw. Romanautors.

Das Romangespräch im ersten Teil von *Sophiens Reise* ist darin dem des *Teutschen Don Quichotte* ähnlich, daß im wesentlichen Romantheoretisches von einer Figur, dem Herrn Selten (später Herr Less** genannt), vorgetragen wird. Die Form des Briefromans ändert nichts an der Verbindlichkeit der Reflexion, zumal gerade in diesem Roman die Regie eines unsichtbaren Erzählers bis in die Selbstäußerungen der Figuren hinein (vgl. IX. Brief) greifbar ist. Herr Selten wird in Sophiens Briefen als eine besondere Person ausgezeichnet. Er fällt ihr wegen seines vornehmen Benehmens, seiner Ritterlichkeit, seiner Gesprächskunst und seines Wissens auf. Von daher legitimiert sich auch seine Romankenntnis. Hingegen ist seine Bedeutung, die er für Sophie (und den Roman) gewinnt, nach den ersten Briefen (und dem Vorfall in Insterburg: IX. Brief) noch ohne rechte Konturen. Im Unterschied zum Romangespräch im *Teutschen Don Quichotte* fügt sich dieses beiläufiger und damit auch selbstverständlicher in die Handlung ein. Es ist ein Gespräch auf der Postkutsche, eine belehrende Unterhaltung, die auch Themen wie das Theater und die deutsche Sprache berührt. Es wirkt in manchem wie eine verspätete Vorrede. Die eigentliche Bedeutung der Aussagen enthüllt sich erst im Fortgang des Romans. Anders als bei Neugebauer verdeckt die psychologische Motivation nicht den programmatischen Charakter der Reflexion.

Timme versucht in *Faramonds Familiengeschichte* das durch die Empfindsamkeit neu geweckte Verständnis für die Liebe thematisch in den pragmatischen Roman zu integrieren. Thema dieses Romans sind, unter Einbeziehung politischer Verhältnisse, mögliche Liebesbeziehungen zwischen zwei Menschen. In der ersten Jahrhunderthälfte hätte ein solches Übergewicht der Liebesthematik jede romantheoretische Reflexion verhindert. Der besondere Impetus des pragmatischen Romans und das eher bürgerliche Milieu, in dem das Geschehen spielt, ermöglichen sie jedoch; denn die Irritation, die für einen Erzieher und Familienvater vom empfindsamen Roman, bzw. seiner Rezeption ausgeht, ist zum schwerwiegenden Problem und zum Gegenstand von häuslichen Gesprächen geworden. Der Familienstreit über den ›Weltgehalt‹ und Erziehungswert der Romane im *Faramond* hat eine romangeschichtliche Dimension; die Verknüpfung des Romangesprächs mit dem Typ des pragmatischen Romans ist hier sowohl inhaltlich wie durch die Form der Integration in den Roman vorgenommen. Unwichtig ist dabei, daß Faramond, der sich zur Rettung seines liebeskranken und empfindsamen Freundes Blackworth in Leipzig aufhält, den Streit in der Familie des Advokaten Willig in einem Brief nach Hause erzählt. Die Einfädelung der Romandiskussion geschieht auf eine Weise, deren sich schon Tenzel in seiner Zeitschrift *(Monatliche Unterredungen*, 1969, S. 348 ff.) bediente: die Frage nach einem Buch bzw. Roman, das jemand in der Hand hält. Bedeutsam hingegen ist das Verfahren, mit dem die Verbindlichkeit der Reflexion erreicht wird. Der Advokat Willig, der schlechthin autoritär jeden Wert der Romane bestreitet, wird für den Leser in einer Schilderung Faramonds zuvor moralisch und gesellschaftlich abgewertet; er sei »ein äußerst matter Kopf«, von beschränkter Einsicht und ohne Verständnis für Dinge, die jenseits seines Juristenverstandes lägen. Die Autorität derjenigen, die ihm widersprechen und die Gültigkeit ihrer Aussagen wird durch den Kunstgriff des Figurenwechsels erhöht: nachdem die Argumente ›Minchens‹, einer Schwester Willigs, ohne Wirkung bleiben, übergibt sie das Wort an den »Präsidenten« (i. e. Faramond als Herr von Stein; II, S. 241). Das durch die Figurenperspektive der brieflichen Wiedergabe der Gespräche stärker hervortretende Gefälle zwischen Willig und seinem Widerpart gibt dessen Aussagen genügend Nachdruck und Bedeutung. Mehr als in Sophiens Reise hat in diesem Roman der regieführende (unsichtbare) Erzähler das Wort den Figuren überlassen. Im Geflecht der gegenseitigen Relativierungen entsteht eine genügend tragfähige Basis, von der aus ein verbindlicher Romanbegriff vorgetragen werden kann, ohne daß er besonders auf eine Erzählerebene hin integriert worden wäre.

In J. G. Müllers Roman *Herr Thomas* liegen die Verhältnisse ähnlich wie bei Timme. Das Romangespräch ist Teil eines im Roman zur Gestaltung kommenden Zeitphänomens; jeder dünkt sich ein Schriftsteller, weil er empfindet, und sich in der Liebe als Werther fühlt. Ferdinand Thomas ist Student in Halle und wohnt bei seinem Großvater Bernd. Dieser ist mit der natürlichen Autorität des Alters ausgestattet, und zudem, wie Herr Selten, belesen und erfahren in den schönen Wissenschaften und weiß, wie man »Verstand und Geschmack« ausbildet. Die Nichtswürdigkeit der Vorstellungen Thomas' und die Verbindlichkeit des romantheoretischen Konzepts Bernds ergibt sich zwangsläufig aus der Konstellation des Generationsverhältnisses und der Kritik, die an der Empfindelei und ihren Folgen geübt wird. Der Erzähler ist hier entschiedener Partei als in anderen erwähnten Romanen (s. Bd. II, S. 39 ff., ²1792). Einer besonderen Integration und Einfädelung bedarf es nicht dabei; Gespräche zwischen Großvater und Enkel, zumal wenn beide im gleichen Hause wohnen, und überdies für den Großvater Erinnerungen an die eigene Jugend mitschwingen, ergeben sich von selbst.

In der Untersuchung der Integration und der Verbindlichkeit des Inhalts der Romangespräche ist die Frage der Präsentation der Romantheorie nur gestreift worden. Die Romangespräche im *Teutschen Don Quichotte* und in *Sophiens Reise* sind diesbezüglich weniger interessant, da in ihnen die Gesprächsform noch unbeholfen gehandhabt wird. Die entscheidenden Äußerungen werden von einer (dazu autorisierten) Figur vorgetragen. Das ist in *Faramonds Familiengeschichte* wie in *Herr Thomas* anders. In beiden Fällen entsteht erst im Verlauf des dialogisierenden Gegeneinanders der Meinungen das romantheoretische Konzept. Das Romangespräch hat sich darin entscheidend von der Vorredenreflexion und den ihr verwandten Reflexionsformen entfernt. In der Besonderheit seines Vermittlungsmodus, Romantheorie im Gespräch nahezubringen und dieses Gespräch eng mit dem Romangeschehen zu verknüpfen, besteht das Neue und sein spezifischer Beitrag zur Geschichte der Romanreflexion im 18. Jahrhundert; denn inhaltlich entwickelt es keinen Romanbegriff, der nicht auch in der zeitgenössischen Vorredenreflexion zu finden wäre. Für J. G. Müller ist die Unterhaltung zwischen Großvater Bernd und Thomas einmal wieder eine Gelegenheit, seinen Romanbegriff unter die Leute zu bringen. Was er in den Vorreden zu *Siegfried von Lindenberg, Emmerich* oder in den *Herren von Waldheim* beredt und selbstbewußt zum Roman vortrug, modifiziert er in *Herr Thomas* dahingehend, daß er den Kern der Thesen in die Erörterung der Bedingungen der Romanschriftstellerei verpackt. In seiner Funktion, den den eigenen Roman tragenden Romanbegriff zu entwickeln und theoretisches Regulativ für die Praxis zu sein, entspricht das Romangespräch der Vorredenreflexion. Am Beispiel Timmes soll die Form der Präsentation des Romangesprächs näher beschrieben werden. Zunächst sei kurz der romantheoretische Gehalt umrissen.

Faramond und Minchen argumentieren von der Intention des (pragmatischen) Romans her, um seine Berechtigung als Kunst- und Gebrauchsform nachzuweisen, während Advokat Willig die Rezeption der Romane zur Bestätigung seines Verdammungsurteils heranzieht. Typisiert gesehen, stehen die Apologetiker des pragmatischen Romans den theologischen und pädagogischen Kritikern gegenüber. Für die ersteren ist der Roman »das menschliche Leben im Kompendio« (II, S. 237). Der Begriff Kompendium impliziert eine Vielfalt von Wirklichkeitsdetails und Prinzipien in engem korrelativen Bezug, gedacht als Pendant eines kausalgenetischen Wirklichkeitsverständnisses (vgl. Blankenburg, *Beyträge*), so daß größere

107

Zusammenhänge der fiktiven Welt als Erfahrung in das Leben jeden Lesers übertragbar werden. Der Roman ist ein Paradigma des Lebens, in dem mögliche Konstellationen von zwischenmenschlichen Beziehungen vorgeführt werden. Die Romanlektüre soll dem Leser vor allem negative Erfahrungen ersparen. Sie ist ein Erlebnis ohne Risiko. ». . . der Roman bleibt eine Schule, worinne wir die Welt leichter, in kürzerer Zeit, und ohne Gefahr und Schaden studiren können« (II, S. 240). Der Roman löst die »Moralen und ernsthaften Abhandlungen und Predigten« (II, S. 242) ab, die niemand mehr lesen will; denn die Wahrheit »will in der, in Absicht auf unser Empfindungsvermögen, möglichst vorteilhaften Stellung gezeigt werden« (II. S. 244). Wichtig ist, unter welcher Perspektive, welchem »Sehpunkt« sie vorgestellt wird, und daß sie »anschauend« ist, d. h., daß sie nicht nur den Verstand anspricht, sondern vor allem den Leser bewegt und alle seine »Seelenkräfte zugleich einbezieht, und zu einem positiven Lebenswandel aktiviert. Mit der Romanlektüre ist ein ästhetischer Genuß verbunden, der einmal darin besteht, daß man »die Kunst der Nachahmung« (II, S. 283) bewundert, und zum andern, daß man in der erzählten Wirklichkeit nicht nur Teilaspekten des Lebens begegnet, wie in der tagtäglichen Erfahrung, sondern daß ein Gesamtbild, ein »Gemälde« entworfen wird, das Zusammenhänge aufzeigt und Wirklichkeit verdichtet bringt. – Was die Apologetiker des pragmatischen Romans als Modus der Ähnlichkeit im Wirklichkeitsbezug des Romans bezeichnen, kritisiert der Gegenpart als romanhaft: »sind nicht alle voll von diesen abgeschmackten Possen? fangen sie nicht alle mit Bekantschaften an, fahren mit Liebesintriken, Entführungen, Ungehorsam der Kinder und Verrückung des Gehirns fort, und endigen sich mit Heirat oder Mord?« (II, S. 236). Gerade im Pragmatischen liege die größte Gefahr; denn dasjenige, was den Leser zur Warnung dienen solle, würde von ihnen nachgeahmt, und der Schaden durch den Mißbrauch der Romane sei größer als der Nutzen (II, S. 240).

Der Konflikt zwischen beiden Positionen wird weniger dadurch gelöst, daß der Advokat sich schließlich den Argumenten Faramonds widerwillig beugt, als durch die Art der Präsentation in der Dialogführung. Die Auseinandersetzung erhält einen die Aufmerksamkeit weckenden dramatischen Akzent durch den Streit zwischen Bruder und Schwester Willig. Romantheorie scheint zurückgenommen in den persönlichen Bereich. Sie gibt sich als Meinung eines Charakters. Kurze Sätze und Wendungen rhetorischer Höflichkeit, Ausrufe und rhetorische Fragen übersetzen die emotionale Beteiligung, die Gestik und Mimik des Streits, in Sprache. Der häufige Sprecherwechsel, die schnelle Folge von Argument und Gegenargument unterstreicht die Heftigkeit des Wortwechsels und verhindert ein abstraktes Theoretisieren. Erst nachdem Minchen Willig ihren Part an Faramond abgegeben hat, erst mit dessen Autorität, die ihm als Gast und Außenstehenden zuwächst, wird die personale Perspektive allgemeiner und die Ausführungen gewinnen an Länge. Psychologisch geschickt geht Faramond auf das Vorstellungsvermögen und die Sprachmuster seines Gegenübers ein (»Das ist nur ein angenommener Satz, Herr Advokat Willig«, II, S. 241). Die in der Dialogform beschlossene Möglichkeit der Selbstdarstellung einer Figur entscheidet schließlich über den Wert der Argumente. Willig disqualifiziert sich durch einen »Machtspruch« (II, S. 239). In die Enge getrieben, verläßt er die Argumentationsebene und flüchtet in die Autoritätsposition des Entscheidungen treffenden Bruders. – Im Romangespräch in *Herr Thomas* – dies sei noch ergänzend beigetragen – lassen sich ganz ähnliche Stilzüge nachweisen, wie in dem in *Faramonds Familiengeschichte*. Nur unterstützt der

Erzähler die Wertsetzungen Bernds durch resümierende, parteinehmende Kommentare und durch Schilderung der psychologischen Wirkungen der Ausführungen auf den jungen Thomas. Der Eingriff des Erzählers verkürzt die potentielle Vielfalt eines Dialogs.

Zusammenfassend läßt sich sagen: die Romanreflexion ist im Romangespräch durch die Dialogform auseinandergefaltet, präzisiert und intensiviert und durch die Übertragung in die Verantwortlichkeit einer Figur perspektiviert worden. Statt lehrhaft vorgetragen, wird sie, leichter faßlich, in nachvollziehbare Situationen verpackt. Für sie gilt das gleiche Prinzip, das Faramond für die Wahrheitsvermittlung postuliert: sie soll »anschauend« sein, und nicht vom Verstand allein, »sondern von allen Seelenkräften zugleich eingedrückt werden« (II, S. 244). Die Romanreflexion wird dem Leser in einer Form zugänglich gemacht, die ihm von der täglichen Erfahrung her vertraut ist, und ihm somit leichter Gelegenheit gibt, sich zu identifizieren. Zugleich birgt diese Form die Möglichkeit, ihn nach den Wünschen des Autors zu steuern. Aufgrund dieser Eigenschaften erweist sich das Romangespräch als *die* Reflexionsform des pragmatischen Romans. Sie spiegelt nicht nur inhaltlich seine ästhetischen und gesellschaftlichen Probleme wieder, sondern paßt sich in Wirklichkeitsbezug und Perspektivierung den Darstellungsmodi des pragmatischen Romans an. Dabei scheint eine Verschiebung im Funktionsverhältnis von Romanreflexion und Romanpraxis vorzugehen, die auch für die Entwicklung des Romangesprächs von Neugebauer zu J. G. Müller Gültigkeit hat. Im *Teutschen Don Quichotte* und in *Sophiens Reise* überwiegt die Tendenz der Romanreflexion, regulatives Prinzip für die Romanpraxis zu sein, während in *Faramond* bzw. *Herr Thomas* mehr die ästhetische Erziehung des Lesers im Vordergrund steht. Beide waren von Anfang an in der Romanreflexion angelegt, aber die Akzente sind nun anders gesetzt, worauf die »leserfreundliche« Vermittlungsform des Romangesprächs deutet.

Der Nachweis, daß das Romangespräch *die* Reflexionsform des pragmatischen Romans ist, läßt sich auch negativ führen. Das Romangespräch ist nur in diesem Formtyp nachweisbar. Romane mit besonders zeitkritischem und satirischem Charakter wie Pezzls *Faustin* oder Wezels *Belphegor* oder Schummels *Spitzbart* sind aufgrund ihrer besonderen Intention nicht an dieser Form der Romanreflexion interessiert. Dem empfindsamen Roman ist es nur in geringem Maße um die Vermittlung romantheoretischen Wissens zu tun. Er ist inhaltlich weitgehend auf das Thema der empfindsamen Liebe festgelegt. Den sogenannten philosophischen Romanen wie Bouterweks *Paulus Septimus* oder Nicolais *Geschichte eines dicken Mannes* oder den sogenannten politischen Romanen wie Justis *Psammetichus* oder Hallers *Usong* oder historischen Romanen wie Feßlers *Marc Aurel* oder den Romanen Jung-Stillings und Pestalozzis ist die Gattung zu sehr Vehikel moralischer und philosophischer Ideen und Systeme, als daß sie ihrer poetischen Form besondere Aufmerksamkeit schenkten. Auch die Romane, die man bisher gemeinhin als Trivialromane bezeichnete, die Ritter-, Räuber- und Schauerliteratur eines Schlenkert, Cramer, Schilling oder Grosse lassen sich die ästhetische Erziehung der Leser wenig angelegen sein. Die meisten der erwähnten Romane aber weisen eine neue Form der Reflexion auf, den Erzählerkommentar, der nicht in der Tradition der Vorredenreflexion steht, doch darin dem Romangespräch verwandt, daß der theoretische Gedanke aufs engste mit der erzählten Handlung verbunden ist.

b) Der Erzählerkommentar

Der Erzählerkommentar ist nicht identisch mit dem moralischen Kommentar des Erzählers;[8] er ist vielmehr eine Reflexionsform, die die theoretische Dimension der Romanpraxis unmittelbar im Erzählen aufzeigt. Die Trennung von Erzählung und Kommentar, wie sie im Verhältnis von Vorredenreflexion und Roman gegeben war, ist nahezu aufgehoben. Der Erzählerkommentar wächst unmittelbar aus der erzählten Handlung. Erzählung und die Art und Weise des Erzählens, Romanpraxis und deren theoretische Begründung sind nicht streng geschieden. Der Erzählerkommentar kann sich auf den Erzählvorgang ebenso beziehen (z. B. Schummel, *Empfindsame Reisen;* Hippel, *Lebensläufe;*) wie auf den Erzählenden als empirische Person (Miller, *Burgheim*) oder als künstlerischer Gestalter (Hermes, *Fanny Wilkes;* Blankenburg, *Beyträge*), oder als vorgeblich unbeteiligten Vermittler von Wirklichkeit (Nicolai, *Nothanker;* Hippel, *Lebensläufe*) wie auf den Leser (Schummel, *Empfindsame Reisen;* Blankenburg, *Beyträge;* Schöpfel, *Martin Flachs*). Von den beiden anderen Reflexionsformen, der Vorrede, den theoretischen Anfangskapiteln und dem Romangespräch unterscheidet sich der Erzählerkommentar dadurch, daß er zumeist kurz ist. Durch seinen besonders engen Handlungsbezug kann er jeweils nur theoretische Einzelaspekte der Romanpraxis zur Sprache bringen. Seine Themen sind kaum andere als in den übrigen Reflexionsformen. Aber der Erzählerkommentar hat eine ganz besondere Funktion. Er ist zu sehr konstitutiver Teil des pragmatischen Romans, als daß er ein umfassenderes romantheoretisches Konzept formulieren könnte. Daher ist er weniger programmatisch, weniger theoretisches Regulativ und weniger praxisorientierend, als daß er die Romanpraxis an ›Ort und Stelle‹ erläutert. Er stellt die pädagogische Variante der Romanreflexion im 18. Jahrhundert dar. Er gehört eher in die Geschichte des Erzähler-Leser-Gesprächs, bzw. in eine Erörterung der pragmatischen Romanform als in die Romanreflexion. Dieser Tatbestand erlaubt es nicht, ihn im Rahmen dieser Arbeit mehr als überblicksartig zu behandeln.

Der Erzählerkommentar im Roman nach 1760 ist im Roman der ersten Jahrhunderthälfte vorgeprägt. Auch hier wird beim Erzählen darauf hingewiesen, welche Kunstgriffe mit dieser Tätigkeit verbunden sind. Nur beschränken sich diese Hinweise auf die Gliederung der Geschichte. Ein besonders ausgeprägtes, weil spätes Beispiel bildet Sincerus *Das Leben der schönen Österreicherin* (1747). Der Erzähler entbehrt noch der Konturen, die ihn als einen persönlichen Erzähler erscheinen lassen. Er ist noch ganz Erzählprinzip, das den Handlungsablauf kompositorisch ordnet (»ehe ich ferner hievon rede, muß ich zuvor melden«, S. 37, s. a. S. 74), die Zeitkoordinate achtet (»mittlerweile«, S. 53, 149), dem Geschehen vorausgreift (z. B. S. 21, 59), oder die Erzählung rafft (z. B. S. 21, 63, 79). Als beauftragter ›Nacherzähler‹ (s. Vorrede) einer Lebensgeschichte versucht er die Illusion der Faktizität durch Hinweise auf sein Nichtwissen aufrecht zu erhalten (S. 44, 55, 58, 191). Die zukünftige Vermittlungsfunktion des Erzählers deutet sich in dieser modifizierten Herausgeberfiktion schon an. Der für den Erzählerkommentar konstitutive Leserbezug ist nur schwach ausgebildet. Gelegentlich rekurriert der Erzähler auf ein voraussetzbares Verständnis beim Leser (S. 44, 63). Der Erzähler ist in diesem und ähnlichen Romanen noch nicht viel mehr als ein sich auf Dokumente stützender Berichterstatter, der in seinem Bericht, gleichsam als Lesehilfen kompositorische Akzente setzt.

---

8 Vgl. W. Hahl, Reflexion, 1971.

Zu den im »Roman« und der »Historie« nachweisbaren und vom pragmatischen Roman weitergeführten Funktionen des Erzählers, der Vorausdeutung und des Rückgriffs, der Raffung und der Verknüpfung (vgl. z. B. Hermes, *Fanny Wilkes;* Nicolai, *Sebaldus Nothanker;* Schöpfel, *Martin Flachs*) treten im pragmatischen Roman durch Ausbau der Erzählerebene weitere hinzu. So versucht der Erzähler verschiedene Möglichkeiten des Erzählens sichtbar zu machen und den Roman als Kunstform einzuführen. Auf diese Weise kann er eine Veränderung der Lesehaltung bewirken: aus einem naiven, auf Stoff und Spannung eingestellten Leser wird ein kunstbewußter. Der Erzähler erreicht das nicht nur mit direkten, an den Leser gerichteten, poetologische Probleme betreffenden Aussagen, sondern auch mit Hilfe des fiktiven Repräsentanten des realen Lesers, der mit Fragen und Einwürfen sich am Erzählvorgang beteiligt. Der Anfang von Hermes' Roman *Miß Fanny Wilkes* (1766) läßt sowohl die Integrationsart des Erzählerkommentars wie seine verschiedenen Funktionen erkennen. Nachdem der Erzähler unter Hinweis auf seine Unkenntnis bezüglich des Romanverlaufs den Leser aufgefordert hat »Laßt uns immer allmälig weiter gehen – ein Wort wird ja das andre geben« (S. 8), beginnt er zu erzählen:

> »Fanny Wilkes war aus einem der ältesten Häuser in Schottland, und eine einzige Tochter des Herrn Isaac Wilkes Esq. und Julia Careleß. — So könnte ich ganz füglich die Geschichte anfangen; ich würde alsdenn nichts ungewöhnliches sagen, und den Leser in der Hoffnung bestärken, er werde hier mit der Zeit noch die Nachrichten finden, nach denen er eben itzt gefragt hat. Ich will aber lieber das Sicherste wählen, und von ihrer Geburt noch nichts gewisses sagen, bis sich alles in der Folge entwickelt. Was ich mit Gewißheit sagen kann, ist dieses: ›daß Fanny zuerst in einem sehr artigen Luftschiff auf einem großen See in Schottland erscheint, wo sie ganz allein sitzt, und durch ihr heftiges Weinen die Tochter eines Straßenräubers, ... an das Ufer lockt‹« (²1770, S. 8 f.).

Der Erzählerkommentar unterbricht die Erzählung, um dem Leser zu bedeuten, daß der Roman sich erst im Erzählen entwickle (s. Spaziergangmetapher, II, 1), daß seine Wirklichkeit erzählte, das heißt, vom Erzähler strukturierte und damit fiktive Wirklichkeit ist. Er macht ihn auf die damit verbundene Verpflichtung zur künstlerischen Gestaltung aufmerksam und exemplifiziert ihm dies am Romananfang. Der Erzähler führt zwei Möglichkeiten vor: er beginnt zunächst ab ovo, wie es die »Historie« tat, setzt dann aber erneut in medias res ein und bedient sich damit eines von der Tradition des »Romans« her eingeführten Romananfangs.[8a] Deutlicher noch als an dieser Stelle kommt die neue, bewußt ergriffene Rolle des Erzählers als Vermittler von Welt im folgenden Zitat zum Ausdruck: »Der Leser kann hier das Schrecken des Herrn Handsome sich nicht vorstellen, weil ich noch nichts von dem Verhältniß, in welchem Herr Handsome und Jimmy standen, habe erwähnen können; das soll geschehen, so bald wir mit den Räubern werden fertig seyn« (S. 58).

Dadurch, daß der Erzählerkommentar unmittelbar aus der jeweiligen Romanpraxis entsteht, ist er besser als andere Reflexionsformen geeignet, die Bauelemente des Romans und ihre Funktion vorzuführen. Das war der Vorredenreflexion in diesem Maße nicht möglich. Damit wird in besonderer Weise die Leserforderung erfüllt: »Sie müssen Rechenschaft von Ihrem Thun und Lassen, als Autor, zu geben wissen!« (Blankenburg, *Beyträge*, S. 43) und dem Leser Einblick in die Möglich-

---

8a Vgl. zur Technik des Romanfangs N. Miller, Der empfindsame Erzähler, 1968.

keiten des Erzählens geben, sei es in der Gegenüberstellung von »Roman« und »Geschichte« (*Karl Blumenberg*, 1786, S. 156 f.; Schöpfel, *Martin Flachs*, S. 115 f.), sei es in der Abgrenzung literarisierter Wirklichkeit von empirischer Wirklichkeit (Hastenpflug, *Der Graf und sein Liebchen*, 1792, S. 205 ff.), sei es unter Hinweis auf Formen des Romananfangs oder der chronologischen Ordnung, bzw. Verknüpfung von Handlungsteilen (Schöpfel, *Martin Flachs*, S. 40), sei es in der Behandlung von Figuren (*Blumenberg*, S. 154 f.), die »in der wirklichen Welt« angesiedelt sein sollen. Der Erzählerkommentar kann aber auch zu einem Mittel werden, das den Leser nicht aufklärt, sondern über die Verwendung literarischer Klischees hinwegtäuscht: »Hätten die geneigten Leser an diesem Büchlein bloß einen Alltags-Roman von gewöhnlichem Schrot und Korn, so wäre der Autor mit seinen Lesern hier am Ende der Geschichte. Alles ist bis jetzt den gewöhnlichen Gang menschlicher Dinge gegangen« (Schilling, *Berthold von Urach*, 1789, II, S. 71). Der gewöhnliche Gang der Dinge in Schillings Roman entspricht hingegen so sehr literarischen Handlungsmustern,[9] daß der ausführliche Erzählerkommentar nur aufschiebende, bzw. verschleiernde Wirkung hat. Unter Berufung auf die »wahre Geschichte« wird die Lesererwartung vom happy end schließlich doch bestätigt. Dieser Erzählerkommentar täuscht ein theoretisches Bewußtsein nur vor. Er bringt zwar die Machbarkeit der Handlungsführung zu Bewußtsein, erweitert aber im Grunde das theoretische Bewußtsein des Lesers nicht, da er keine echten Alternativen vorführt, sondern unter Berufung auf die Fakten sich einer Klischees durchbrechenden Handlungsführung begibt.

Schummels *Empfindsame Reisen durch Deutschland* sind durchsetzt von zahlreichen Erzählerkommentaren. Diese stellen sich schon rein quantitativ als gleichberechtigt neben die Fabel. Das erzählende Ich ist »Autor und Kommentator zugleich« (I, S. 148). Das Wie des Vermittelns von Welt, der ständige, durch die Ich-Form begünstigte Verweis auf die Person des Erzählers und die Erzählmodalitäten tritt neben das Was, die story von der Jugend des Erzählers und seiner Reise nach Leipzig und Bautzen. Alle Hauptthemen des Erzählerkommentars sind in diesem Roman ausgeprägt. Die Selbstdarstellung des Erzählers als empirische und künstlerisch tätige Person; die ästhetische Erziehung des Lesers durch Einblick in den Erzählvorgang und der fiktive Leser als Gesprächspartner des Erzählers. Wie bei Hippel ist auch hier der Erzählerkommentar Teil der Romanform, nicht Vorspann und Ankündigung. Wirklichkeit wird in der Brechung der Subjektivität, der »Laune« des Erzählers wiedergegeben. Jede Berührung mit ihr wird sogleich im Innern des Erzählers reflektiert, empfunden, kommentiert und in Erzählung umgesetzt. Zwischen den Begebenheiten und dem Leser wirkt der Erzähler als ›Linse‹. Das Hauptinteresse der imitatio richtet sich auf den Menschen (I, S. 146); der Erzähler als empirische Person gehört dadurch mit zur Objektwelt des Romans. Das Wirken seiner Imagination ist genauso Teil der Wirklichkeit wie seine Reisen. Dadurch werden die Reflexionen auf den Erzählvorgang, die Ausschweifungen der einfallsgeplagten Phantasie, das Unstete des Erzählduktus, bewußte Auslassungen und das Leugnen einer sich selbst motivierenden Handlung zu Beweisstücken unmittelbarer Wirklichkeitsnähe. Wirklichkeit soll transparent werden durch Zertrümmerung der vorgegebenen, bzw. erlebten Wirklichkeit (die Jugend und Reise

---

9 Das Gellertsche Muster: Eine Frau zwischen zwei befreundeten Männern; sie heiratet den einen, der vermutlich im Felde fällt. Der Leser erwartet nun, darauf spielt der Erzähler an, daß der Freund des Ehemanns und die Witwe ›sich kriegen‹.

des Erzählers) im Geiste der phantasievollen Subjektivität, der Willkür und des Spiels. Ein Mittel, diese Fiktion aufrecht zu erhalten, ist die im Erzählerkommentar verkündete eigenwillige Behandlung der Chronologie und der Fakten. »Laßt es seyn, daß hier und dar eine chronologische Lüke, ein Widerspruch, oder sonst etwas da ist: desto besser! desto *menschlicher* ist die Erdichtung – in einem doppelten Verstande – Sind doch in unserm Leben Lüken und Widersprüche die Menge: warum sollen sie nicht in der Beschreibung desselben seyn?« (II, S. 105). Je nach »Laune« (I, S. 186 f.) verschiebt er die Erzählzeit und die erzählte Zeit gegeneinander. Er besäße »große Geschicklichkeit eine Minute in einer Geschichte in eine Stunde zu verwandeln ... von der Geschichte eines Tages ein ganzes Buch zu schreiben« (II, S. 210). Der Leser erhält durch diesen Kommentar einen Unterricht in Sachen Erzähler, der ihm seine Funktion in ihrer Vielfalt und ihrem Perspektivenreichtum nahe bringt. Im dritten Band übernimmt ein Wirt die Erzählung und der Leser lernt nun den Erzähler aus der Sicht eines dritten kennen.

Ein großer Teil der Erzählerkommentare in den *Empfindsamen Reisen* dient der Steuerung der Leserreaktion, indem er diese vorwegnimmt oder suggeriert. Sie seien hier nur kurz behandelt. Zunächst scheint der Leser Gesprächspartner zu sein, der sich mit fiktiven Einwürfen meldet (II, S. 52 f.), denen der Erzähler Rechnung zu tragen scheint. Dann ist der Orientierungspunkt Anlaß nur für gedankliche Eskapaden und Sprachübungen (I, S. 263). Der Leser wird in den Erzählvorgang eingebaut, er wird aufgefordert, das durch seine Vorstellungskraft zu ersetzten, was der Erzähler nicht willens ist, auszuformulieren. »Ich nehme mir nicht die Mühe, sie ausführlich zu beschreiben und eben so wenig nehme ich mir die Mühe, mich zu rechtfertigen, daß ich mir nicht die Mühe nehme, sie ausführlich zu beschreiben ...; denn, wer ein böses Weib kennt(und wer sollte wenigstens nicht eine kennen?) der braucht keine ausführliche Beschreibung ihrer Miene ...« (I, S. 50). An anderer Stelle bietet der Erzähler ihm Interpretationsalternativen an, um das Urteil ihm selbst zu überlassen: »aber das will ich thun – ich will einen ieden denken lassen, was er will« (I, S. 62). – Im Erzählerkommentar, das zeigen gerade die letztgenannten Zitate, können die Grenzen zwischen Romanpraxis und Romanreflexion, zwischen Romanform und theoretischem Kommentar kaum noch festgestellt werden. In ihm manifestiert sich zwar ein theoretisches Bewußtsein, das die bloße Handlungsebene abstrahierend übersteigt; aber er ist anders als die Vorrede in das Romangeschehen integriert. Er ist unablösbarer Teil der pragmatischen Romanform und erweitert als solcher die formalen, wirklichkeitseinholenden Darstellungsmittel des Romans.[9a]

An einem letzten Beispiel, Blankenburgs *Beyträge*, sei der enge Zusammenhang von pragmatischer Romanform und Erzählerkommentar verdeutlicht. Er wird hier greifbar in der engen Verknüpfung von moralischem und ästhetischem Kommentar. Mit dem Roman wird dem Leser ein Kompendium des Lebens in die Hand gegeben, das ihn Verstehen und Einsicht in die Zusammenhänge des Lebens lehrt. »Rechenschaft von unsern Bewegungen und Handlungen, von den Ursachen ihrer Langsamkeit oder Geschwindigkeit, von dem Warum das Darum geben zu wissen, ist eine große, wichtige Wissenschaft ... Und diese Wissenschaft an andern abstrahiren; sie in den Werken der Dichter, wo sie zu studiren ist ... aufsuchen können: dieses wollt' ich gern meine Leser – mit einem Wort *denken* möcht' ich sie gern

---

9a Zu Schummel vgl. die Interpretation von P. Michelsen, Laurence Sterne, 1962, S. 117–140.

lehren. Ich wollte sie gern aufmerksam auf sich selbst – gern mehr mit sich selbst und mit ihrem Innern bekannter machen« (S. 44). Die Vorgänge in der Welt werden kausalgenetisch determiniert gesehen. Jedes einzelne Moment hat seinen unverwechselbaren Ort und mit der »Kenntniß des menschlichen Herzens« (S. 46, 63), die der Leser lernen soll, verfügt er über die Kenntnis der Welt. »Ein Zahn weniger oder mehr würde eine große Veränderung in dem ganzen Räderwerk hervorgebracht, [den Helden] zu ganz was anders gemacht haben, als er geworden ist« (Wagner, *Sebastian Sillig*, 1776, S. 66). Aus einer Begebenheit, aus der Prophezeihung der Zigeunerin, daß die Frau des Ritters innerhalb eines Jahres einen Erben haben würde, entwickelte sich der Blankenburgsche Roman. Nicht der Erzähler stiftet die Zusammenhänge, sie ergeben sich vielmehr aus der inneren Verfassung der Personen. »Wir haben es uns vorgenommen, den Lauf unsrer Welt, so viel als möglich, nach dem Lauf der wirklichen Welt zu ordnen. Am Ende, beim Ausgang, findt' es sich. Da ist Licht und Zusammenhang!« (*Beyträge*, S. 72). Daß der Leser die Zusammenhänge erkennt und das Licht nicht übersieht, dazu verhilft ihm der Erzählerkommentar. Indem er ihm aber moralische Einsicht vermittelt, belehrt er ihn gleichzeitig über den Kunstcharakter des Romans. Der Roman ist nicht schlicht Abdruck der Wirklichkeit, sondern Kunstrealität, und der ästhetische Genuß entsteht durch eine im Leben vermißte Totalität oder nicht immer einsichtige Beziehung der Teile aufeinander. Folgendes Erzähler-Leser-Gespräch exemplifiziert die beiden Funktionen des Erzählerkommentars im pragmatischen Roman:

»So haben sie ihn ja umsonst den Weg machen lassen?«
»Kann seyn! Was kann ich dafür, daß Christian den Appetit verliert ins Haus zu gehn, und den alten Herrn zu sprechen? Das weiß ich, daß die Sache sehr natürlich zugeht; und bey einem Christian so zugehn muß, – wenn das aufgeschwollene Herz nieder sinkt.
»Das begreifen wir nicht!«
»Kann auch seyn! Belieben Sie aber nur diesesmal ein wenig selbst nachzudenken; ich habe nicht Zeit, es für Sie zu thun? Christian geht mir sonst davon.
»Aber wenn er denn doch ins Haus herein soll . . .
»Lassen Sie mich doch! Sie werden schon sehen, daß dies Bedenken und Besinnen auch seinen Nutzen, – und seine Nothwendigkeit fürs Ganze haben wird, und daß, weils nun einmal nicht anders kommen kann, es auch nicht anders kommen durfte. Es ist ja unsre Verabredung, daß ich das, was der Natur und Wahrheit gemäß, erfolgt, zum nothwendigen Stück des Ganzen machen soll« (*Beyträge*, S. 34).

III. Zentrale Themen der Romanreflexion zwischen 1760 und 1790

1. Original und Nachahmung

In der in den vorausgegangenen Kapiteln gegebenen Formanalyse der Romanreflexion, in dem Nachweis, wie sich die Vorredenreflexion entwickelte, sich dem Wandel des Romanbegriffs anglich und neue Reflexionsformen entstanden, sind

zahlreiche Themen der Romanreflexion mitbehandelt und vor allem der Gattungsbegriff des pragmatischen Romans erläutert worden, ohne den die besonderen
Ausprägungen der Romanreflexion im Roman unverständlich bleiben. Im folgenden sei ein zusammenfassender und ergänzender Bericht über drei zentrale Themen
der Romanreflexion zwischen 1750 und 1790 gegeben: die Bemühung um einen
»deutschen Originalroman« in der Thematik von Original und Nachahmung; das
Wirklichkeitsverhältnis und das Fiktionsbewußtsein des »Originalromans« als des
pragmatischen Romans; die Behandlung der Figuren, da der pragmatische Roman
vor allem Charaktere schildern wollte.

Die bis dahin in der Romanreflexion unbekannte Thematik hat sowohl inner-
wie außerliterarische Ursachen. Mit der Reflexion auf den Wert und die Resonanz
ihrer literarischen Tätigkeit versuchen die Romanschreiber der sie verunsichernden
Popularität englischer und französischer Romane zu begegnen. Sie sehen sich gleichzeitig den Forderungen der Literaturkritiker ausgesetzt, die die deutschen mit den
ausländischen Romanen vergleichen und dabei die Unfähigkeit der deutschen Autoren bemängeln. Die Rezensenten glauben aber an die Möglichkeit eines deutschen
Originalromans, der mehr ist als eine bloße Nachahmung ausländischer Vorbilder.

> »Das Romanschreiben ist noch nicht der Deutschen Sache. Sie behelfen sich noch immer
> mit auswärtigem Gute, und unsere Handarbeiter sind auch sehr geschäftig, ihr küm-
> merliches Tagelohn zu erwerben, und alles, was der geschwätzige Gallier und der
> schwärmende Brite nur auszuhecken vermag, zum Nutzen der Buchhändler, und zur
> Verderbung oder zum Ekel des Geschmacks der Leser zu übersetzen. Wer es wagt,
> einen deutschen Roman zu schreiben, hat entweder nicht Erfindung genug, und seine
> Erzählung wird langweilig; oder es fehlt ihm an feinem Geschmack, und seine Ge-
> danken und Situationen sind gemein; oder er versteht die Kunst zu zeichnen nicht,
> kennt die Welt und das menschliche Herz nicht, und seine Geschichte ist ohne Cha-
> rakter und ohne Sitten... Der eigenthümliche Charakter unserer Nation und die
> daraus fließenden Sitten würden viel Stoff zu Romanen geben.«[10]

Sicherlich haben die Bevorzugung von englischen und französischen Romanen durch
die Leser wie die Forderungen nach dem deutschen Originalroman seitens der
Literaturkritik letztlich den Anstoß zur Nachahmungsdiskussion gegeben. Aber die
Autoren hätten vermutlich in ihren Romanreflexionen weiter monologisiert, wenn
nicht die Bedingungen eingetreten wären, die es ihnen erst möglich machten, auf
eine Veränderung im Leserinteresse zu achten. Französische wie englische Romane
wurden nämlich schon früher rezipiert: Seit Mitte der 30er Jahre steigt die Kurve
der französischen Übersetzungen, seit Mitte der 40er die der englischen steil an
(vgl. Spiegel, Publikum, S. 27, 29). Troeltschs Leseliste (s. Vorrede zum *Fränkischen
Robinson,* 1751) nennt bis auf wenige Ausnahmen Übersetzungen der Werke
d'Arnauds, Jourdans, Marivaux', Mouchys und Prévosts neben den älteren Schriftstellern d'Aulnoy, Scudéry und Lesage. Sulzer urteilt 1747 in einem Brief an
Bodmer über die Lektüre der Berliner: »Das gemeine Publikum liest wenig, und
von dem, was er liest, sind 7/8 französische Dinge...« (Schöffler, *Das literarische
Zürich,* S. 107). Das Problem des Verhältnisses von Original und Nachahmung im
Roman hat sich gleichwohl nicht in der Romanreflexion der 40er Jahre gestellt.
Erst durch ein neues Geschichts- und Formbewußtsein der Romanautoren wurde
man sich eines Problems bewußt, das sich aus der Diskussion zwischen »Roman«

---

10 Rezension von *Cecilia oder die gottlose Tochter* (Leipzig 1764), in: Allgem. dt. Bibliothek, 1766, I, 2, S. 228; vgl. auch: 58. Literaturbrief, 1759, S. 207 u. 209.

und »Historie« um den Anspruch, *den* deutschen Roman zu repräsentieren, entwickelte.

Einen Teil der Diskussion um Original und Nachahmung nimmt die Erwiderung der Rezensentenurteile ein, die nicht abwägten, wie weit man die englischen und französischen Romane nachahmen könne, ohne den Originalitätsanspruch aufzugeben. Gegen diese bloß vergleichende Beurteilung dem äußern Anschein nach wehren sich die Autoren.[11] Wezel z. B. verwahrt sich in der Vorrede zu *Tobias Knaut* (1773) gegen den Vorwurf »bey dem ersten Anblicke für einen von den Nachtretern des Tristram Shandy« angesehen zu werden (S. XIII). Dem »vergleichenden Ton der Beurtheilung« (S. XV) bei Lesern und Rezensenten setzt er die Maxime entgegen, die jeder Kritik zugrunde liegen solle, den Verfasser ausschließlich nach seinen eigenen Absichten zu beurteilen. Dennoch scheint Wezel im Blick auf zukünftige Kritiker es für ungenügend anzusehen, zur Absicherung seines Originalitätsanspruches nur die mit dem Roman verbundenen Intentionen vorzutragen. Zur Verschleierung seiner Sterne-Nachfolge greift er zu einem konventionellen, dem exordium entstammenden Mittel: Er erzählt die Entstehungsgeschichte seines Romans (vgl. *Amerikanischer Freibeuter*, 1743), in der die Lektüre des Tristram Shandy eine den eigenen Trieb zur Schriftstellerei auslösende Rolle spielt.

Anders als sein Zeitgenosse Hermes findet Wezel nicht zu einer präzisen Abgrenzung von Original und Nachahmung. Das Romangespräch in *Sophiens Reise* (³1776, S. 116–127) wird durchgängig bestimmt von dieser Thematik. Das gesprächsweise entwickelte Romanmodell ist als ein Vorschlag, deutscher Originalroman zu sein, gekennzeichnet. »Aber was fordern Sie denn von dem Deutschen, der einmal Original werden wird... 'Ich würde zum Beispiel, um Original zu werden, einen Versuch machen'« (S. 120). Der Originalbegriff, das zeigt sich schon hier, ist nicht identisch mit dem des Sturm und Drang, der von Young (Conjectures on original composition) entwickelt wurde. Original meint bei Hermes nicht die Einsamkeit einer Schöpfertat, nicht das Imaginative, Spontane, Einzigartige und Unwiederholbare. Der Originalroman ist konzipiert als Versuch, der den korrigierenden Kontakt mit der Kritik und der Leserschaft sucht. Er erklärt sich als ein Entwurf, der nach dem herrschenden Geschmack modifizierbar ist. Der elitären Haltung des Genies (s. Bouterwek) wird die Zusammenarbeit zwischen Leserschaft und Autor entgegengesetzt. Originalität ist für Hermes machbar. Orientierungslinie ist neben dem kritischen, geschmacksbewußten Leser die Gattungstradition. Auf die Frage, was zu einem deutschen Originalroman gehöre, wird geantwortet: »Ich kann Ihnen in Wahrheit nicht bestimt antworten, da die Beurtheilungen der schwedischen Gräfin nicht mehr so in allen Händen sind, daß man nachsehn könte, was die Kunstrichter damals noch forderten« (S. 120). Aktuellerer Orientierungspunkt als Gellert (vgl. den Verriß in Mauvillen-Unzer, *Briefwechsel*) sind die Romane Richardsons und Fieldings. Im Blick auf sie wird der Originalbegriff gegenüber der Nachahmung präzisiert. »Aber nicht alle sind Nachahmer, die es zu seyn scheinen. Ists nicht ganz erlaubt, die Seiten vorzustellen, die schon Andre aufgedeckt haben? nur mus man ihnen freilich einen andern Tag geben... Ists zum Beispiel Nachahmung, wenn ich einen Zweikampf einfüre. – Ja, das hat Richardson schon gethan! – davon ist nicht die Rede. Die Spanier hatten es längst vor dem grosen Richardson gethan...« (S. 119). Der, der Original sein will, kann durchaus

---

11 Vgl. die von Hermes zitierten Rezensenten in der Vorrede zur 2. Auflage der *Miß Fanny Wilkes* (1770).

auf literarische Motive zurückgreifen. Originalität ist nicht identisch mit stofflicher Neuheit. Wichtig ist nur der neue Zusammenhang, in den das Motiv gestellt wird. Zweikampf bei den Spaniern war ritterliches Turnier, bei Richardson hingegen Duell. Der Stellenwert innerhalb einer Handlung, die veränderten Konnotationen geben dem Überkommenen Originalitätswert. Das bestätigt sich auch hinsichtlich der Charaktere, dem zentralen Darstellungsproblem des pragmatischen Romans. »Ich glaube also dem das Original nicht absprechen zu können, der Charactere schildert, welche schon andre gezeichnet haben: denn ist die Natur nicht allenthalben dieselbe? Nur fordre ich, daß er diese Charactere durchaus in eine andre Lage sezen mus, als die war, in welcher er sie fand.« (S. 119 f.). Während bis dahin im Gespräch das Verhältnis des Originals zu seinem Vorbild erörtert wurde, kommt gegen Ende auch die Rede auf die Nachahmer, die »Troßbuben« genannt werden. An dieser Stelle wird deutlich, wie sehr die theoretischen Gedanken von der aktuellen Romanpraxis[12] und vor allem von Hermes' eigenem Werk geprägt sind. Die Ausführungen verlassen schließlich die sachliche Argumentation und geraten ins Polemische, was den Gesprächspartnern auch bewußt wird. »Wir schelten so, weil Troßbuben unter den Schriftstellern haben nachahmen wollen und noch nachahmen (Ja dachte ich, woran soll aber so ein armer Sünder wissen, ob er ein Troßbube ist)«. Der Kommentar Sophies ist berechtigt, denn alles was Selten Kennzeichnendes über Troßbuben zu sagen weiß, ist, daß Entlehnungen von äußeren Merkmalen den Vorwurf der Nachahmung verdienen – mit einer kaum gerechtfertigten Ausnahme, der Fieldingschen Kapitelüberschriften.[13]

Hermes stellt sich in diesem Romangespräch auf den Standpunkt, daß Nachahmung Bedingung von Originalität sei, und diese im Roman nichts anderes, als die Modifikation traditioneller Formen. Die Vorwürfe der Kritiker treffen ihn nicht. »Einige unter Ihnen scheinen nicht abgeneigt zu seyn, mich unter die Nachahmer zu setzen. Da Sie glauben, daß Richardson und Fielding meine Muster sind: so beleidigen Sie mich nicht, und ich sehe Ihr Urtheil als ein Compliment für meinen Geschmack an.« (*Fanny Wilkes,* Vorwort zur 2. Aufl., 1770).

Die Nachahmung literarischer Vorbilder hat eine wohlangesehene Tradition. Noch in den 50er Jahren berief man sich auf die normative Form der Barockromane und verblieb damit ganz in der seit Horaz keineswegs als anrüchig empfundenen Übung, andere Autoren zum Muster zu nehmen. Den Begriff Original als Wertkriterium gab es in dem sich im Sturm und Drang ausbildenden Sinn bis dahin nicht. Schummel (vgl. auch Sattler, *Friederike,* 1774) beruft sich auf diese Tradition der Orientierung an klassischen bzw. angesehenen Vorbildern, wenn er seine *Empfindsamen Reisen,* (1771, S. 316) als Sterne-Nachahmung rechtfertigt: »Ich stelle mir einen Nachahmer als einen Menschen vor, der ein Licht in der Hand hat und hingeht, es bei einem andern anzustecken ... Findet ihr wohl den Menschen deswegen tadelnswürdig, daß er sein Licht an einem schon brennenden Lichte anstekte, so meint Ihr, er hätte besser gethan, wenn er sein Licht garnicht angestekt hätte?« (S. 6).

---

12 Lichtenberg beschreibt sie satirisch »Mich dünkt, der Deutsche hat seine Stärke vorzüglich in Originalwerken, worin ihm schon ein sonderbarer Kopf vorgearbeitet hat; oder mit andern Worten: er besitzt die Kunst durch Nachahmung Original zu werden in der größten Vollkommenheit. Er besitzt eine Empfindlichkeit, angelegentlich die Formen zu erhaschen ...« (Verm. Schriften, I, S. 255, Göttingen 1844).
13 Hermes hatte sie in der *Fanny Wilkes* übernommen.

Nur wenige Romanautoren haben so präzise Vorstellungen von Original und Nachahmung wie Hermes. In ihrem Protest gegen den Vorwurf der Nachahmung negieren sie nur, was andere behaupteten, ohne eine theoretische Basis für den eigenen Anspruch, Original zu sein, auszubilden. Geschickt macht sich Wieland in der werbenden Verteidigung des von ihm herausgegebenen *Fräulein von Sternheim* die Unsicherheit darüber, was denn als deutscher Originalroman angesehen werden kann, zunutze. »Ebenso gewiß ist es, daß unsre Nation noch weit entfernt ist, an Originalwerken dieser Art, welche zugleich unterhalten und geschickt sind, die Liebe der Tugend zu befördern, Überfluß zu haben.« Der neue Ton dieses Romans, wiege seiner Meinung nach alle Mängel eines nicht nach den Regeln der Kunst geschriebenen Werks auf. – Mit der Etablierung von deutschen Vorbildern – wie etwa Hermes' *Sophiens Reise* (s. Seybold, *Reitzenstein;* Miller, *Burgheim* I, 32) – verliert sich die Nachahmungsdiskussion. Sie hatte ihre initiierende Funktion erfüllt. Der deutsche Originalroman war etabliert und damit stellte sich das Problem der Nachahmung ausländischer Vorbilder nicht mehr. Die deutsche Romantheorie wird in dem Sinne national, daß, anders als zuvor, französische oder englische Romantheorie nicht mehr einbezogen oder als Autorität angerufen wird. Die Nachahmungsdiskussion ist zugleich der Beginn einer Entwicklung, in der zunehmend ein nationalbewußtes Bürgertum zum Roman als der Gattung findet, die seine Welt- und Wertvorstellungen wiedergibt.

2. Wirklichkeitsbezug des pragmatischen und klassisch-romantischen Romans

In der Romanreflexion des »Romans« galt die moralisch-didaktische Intention als das oberste Gestaltungsprinzip, das auch das Wirklichkeitsverhältnis der Gattung mitbestimmte. Die den Begebenheiten zugrunde liegenden moralischen Maximen gewährleisteten den Wirklichkeitsgehalt. Dabei war es unerheblich, ob der Stoff erfunden war oder nicht. Der »Historie« genügte eine aus moralischen Prämissen deduzierte Wirklichkeit nicht. Sie erhob die Authentizität des Textes zum obersten Grundsatz einer Poetik des Romans. Sie forderte theoretisch die absolute Faktizität der Erzählung und realisierte sie in der Praxis mit den Mitteln der Wirklichkeitsillusion, die denen des mimetisch ausgerichteten Romans gleichen (vgl. *Seltsamer Avanturier,* s. u., S. 199 ff.). Der pragmatische Roman folgt insofern der »Historie«, als auch er die erzählte Wirklichkeit möglichst nah an die empirische herangerückt wissen will – wenngleich unter einer den Roman verändernden Voraussetzung. Der Roman soll Kunstwerk sein, das in poetischen Strukturen Wirklichkeit abbildet. Das in der ersten Jahrhunderthälfte in der Romanreflexion so häufig diskutierte Problem der Verbindung von erfundenem mit historisch wahrem Stoff stellt sich nicht mehr. Der Roman soll potentielle, für den Leser jederzeit vollziehbare Wirklichkeit schildern; seine mimetische Qualität soll mit künstlerischen Mitteln erreicht werden. Er erhält einen anderen Wirklichkeitsmodus, der sich grundsätzlich von dem der ontischen Wirklichkeit unterscheidet.

Dieser Umdenkungsprozeß vollzieht sich nur allmählich in den 50er und 60er Jahren. Für Neugebauer, den Verfasser des *Teutschen Don Quichotte* (1753) ist die erzählte Wirklichkeit wahrscheinliche Wirklichkeit. Der zwölf Jahre später schreibende Autor der *Verhängnisse eines Leipziger Studenten* jedoch bleibt den alten

Vorstellungen verhaftet, wenn er die poetische Einrichtung des Romans von dem erfundenen, bzw. faktisch wahren Stoff abhängig macht. »Sind die Dinge, welche erzählt werden, wirklich geschehen, müssen sie nicht alltäglich, sonst machen sie keinen Eindruck noch Aergerlich seyn... Sind die Begebenheiten erdichtet, so müssen sie der Ehre der Vernunft und des Wohlstandes, überhaupt aber der Verherrlichung der ewigen Vorsehung... keinen Abbruch thun...« (S. 5). Noch fünfzehn Jahre später versteht Kindleben in seiner Romandefinition (s. o. S. 96) unter Fiktion des Romans den Inhaltsmodus, wie 60 Jahre früher. Meist haben Autoren, die mit dem Roman betont einen didaktischen, sittenverbessernden Zweck verfolgen, sich vom alten Fiktionsbegriff noch nicht lösen können. Für sie ist – wie bei Knigge – die Überzeugungskraft der Erzählung bedingt an die Faktizität gebunden. »Die Züge dazu sind freilich aus der wirklichen Welt entlehnt, aber die Zusammensetzung ist mein eigenes Werk, doch kann es gar leicht seyn, daß irgendwo Menschen leben, denen meine Gemälde vollkommen gleichen. (Knigge, *Ludwig Seelberg*, 1787, S. XIV).

Schummel, Wezel *(Tobias Knaut)*, Hermes oder Blankenburg bringen dem Leser den neuen Fiktionsbegriff unter dem Aspekt des wirklichkeitsvermittelnden Erzählers nahe. Hermes illustriert dies im Bild des Feuerwerkers (*Fanny Wilkes*, 2. Buch, 1. Kap.), der aus scheinbar ungeeigneten Realitätspartikeln ein »Kunstfeuer« und »angenehmes Ganzes« baut. Wezel bedient sich des Bildes eines Spaziergangs von Erzähler und Leser, um anschaulich zu machen, daß erst das erzählerische Vorgehen die Fiktion aufbaut. Nicht die Faktizität des Stoffes, sondern die die Wirklichkeit nachahmende Erzählweise verbürgt den Wahrheitsgehalt des Romans. »Auf diesem Wege, müssen meine Leser denken, fände sich eine treuherzige, ehrliche Menschenfigur zu ihnen... auf der rechten Seite des Gesichts voller Simplicität und Gutherzigkeit und auf der linken voller tückischen Schalkhaftigkeit... bald erzählte er unter veränderten Namen ihnen ihre eigne Geschichte; bald ließ er ein Paar Anmerkungen aus seiner Studierstube mit unter fallen, und was er allenfalls weiter noch thun könnte; und dieser Gesellschafter, der neben ihnen herschlendert, ist niemand – als der Herr Autor.« (*Tobias Knaut*, S. XVIIf.). Der Erzähler ist jedoch kein unbeteiligtes Medium zwischen Wirklichkeit und Leser, sondern er vermittelt Wirklichkeit aus seiner deutlich markierten Perspektive. Erzählte Wirklichkeit ist im pragmatischen Roman stets beurteilte, in Lehrsituationen verwandelte Wirklichkeit (s. Blankenburg, *Beyträge*, S. 129), geprägt von einem individuellen Bewußtsein, das sich jedoch allgemeinen bürgerlich-sittlichen Normen verpflichtet fühlt. Zwar sollen Welt und Menschen gezeigt werden »wie sie sind« (Timme); gemeint ist damit aber eine Wirklichkeitsnachahmung aus einem »Sehpunkt« (Timme) heraus, damit der Leser den rechten Blickwinkel gewinnen kann (Hermes, *Fanny Wilkes* 2. Buch, 1. Kap.). Blankenburg veranschaulicht diesen Fiktionsbegriff im Bild des »Guckkastens«; in ihm will er »allerhand scheußliche Dinge«, »häßliche Vorurtheile; entehrende Mißbräuche; lächerliche Gewohnheiten, widerliche Gestalten« »illuminiren, mit dem besten Oelpapier unterziehen, und hinten so viel Lichter aufstecken... daß man sie hoffentlich ganz deutlich erkennen soll...« (Vorrede zu *Beyträge*, 1775); denn der »Guckkasten wird euch den Vortheil verschaffen, daß ihr die Figuren vergrößert, nach Maaß und Umständen verschönert und in ein heller Licht gesetzt findet«. Die erzieherische Intention, die Blankenburg mit seinem Roman verfolgt, wird im Unterschied zum Roman vor 1760 etwa, erzählerisch durch eine Perspektivierung der Figuren und des Geschehens erreicht. Dieses nicht näher bezeichnete Maß subjektiver Verzerrung soll dem Alltäglichen und Vertrauten[14] eine interessante Seite abgewinnen.[15] Wie weit sich der Roman von der Wirklichkeit entfernen darf, welchen Grad der Ähnlichkeit man ihm in der Naturnachahmung zugesteht, wird in den Vorreden, Romangesprächen und Erzählerkommentaren nicht reflektiert. Das überläßt man zunehmend den Poetiken und Zeitschriften; denn dem Leser gegenüber genügt es, zu versichern, daß man Erfahrungswirklichkeit darstellen will. Wirklich und natürlich wird ganz allgemein mit alltäglich gleichgesetzt (s. J. G. Müllers Romanvorreden). Dabei kann die Wahrscheinlichkeit zum Problem der Stoffwahl werden. Der sogenannte empfindsame Roman sieht sich den Vorwürfen ausgesetzt, er würde die Liebe zu sehr in dem Mittelpunkt rücken. Miller wie Bretschneider (s. *Ferdinand v. Thon*, 1775, Bd. 1, S. 79) verteidigen sich mit dem Hinweis, Liebe sei eine der zentralen Leidenschaften des Menschen. »Soll und darf man also in einem Roman, der ein Bild des menschlichen Lebens und Geschichte eines größern und kleinern Theils des menschlichen Herzens seyn soll, nichts von dieser Leidenschaft sagen?« (Miller, *Burgheim*, 1778, Bd. 1, S. 12). Ziel des pragmatischen Romans ist es, daß der Leser sich und seine Erfahrungswelt wiedererkennt. »Wenn es mir glückt, ihnen ein Gemählde aufzustellen, in dem sie sich selbst, ihre Freunde, Nachbarn, Verwandte, und Bekannte beyderley Geschlechts entweder erkennen, oder doch einige Aehnlichkeit bemerken, so will ich stolzer darauf seyn.« (Wagner, *Sebastian Sillig*, 1776, S. 8; s. a. Blankenburg, *Beyträge*, S. 44). Und bei Westphal heißt es (Vorrede zu *Wilhelm Edelwald*, 1780). »Alles übrigens hübsch aus der Welt die unter dem Monde liegt; so daß man bey jedem Charakter den man aufstellt . . . sagen kann: hierzu habe ich das Original gekannt.« Die erzählte Wirklichkeit ist so beschaffen, daß sie bei ausländischen Romanen über fremde Länder und Sitten belehren kann (Hermes, *Sophiens Reise*, ³1776, S. 118). Sie ist pragmatische Wirklichkeit, wie im Zusammenhang mit dem Romangespräch mit Timmes *Faramond* (s. o. S. 106 ff.) näher beschrieben wurde. Als Surrogat des Lebens stellt sie eine Art Ersatzerfahrung für den Leser dar. »Freilich Rechnen und Schulfüchsereien lernt er nicht daraus, aber Welt- und Menschenkentnis . . . Er lernt daraus die verschiedenen Karakter der Menschen uner allen ihren verschiedenen Masken kennen, damit er nicht wie ein neugebornes Kind in die Welt kömt . . . Er lernt Lebensart und Sitten der grosen Welt kennen, noch ehe er selbst hineintrit.« (Timme, *Mauritius Pankratius*, Bd. II, S. 5) – Wie die Wirklichkeit in Fiktion umgesetzt wird, wie die Naturnachahmung sich in der Struktur des Romans realisiert, ist von dem jeweiligen Wirklichkeitsbegriff des Autors bedingt. Wezel wie Nicolai wollen die Begebenheiten so einrichten, wie sie den natürlichen entsprechen. »Mein Plan sollte dem Plane der wirklichen Begebenheiten ähnlich seyn; alles ohne Ordnung scheinen, und nichts ohne Endzweck seyn« (*Tobias Knaut*, S. XVI; ähnlich Blankenburg, *Beyträge*, S. 72). Nicolai jedoch erzählt chronologisch; Wezel mit vielen langen Abschweifungen. Anders motiviert setzen sich hier die beiden Kompositionsformen des »Romans« und der »Historie« fort.

Um 1780 herum wird der Wirklichkeitsbegriff des pragmatischen Romans allmählich in der Romanreflexion von einem andern abgelöst. Der Roman sucht nicht

---

14 »Wissen Sie, nicht alle die Kupferstiche, die ich Ihnen in meinem Guckkasten aufzustekken gedenke, können sie auch vorher schlechtweg auf meinem Tische liegen sehen.«
15 Nur die perspektivische Wirklichkeitssicht des Erzählers ist Gegenstand der Romanreflexion, denn im pragmatischen Roman vereinigt sie letztlich die der Figuren. Dies wird besonders deutlich vorgeführt in Romanen der Cervantes-Rezeption und jenen, die wie Wezels *Wilhelmine Arend* Kritik am empfindsamen Roman üben.

mehr den unmittelbaren Rückbezug auf die Wirklichkeit, sondern gibt sich als »Realisierung eines in sich einstimmigen Kontextes« (Blumenberg, *Wirklichkeitsbegriff und Möglichkeit des Romans*, S. 12). Das Naturwahre wird durch das poetisch Wahre ersetzt. Wezel entwickelt in seiner Vorrede zu *Herrmann und Ulrike* (1780), vermutlich als einer der ersten, das neue Wirklichkeitsverhältnis der Gattung, indem er sich von dem des pragmatischen Romans absetzt.

> »Je höher der Dichter dieses Wunderbare treibt, je mehr verliert er an der Wahrscheinlichkeit bei denjenigen Lesern, die das nur wahrscheinlich finden, was in dem Kreise ihrer Erfahrung am häufigsten geschehen ist: aber dies ist eine falsche Beurteilung der poetischen Wahrscheinlichkeit, die allein in der Hinlänglichkeit der Ursachen zu den Wirkungen besteht. Der Dichter schildert das Ungewöhnliche ... und dies Ungewöhnliche wird poetisch wahrscheinlich, wenn die Leidenschaften durch hinlänglich starke Ursachen zu einem solchen Grade angespannt werden, wenn die vorhergehende Begebenheit hinlänglich stark ist, die folgende hervorzubringen, oder die Summe aller hinlänglich stark ist, den Zweck zu bewirken, auf welchen sie gerichtet sind« (cit. nach der Maassenschen Ausgabe 1919)

Der Romanautor schafft eine neue, eine poetische Wirklichkeit, ein seinen eigenen Gesetzen folgendes ästhetisches Ganzes, dessen Verhältnis zur Empirie vermittelter geworden ist. Wezel bricht in *Herrmann und Ulrike* mit der Nachahmungspoetik und formuliert das Wirklichkeitsverhältnis des klassisch-romantischen Romans. Hier bahnt sich der Gegensatz von Natur und Kunst an, den Goethe später in den *Propyläen* wie folgt bestimmt: »Die Kunst übernimmt nicht, mit der Natur und ihrer Breite zu wetteifern, sie hält sich an die Oberfläche der natürlichen Erscheinungen, aber sie hat ihre eigene Tiefe, ihre eigene Gewalt.« Strukturell gesehen, wird die Wirklichkeit im Roman von der »Historie« an über den pragmatischen Roman bis hin zum klassisch-romantischen Roman stets durch das Prinzip des motivierenden Erzählens hergestellt. Die Autoren der »Historie« und des pragmatischen Romans sahen in ihm einen Verknüpfungsmodus, der den Gesetzen, die Realität strukturieren, entsprach, während es im klassisch-romantischen Roman als Kunstmittel innerhalb der Eigengesetzlichkeit des Kunstwerks aufgefaßt wird. – Begründet wird die Motivation im Charakter der jeweiligen Romanfigur als prima causa der Motiavationskette der Handlungen. Ein wesentlicher Bestandteil der Wirklichkeitsdarstellung im pragmatischen Roman ist daher die Figurencharakteristik.

3. Charakterdarstellung und pragmatischer Roman

Die autobiographische Struktur der »Historie« schaffte mit die Voraussetzungen dafür, daß sich die Gattung von einer durch moralische Ideen zusammengehaltene Begebenheitenreihung zur Charakterdarstellung wandelte. In ihr war die Verknüpfung von Handlung und Charakter ansatzweise vorgeprägt. Was aber eher eine zufällige Folge der Forderung nach Faktizität war, wird im pragmatischen Roman bewußt zum Stilprinzip erhoben. Der Roman soll nicht mehr ein »Chaos von verschlungenen, gehäuften, unwahrscheinlichen Begebenheiten« sein (Wezel, Vorrede zu *Herrmann und Ulrike*), sondern »den Menschen und seine Leidenschaften zum Original haben« (*Teutscher Don Quichotte*, S. 264). Die Charaktereigenschaften der dargestellten Personen werden zum movens der Romanhandlung und ihre ›inneren Zustände‹ zunehmend zentrales Thema der Gattung. In beiden Momenten liegt die deutliche Abkehr vom Handlungsroman. Musäus setzt seinem

Grandison II statt eines Inhaltsabrisses, wie es etwa Walther vor *Weltliebe* (1725) tut, ein Charakterbild der Romanfiguren in der Art einer ›Regieanweisung‹ voran. Den Gegensatz zwischen altem und neuem Romanbegriff formuliert Knigge, wenn er einem Rezensenten beipflichtet, daß er es vorziehe, »Charactere der Menschen nach der Natur zu schildern, als anziehende Situationen anzulegen« (Vorrede zum 3. Teil von *Mildenburg,* 1789). Und im Romangespräch in Müllers *Herr Thomas* rückt der Großvater Bernd seinem Enkel die Bedeutung der Charaktere im Roman vor Augen, wenn er ihn fragt: »Welches wäre der Charakter, den Du anlegen, entwickeln und eine Reihe von Jahren und Schicksalen hindurch, die ihn nothwendig glatter und rauher schleifen und stufenweise anders modificiren müssen, gehörig souteniren könntest?« (²1792, Bd. 2, S. 52). Wie man einen lebensnahen Charakter schafft, ist zur wichtigsten Aufgabe eines Romanschriftstellers geworden.

Die Hauptfiguren des pragmatischen Romans sind keine »Meerwunder von Tugend und schöne moralische Ungeheuer« mehr (Wezel, *Herrmann und Ulrike*). Sie zeichnen sich, dem theoretischen Programm nach weder durch besonders vorbildliche Eigenschaften, noch durch ihren Stand aus. »Die Personen, welche auftreten, sind weder an Stande erhaben, noch durch Gesinnungen ausgezeichnet, noch durch außerordentliche Glücksfälle von gewöhnlichen Menschen unterschieden. Sie sind ganz gemeine schlechte und gerechte Leute, sie strotzen nicht so wie die Romanenhelden von hoher Imagination, schöner Tugend und feiner Lebensart...« (Nicolai, Vorrede zu *Sebaldus Nothanker*). Es sind »eitel Alltagsgesichter« (Müller, *Waldheim,* S. VIII), der bürgerliche Mensch »wie er wirklich ist, als ein Gewebe von Gutem und Schlechtem und Lächerlichem, vom Weisheit und Torheit« (Müller, a.a.O., S. X). Auch in den Figuren realisiert sich der »pragmatische Rückbezug« (Schönert, *Satire,* passim) des Romans. In diesem Sinne werden sie entweder abstoßend (Blankenburg, *Beyträge*), satirisch (J. G. Müller) oder vorbildlich gezeichnet. Diese Vorbildlichkeit soll nicht in »idealischen Vollkommenheiten« (*Karl Blumenberg,* 1786, S. 154) bestehen. Vorbildlich soll heißen, »den Leuten erreichbare Ideale« vorzustellen (Müller, *Lindenberg,* ²1781, S. 28). Die Romanfiguren haben eine gewiße Exemplarität nicht verloren (vgl. Wieland, Vorrede zu *Fräulein von Sternheim:* »Ausführung eines gewissen lehrreichen und interessanten Hauptcharakters«). Zwar tragen sie individuelle Züge (»sie müssen auch den Ton haben und ihre eigentümliche Laune«, Sattler, Vorrede zu *Friederike,* I, 2, 1774), aber ihre Individualität entfaltet sich stets nach Maßgabe der pragmatischen Intention – der pragmatische Roman fordert den tätigen und handelnden Menschen (s. Sattler, *Friederike;* Wagner, *Sebastian Sillig*). Die Realität ist für den aufgeklärten Menschen einsehbar und dadurch bewältigbar. Erst in den Romanen der späten 80er und 90er Jahre (s. Spieß, *Petermännchen,* 1793; Tieck, *Abdallah,* 1795) erscheint der Mensch schicksalshaft determiniert und das Kausalgeflecht der Wirklichkeit nicht mehr durchschaubar.

Dritter Teil

Die Romanpraxis zwischen 1700 und 1790
(in ausgewählten Beispielen)

I. Die Forschungssituation zum Roman zwischen 1700 und 1760

»In der Sprache des Verfassers von diesen Begebenheiten einen kleinen Begriff zu machen, so sind sie ein Tummelplatz von Veränderungen, auf welchem bald ein Schoßkind des Glückes, bald ein verworfener Sohn und dem Unglück übergebener Sklave zu sehen ist; sie sind ferner ein Journal, das zum unvergeßlichen Andenken ausgestandener fatorum aufgesetzt worden, unter welchen eine dreyfache Heyrath so etwas wunderbares ist, daß man ihrer Seltsamkeit kaum glauben wird.« Lessing (1754, über den *Russischen Avanturier*, Bd. 5, S. 388)[1] konstatiert ablehnend zwei Charakteristika an den sogenannten Avanturierromanen: ihre nach dem Fortunaprinzip gegliederte Handlungsfülle und ihre Unwahrscheinlichkeit. Auf ihn und das in der impliziten ästhetischen Konzeption verwandte Urteil Blankenburgs beruft sich die Dissertation von D. Reichardt, *Von Quevedos Buscon zum deutschen Avanturier* (Bonn 1970), um durch historische Autoritäten seine negative Beurteilung dieser Literatur abzusichern. Seit über zweihundert Jahren hat sich in der Erkenntnis über die Avanturiers und Robinsonaden im besonderen und den deutschen Roman zwischen Lohenstein und Wieland im allgemeinen nichts geändert. Vor allem die Wissenschaft der letzten 70 Jahre hält unverändert an der Meinung fest, daß diese Romane ein Ausdruck »des Ungeschmacks der Zeit« seien (Kippenberg, *Robinsonaden*, S. 76), daß »wohin man also blickt, überall wenig Ursprüngliches, nur Anlehnungen an Erzeugnisse früherer Zeit« zu entdecken seien (Mildebrath, *Avanturiers*, S. 136) allenfalls noch interessant in ihrem »großen sittengeschichtlichen Wert« (Rehm, Reallexikon *Avanturierroman*). Die These, daß es sich »um künstlerisch mehr oder minder bedeutungslose Unterhaltungsliteratur« handle (Spiegel, *Publikum*, S. 1), die »nicht besseres verdiene, als wieder unterm Staub [der Jahrhunderte] weiter zu schlummern« (Singer, Der deutsche Roman, S. 5) ist zur opinio communis geworden. Der Roman im 18. Jahrhundert ließe überhaupt – und dabei beruft man sich auf Schiller – »die ästhetischen Formkräfte und die stilistischen Normen gegenüber der Orientierung an der faktischen oder als solcher ausgegebenen Realität in den Hintergrund« treten (Dedner, *Topos*, 1969, S. 55). Angesichts einer solchen Forschungssituation kann dann Reichardt zusammenfassen »Im grossen und ganzen herrscht Einigkeit über die ästhetische Belanglosigkeit der Avanturierromane« (S. 97). Als Folge einer unfruchtbaren Wechselbeziehung zwischen Vorurteil und der allgemein angewandten Methode vergleichender Inhalts- und Motivbetrachtung wird diesen Romanen die poetische Gestalt abgesprochen. Man mißt sie unhistorisch – auch darin ist Reichardt exemplarisch –

---

1 G. E. Lessing, Sämmtliche Schriften, hrgb. von Lachmann/Muncker, 1886–1907.

an den Normen der Originalität, der Innerlichkeit und der strukturellen Stringenz, die für den klassischen Roman gelten. Man beklagt dann folgerichtig die Fülle der äußeren Begebenheiten, die Wiederholung der gleichen Stoffe und Motive, die die Romane so wenig unterscheidbar machen, und ihre formale Gestalt, die nichts weiter sei, als ein Sammelsurium kaum motivierter exotischer Begebenheiten. Wolfgang Kaysers romangeschichtliche Konzeption, die den »modernen Roman« mit seinem persönlichen Erzähler gleichsam aus dem Nichts entstehen läßt,[2] ist nur auf dem Hintergrund der beschriebenen allgemeinen Bewußtseins- und Erkenntnislage verständlich.

Zum Geruch der bloßen Stofflichkeit des Romans vor Wieland tritt im Urteil der Wissenschaft der Vorwurf des Unwirklichen. Die sich dabei auf Lessing und andere Poetologen des 18. Jahrhunderts berufen, gehen unhistorisch und normativ vor. Lessing urteilt (im Gefolge der Schweizer und J. E. Schlegels) von einem ästhetischen Modell aus, das Kunstwirklichkeit und Realität als zwei von einander geschiedene Bereiche betrachtet, die mit poetischen Mitteln nur ähnlich gemacht werden können. Lessings Kritik richtet sich gegen eine Romanauffassung, die wie die »Historie«, zu der auch die Avanturierromane gehören, eine Identität von erzählter und tatsächlicher Wirklichkeit postuliert. Die Distanzierung der »Historie« vom Wirklichkeitsbegriff des »Romans« ist ein analoger Vorgang. Diese stufenweise Vorstellung vom Verhältnis zwischen Roman und Wirklichkeit muß man erkennen, wenn man sich überhaupt auf Lessing berufen will. Man hat bisher den Roman vom Fiktionsverständnis des späten 18. und des 19. Jahrhunderts her beurteilt, weil man die poetologische Selbstaussage der Autoren in Romanvorreden und -gesprächen überging, bzw. nicht ernst nahm. Ehrenzeller (Studien zur Romanvorrede, Diss. Basel 1955) läßt die Wahrheitsbeteuerungen im 18. Jahrhundert nur gelten, wo er sie mit einem Realismusbegriff koppeln kann, der unter Realität eine uns heute vertraute Wirklichkeit versteht. Sonst ist sie für ihn ein »Scherzartikel«, der »von Autor zu Autor wandert« (S. 128). Vosskamp rekurierte als erster auf das poetologische Programm eines Autors, J. G. Schnabel, ohne daß es ihm in der Gegenüberstellung von Theorie und Praxis gelungen wäre, den in der *Insel Felsenburg* gehandhabten Fiktionsbegriff genügend zu differenzieren und ihm seinen historischen Ort in der Entwicklung des theoretischen Bewußtseins vom Verhältnis von Romanwirklichkeit und tatsächlicher Wirklichkeit zuzuweisen (GRM 18, 1968).[2a]

Das einseitige Verständnis der Fiktionalität und die normative Vorstellung von dem, was reproduzierte Wirklichkeit im Roman zu sein hat, in Verbindung mit dem Mißtrauen gegenüber den Äußerungen der Autoren über ihr Werk haben jeden Zugang zum Wahrheits- und Wirklichkeitsbegriff des Romans verstellt. Im Gegensatz dazu wird hier an einem Roman zu zeigen versucht, daß der bisher literarhistorisch und literarästhetisch disqualifizierte Romantypus eine bemerkenswerte poetische Gestalt hat, die zum Teil die Folge der von seinen Autoren vertretenen Wirklichkeitskonzeption ist. Diese kann nur aus der Perspektive der Zeit und auf dem breiten Hintergrund der theoretischen Entwicklung richtig verstanden und eingeschätzt werden.

2 W. Kayser, Entstehung und Krise des modernen Romans, DVJs Sonderdruck 1955, S. 13 und S. 15.

2a Vosskamp interpretiert Schnabels Vorrede dahingehend, daß dem Leser »der vollständig fiktive Charakter Schnabelscher Erzählungen« bewußt gemacht werden soll, a.a.O. S. 140. Vgl. dagegen o., S. 30, Anm. 8 a.

II. Wahrheitsanspruch und Erzähltechnik im ›Seltsamen Avanturier‹ (1724)

Der 1724 anonym erschienene *Seltsame Avanturier*[3] ist ein aufschlußreiches Beispiel für die Umsetzung des mit den Begriffen »Historie« oder »Lebensgeschichte« verbundenen literarischen Programms in poetische Wirklichkeit. An ihm läßt sich vorführen, wie die gegenüber dem »Roman« angestrebte Erneuerung der Gattung durch die Verwirklichung des Postulats absoluter Faktizität die Ausbildung von komplexen Erzählformen in der Romanpraxis bewirkt. Diese Erzählformen sind in den programmatischen Überlegungen des Verfassers nicht reflektiert worden, sodaß sich im Verhältnis von Theorie und Praxis ein ›Mehrwert‹ zugunsten der Romanpraxis ergibt. Die grundsätzlich andere Möglichkeit des Verhältnisses von Theorie und Praxis trifft für diese Zeit kaum zu: daß bestimmte literarische Zielsetzungen festgefügte Gattungstraditionen nicht zu durchbrechen vermögen. Es ist vielmehr so – das beweist auch der *Seltsame Avanturier* – daß in der Folge eines sentenzenhaft formulierten Programms (»die Geschichte ist wahr«) der Romanform neue Sprach- und Gestaltungsmöglichkeiten zuwachsen, die zwar sichtlich auf literarische Traditionen zurückgreifen, sie dennoch, wie etwa rhetorische Kategorien, weit hinter sich lassen. – Der *Seltsame Avanturier* gewährt über seinen Demonstrationswert hinsichtlich der Relation von Romanreflexion und ihrer poetischen Durchführung im Allgemeinen und der von Wahrheitsanspruch und seiner Verwirklichung im Besonderen hinaus Einblick in die ästhetische Entwicklung des Romans vor Ausbildung einer differenzierten und vielgestaltigen Erzählerperspektive. Kennzeichnend für diese Entwicklung ist ein durchaus positiv zu beurteilender[4] Umschichtungs- und Verschmelzungsprozeß der aus dem 17. Jahrhundert überführten Formen und Themen. Die literarische Tradition wird modifiziert und umgedeutet, wobei aber Stoffe und Motive sich als am stabilsten erweisen.

Gerade darin stimmt der *Seltsame Avanturier* mit den Romanen, die um 1724 erschienen sind, überein. Er vereinigt in sich Elemente des pikaresken Romans – neubelebt und verändert durch die Rezeption von Defoe' *Robinson Crusoe* – wie die der höfisch-historischen Tradition. Den Begebenheiten nach geht er nicht über die in der Zeit bekannten Episoden und Geschichten hinaus (vgl. Kippenberg, *Robinson*, 1892; Brüggemann, *Utopie*, 1914). Ein Kopenhagener, Held und Erzähler zugleich, berichtet »Merckwürdigkeiten« (S. 275) aus seinem Leben. Ein Liebesabenteuer in einer Universitätsstadt hat ein Duell zur Folge, das ihn zum Abbruch seines Studiums zwingt. Er geht nach Amsterdam, wo er in nächtlichen Abenteuern (Überfall, Raub, eifersüchtiger Ehemann, bedrängte Frau) mit der Kehrseite der bürgerlichen Gesellschaft und der Unterwelt Bekanntschaft macht. Angeregt durch ein Reisetagebuch schifft er sich ein. Durch einen Schiffbruch findet seine Reise ein jähes Ende in algerischer Sklaverei. Er kann fliehen; ein erneuter Schiffbruch hindert ihn an der Rückkehr nach Kopenhagen. Er wird nach Spanien verschlagen, dem Schauplatz seiner weiteren Abenteuer. In der Folge einer verhinderten Entführung wird er Sekretär bei einem berühmten Staatsmann, gerät aber bald aufgrund seiner Religionstreue und durch Intrige in die Hände der Inquisition. Nach seiner Befreiung wird er in eine Entführungsgeschichte verwickelt, gelangt schließlich mit einem Pilgerzug nach Frankreich und kann endlich die

---

3 Behandelt wird er nur von B. Mildebrath, Die deutschen Avanturiers, 1907, S. 95–101.
4 Vgl. dagegen H. Singer, Der deutsche Roman, S. 5.

Heimreise antreten. – Universitätsleben mit seinen Liebesabenteuern ist spätestens seit dem politischen Roman Weises und dem späten Schäferroman ein Thema der Gattung. Als Beispiel im 18. Jahrhundert seien nur Pohlmanns *Lustige Studierstube* (1703), Corvinus' *Carneval der Liebe* (1712), Celanders Romane, der *Sächsische Robinson* und der *Teutsche Robinson* (beide 1722) angeführt. Schiffbruch und mohammedanische Sklaverei, verbunden mit dem Motiv unerschütterlicher Religionstreue, sind feste Bestandteile des höfisch-historischen Romans, und werden vor allem von den sogenannten Robinsonaden weitergeführt (vgl. *Niedersächsischer Robinson*, 1724; *Gustav Landcron*, 1724; *Sächsischer Robinson*, 1722.[5] Das zufällige Treffen alter Bekannter und Motive wie die bedrängte Frau oder Episoden wie nächtliche Raubüberfälle und Entführungen sind Allgemeingut der Gattung.

Diese wenigen Hinweise mögen genügen, um zu zeigen, wie sehr der *Seltsame Avanturier* der Romanliteratur verpflichtet ist. Das Verpflichtetsein erstreckt sich auch auf die Form des Wahrheitsanspruches.[6] Dieser bleibt zunächst als ein unaufgelöster Widerspruch zur Konventionalität in Stoff und Motiv bestehen. Der Autor beginnt sich jedoch von dem Topos zu lösen, indem er sich nicht darauf beschränkt, ihn nur im Vorwort zu postulieren; vielmehr macht er ihn zu einem im Roman mehrfach auftretenden Gegenstand der Erzählerreflexion. So wendet er sich z.B. an seine Leser, um ihnen anläßlich einer Episode »von irrenden Rittern und deren ruhmwürdigen Thaten«, die aus einem höfisch-historischen Roman entnommen sein könnte, zu versichern, daß auch sie zu seiner »wahrhafften Lebens-Geschichte« (S. 326 s.a. S. 116) gehört. Oder er hebt seine Erzählung von dem ab, was zu dieser Zeit als Inbegriff des Erfundenen gilt, dem »Roman«: »man mag von dieser meiner Erzehlung dencken, was man will, so bin ich doch in meinem Gewissen versichert, daß ich meinem Leser, keine Romanen-Geschichte zu erzählen, iemahls gesonnen gewesen« (S. 166). Dieser Anspruch, authentischer Bericht zu sein, muß dort umso deutlicher und krasser hervortreten, wo der belesene Leser eher an die Konventionalität zu glauben geneigt ist, wie zum Beispiel bei Schiffbruch und Löwenkampf. Einen solchen Schiffbruch hat der Ich-Erzähler gerade lebend überstanden. In getrockneten Kleidern und mit gefundenen Eiern versehen begibt er sich auf Wassersuche. Hier unterbricht er zu längerer Erzählerreflexion seinen Bericht, in dem Bewußtsein, daß der im Folgenden geschilderte Löwenkampf – ein bekannter literarischer Topos – ihn »leicht um allen Glauben« (S. 159 f.) bei seinen Lesern bringen könne.

> »Diejenigen, so gegenwärtige Erzählung von den Begebenheiten meines Lebens, vor einen Zusammenhang von bloßen Erdichtungen ansehen werden, bekommen bey folgender Geschichte Gelegenheit, sich in ihrer Meinung zu bestärcken, und mir dabey vorzuwerffen, daß ich die Regeln der Wahrscheinlichkeit, sehr schlecht bey derselben Entwerffung in Acht genommen habe. Ich will mich aber mit dieser Art von Leuten . . . nicht weitläufftig einlassen, . . . So viel aber muß ich doch sagen, daß man mir zuviel thue, wenn man mir bey dieser vermeinten Unwahrscheinlichkeit einen Fehler vor zu rücken dencket. Dichtete ich etwas, so müste ich mich freylich an die Regeln der Wahrscheinlichkeit binden; welche ein Geschicht-Schreiber nicht zu respectiren Ursache hat; . . . Denn ein Geschicht-Schreiber erzehlet die Sache, wie sie geschehen ist, nach den Umständen, so die Wahrheit vorschreibt; da hingegen einer, der was dichtet, nicht die Wahrheit, sonder die Wahrscheinlichkeit in Acht zu nehmen hat.« (S. 158 f.).

5 Zum Quellenproblem s. H. Scholte, Robinsonades, Neophilologus 35, 1951.
6 Vgl. W. Vosskamp, Theorie und Praxis, GRM 1968, S. 136.

Handelt es sich bei einem so nachdrücklich erhobenen Anspruch auf Faktizität um »das Zeichen Jonas«, um eine Wahrheitsbeteuerung, die als »Lügensignal« aufzufassen ist?[7] Den Roman so zu verstehen würde sowohl bedeuten, ohne plausiblen Grund an der Ernsthaftigkeit des Postulats zu zweifeln, als auch die theoretische Dimension und programmatische Zielsetzung der »Historie« und »Lebens-Geschichte« zu ignorieren. Vor allem aber würde man sich den Zugang verbauen zu ihrer Vorstellung von Realität, wie sie in der Durchsetzung und erzählerischen Verwirklichung des Wahrheitsanspruches ablesbar ist. Der *Seltsame Avanturier* – und darin liegt sein besonderer Wert, der ihn im Vergleich z. B. mit dem *Schlesischen Robinson* oder dem *Niedersächsischen Robinson* so viel besser erscheinen läßt – versucht mit einer Reihe von Erzählformen die Illusion faktischer Wahrheit aufrecht zu erhalten. Die Dokumentenfiktion wird zum Strukturprinzip dieses Romans. Die konventionellen Stoffe und Motive werden dabei einer schöpferischen Veränderung unterworfen; sie werden erweitert und mit Details des deskriptiven, des psychologischen und des dramatischen Spannungsaufbaus angereichert und strukturiert.

Eine Form, die Illusion eines authentischen Lebensberichtes zu unterstützen, ist, wie gezeigt wurde, neben der Herausgebergeschichte die Erzählerreflexion zum Wahrheitsproblem. Mit ihr verbindet sich eine für die Zeit im Roman ungewöhnlich häufige Bezugnahme auf den Leser. Der Erzähler trägt der Lesererwartung Rechnung, bestätigt sie (S. 146, 293, 302) oder fängt sie ab, um ihr eine andere Richtung zu geben (S. 20, 158). Er appelliert unter Verwendung des Unsagbarkeitstopos in besonders die Darstellungskunst herausfordernden oder auch klischeehaften Situationen (z. B. Schiffbruch, S. 147, s. a. S. 225) an die Vorstellungskraft des Lesers. In einem andern Fall, wo ein Recht durch einen Betrug erworben wird, stellt er das moralische Urteil dem Leser anheim. Die Wendung an den Leser schafft somit eine Atmosphäre der Verbundenheit zwischen Erzähler und Leser, die es letzterem erschwert, die Fiktivität des Wahrheitsanspruches zu durchschauen. Somit wird sie, die mit den Wahrheitsanspruch trägt, paradoxerweise zum illusionsschaffenden erzählerischen Mittel.

Hier zeigt sich eine Ambivalenz der Verfahrensweise, die symptomatisch für die neue Entwicklung in der Frage der Fiktionalität von Geschichten ist. Das Neue besteht darin, daß die angebliche Faktizität, die von einer Identität von erzählter und tatsächlicher Wirklichkeit ausgeht, abgelöst wird von der Einsicht, daß Erzählen nur mimetisch sein kann. An diesem Punkt gibt die dichterische Verfahrensweise kaum Anhaltspunkte für die dahinterstehende Intention eines denkbaren Autorenbewußtseins (im Gegensatz zum formulierten theoretischen Bewußtsein). Folgendes Zitat kann die Bedeutungsambivalenz einer Leseranrede vorführen, die wie in einem Brennpunkt das poetologische Problem des Romans einfängt: was als Beweis des Faktischen angesehen wird, kann zugleich bewußt verwandtes Stilmittel sein.

> »Ich habe meine Leser um Verzeyhung zu bitten, daß ich ihrer Gedult mit einer Ausschweiffung mißbrauche, dazu mich die lebendige Vorstellung bringet, die ich mir in meinen Gemüthe von einem Unfalle mache, den ich unter die grösten zähle, in die ich die Zeit meines Lebens gerathen« (S. 141).

Diese Entschuldigung kann als auktorialer Hinweis auf eine kurzfristig veränderte Erzählweise verstanden werden. Der Vorgang des Erinnerns hat eine Gemüts-

---

7 H. Weinrich, Das Zeichen des Jonas, Merkur 1966, S. 745.

bewegung lebhaft hervortreten lassen, die diese Veränderung (»Ausschweiffung«) bewirkte. Die Einblendung der einstmaligen seelischen Erschütterung und ihre Umsetzung in den Erzählstil kann sowohl Mittel der Wahrscheinlichkeit, wie der Faktizität sein. Zugleich wird die autobiographische Perspektive als eines der ältesten Mittel der Wahrheitsillusion zu Bewußtsein gebracht, indem auf die differenzierende Aussagemöglichkeit zurückgegriffen wird, die sich von der Ich-Erzählung her als Erzählform anbietet: die doppelte Funktion des Ich als Erzähler und als ›Held‹ der Geschichte.[8]

Die autobiographische Perspektive, die Haltung des sich erinnernden Erzählers wird im *Seltsamen Avanturier* weitgehend durchgehalten. Paulsen rekapituliert sein Leben von der Geburt in Kopenhagen an bis zu seiner Rückkunft dorthin nach abenteuerlichen Reisen gleichsam nutzbringend vor den Augen des Lesers. Dabei geht es ihm sowohl um »die Merckwürdigkeiten meines Lebens« (S. 275), um die Mitteilung von ungewöhnlichen Erlebnissen, wie sie nicht den Erwartungen entsprechen, als auch um das prodesse in ihrer christlichen Interpretation. Die handlungsbildenden Erlebnisse bleiben weitgehend an seine Person gebunden, die Perspektive des nicht-allwissenden Erzählers, der sein Wissen aus persönlicher Erfahrung oder Erzählung der ihm Begegnenden (S. 51 ff., 293 ff., 386 ff.) bezieht, ist dem Wahrheitsanspruch gemäß eingehalten. Konsequenterweise verzichtet er auf eine ausführliche Schilderung der Gegenden und Städte, durch die er reist, da sie nicht unmittelbar mit seinen »Avanturen« zu tun haben.

> »Wofern ich eine Reise-Beschreibung auffsetzte, so sähe ich mich verbunden, einen Abriß von der Beschaffenheit dieser Oerter zu verfertigen. Allein da man in allen Reise-Büchern gnugsame Nachricht von der Beschaffenheit dieser Städte antrifft, so mercke ich nur dasjenige an, was mich vornehmlich angehet, und will meine Leser auf die Schrifften von erwehnter Art verwiesen haben...« (S. 257 f.; s. a. S. 275).

Der Erzähler scheint sich hier der Möglichkeit zu begeben, nachprüfbares geographisches Wissen zur Unterstützung seines Wahrheitsanspruches heranzuziehen, wie das z. B. im *Schlesischen Robinson* oder *Niedersächsischen Robinson* geschieht. Die Selbstverständlichkeit, mit der der Hinweis gegeben wird, daß der Leser ergänzende Details zu seiner Geschichte in wahren Büchern, der Reiseliteratur, finden kann, ist eine subtile Form, um die Illusion der Faktizität aufrecht zu erhalten. An diesem Beispiel wird eine Tendenz zur inhaltlichen Ökonomie der Erzählung sichtbar.

Der pragmatische Erzählvorgang wird von einem moralischen Kommentar begleitet und unterbrochen, der aber nur ganz bestimmte Themen wie Wollust, Verhalten im Unglück, Treue im Glauben aufgreift. Es gibt kaum eine Episode, die nicht auf diese Sinnebene des in seiner Sittlichkeit festgelegten und christliches Glaubensgut vermittelnden Erzählers bezogen ist. Diesem moralischen Kommentar fällt eine doppelte Aufgabe zu: 1. Er verdeutlicht und präzisiert das Verhältnis vom erzählenden zum erlebenden, bzw. handelnden Ich, wodurch die autobiographische Fiktion verlebendigt wird. 2. Indem er im Aufzeigen einer göttlichen Regie die einzelnen Begebenheiten aus ihrer Einmaligkeit und Ich-Gebundenheit heraushebt, dient er einer transzendenten Rechtfertigung des Wahrheitsanspruches. Die »Merckwürdigkeiten« wie Schiffbruch, Löwenkampf oder Sklaverei, erhalten auf dem Hintergrund der moralischen Vervollkommnung des ›Helden‹ in einem als

---

8 Vgl. L. Schmidt, Das Ich im Simplicissimus, WW 1960; B. Romberg, Studies, 1962, bes. S. 58 ff. und Fr. K. Stanzel, Typische Formen, ³1967, S. 25 ff.

göttliche Fügung begriffenen Konflikt mit der Welt einen exemplarischen und damit absoluten Wahrheitswert. Es wird später noch zu zeigen sein, daß mit der Bezugnahme auf göttliche Vorsehung kein »Freibrief für ausschweifende Phantastereien«[9] ausgestellt ist. Greifbar wird die doppelte Funktion der Paränese an den Motiven der Wollust und Reue, die den Roman strukturieren.

Paulsen wohnt mit anderen Studenten im Hause eines alten Professors. Durch die Rettung von dessen Enkelin vor dem Ertrinken spinnt sich zwischen diesen beiden eine Liebesgeschichte an, die bald in ein eheähnliches Verhältnis mündet. Der Neid der Kommilitonen führt zu ehrenrührigen Beleidigungen. Paulsen duelliert sich und muß fliehen, im Glauben, der andere sei tot. In der Nacht auf der Flucht überfällt ihn die Reue:

> »Alle meine Sünden stellten sich mir damahls so lebhafft vor Augen, daß ich meinte unter der Angst, die ich über ihre Menge und Grösse empfand, zu vergehen. Ich verflucht die Wollust zu tausendmahlen, und bereuete mit innigsten Thränen, iemahls von ihren vergiffteten Zucker genossen zu haben. Ich erinnerte mich wie schwer ich mich an der armen Amalie versündigt . . .« (S. 34).

An dieser Stelle ist die moralische Haltung des handelnden Ich mit dem des rückblickenden identisch. Es erkennt, daß der vermeintliche Mord eine konsequente Folge seines heuchlerischen Liebesverhaltens und seiner Wollust ist. »Und wenn ich denn alles dieses überlebet, befand ich was vor eine fruchtbare Mutter eine eintzige Sünde sey. Wie viel ungeheure Bruthen hatt nicht meine Geilheit ausgehecket . . .« (S. 35). Die Einsicht, mit der der Leser hier bekannt gemacht wird, ist ihm schon vorher inhaltlich geläufig; denn der Ich-Erzähler kontrapunktiert die Handlung mit Äußerungen, die von seiner durch die Erfahrung gefestigten sittlichen Position ausgesprochen sind. Dem Geschehen wird kein Raum gegeben, sich frei und selbständig bis zu dem Kulminationspunkt und dem Umschlagen in Reue zu entfalten.

> »Ich lebte inzwischen mit Amalien in der grösten Vertraulichkeit, und ich kan an das unschuldige Kind noch itzt nicht gedencken, ohne meine Boßheit zu bereuen, die ich an ihr ausgeübet, in dem ich sie so leichtfertig verführet. Ihr Bezeigen gegen mich war aufrichtig und tugendhafft, und sie dachte auf nichts anders als daß ich ein ehrliches Absehen auf sie habe. Allein ich war ein Bösewicht. Ich hatte keine Liebe gegen sie, sondern nur gegen meine böse Lüste« (S. 21 f.).

Der fast mit jedem Satz durchgeführte Blickwechsel zwischen vergangener Tat und jetziger Erkenntnis integriert nicht nur den moralischen Kommentar in das Geschehen stärker, er unterstreicht stilistisch mit den Mitteln der doppelten Perspektive und des Kontrastes das beabsichtigte prodesse. Die »Merckwürdigkeiten« und »Avanturen« bilden Rahmen und Anlaß für die Biographie eines Sünders; denn aus der Verführung Amalias entwickelt sich die Kette der Avanturen, die immer wieder neue Prüfungen bringen. Ihr fortunahafter Charakter im Wechsel der Glücks- und Unglücksfälle wird aufgehoben durch eine neue Sinngebung. Sie läßt den Avanturier nicht als Spielball eines ungewissen, nicht durchschaubaren Schicksals erscheinen, sondern als Objekt göttlicher Gnade und Führung. Dieser sein Leben übergreifende und ordnende Sinnbezug wird, bzw. muß vom Avanturier erkannt werden. Anders als im *Simplizissimus* ist er nicht vorgegeben. Erst die Welterfahrung – der damit wie schon in Beers Romanen ein eigenständiges Recht gewährt wird – bringt den Avanturier zu dieser Erkenntnis, wenngleich unter der

---

9 W. Vosskamp, Theorie und Praxis, S. 135.

Voraussetzung einer christlich-sittlichen Einstellung. Nach der Verführung Amalias und ihren Folgen ist bei Paulson durchaus ein Schuldbewußtsein und Reue vorhanden. Aber gemäß dem Leben eines wahren Sünders begeht er Fehltritte.

In Amsterdam macht er auf seltsame Weise die Bekanntschaft einer jungen Dame, die von einem Mann gefangengehalten wird. Er verläßt sie erst »nachdem ich mich in den leichtfertigsten Wollüsten herum gewältzet« (S. 87). Die Einsicht in diesen Rückfall liefert der Ich-Erzähler:

> »Daß wir Menschen doch so vergeßlich sind, und dasjenige, was wir uns vorgenommen haben, so leichtlich wiederum aus der Acht lassen! Als ich mich nach oben erzähleten Duell, der von meinem Liebes-Verständniß, welches ich mit Amalien gepflogen, seinen Ursprung gehabt hatte, auf der Flucht befand ... mein Gott! Was that ich nicht vor Schwüre, mich nimmermehr wieder in verbothene Liebes-Verständnisse einzulassen ...« (S. 86).

Die moralisch gleiche Ausrichtung von handelndem und erzählendem Ich, die in der Nacht nach dem Duell bestand, stellt sich jetzt als scheinhaft heraus. Das Schema des pikaresken Romans, daß sich das handelnde Ich in seiner Erkenntnis dem erzählenden erst im Lauf der Erzählung annähert, ist auch hier gewahrt. Im Falle des *Seltsamen Avanturiers* betrifft diese Differenz ausschließlich das unsittliche Verhalten der Wollust. Nur in solchen Momenten distanziert sich der Ich-Erzähler von seinem alter ego, während sonst die autobiographische Perspektive eingehalten wird. Die Abenteuer, in die Paulson gerät, und in denen er Prüfungen durch Leiden erkennt, führen schließlich zu einer moralischen Identität von erzählendem und handelndem Ich.

> »Ich fieng mich endlich an nach und nach zu fassen, und da ich mein bißher geführtes Leben untersuchte, traff ich unterschiedliches an, welches mir zu einer neuen Reue Gelegenheit gab. Ich muste meine bißherige Treue und Begierde, welche ich meinem Herrn zu dienen bezeiget hatte, nicht anders als eine Ruchlosigkeit heissen, indem ich dadurch versäumet hatte, nach demjenigen zu trachten, was oben ist;« (S. 353). »Ich lernte weiter erkennen, wie nöthig die Wachsamkeit im Christenthume sey. Mein Hertze meinte es unstreitig rechtschaffen mit Gott, als ich mich in der Barbarischen Sclaverey und in Ketten und Banden befand ... Ob ich mich nun gleich, nach erlangter Freyheit, vor allen wissentlichen Sünden mit aller Behutsamkeit in acht nahm; so wurde ich doch täglich nachläßiger und schläffriger ...« (S. 354).

Hier im Gefängnis der Inquisition kommt eine endgültige Annäherung des handelnden an das erzählende Ich zustande. Dieses Zusammenkommen fällt nicht mit dem Ende der erzählten Lebensgeschichte zusammen, sondern in den nachfolgenden Begebenheiten der Pilgerfahrt kann Paulson seine Glaubenstreue und Standhaftigkeit Frauen gegenüber unter Beweis stellen. Die Selbstanklage und Selbstprüfung in erneuter leidvoller Gefangenschaft dokumentieren überdeutlich die Einsicht des ›Helden‹ in die göttliche Regie. Mit seiner Interpretation von der göttlichen Vorsehung gibt er seinen wechselnden Lebensschicksalen eine über das »Merckwürdige« hinausgehende Dimension. Sie erstellt einen nicht nachprüfbaren, sondern nur zu glaubenden Zusammenhang. Die Deutung als göttliche Regie, durch die Paulson zur Einsicht und einem besseren Leben geführt wird, hat auf dem Hintergrund christlicher Theologie der Zeit einen selbstverständlichen Anspruch auf Glaubwürdigkeit. Das Leben Paulsons wird zum Exemplum für den Durchgang eines Menschen durch Schuld, Strafe, Reue und Gnadenerweis. Damit ist aufs Neue der Wahrheitsanspruch gestützt; denn der prinzipielle Charakter des Exemplarischen dient im Verständnis der Zeit ebenfalls als Wahrheitsbeweis, wie in den Ausführungen zur Vorredenreflexion nachgewiesen wurde.

Im engen Zusammenhang mit dem Reuemotiv zeigt der Ich-Erzähler auktoriale Züge. Die Erzählerrolle wird initiiert und erhält ihren Charakter von der (begrenzten) Distanz des erzählenden zu dem handelnden Ich. Sie bleibt stets geprägt von der Erlebnisperspektive des handelnden Ich: eine Allwissenheit kennt der Erzähler nicht. Er ist nur insoweit persönlicher Erzähler, als er zugleich auch Held der Geschichte ist. Seine dem handelnden Ich überlegene Position wächst ihm aus dem zeitlichen Abstand zu seinen Erlebnissen zu, und beschränkt sich inhaltlich auf seine Glaubensbiographie.

Die auktoriale Seite des Ich-Erzählers ist am greifbarsten in seiner Bekehrungsgeschichte. Hier bedient er sich häufig der Vor- und Rückverweise. Als er die Frau in Amsterdam verführt, erinnert er sich in einem moralischen Kommentar (S. 86) seiner Schwüre und Reue in der Nacht nach dem Duell. Zu einem solchen Rückgriff des Erzählers kommt es immer dann, wenn ihn die unglücklichen äußeren Umstände zu erneuter Selbstbesinnung zwingen (S. 192 ff.; S. 353 ff.). Vorausdeutungen sind in diesem Zusammenhang seltener (z. B. S. 355); sie treten vor allen Dingen in Szenen wie dem Schiffbruch oder dem Überfall in Amsterdam hervor, wo sie durch Andeutungen auf den Ausgang der Begebenheit die Spannung erhöhen (z. B. S. 116). Diese auktorialen Hinweise gliedern die Geschichte des Sünders Paulson in einzelne Abschnitte, an deren Ende jeweils eine gewisse Annäherung des handelnden an den Glaubensstandpunkt des erzählenden Ichs erreicht ist. Diese Stadien sind aus der Sicht des rückblickenden Ich nicht die einzigen Strukturelemente seines Lebens. Es erkennt sich wiederholende Vorgänge, so, wenn es die Verzweiflung der ersten Nacht in der Sklaverei mit der vorausgegangenen, als er im Kampf mit dem Löwen in Lebensgefahr schwebte, vergleicht, oder wenn es einen erreichten Zustand markiert (S. 332), oder wenn es im Inquisitionsgefängnis konstatiert, daß es zum zweiten Mal seiner Freiheit beraubt wurde (S. 353). Als Antonius, sein ehemaliger Duellgegner und nunmehriger Begleiter auf der Pilgerfahrt nach Frankreich stirbt, reflektiert er:

> »Ich erwog, daß alle diejenigen, die ich in meinem Elende, unter den bekümmerten Umständen, in welchen ich gelebt, alle die verlieren müssen, so ich zu wahrhafften Freunden gehabt. Der Verlust des angenehmen de la Broze und der unglückseelige Tod des sorgfältigen le Conte, wurde durch das Absterben des Antonius erneuert und die Erinnerung des vorigen Verlusts vergrösserte die Traurigkeit so ich über den gegenwärtigen empfand.« (S. 434).

Diese auktorialen Aussagen gliedern den Avanturierroman als einen Wechsel von Glücks- und Unglücksfällen. Dem gegenüber ist die Glaubensbiographie nur die andere Seite ein- und derselben Sache. So verzeichnet der Erzähler Unglücksfälle wie die zweimalige Freiheitsberaubung (S. 192 u. 353) oder Glückszustände wie die Erlangung eines hohen gesellschaftlichen Status (S. 332), oder Freundschaftsbeziehungen, die dem Avanturier über unglückliche Zeiten hinweggeholfen haben (S. 434).

Die Konturen, die der Erzähler seiner Erzählung gibt, indem er kleine Zäsuren setzt bzw. bestimmte Handlungsfäden wie Freundschaften heraushebt, werden durch auktoriale Tätigkeiten, wie Auswahl und Raffung, verstärkt. Der Ich-Erzähler trifft eine Auswahl aus dem Erlebnisstoff dort, wo Beobachtungen und eingeschobene Episoden in Form von Erzählungen anderer nicht unmittelbar auf seine Avanturen bezogen sind, wie etwa die Sitten und Gebräuche Nordafrikas (S. 261 f.).

Er rafft die Erzählung dort, wo Mitteilungen keine längeren Ausführungen verdienen, wie der Erzählung Volancellos (S. 294). Das Kriterium des Erzählenswerten wird auch da angewandt, wo der Ich-Erzähler eine Begebenheit ausführlicher darstellen möchte, als vielleicht dem Leser angenehm ist (S. 204).

Diese erzählerischen Kunstgriffe lassen sich nicht allein von der Perspektive des Selbsterlebten her klären. Hier werden Darstellungsmittel eingesetzt, die der Lebensgeschichte einen poetischen Charakter geben. Sie sind Indizien für ein Fiktionsbewußtsein, das zu artikulieren das der »Historie« zugehörige Postulat der Faktizität verhindert. Sie lassen vermuten, daß das formulierte theoretische Bewußtsein nicht identisch ist mit dem Autorenbewußtsein. Die erzählerische Gestaltung des Romans unter dem Signum des Wahrheitsanspruches setzt die Tendenz zur ästhetischen Geschlossenheit des Werkes fort. In der Problemstellung hat sie die Form einer teleologischen Harmonisierung des alten Konflikts zwischen Picaro und Welt angenommen, im Inhalt die einer strengeren thematischen Ökonomie, und in der Erzählform die einer strukturellen Dichte und Stringenz. Das bewußte Erzählen, der Versuch einer poetischen Strukturierung, drückt sich auch in der Behandlung der eingeschobenen Episoden aus. Sie alle sind mit der Haupthandlung verknüpft. Es gibt kein totes Motiv, wenngleich ein gewisser Überhang, eine bedingte Funktionslosigkeit des Erzählten, was man Fabulierfreude nennen kann, feststellbar ist. Für die Komplexität des Romans spricht es, wenn diese Episoden mehrfach und auf unterschiedliche Weise mit der Hauptgeschichte verbunden sind. Als Beispiel sei das Zusammentreffen mit der in Amsterdam gefangengehaltenen Frau und ihrer Lebensgeschichte angeführt. Die Dame hatte ihn auf einem Fest beobachtet und sich von seiner vornehmen und gefälligen Aufführung Hilfe versprochen. Damit ist das Abenteuer zunächst innerhalb der Handlungsführung motiviert. Die Lebensgeschichte, die sie Paulson erzählt, ist die Geschichte einer unfreiwilligen Picara mit den üblichen Motiven. Sie entspricht der Gattung nach Paulsons eigener – noch ausstehender – Lebensgeschichte. Mit dieser Episode wird erneut das Motiv der bedrängten Frau aufgegriffen und damit eine Kontinuität im Motiv zur Begebenheit mit Amalia geschaffen. Darüber hinaus wird sie zum Anlaß, einen Wesenszug Paulsons herauszustellen, der ihm noch verhängnisvoll werden soll: seine Hilfsbereitschaft. Stofflich, im Motiv und psychologisch ist damit die Episode verknüpft. Die dem transzendenten Sinnhorizont entsprechende Verknüpfung fehlt nicht. Die Begegnung zwischen der Dame und Paulson wird zur Probe seiner Keuschheit, die er nicht besteht. Sie ist ein Fehltritt in seiner Sünderbiographie. – Damit ist eine ganze Palette von Beziehungen zwischen Haupthandlung und eingeschobener Episode aufgewiesen, die neben der auf fiktionales Bewußtsein verweisende poetische Stringenz auch die Komplexität des Romans vorführt.

Wir haben bisher gezeigt, welche Rolle und Bedeutung der Ich-Form für die Dokumentenfiktion des *Seltsamen Avanturier* zukommt. Als autobiographische Fiktion bürgt sie wesentlich für die Faktizität der Geschichte. Der Ich-Erzähler bringt durch Selbstinterpretation eine zusätzliche Dimension der Wahrheitsillusion ein. Indem er nämlich in seinen Avanturen göttliche Fügung erkannt haben will, gibt er der Ereignisreihung des Abenteuerromans eine innere Konsequenz. Der klägliche Zustand in der algerischen Sklaverei wird dadurch in einen kausalen Zusammenhang gebracht mit der Verführung Amalias. Für den vom heutigen Bewußtseinsstand Rezipierenden ergeben sich folgende Verknüpfungsmöglichkeiten, die im auktorialen Ich-Erzähler koordiniert sind: den Zufall, die kausale Folge, und die psychologische Motivation. An eben jenem Handlungsabschnitt, für den ein göttlicher Heilsplan als strukturierend und motivierend angenommen wird, sollen diese erzählerisch geleisteten Verknüpfungen aufgewiesen werden. Im Verein mit dem Anspruch des Selbsterlebten untermauern sie die Wahrheitsillusion.

Cornelius Paulson lebt in einem eheähnlichen Verhältnis mit Amalia. Da sie es nicht geheimzuhalten verstehen, merken es auch bald die andern im Hause wohnenden Kommilitonen. Die nun folgende Begebenheit wird psychologisch vorbereitet; einer unter diesen Studenten »hatte längst ein Lüstgen gehabt, mich so wohl als Amalien zu beschimpfen, und nunmehro gaben wir ihm beyde so gute Gelegenheit uns zu prostituiren an die Hand, daß er solche gar leicht ergreiffen konte«. Die von ihm inszenierte nächtliche Prügelsszene, bei der Paulson beleidigt wird, hat als kausale Wirkung ein Duell zur Folge. Aufgrund der strengen Universitätsgesetze führt dieses zwangsläufig zur Flucht (S. 31). Die plötzliche Wendung aus seiner verzweifelten Lage führt der Zufall herbei. Im ersten Gasthaus, in das er einkehrt, findet er einen Vetter, einen Werbeoffizier beim Mittagessen vor (S. 37). Paulson läßt sich von ihm dazu überreden, holländische Dienste zu nehmen. Sie fahren gemeinsam, nach Verwahrung der Paulsonschen Besitztümer, nach Amsterdam. Ein Ereignis dort, das letztlich eine weitere Wende in seinem Lebenslauf bewirkt, wird im Charakter des Helden begründet. Paulson mischt sich im Hause seines Vetters schlichtend in einen Ehestreit: »das Geschrey der ... fast zu Boden geschlagenen Frau erweckte eine solche Bewegung in meinem Gemüthe, daß ich mich aus Zärtlichkeit und Mittleiden gezwungen sahe, das übel zugerichtete Weib aus den grausamen Händen ihres Tyrannischen Ehe-Mannes zu erlösen.« (S. 93). Paulson wird verdächtigt, den eifersüchtigen Ehemann getötet zu haben, weil man diesen mit einem Dolch in der Seite auffindet. Auch hier ist wieder, wie nach dem Duell, Flucht die kausale Folge des Mordverdachts. Der Zufall führt ihn in ein Betrüger- und Dirnenhaus. Diesem Zufall wird jedoch durch die Umstände etwas von seiner Zufälligkeit genommen. »Ich eilte also, und wuste nicht wohin ich eilte. Endlich fand ich noch eine Hauß-Thüre offen. Ich getrauete mich, ohne Gefahr von erst erwehnten Wächtern ergriffen zu werden, nicht länger auf der Straßen aufzuhalten.« (S. 103). Nur aufgrund eines geschickten Täuschungsmanövers gelingt ihm die Flucht aus diesem Haus, auf der er aber schwer verwundet wird. Aus seiner Bewußtlosigkeit wacht er erst bei einem Wundarzt auf. Die Langeweile, die ihn mit zunehmender Besserung dort plagt, hilft ihm der Arzt durch seine Reiseschilderungen vertreiben. Damit ist die entscheidende Wende psychologisch eingeleitet; seine Erzählungen veranlassen Paulson zu fragen, »ob er nicht ein ordentliches Tage-Buch von allen seinen Reisen verfertiget und aufbehalten habe...«. Dieses wird ihm ausgehändigt mit der Bitte, es in Acht zu nehmen da sein Verfasser« sich auf der Welt keine größere Freude machen könne, als wenn er seine gehabte Zufälle durchläse« (S. 128 f.). Die starke Wirkung des Tagebuches auf Paulson, die »Lust ... die Welt gleichfalls durchzustreichen« (S. 129) kommt nun nicht mehr überraschend. Der Zufall wiederum läßt Paulson Schiffbruch erleiden; die weiteren Begebenheiten, die ihn schließlich in die Sklaverei führen, werden in gleicher Weise wie bisher verknüpft und motiviert.

Für den Abenteuerroman ist dieses Verfahren, die Handlungsteile eng und variationsreich miteinander zu verknüpfen ungewöhnlich. Allein der Zufall übernimmt dort meist die handlungsverknüpfende Funktion. Dies glaubt Mildebrath (a.a.O., S. 99) auch für den *Seltsamen Avanturier* nachweisen zu können. Dadurch jedoch, daß der Zufall mit den Verknüpfungsarten kausale Folge und psychologische Motivation verbunden ist, wird ihm etwas von der ihm innewohnenden

Willkür, die den »Merckwürdigkeiten« einen großen Spielraum gewährten, genommen. Als erzählerische Kategorie suggeriert er erst zusammen mit ihnen eine Folgerichtigkeit der Begebenheitenreihen und gibt gerade dem den Anstrich faktischer Wahrheit, was vom Stoff her eher romanhaft ist. Dabei werden topoihafte Episoden der Gattung Abenteuerroman in neues stoffliches Material und verschieden gestaltige Verknüpfungsformen eingebettet, wodurch im Ganzen eine größere Komplexität erreicht wird. Was hier als wahr angesehen wird, ist ein durchsichtiger und vernünftiger Ablauf von Vorgängen, die weniger durch ihren Gehalt wahr, als erst durch Konstruktionen wahrgemacht werden.

Die Durchsichtigkeit und Vernünftigkeit wird in einem weiteren erzählerischen Ausdrucksmittel, das sowohl strukturelle Funktion, wie inhaltlich Gewicht hat, faßbar: der Detailfreudigkeit. Auf der Folie sich wiederholender Motive und Situationen trägt sie besonders überzeugend zur Bestätigung der Faktizität bei. Die Vielfalt an Vorfällen im pikaresken Roman, in dessen Tradition der *Seltsame Avanturier* steht, ist auf wenige zurückgenommen. Obwohl der Abenteurer Paulson weite Räume durchquert (von Dänemark bis Nordafrika), und eine Reihe von Ländern kennenlernt, entsteht dennoch nicht ein reiches Bild dieser geographischen Landschaften. Auch die vertikale Dimension eines Abenteurerlebens, die Berührung mit vielen Gesellschaftsgruppen,[10] ist verkürzt. Zwar wird Paulson kurzfristig Sekretär eines berühmten Staatsmannes in Spanien, und begegnet in einem adeligen Liebespaar der obersten Gesellschaftsschicht, aber zumeist bleibt er im ›Milieu‹ der Soldaten, Sklaven oder Pilger. Die Situationen, in die er gerät, wiederholen sich. Zweimal entkommt er einem Schiffbruch, dreimal wird er Opfer eines nächtlichen Überfalls, dreimal muß er die Treue zu seiner Religion beweisen, zweimal kann er sich nur knapp vor dem Ertrinken retten, zweimal gerät er in eine fast ausweglose Gefangensituation, dreimal wird das Motiv der bedrängten Frau aufgegriffen, dreimal eine enge Beziehung zwischen Wollust und Mord hergestellt. Durch die Ähnlichkeit der Situationen und die Wiederholung der Motive wird der Roman stärker strukturiert. Die poetische Geschlossenheit gewinnt an Empirie durch kennzeichnende Details, mit denen die Episoden ausgestattet werden. Sie spezifizieren die Vorgänge und geben ihnen eine erlebnishafte Komponente.

Der Erlebnischarakter entsteht durch den Bereich, aus dem die Details stammen. Zunächst sind es physische Erfahrungen, die der Gefahr des Ertrinkens, einem Überfall oder der Sklaverei die ›individuelle‹ Note geben. »Wir befanden uns beyderseits wegen des vielen eingeschluckten Wassers sehr übel, und mir hatte insonderheit die allzustarke Bewegung nebst dem Schrecken alle Kräffte genommen . . .« (S. 14). Das Detail des eingeschluckten Wassers begegnet uns bei der Schilderung des Schiffbruches wieder (S. 148 f.), während das Moment der Erschöpfung nach dem Durchschwimmen eines Flusses modifiziert bei Paulsons Weiterwanderung durch die Wüste wieder auftaucht (S. 162). Auch einzelne Details wiederholen sich, werden aber handlungsrelevant abgeändert. Beim Eintritt in das Dirnenhaus fällt Paulson über einen Klotz und kann »wegen der Schmertzen der verletzten Schienbeine« (S. 105) vorübergehend nicht aufstehen. Bei der Flucht über eine hohe Mauer aus der Sklaverei wird er von der Stange, deren er sich bediente, am Schienbein getroffen, »daß es mich nicht wenig schmertzte« (S. 240).

---

10 In diesem Sinne setzt Knigges Roman *Peter Clausen* sehr viel traditionsgebundener den pikaresken Roman im 18. Jahrhundert fort.

Die Empirie, die hier als physische Erfahrung in den Roman hineingenommen wird, und seinen ›Weltgehalt‹ erweitert, wird jeweils der Situation angepaßt. Was an Realität durch eine mengenmäßige Vielfalt verloren geht, wird durch die differenzierende Anpassung der Beobachtung an den jeweiligen Vorgang ausgeglichen. Es gibt bestimmte traditionelle Handlungskonstellationen in diesem Roman, die die Bedingung für ausgestaltende Details erst schaffen. Am greifbarsten wird dies im Vergleich der beiden Schiffbrüche (S. 144 ff. u. 276 ff.). Es ist ein fester Bestandteil des Topos vom Schiffbruch, daß das Schiff in zwei Teile zerbricht, meist wenn es auf einen Felsen aufläuft. Im ersten Schiffbruch wird Paulson mit dem Schiffsteil ins Meer gespült, der vollkommen zerbricht. Damit ist die Voraussetzung für eine Reihe von charakterisierenden Details wie das Wasserschlucken, das Sich-Anbinden an ein Faß, die Benutzung eines Brettes als Ruder etc., gegeben. Im zweiten Schiffbruch bedient sich der Autor der anderen Möglichkeit, Paulson auf dem aufgelaufenen Schiffsteil zu belassen, von dem aus er leicht einen Felsen erklimmen kann. Das die Schilderung des Überlebens wesentlich abkürzende – damit neue und charakterisierende Details verhindernde – Ereignis ist seine baldige Rettung durch Fischer.

Bestimmte technische Details wie etwa das Sich-Zunutze-Machen eines Brettes als Ruder, oder die Verwendung einer Stange und eines Baumes, um eine hohe Mauer zu überwinden, oder in der Beschreibung der Sklavenarbeit (»da wir die grösten und ungeschicktesten Steine ohne Waltzen oder anderes darzu nöthiges Handwercks-Zeug, nur mit den blossen Händen aufladen müssen«, S. 199) bringen einen neuen Wirklichkeitsbereich in den Roman ein. Er wird ergänzt durch Beobachtungen, die Paulson teils mittelbar, wie die grausige Folterung und Tötung eines Sklaven (S. 200 ff.) oder unmittelbar betreffen, wie die Arbeits-, Wohn- und Schlafbedingungen in der Sklaverei. Die wichtigste und bedeutsamste Bereicherung durch die Empirie erfährt der Roman im Zusammenhang mit der »Buß-Geschichte« (S. 196) des Helden. Der Bezug auf die Vorgänge im eigenen Ich, die religiöse Selbstbetrachtung, die zugleich christliche Lebensbeichte ist, schärfen den Blick für Vorgänge des ›Innern‹, wie zwischenmenschliche Beziehungen. Diese haben ihren Ansatz in der Reflexion, in der bewußten und analysierenden, Ursache und Folge aufweisenden Erkenntnis. Dem Ich-Erzähler Paulson geht es um »die genaue Vorstellung meiner Gemüths-Beschaffenheit« (S. 197). Der literarische Topos der algerischen Sklaverei wird auf diese Weise durch Einzelheiten aus der gedanklichen und seelischen Erfahrungswelt zusammen mit der Schilderung der äußeren Lebensumstände faktischer gemacht. Die Schilderung des Ich-Erzählers seiner ersten Nacht mag als Beispiel dienen »Ich habe allhier kein Auge zu thun können, vornehmlich um derjenigen Bewegung willen, die ich in meinem Hertzen empfand« (S. 192). Damit setzen die Überlegungen Paulsons ein, nachdem er sich niedergelegt hat. Die Verzweiflung über sein schweres Los treibt ihn bis an den Rand des Selbstmordes. In diesem äußersten Zustand der Hoffnungslosigkeit beginnt die Buße. »Meine Augen gingen mir nach und nach auf . . . Ich fieng also mein Gewissen durch zu forschen an, und ich sahe meine begangene Übelthaten nunmehro mit gantz anderer Erkenntniß an, als ehemahls geschehen.« (S. 194). Es folgt das Bekenntnis der Sünden und die Bitte um Vergebung und die beginnende Tröstung (S. 195). Das Hineinfinden in Gottes Willen beendet die erste Nacht in der Sklaverei. – Das situationscharakterisierende Detail der Beschreibung eines ›Innern‹, das in diesem Roman in Form der religiösen Selbstbetrachtung dominiert, wird ergänzt durch die Darstellung zwischenmenschlicher Beziehungen.

Zwischen den zwei Kettengenossen in der Sklaverei, De la Broze und Paulson, entwickelt sich eine Freundschaft. Sie verdankt ihre Entstehung nur zum Teil den gemeinsamen religiösen Anschauungen.[11] Die Tröstungen, die sie füreinander finden, gehen über eine christliche Hilfsbereitschaft hinaus. Sie nimmt allgemein menschliche Züge an. Aber auch die ganz praktische Seite fehlt nicht. Ihre Freundschaft ist eine Gemeinschaft von Vertrauten in einer bösartigen, feindlichen Umwelt. Diese Freundschaft steht in scharfem Kontrast zu den anderen zwischenmenschlichen Beziehungen, wie sie sich unter solch extremen Umständen wie der Sklaverei, entfalten können. Von den »Cammeraden« heißt es: »Sie stahlen allesammt wie die Raben, sie fluchten wie die ruchlosesten Kerlen von der Welt, sie belogen und verriethen einander und richteten einer den andern wegen der geringsten und nichtswürdigsten Dinge ... die entsetzlichsten Schläge bey unsern Unmenschen dem Muaffac an.« (S. 205). Nicht viel anders gestaltet sich das Verhältnis der Pilger untereinander (S. 414 ff.).

Die konventionellen Stoff- und Handlungsschemata werden durch Details technischer, physischer und psychologischer Art ausgestaltet. Sie sind Gerüst und Bedingung für deren Entfaltung. Die Details lassen die literarischen Topoi weniger deutlich erkennbar werden; in der Auffassung des theoretischen Bewußtseins des Romans machen sie dies wahr. Sie erweitern den Wirklichkeitsbereich des Romans von der Empirie her in strenger Begrenzung auf das Selbsterlebte. Der Verzicht auf kulturelle Details, der Sitten und Lebensgewohnheiten fremder Völker, womit z. B. im *Niedersächsischen Robinson* der Topos der algerischen Sklaverei interessant gemacht wird, bestätigt dies genauso wie das Fehlen jeder Natur- und Landschaftsbeschreibung, die sich ansatzweise in einigen Robinsonaden findet (z. B. *Insel Felsenburg;* Faramonds *Glückseligste Insul*). Beide, Natur- und Sittenschilderung werden häufig aus Reisebeschreibungen und geographischen Sachbüchern (so z. B. im *Schlesischen Robinson*) übernommen, während die charakterisierenden Details im *Seltsamen Avanturier* vom Wesen her stärker an die Erfahrungen eines Subjekts gebunden sind. Dabei wird insinuiert, daß es sich um Selbsterlebtes handelt. Im Bereich der psychologischen Details fehlen Stimmungen und Gefühle, wie sie sich aus den religiösen Reflexionen ergeben können, und wie sie bei Pietisten in autobiographischen Aufzeichnungen aus dieser Zeit nachweisbar sind. Im Roman können sie sich erst mit den Vorbildern Marivaux' und Prévosts entfalten. (Vgl. Loen, *Der redliche Mann am Hofe,* 1740). – Das theoretische Postulat der Wahrheit ist im Selbsterlebten, das sich in einer wirklichkeitseinholenden Detailfreudigkeit äußert, erfüllt. Der Wahrheitsanspruch, der sich auf Strukturen wie Kausalketten oder psychologische Motivation stützen konnte, erfährt durch sie eine inhaltliche Bereicherung.

Die besondere Komponente des *Seltsamen Avanturier* besteht darin, daß bestimmte empirische Details einen Bereich des ›Innern‹ entstehen lassen, der aus der religiösen Thematik des Werkes erwächst, aber nicht vollständig deckungsgleich mit ihr ist. Der Form nach gibt es Introspektion auch im höfisch-historischen und galanten Roman. Aber ihre Funktion ist eine andere. Dort dienen die Reflexionen in der rhetorisch-theatralischen Gestalt der großen Rede zum Zurechtlegen und der Vorführung von Mitteln und Methoden für höfisch-galante oder politische Entscheidungen, (zum Beispiel bei Corvinus, *Carneval,* in Melissus' Romanen, bei

---

11 Vgl. zum Verhältnis von Freundschaftsthematik und Pietismus; Rasch, Freundschaft, 1936, S. 47.

Severinus, *Philander*). Die Selbstprüfungen Paulsons jedoch, in der Form eines Gedankenberichtes des Ich-Erzählers vorgetragen, beziehen sich nicht auf einen staatspolitischen Horizont. Sie sind frei von unmittelbar praktisch-gesellschaftlicher Zielsetzung. In ihnen wird eine seelische Notlage ausgedrückt. Diese Selbstprüfungen sind nur ein Teil der Empirie des ›Innern‹, die auch zwischenmenschliche Beziehungen, insbesondere die Freundschaft einbezieht. Hinzu kommen die daraus entstehenden neuen Verknüpfungsformen der psychologischen Motivation als weltimmantente Rechtfertigung der Handlungsabfolge. Sie stehen selbständig und auf die Emanzipation der Diesseitigkeit verweisend neben der religiösen Sinngebung im Roman. Der Vorgang der »Verinnerung« des Romans,[12] der im Laufe des 18. Jahrhunderts zunimmt, läßt sich hier ansatzweise einmal als »Verirdischung«[13] und zum andern als die »Verlagerung von Außenraum in Innenraum«[14] nachweisen. Der Bereich des Innern siedelt sich im *Seltsamen Avanturier* nicht nur neben dem Bereich des Außen an, wie in der algerischen Sklaverei, wo Paulson die Lebensumstände und seine Empfindungen und Gedanken schildert, er verdrängt ihn zum Teil und setzt sich an seine Stelle, wie etwa beim Schiffbruch. Mit dem Unsagbarkeitstopos beschließt der Erzähler den Versuch, die Ungeheuerlichkeit des tobenden Meeres, die Zustände der um ihn herum im Wasser treibenden Menschen zu schildern. »Ich würde ... im Schreiben ... ermüden, wofern ich mich unterfangen wollte ... die Größe des Elendes abzuschildern, mit welchem wir uns umgeben sahen. Ich scheine mir genung gethan zu haben, wenn ich den Zustand beschreibe in welchem ich mich befunden ...« (S. 145). Es folgt, daß er seine Ausschweifungen bereut habe, aber vor Angst, die ihm den Mund verschloß, Gott nicht Abbitte tun konnte. Im Barock waren Schiffbrüche Anlaß zur Entfaltung rhetorischer Sprachkünste. Hier verzichtet der Erzähler nicht nur auf überhöhte stilistische Mittel, er läßt sich garnicht erst auf den Versuch ein, beim Leser Vorstellungen vom Ausmaß des Unglücks durch direkte Beschreibung zu evozieren. Er schildert dafür, um gleichwohl anschaulich zu bleiben, seinen Gemütszustand, um mit der Auswirkung des Schiffbruchs auf ihn etwas von der Ungeheuerlichkeit des Vorgangs einzufangen.

Den *Seltsamen Avanturier* auf bestimmte Vorbilder festzulegen, ihm seinen historischen Ort nur in einem Traditionsstrom anzuweisen, geht an der Komplexität des Werkes vorbei, und würde überdies einen entscheidenden Wesenszug des nachbarocken Romans verkennen, der in einer Flexibilität in der poetischen Konstruktion und einer Aufnahmebereitschaft für neue Wirklichkeitsbereiche und Wertordnungen besteht. Die Grenzen zwischen den einzelnen Romantypen waren schon im späten 17. Jahrhundert nicht mehr undurchlässig. Sowohl in den pikaresken wie in den Schäferroman drangen bürgerliche Elemente ein.[15] Der Austausch der Stoffe, Motive und Aussageformen nimmt im 18. Jahrhundert zu. Ein großer Teil des Spektrums der Gattung spiegelt sich im *Seltsamen Avanturier*, ohne daß in jedem Fall Einzelnes genau zugeordnet werden könnte.

Zwei dominante Einflußbereiche zeichnen sich jedoch ab: die religiöse Erbauungsliteratur und confessio-Tradition und der pikareske Roman. Beide Literaturformen haben einige Charakteristika gemeinsam, wie die Ich-Form, das Moment

---

12 E. Kahler, Verinnerung des Erzählens, NR, 1957, S. 501–546.
13 A.a.O., S. 504.
14 A.a.O., S. 503.
15 Vgl. H. Hirsch, Bürgertum, passim.

des Selbst-Erlebten und die Umsetzung von Erfahrung des Helden in neue Handlung, soweit er nicht nur Objekt seiner Umwelt ist. Ihre Verwandschaft hat zur Entstehung des ersten pikaresken Roman, dem *Lazarillo,* geführt, wobei die Sünder-Biographie die Funktion eines Katalysators für spätmittelalterliche Schwankliteratur übernahm.[16] Der pikareske Roman ist denn auch von Anbeginn eng mit der religiösen Literatur verknüpft. Das trifft vor allem im 17. Jahrhundert für Grimmelshausen zu. Bei Beer tritt die christliche Wertordnung schon hinter die bürgerliche zurück. Der *Seltsame Avanturier* gehört zu dieser Tradition. Der Einsatz verschiedener erzählerischer Mittel dort, wo zur Aufrechterhaltung des Wahrheitsanspruches die Fiktion des Selbsterlebten nicht mehr genügt, läßt erkennen, daß es sich bei ihm um eine besondere Spielart des pikaresken Typs handelt. Diese Erzählformen verändern die überlieferte Struktur. Bildeten im pikaresken Roman die Abenteuer eine lose Kette mehr oder weniger in sich abgeschlossener Ereignisse, zusammengehalten durch die Ich-Form, so wird im *Seltsamen Avanturier* diese offene Form der Reihung in doppelter Weise zugunsten einer thematisch und formal stringenteren aufgegeben. Die eine prägt den pikaresken Roman seit dem Barock: als christlich-teleologische Perspektive erkennt sie in den fortunahaften Zufällen des Lebens göttliche Fügung und interpretiert den Lebenslauf als einen Weg der Verirrung und Umkehr und der Glaubensläuterung durch göttliche Gnade. Der *Seltsame Avanturier* jedoch modifiziert die Tradition in der Weise, daß der transzendent begründete Zusammenhang der Vorkommnisse erst in einem *nachträglichen* Akt der Interpretation des erzählenden und stellenweise des erlebenden Ichs erstellt wird. Das Reihungsprinzip des pikaresken Romans findet dort sein Ende, wo der einsichtige Sünder seine Bewährungsprobe bestanden und durch Erfahrung gelernt hat, was er lernen sollte. Der traditionell offene Schluß dieses Romantyps wird dadurch geschlossen, daß eine innere, spezifisch religiöse Entwicklung des Helden ihren Abschluß findet, so daß eine weitere Ereignisfolge nicht mehr gerechtfertigt ist.

Das andere Verfahren, dem *Seltsamen Avanturier* eine Geschlossenheit der Form zu geben, ist ein Schritt auf spätere Erzählformen hin. Er besteht in der Anwendung einer Reihe von erzählerischen Mitteln, wie psychologische Motivation, kausalverknüpfte Episoden, kompositorische Eingriffe des Erzählers, thematische Ökonomie und Detailfreudigkeit. Durch die gegenüber dem pikaresken Roman vorliegende Differenzierung wird Realität vorgangshaft im Prozeß des Erzählens gefaßt. Dieser primär formale und strukturierende Vorgang unterstützt seinerseits wieder den erstgenannten Punkt. In der dadurch erreichten poetischen Geschlossenheit liegt der emanzipatorische Wert des Romans in der Gattungsgeschichte. Er zeigt einen Grad der Fiktionalität, der ihn zu einem überzeugenden Gegenbeispiel der Theorie Käte Hamburgers der Nicht-Fiktionalität der Ich-Erzählung macht.[17] Es ginge völlig an der Intention des Verfassers vorbei, im *Seltsamen Avanturier* und in der »Historie« überhaupt eine Stringenz zu erwarten, die in einer Irreversibilität der Handlungsabfolge besteht. (Dieses wird erst sehr spät in der Romangeschichte gefordert). Reichardt[18] beklagt die Austauschbarkeit der Episoden in diesem Roman. Er übersieht nicht nur die Exempelhaftigkeit der Episoden, wie Schiffbruch oder Inquisition, sondern auch, daß die konstituierenden Verknüp-

---

16 H. R. Jauss, Ursprung und Bedeutung der Ich-Form, Rom. Jb. 1957.
17 Vgl. Logik der Dichtung, 1957, S. 220 ff.
18 D. Reichardt, Quevedos ›Buscon‹, 1970, S. 180.

fungsmomente über die Exempelhaftigkeit der Ereignisse hinausgreifen, deren Austauschbarkeit deshalb nicht die innere Konsequenz des Romans berührt.

Der pikareske Roman ist durch Entbarockisierung zum Abenteuerroman geworden. Im ideologischen Bereich hat der Pikaro nicht mehr die Aufgabe, die Nichtigkeit der Welt vorzuführen: im formalen gibt er der Handlung ihre innere Konsequenz. Auch im Inhaltlichen lassen sich entscheidende Veränderungen feststellen. Die Grundkostellation des Konflikts zwischen Ich und Welt ist auch im *Seltsamen Avanturier* beibehalten. Aber in diesem Konflikt wird dem Ich eine größere Initiative zugewiesen. Es ist zwar häufig ein Opfer der Vorgänge; es überwindet diese Zustände jedoch durch innere Bewältigungsversuche. Seine Initiative liegt im geistigen Bereich, in einer Sinngebung der Geschehnisse. – Während der Pikaro häufig auf eine Genealogie verweisen kann, die ihn schon von der Herkunft an den Rand der Gesellschaft rückt, hat der Abenteurer ehrbare Eltern; er wächst im bürgerlichen Milieu auf, das jedoch meist nur als ein Zustand der Glückseligkeit und Zufriedenheit angedeutet wird, und erfährt, wie schon der Held in Beers *Welt-Kucker,* eine sorgfältige Erziehung und Ausbildung. Der Einfluß bürgerlicher holländischer Pikaroromane des 17. Jahrhunderts ist auch hier noch spürbar.[19] Der Held ist kein ungebildeter, asozialer Pikaro mehr; die Fiktion des literarisch ambitionierten outsiders wird dadurch wahrscheinlicher gemacht.

Was den *Seltsamen Avanturier* im besonderen von den holländischen Romanen unterscheidet, und was zugleich den Einfluß der Sünder-Biographien und Lebensbeichten dokumentiert, ist, daß der Konflikt mit der Welt nicht im Verstoß gegen die bürgerliche Gesellschaft (wie etwa bei Beer) entsteht, sondern in der Verletzung eines Sittengesetzes christlicher Provenienz. Mit der Verführung Amalias gibt Paulson dem Laster der Wollust nach, und mit dem vermeintlichen Mord beim Duell vergeht er sich an Gottes Gebot. Zu einem tragischen Konflikt kommt es jedoch nicht. Die Morde entpuppen sich als Verletzungen. Das Prinzip der Harmonisierung, das sich im Strukturellen abzeichnete, biegt auch die pikareske Grundsituation ins Versöhnliche um.

Den Grundtenor unserer Interpretation des *Seltsamen Avanturiers* bildete die Frage nach der Verwirklichung des programmatisch formulierten Wahrheitsanspruches der »Historie« in der Romanpraxis. Der *Seltsame Avanturier* hat darin exemplarischen Charakter. Im Folgenden sei noch einmal kurz umrissen, was mit dem Wahrheitsanspruch an theoretischer Konzeption verbunden ist.

Er impliziert die Distanzierung von der ›etablierten‹ Literatur im Umkreis des Hofes,[20] dem »Roman«. Er bildet den Kern eines Gegenprogramms, das komplizierte Handlungsführung ablehnt und dagegen den Versuch unternimmt einfach und chronologisch zu erzählen, nach dem Muster »what happens next«.[21] Die erfundene Geschichte wird abgelehnt. An ihre Stelle tritt der ›Erlebnisbericht‹ in Form eines Lebenslaufes, der nur das Besondere und Interessante auswählt und mitteilt. Das Mitteilenswerte hat nicht einmalig privaten Charakter, sondern ist stets auf eine allgemeine Erfahrung zurückgeführt. Die ›Seltsamkeiten‹ sollen durch ihren exemplarischen Gehalt kommunizierbar bleiben (z. B. S. 142, 334). – Der Rückgriff auf die Form des Selbsterlebten und Dokumentarischen ist nicht neu in der Gattungsgeschichte. Bei Happel oder den Galanten bedeutet es eine rein inhalt-

---

19 A. Hirsch, Bürgertum, S. 16 ff.
20 Vgl. M. Spiegel, Publikum, S. 37 ff.
21 E. M. Forster, Aspects of the Novel.

liche Übereinstimmung des Erzählten mit der Wirklichkeit. In ihren Romanen werden biographische Vorgänge in der Form des Schlüsselromans verarbeitet. Sofern diese Autoren überhaupt neue Wirklichkeiten heranziehen, werden sie – was noch an Severinus' *Philander* zu zeigen sein wird – aufgesogen und überdeckt durch die Gattungsgesetzlichkeit des »Romans«. Die »Historie« sucht eine neue Synthese von Wahrheit und Dichtung. Im Rückgriff zum Teil auf Aussageformen der Gebrauchsliteratur, der Reiseberichte, der Biographien und der Exempel der Predigtliteratur schafft sie *die* formalen Bedingungen für die Präsentation neuer Empirie. – Die Ablehnung des Erfundenen entbindet sie der Verpflichtung, das Erzählte der Wirklichkeit ähnlich zu machen. Der Autor gibt sich als Dilettant, der scheinbar darauf verzichtet, die im Roman üblichen kompositorischen und rhetorisch-sprachlichen Mittel anzuwenden.

Die poetologische Situation der »Historie« ist in manchem der heutigen Dokumentationsliteratur verwandt.[22] Die Konzepte beider ähneln sich im Ansatz. Sie sind Gegenbewegungen gegen eine Literatur, die durch Potenzierung der Vermittlungsmodi in einer von vorn herein als Schein begriffenen dichterischen Welt neue Aussagen zu treffen versuchen. Eine solche Potenzierung stellt die sich verselbständigende Rhetorik der Barockromane und ihre bis zur Unübersichtlichkeit verkomplizierte Handlungsverknüpfung dar. Aus Überdruß an unwirklich erscheinenden Erfindungen, am literarisch Eingefahrenen, an Formen, die die Wirklichkeit verdecken, greifen sie zurück auf das vermeintlich Unmittelbare der Dokumentation und des Selbsterlebten. Dabei unterstellt man, daß dieser Modus der Wiedergabe Wirklichkeit unvermittelt sichtbar macht. Für die »Historie« ist der Stützpfeiler des Wahrheitsanspruches die autobiographische Fiktion. Sie ist der Ausweis unmittelbarer Faktizität. – Zum ästhetischen tritt der soziologische Aspekt: die »Historie« ist der Lesestoff einer Gesellschaftsschicht,[23] der es offensichtlich wichtig war, daß die Erzählung »das Leben selber schrieb«.

Der Dokumentcharakter des *Seltsamen Avanturiers*, wie ihn die Vorrede durch die Herausgebergeschichte unterstreicht, ist eine Fiktion. Dieser Roman erstellt konsequent die Illusion der Faktizität. Ihr dienen alle erzählerischen Mittel, von der Erzählerreflexion über die Motivierung bis zur Detailfreudigkeit. Diese sind Erzählformen, die gleicherweise von jenen Romanautoren eingesetzt werden, die von vorn herein davon ausgehen, daß die erzählte Wirklichkeit nur scheinhaft sein kann. In der poetischen Durchführung, so zeigt es sich, ist die strenge Unterscheidung von wahrscheinlicher und wahrer Geschichte – wie sie der Verfasser und Ich-Erzähler des ›Seltsamen Avanturiers‹ trifft – fingiert. Die Nachahmung der Natur im Modus der Ähnlichkeit ist in den formalen Mitteln nicht von der Durchführung des Anspruches auf absolute Faktizität zu unterscheiden. Nur in der theoretischen Grundhaltung differiert der Autor des *Seltsamen Avanturiers* mit jenen, die von der Fiktivität des Erzählten ausgehen. Die Erzählformen werden von den einen als wirklichkeitsidentisch, von den andern als Mittel der Wirklichkeitsannäherung angesehen.

Die Verwirklichung des Wahrheitsanspruches in der Romanpraxis hat jedoch eine Entwicklung von Erzählformen bewirkt, die bedeutsam für die weitere Gattungsgeschichte sind. Man rückte von der starren und verwickelten Komposition des »Romans« ab, um zu einer scheinbar regellosen Darstellung des Selbsterlebten

---

22 Capote, Runge, Weiss, Wallraff; vgl. Die Zeit, 28. Nov. 1969.
23 Vgl. M. Spiegel, Publikum, S. 44 ff.

überzugehen, die sich jedoch als durchdachte und poetisierte Wirklichkeit entpuppt. Die Illusion der Faktizität forderte (dem Wirklichkeitsbegriff entsprechend) eine Motivierung des Geschehens, das dem *Seltsamen Avanturier,* vor allem vom Helden her eine geschlossene Struktur gab. Zwar ist dieser Roman noch weit entfernt von der Realisierung des Blankenburgschen Postulats, der Roman habe Charakterdarstellung zu sein. Doch ist ein entscheidender Schritt getan, weg von der repräsentativen Wirklichkeit des »Romans«, dessen Sinngebung von außen, von der höfischen Gesellschaft kam, durch die eine innere Motivation überflüssig wurde. Die Entwicklung geht nun in Richtung auf Vereinfachung bestimmter fiktiver Strukturen zugunsten vermeintlich wirklichkeitsnäherer. Der »Roman« achtete auf die Durchführung einer mehr äußerlich-formalen Einheit, die alle Figuren untereinander in Beziehung setzte, und deren am Ende handlungsabschließend gedacht werden mußte. Die Fiktion einer ›geschlossenen Gesellschaft‹ gibt der *Seltsame Avanturier* als »Historie« auf. An seine Stelle tritt ein Überschuß an Erzähltem, dessen Integration nicht auf den ersten Blick einsichtig ist. Spannung wird anders als im »Roman«, der sie durch Kupierung und Verschlingung der Handlungsstränge erreicht, durch szenisches Erzählen, das bei einzelnen Beobachtungen verharrt, verwirklicht. Die Fülle der dabei geschilderten Details geben dem *Seltsamen Avanturier* einen erzählerischen Charakter, den der »Roman« mit seiner rhetorischen Vortragsart entbehrt. Die Stofffülle ist im *Seltsamen Avanturier* auf verhältnismäßig wenige Situationen und Motive reduziert. Die Gattung gewinnt dadurch an größerer erzählerischer Intensität und Anschaulichkeit, die ergänzt wird durch den Perspektivenwechsel von außen nach innen.

Wir haben das ›Anti-Kunst-Programm‹ der »Historie« resümiert, und den erzählerischen Gewinn beschrieben, den seine Durchführung in der Praxis zur Folge hatte. Der theoretische Impuls konnte sich voll verwirklichen. Die Breite und Differenziertheit der theoretischen Aussage selbst bleibt jedoch hinter der Praxis zurück. Sie äußert sich mehr als Intention denn als ausgeführtes theoretisches Programm. – Es bleiben noch zwei Fragen zu beantworten: 1. Welche Konzeption von Wirklichkeit steht eigentlich hinter den Bemühungen, die Illusion der Faktizität aufrecht zu erhalten und keine Differenz zwischen Romanwirklichkeit und tatsächlicher Wirklichkeit entstehen zu lassen? 2. Wie verhält sich das theoretische Bewußtsein zu einem nur erschließbaren Autorenbewußtsein angesichts der Diskrepanz zwischen vorgeblicher Kunstlosigkeit und tatsächlicher Poetisierung?

Der Konventionalität von Stoff und Motiv steht im *Seltsamen Avanturier* eine Sorgfalt in der Verknüpfung der Teile, wie eine Anreicherung der Klischees mit empirischen Details entgegen. Ein ähnliches Verhältnis von literarischer Tradition und Empirie läßt sich bei anderen Romanen, die sich zur »Historie« rechnen, wie etwa dem *Schlesischen Robinson,* oder der *Insel Felsenburg* nachweisen, nur daß das Empirische mal mit Geschichtlichem, mal mit dem Erfahrungsbereich eines Subjekts gefüllt wird. Der Wirklichkeitsgehalt besteht demnach in einem doppelten: einmal in der inhaltlichen Erweiterung der bis dahin in der Gattung üblichen Wirklichkeitsbereiche, wie sie in den kennzeichnenden und ausschmückenden Details im *Seltsamen Avanturier* zum Ausdruck kommen, zum andern in der Struktur des Romans, in den Beziehungen der Teile untereinander. Von ihnen aus wird es nahezu irrelevant, ob die Teile mit literarischen Klischees gefüllt sind oder nicht. Sie erstellen eine Wirklichkeit, deren Realität in der Verbindung der einzelnen Partikel besteht. Es fehlt noch die Gottschedsche Grundkonzeption, daß der Roman, wie die Kunst überhaupt Nachahmung der Natur ist, die die beiden Wirklichkeitsaspekte auf einen Nenner bringt, bevor dann die Abhängigkeit der Wirklichkeit von einem erzählenden Subjekt erkannt wird. Sie setzt die Vorstellung voraus, daß erzählte Wirklichkeit und tatsächliche Wirklichkeit zwei kategorial voneinander geschiedene Bereiche sind.

Daß der Autor des *Seltsamen Avanturiers* von dieser Erkenntnis nicht weit entfernt ist, die einige Jahre später auch Schnabel formuliert, läßt sich aus einigen Indizien schließen. Sie finden sich dort, wo sich ein Gattungsbewußtsein andeutet, das bewußt von bestimmten Aussageformen des »Romans« abrückt. Das theoretische Bewußtsein ist nur ein Teilbereich des Autorenbewußtseins, das sich in zwei verschiedenen Medien, der theoretisierenden Vorrede und der praktischen Durchführung in der Erzählung äußert.

III. Literarische Konvention und erzählerische Neuansätze in der Darstellung der Romanwirklichkeit am Beispiel von Severinus' ›Philander‹ (1722; ²1733)

»Mein Leser

Ein Roman, so pflegts die Welt zu nennen,
Stellt sich dir ungescheut vor Augen an das Licht;
Man kan den Vogel schon, sprichstu, an Federn kennen;
Allein betrüge dich in deinem Urtheil nicht.
Man pfleget ofttermaln zusammengeschmierte Sachen
Zu einem löblichen und tüchtigen Roman,
Nach der verkehrten Welt verderbten gout zu machen,
Den ich mit allem Recht Scartequen heißen kan.
Das ist das ächte Lob: wenn uns dergleichen Schriften,
Der Tugend wahres Bild, der vielen Laster Scheu,
Der keuschen Liebe Zier, zu einem Denckmahl stiften:
So hat man Ruhm verdient: ...«

Der Anfang der Vorrede zu Severinus' 1722 zum ersten Mal erschienenen Roman *Des Durchlauchtigsten Philanders und anderer Hohen Persohnen merckwürdige Begebenheiten* ... (zit. nach ²1733) weist ihn sogleich als zur Tradition des »Romans« gehörend aus. Folgende Indizien sprechen dafür: 1. Severinus nennt sein Werk »Roman« und deutet damit die Zugehörigkeit zu einer festumrissenen Gattungstradition an. Der Leser kann Themen, Motive und Aufbau des höfisch-historischen, bzw. galanten Romans erwarten. 2. Die Handlung wird vom Tugend-Laster-Schema strukturell wie ideologisch geprägt. Statt des Anspruches auf faktische Wahrheit steht als Hauptanliegen die moralische Intention im Vordergrund, die eine Übereinstimmung in Prinzipien mit der Wirklichkeit gewährleistet, ohne daß dies im theoretischen Programm zum Ausdruck kommt. 3. Es ist ein Topos der Romanreflexion im Umkreis der »Romane«, sich von den schlechten »Romans« zu distanzieren und die eigene Moralität besonders herauszustreichen. Auftrag des »Romans« ist es, nicht irgendein Geschehen (»zusammengeschmierte Sachen«) zu erzählen, sondern die Gestaltung eines angegebenen prodesse. 4. Die Versform ist das erste Zeichen eines Kunstwollens des Verfassers. Das Werk wird damit als

»Literatur«, als artifizielles Produkt eingeführt. Für die »Historie« ist diese Form der Romanreflexion undenkbar: denn die »Historie« ist aus der Sicht des »Romans«, der die gesellschaftliche Anerkennung der ›gebildeten‹ Kreise hat, Subliteratur.

Der vierte Punkt erschließt das Verständnis für die Romanpraxis. Während die »Historie« sich als ›geschichtslos‹ und ohne (eingestandene) Rückbindung an literarische Formen begriff, sucht der »Roman«, und in diesem Falle auch Severinus, bewußt die Anlehnung und Absicherung in der Tradition. Die »Historie« setzt beim Erlebnishorizont und Sprachstil des jeweiligen Autors an; Severinus hingegen kann sich in Theorie und Praxis auf literarische Autoritäten berufen. Im Fortgang der Vorrede plädiert er für eine eindeutige moralische Haltung im Roman. Dem Tugendhaften soll bei allem Unglück und dem Lasterhaften trotz Fortüne schließlich doch poetische Gerechtigkeit widerfahren. Das prodesse fordert dies. Den seit Aristoteles und Horaz festgelegten Rahmen verläßt er damit nicht. Hingegen betritt der Autor Neuland in der Gattungsgeschichte, wenn er den gemischten Charakter in die Romanpraxis einführen will, der erst in den 50er Jahren für die Gattung allgemein verbindlich ist. (Zum Beispiel bei Pfeil, *Graf P.*, oder in Troeltschs Romanen.) »Wolan wer dichten will: muß mit Vernunft so dichten Daß kein Schlaraffen-Land der Leser Sinn ergözt.« Zunächst rechtfertigt er dieses Postulat – ganz im Sinne der beginnenden Aufklärung – im Namen der Vernunft und der moralischen Wirkung, die bei allzugroßer Idealität und damit Ferne der Nachahmungsmöglichkeit verpuffen muß. Er begründet es jedoch nicht mit größerer Wirklichkeitsnähe, wenngleich mit dem gemischten Charakter ein Ansatz sowohl in diese Richtung als auch zu einem Roman gemacht worden ist, der der Charakterdarstellung größere Wichtigkeit beimißt, als es der höfisch-historische Roman tat. Von dessen makellosen Tugendhelden, Inbegriff und personifizierte Verdichtung höfischer Tugendideale[24] rückt er ab. Die Tradition, der er sich sonst zugehörig fühlt, durchbricht er. Dafür bedarf es besonderer Legitimation. Er findet sie wiederum in der Antike, beim Epos. Homer und Vergil sind seine Gewährsleute, und die Helden ihrer Werke, der Ilias, der Odysse, und der Äneis, führt er als Beispiele an, daß Heldentaten und Charakterfehler sich in einer Person vereinigen können.

Die Berufung auf die Antike, wie die Anlehnung an das Epos beleuchtet schlagartig die poetologische Situation des »Romans«. Er ist zwar eine anerkannte Gattung und neben der Lyrik die literarische Form, in der die gebildete Schicht sich ausdrückt. Seine Gattungsgeschichte ist jedoch zu kurz, als daß sie ein eigenes poetologisches Gewicht, eine Berufungsinstanz abgeben könnte. Das Epos bietet sich als Absicherung für die gegenüber dem »Roman« neue Behandlung der Charaktere nicht nur deswegen an, weil es die verwandte epische Gattung ist, der auch die Barockpoetiker den Roman zuordnen,[25] sondern auch weil über diesen Umweg der Roman sich eingliedern läßt in eine epische Tradition, die in Theorie und Praxis in der Antike ihren Ursprung hat. Severinus dokumentiert sein Kunstbewußtsein sowie seine Ausrichtung an einer normativen Poetologie. Während die »Historie« sich an gebrauchsliterarischen Formen orientiert und Empirie in den Roman einzuführen versucht, folgt der »Roman« traditionellen Formen der hohen Literatur.

Severinus' *Philander* ist kein reines Beispiel für den »Roman«, wie etwa Palmenes' *Bernandis*, Rosts *Helden- und Liebes-Geschichte* oder Ormenios *Medea*.

---

24 Vgl. D. Kafiz, Lohensteins Arminius, 1970, S. 26–35.
25 Z. B. Morhoff, Rotth.

Das auf ein Glied in der endlosen Kette von Trennung und Wiederfinden reduzierte Handlungsschema des höfisch-historischen Romans findet, nach glücklicher Vereinigung des einen Liebespaares, seine Fortsetzung in einem Staatsroman, der von fern verwandte Züge mit dem englischen *Joris Pines* oder Faramonds *Glückseligster Insul* zeigt. Am Philander werden schon Veränderungen sichtbar, die durch den erfolgreichen Gegentyp »Historie« bedingt sind. Da sich in der Verhinderung der Entfaltung von Neuansätzen die Gattungsgesetzlichkeit und -Eigentümlichkeit des »Romans« besonders gut vorführen läßt, ist er als Exemplum besonders gut geeignet. Auf Handlungsführung und Erzählweise sei zunächst eingegangen.

Wie ein Romanautor des Barock führt Severinus den Leser unvermittelt in die Handlung. Als Romananfang verwendet er die konventionelle Form des seit Heliodor geübten medias in res.[26] »Als Philander von dem tiefen Schlaf erwachte: wurde er nicht wenig bestürzt, da er sich an einem ihm ganz unbekandten Ort befände, und gegen ihm über einen alten grauen Mann mit unverrückten Augen sitzen sahe« (S. 1). Der Leser gerät mitten in eine Szene, die ihm, ebenso wie dem Helden, unklar ist. Anders als bei Heliodor, der sich eines »malerisch beschreibenden« Romaneingangs bedient, erfährt dieser hier eine dramatische Zuspitzung durch die Konfrontation mit einem sprachlosen Mann, den Philander zunächst für einen Menschenfresser hält. Das heliodorsche Prinzip der zunehmenden Verengung des Blickwinkels[27] wird hier umgekehrt. Severinus beginnt mit einer potentiell-konfliktreichen Konstellation, die allmählich und konsequent die Handlung in Bewegung setzt. Der Erzähler greift nicht aufklärend ein, die gemeinsame Perspektive von Held und Leser gegenüber dem aktuellen Geschehen bleibt gewahrt. Schrittweise beginnt Philander sich seiner Situation zu versichern, wodurch er selbst, wie der Leser, allmählich Klarheit über die Umstände gewinnt. Wendungen wie »damit er aber wissen könte« (S. 1) oder »Er versuchte es durch unterschiedliche Proben« (S. 2) oder »endlich probirte er« (S. 3) charakterisieren die tastenden Versuche, die Gegebenheiten auszukundschaften. Der Leser ist Zeuge dieses analytischen Verfahrens, bei dem die Entschließungen vorbereitende Reflexion eine Rolle spielt (»was ist zu machen, dachte Philander bey sich selbsten?«, S. 3).

Diese Art der Handlungsaufschließung, bei der durch die Aktivität der Hauptfigur der an einem beliebigen Ende aufgenommene Handlungsfaden weitergesponnen wird, ist dem Vorbild der Antike verpflichtet. Das gleiche analytische Verfahren wendet die antike Tragödie an. – Was hier an einer kleinen Szene nachgewiesen wurde, gilt für die Handlungsführung des Romans insgesamt. Dem medias-in-res-Anfang korrespondiert die nachgeholte Vorgeschichte, die in den Mund der Personen gelegte Aufdeckung der Ursachen und Zusammenhänge des Geschehens. Dabei wird die Parallelität zwischen dem begrenzten Wissen Philanders und dem des Lesers nur selten aufgehoben. Durch aufgefundene Dokumente (S. 16 f.) erfährt Philander wie der Leser den Grund des plötzlichen Verschwindens seiner Margaris, das die Ursache seiner Reise war und ihn vorübergehend auf die Insel bannte.

Handlung wird nur insoweit nachgeholt, als es unbedingt notwendig ist. Der Gesamtzusammenhang ersteht vor dem Auge des Lesers aus einzelnen Facetten. Meist setzt die nachgeholte Vorgeschichte bei einem Unglück, etwa einer Entführung, oder dem Verkauf in die Sklaverei, ein, um bis zur Einmündung in das

---

26 Vgl. N. Miller, Der empfindsame Erzähler, S. 51 ff.
27 Miller a.a.O.: »Trichteranfang«.

Hauptgeschehen fortgeführt zu werden. Die Prinzipien dieser Einbeziehung sind entweder die Vorführung exempelhaften Verhaltens, oder Bedingungen zu schaffen für spätere Begebenheiten. Margaris zum Beispiel verliert kein Wort über ihre Jugend in England und erwähnt nur kurz die Umstände ihrer Entführung. Dafür verweilt sie lange bei ihrem Sklavendasein und entwirft damit das Bild einer tugendhaften und selbst in lebensgefährlichen Situationen standhaften Heldin (S 50 ff.). Die Erzählung von Philetheus und Somatophilus, Beispiele eines Sklavendasein (S. 179–198), in dem der Herr durch die Vernunft und Fähigkeit seiner Diener für sie eingenommen wird, legitimiert sie als Erzieher in dem später von Philander gegründeten Inselstaat. Während die Geschichte der Margaris, die das nach dem Schema Trennung-Vereinigung gearbeitete höfisch-historische Geschehen ergänzt, ihren Konvergenzpunkt im von höfischen Wertvorstellungen geprägten Bewußtsein der Leser hat, ist die von Philetheus und Somatophilus funktional in die Handlung eingebunden, wenngleich ihr ähnlich belehrende Intentionen unterliegen wie der Erzählung der Margaris. In der Gegenüberstellung der beiden nachgeholten Vorgeschichten zeigt sich der Gewinn an ästhetischer Immanenz gegenüber dem Roman, der das Muster des höfisch-historischen vollkommen erfüllt. Er wächst der Gattung durch die Verbindung zweier Romantypen, des »Romans« und der »Historie«, zu. Der Handlungsablauf als Erzählleistung ist im höfisch-historischen Roman und seinen Nachfolgern deshalb unwichtig, weil der Wert und Sinn der einzelnen Episode a priori festliegt (Geschichte der Margaris). Für die Geschichte der beiden Erzieher, die dieser Tradition nicht angehören, ergibt sich Sinn und Funktion erst im Gesamtzusammenhang des Geschehens. Sie muß stärker integriert werden, was wiederum eine strukturelle und motivliche Bezogenheit zur Folge hat. – Die Ausschnitthaftigkeit der erzählten Geschichten ist typisch für den »Roman«. Diese Handlungsökonomie verhindert jede Entwicklung eines ›epischen Atems‹. Sie ist maßgeblich durch das prodesse bestimmt, das hier sowohl als barocke constantia (die sich aus der Handlung ergibt), wie in aufklärerischen Erziehungsmaximen (die vorgetragen werden) auftritt. Das delectare besteht für den Leser in der allmählichen Enthüllung zunächst in ihrem Zusammenhang unverständlicher Begebenheiten.

Die nachgeholten Vorgeschichten werden alle zum Zeitvertreib (dem Topos der Novellensammlungen folgend) auf der Schiffsreise von und nach England erzählt, nachdem die Getrennten, Philander und Margaris wiedervereinigt sind. An herausgehobener Stelle im Roman, dort, wo das nach dem Muster des höfisch-historischen Romans geprägte Geschehen abgeschlossen und es Margaris gelungen ist, Philander davon zu überzeugen, nicht im Affekt des Zorns Rache an ihrem Sklavenhalter Mustapha zu nehmen, dort wird der Kapitän des Schiffes aufgefordert, seine Lebensgeschichte zu erzählen. Philander und Margaris sind jedoch nicht unter den Zuhörern. Es ist der Lebenslauf eines Bürgerlichen, den er dem Kammerdiener Proteus und anderen Kameraden erzählt. Er bildet den Übergang zwischen dem Geschehen um die beiden hohen Standespersonen und dem im von Philander gegründeten Inselstaat. Dieser »Lebens-Lauf« zeigt im Handlungsaufbau und den Motiven Ähnlichkeiten mit dem Seltsamen Avanturier und damit mit der »Historie«. Abstammung und Jugend werden ausführlicher als im Seltsamen Avanturier geschildert. Die eingehende Erzählung der Schulstreiche sollen wohl kaum, wie in Polanders Lustiger Studierstube (1703, ²1722) bloß der Unterhaltung dienen; sie werden vielmehr als Beispiele eines bösen Charakters angeführt. Wie im Seltsamen Avanturier unterliegen die Begebenheiten einer Interpretation unter dem Blickwinkel von falscher Erziehung – Vergehen – Strafe. Die Schwängerung eines Mädchens und ein Duell mit tödlichem Ausgang werden gleichfalls aus dieser Sicht gedeutet. Gleichsam als Strafe muß er das Studium abbrechen und Dienst auf Schiffen nehmen. Die Erzählung von Schiffbrüchen und Sklaverei ist, wie Duell und sittlicher Fehltritt, ein der »Historie« geläufiges Thema und Motiv. Aus weiteren zahlreichen Abenteuern greift der Kapitän zwei heraus; nach einem Schiffbruch wird er in ein Reich der Schwarzen verschlagen. Er heiratet die Königin, und gemeinsam mit ihr und einigen (geschwärzten) Europäern versucht er die Wilden nach Vernunftgrundsätzen zu erziehen, wobei er aber erst dann Erfolg hat, als Philetheus und Somatophilus zu ihnen stoßen. Das zweite Abenteuer erzählt eine robinsonhafte Begebenheit mit Menschenfressern, die er alle abschlachtet. – Mit der »Historie« hat dieser Lebenslauf mehr als nur die Ich-Form gemeinsam; statt der Ausschnitthaftigkeit in der Wiedergabe wie im »Roman« wird sie ab ovo kontinuierlich erzählt. Ihr gleich ist darin nur noch die Lebensbeichte Mustaphas eines outcasts und Lasterhaften par excellence, der dennoch zu Macht und Einfluß gekommen ist. Die Handlungsabfolge beachtet streng die Chronologie. Eingeschobene Geschichten fehlen. Auch in der theologischen Gesamtdeutung ist der Lebenslauf eng mit der »Historie« verwandt. Motive wie das Duell oder das verführte Mädchen könnten in keinem »Roman« vorkommen. Trotz dieser strukturellen und motivlichen Andersartigkeit ist der Lebenslauf mit dem Gesamtgeschehen verbunden. Mit der Anti-Affekt-Lehre (S. 137) als Erziehungsmaxime im Reich der Schwarzen nimmt er das Hauptthema des Romans auf. In ihm kehrt auch das Motiv wieder, das den Roman von Anfang an begleitete: die Erziehung von ›wilden‹ Menschen, sowie der fehlgeschlagene Versuch der älteren Wilden, gegen die Erziehung aufzustehen. Der Bericht vom Reich der Schwarzen greift dem letzten Teil des Romans, der Schilderung eines Inselstaates, voraus. Zugleich führt die Erzählung des Kapitäns die beiden Erzieher, Philetheus und Somatophilus, mit einer Art Vorgeschichte ein.

Der Kapitän ist bemüht, nur das Interessante zu erzählen, und wählt aus der Fülle seiner Erlebnisse entsprechend aus: »Weil aber auf dieser und den übrigen Reißen nichts sonderliches anzumercken ist, so übergehe alles mit gehörigen Stillschweigen . . .« (S. 179). Seine Vortragsart unterscheidet sich jedoch wesentlich vom Schwerpunktsetzen der »Historie«. Sie verweilt nirgends lange und wechselt, bei geringer Detailfreudigkeit, rasch von einer Begebenheit zur anderen. Ein Schiffbruch, wichtiger Handlungsdrehpunkt auch in seinem Leben, wird auf einer halben Seite kurz abgetan (S. 112 f.), während er im *Seltsamen Avanturier* mehrere Seiten füllte. Ein einziges Detail soll ihn von anderen unterscheiden: daß er einen Menschen ins Wasser stoßen mußte, um sich selbst zu retten. Anschaulichkeit, soweit sie überhaupt intendiert ist, vermitteln nur Wortmuster wie »abscheulicher Sturm« »lauter schwimmende Leute«, »den bittern und nassen Tod empfinden«. Bei aller stofflichen Fülle, die diese Geschichte im Vergleich zum höfisch-historischen Geschehen in diesem Roman hat, bedient sich der Kapitän dennoch der gleichen raffenden Erzählweise, die es versäumt, im Leser plastische Vorstellungen vom Geschehen hervorzurufen. Wendungen wie »damit ich anderer Umstände nicht gedencke« (S. 128) oder »ich muste viele Proben der Gedult ablegen; indem ich vielen Gefährlichkeiten unterworffen war. Bald wurde ich auf den Tod verwundet, bald . . . bald . . .« (S. 175) sind typisch für den Erzählvorgang. Ein summarischer Überblick genügt dem Erzähler dort, wo andere Historienschreiber mit vielen Details Anschaulichkeit zu erreichen versuchen. »Wie viele Lebens-Gefahr muste ich während der Zeit ausstehen? zweymal ward ich gefangen und 3mal tödlich verwundet worden: 5mal litte ich Schiff-Bruch ...« (S. 122). Das Geschehen wird abstrahiert und auf diejenigen Umstände reduziert, die unumgänglich notwendig sind, um die Hauptintention durchzuführen, ein prodesse dem Leser zu vermitteln. So nimmt die Darlegung der Erziehungsmaximen im Reich der Schwarzen den größten Raum ein; kleine Szenen, wie der Aufstand der älteren Schwarzen, können sich nicht entwickeln, da sie sehr schnell auf ihren didaktischen Kern zurückgeführt werden (S. 140 ff.).

In diesem raffenden Erzählvortrag, der das Erzählen selbst nur als Vehikel für erzieherisch exempelhafte Aussagen verwendet, entspricht der Lebenslauf des Kapitäns ganz dem Stil des übrigen Romans. Auch hier verhindert der raffende Erzählbericht eine Anschaulichkeit vermittelnde Detailfreudigkeit. Es werden mehr Ereignis-patterns abgespult als konkrete Vorstellungen beim Leser evoziert. Das bestimmende pädagogisch-aufklärerische Konzept scheint durch die Szenensplitter durch. Die Begegnung mit Monander, dem Sprach-losen Wilden, zu Beginn des Romans, wird kaum dazu genutzt, durch spezifische Beobachtungen eine lebendige Erzählung entstehen zu lassen. Der Erzähler bedient sich als Leitfaden der *Idee* eines Menschen im Urzustand, gemäß der später geäußerten Maxime (S. 135), daß der Begriff einer Sache diese selbst am eindrücklichsten vermitteln kann. In kleinen Vorkommnissen, in Ansätzen zu szenischem Erzählen handelt er gleichsam einige Punkte, die diese Idee vorstellen, wie in einem Vortrag ab, wie z. B. die Unkenntnis der Sprache; die Verständnislosigkeit bestimmten Gesten gegenüber; die Unkenntnis des eigenen Spiegelbildes und damit des Äußeren von Menschen überhaupt und die Lernfreudigkeit. Was an konkretem Geschehen entworfen wird, setzt der Erzähler nicht in ein Raum-Zeit-Schema, sondern reduziert es auf allgemeine Anweisungen, die stellvertretend für die Begebenheiten stehen.

> »Hiemit beschloß Phileteus seine Rede und Prinz Philander befahl mit möglichster Geschwindigkeit Hütten zu bauen, damit sie nicht unter freyen Himmel dem Wind und Wetter unterworfen wären. Sie griefen mit gröstem Vergnügen die Arbeit an; zumaln als sie ihren Regenten vor sich sahen, welcher mit aller Sanftmuth sie dazu aufgemuntert. Solchergestalt gieng die angefangene Bemühung glücklich von statten, und wurden vor der Sonnen Untergang so viele Hütten gebauet, als nach Anzahl der Personen nöthig waren. Nach vollbrachter Arbeit tratten sie unter freyen Himmel zusammen, und statteten ihren Danck gegen Gott vor die erzeigte Wohlthaten ab: diese Gewohnheit wurde alle Tage früh und abends auf Befehl unsers Printzens fortgesezet.« (S. 213).

Befehle, die einen Vorgang überschriftartig vorstellen, ersetzten die Schilderung einer Handlung und verkürzen sie auf einen gerafften Eindruck (s. a. S. 214). Das intendierte prodesse kommt durch solche Ereignisabstraktionen unmittelbarer zur Geltung, wird aber nicht episch dimensioniert. Es wird keine Erzählwelt erstellt, die ein bestimmtes Subjekt in einer bestimmten Situation schildert. Der raffende Bericht, die präsentisch-iterative Erzählweise hebt nur ideelle Konstruktionen, wie die Prinzipien eines Staatswesens oder die Ausgestaltung von Kirchen und Gottesdienst (S. 216 ff.) hervor.

Der Wechsel vom raffenden Bericht zu mehr szenischer Darstellung, soweit sie vorhanden ist, erfolgt sowohl im höfisch-historischen Teil des Romans, als auch im Lebenslauf des Kapitäns ziemlich übergangslos (z. B. S. 7, S. 122 f.). Dies deutet auf ein nur gering ausgeprägtes Erzählbewußtsein. Bestätigt wird dieser Tatbestand durch die schwache Ausprägung eines auktorialen Verbundes von Handlungsteilen. Der Erzähler tritt nur als ordnendes Prinzip in Erscheinung. Der Schauplatzwechsel, wie z. B. die Befreiung der Margaris (S. 49) oder die Rückkunft nach England (S. 164) sind flüchtig und kulissenhaft durchgeführt. Ebenso unmittelbar und vorbereitungslos wird von erzählten Begebenheiten zur vorgehenden Handlung übergewechselt (S. 156, 211). Der Erzählduktus bekommt durch solchen oft willkürlichen Blickpunktwechsel und infolge des raffenden Erzählens etwas Überstürztes und Unverbundenes.

Wir haben bezüglich des Handlungsablaufes und der Erzählweise das höfisch-historische Geschehen im *Philander* mit einer eingeschobenen, mit der »Historie« verwandten Geschichte, die bezeichnenderweise nicht die Funktion einer nachgeholten Vorgeschichte hat, einander gegenüber gestellt. Es erhebt sich die Frage: was gewinnt die Gattung, welchen emanzipatorischen Wert hat die Verknüpfung von zwei Geschichten in einem Roman, deren Traditionsbereiche und poetologische Intentionen verschieden sind, und in welchem Beeinflussungsverhältnis stehen sie beide zueinander. – Die Gattung Roman gewinnt durch die neuen Motive, die der Lebenslauf des Kapitäns einbringt, und die zum Teil auch das höfisch-historische Geschehen durchdringen (Erziehung von Wilden, Anti-Affekt-Lehre) ein breiteres Spektrum an erfahrbarer Wirklichkeit, ohne daß es theoretisch intendiert wurde. Zwar stehen noch höfische Liebe (constantia) und galant aufgeputzte bürgerliche Liebe unverbunden nebeneinander. Jedoch erzwingt der Lebenslauf eines Bürgerlichen zunächst für sich selbst den Verzicht auf ein 1722 schon unzeitgemäß gewordenes Heroische und verhindert gleichzeitig die Fortführung des höfisch-historischen Geschehens, sodaß der Roman in der Darstellung eines Staatswesens endet.

Der Lebenslauf des Kapitäns weist eine chronologisch fortlaufende Handlung auf, die ab ovo beginnt. Ihm steht die Ausschnitthaftigkeit der nachgeholten Vorgeschichte im übrigen Roman gegenüber, sowie die verschränkte Gesamtkomposition. Diese für den höfisch-historischen Roman typischen Verschachtelungen sind im *Philander* jedoch auf ein überschaubares Maß zurückgegangen, nicht zuletzt auch infolge der Kupierung des höfisch-historischen Geschehens. – Der Lebenslauf erzwingt eine neue innere Struktur des Romans, weil er – als Lebenslauf – nicht mehr nur ausschnitthafte Vorgeschichte ist. Der Zwang zu seiner Integration bewirkt ein Motivgeflecht, das sich über ihn wie über das übrige Geschehen legt.

Den positiven Auswirkungen der eingeschobenen »Historie« steht gegenüber, daß die Prädominanz der »Roman«tradition die Entwicklung eines lebendigen Erzählens verhindert. Die dem »Roman« eigene raffende Erzählweise unterdrückt eine in der »Historie« angelegte Detailfreudigkeit, die die »Roman«tradition nicht kennt. Auch das Bewußtsein von bestimmten Erzählmodi oder Verknüpfungsformen, die die Illusion einer wahrscheinlichen Geschichte entstehen lassen, kann hier erst gar nicht aufkommen. Auch in der Lebensgeschichte scheint das Prinzip des ganzen Romans vorzuherrschen, möglichst viel Stoff zu bringen, das heißt in diesem Fall nicht Handlungsfülle, sondern bestimmte Inhaltsmuster, die eine solche vortäuschen.

An der Darstellung des ›Innern‹ wie der Sprache zeigt sich, wie stark trotz aller, aus der »Historie« kommenden, Anregungen die Tradition des »Romans«, und dort vor allem der Rhetorik, ist. Empfindungen können sich nur in entsprechenden Sprachbewegungen, wie der rhetorisch aufgeschmückten ›großen Rede‹ entfalten (S. 98 ff.). Plötzlicher Stimmungsumschwung wird im rhetorischen Schema des Kontrastes dargestellt. (S. 26, 52). Extreme Gemütslagen, wie die Verzweiflung über den Tod der Gattin, äußern sich in extremen Handlungen oder Handlungsabsichten, wie Selbstmord (S. 154). – In der Sprache zeigt der Teil des Romans, der

der Tradition des höfisch-historischen verpflichtet ist, noch barocke Stilzüge. Wenngleich der Metaphernreichtum und die zahlreichen schmückenden Adjektive reduziert sind, fehlt doch nicht die ›große Rede‹. Philander bedient sich ihrer, wenn er die Liebe und Standhaftigkeit seiner Margaris lobt (S. 97 f.); aber auch Somatophilus und Philetheus bedienen sich ihrer, wenn sie den Urzustand, in dem sich Monander auf der Insel befand, glücklich preisen (S. 168), oder wenn sie nach der Landung auf der Insel die Prinzipien eines rechtschaffenen Lebenswandels den Mitreisenden darlegen. Dieser mit rhetorischen Mitteln arbeitenden Sprache steht die schlichtere des Kapitäns unverbunden gegenüber. Sofern man nicht galante Wendungen unter die Rhetorik rechnet, ist sie frei davon. Unterhaltungen in direkter Rede, wie z. B. mit einem Mädchen, das er begehrt (S. 116), sind verbindlicher als die erhabene Rede und Gegenrede der hohen Personen (S. 100 f.). In beiden Fällen gibt es ein gemeinsames Vokabular (Liebe, Treue, Gunst). Die sprachliche Kommunikation jedoch zwischen dem Kapitän und dem Mädchen ist ›natürlicher‹, weil sie auch die nichtsprachliche Seite mitgestaltet. Als einziger jedoch bedient sich der Kapitän als Erzähler der indirekten Rede (S. 119; S. 124 f.).

Kennzeichnend für den »Roman«, das hat der *Philander* gezeigt, ist das Desinteresse in Theorie und Praxis an Wahrheits- und Wahrscheinlichkeitsfragen. Selbst der Einbau einer Geschichte nach dem Muster der »Historie« ändert daran nichts, da die Entwicklung von Erzählformen, die ein neues Wirklichkeitsverhältnis aufbauen könnten, durch die aus der »Roman«tradition kommende raffende Erzählweise unterbunden wird. Wichtig ist das prodesse, das hier in Erziehungsmaximen, einer Staatsidee, die das gesellschaftliche Leben lehrt und in der Anti-Affekt-Lehre vorhanden ist. Meist wird dieses prodesse in Reden vorgetragene und nicht in Handlung umgesetzt. Eine der wenigen Ausnahmen bildet der Held Philander selbst. An ihm werden die negativen Auswirkungen, die Anti-Affekt-Lehre[28] nicht zu befolgen, vorgeführt. Theoretisch wurde dieser Versuch, dem Helden etwas von seinem idealen unerreichbaren Glanz zu nehmen, durch den Hinweis auf die gemischten Charaktere in Homers und Vergils Epen abgesichert. Es ist kennzeichnend für diesen Roman, daß er – aus Gründen der moralischen Wirkung – mit der Charakterdarstellung ein spezifisch literarisches Problem aufgreift. Theoretisch ist er darin der »Historie« voraus, jedoch gelingt ihm die Umsetzung in die Praxis kaum. Dem Leser wird *mitgeteilt*, daß der Hauptfehler des Helden seine Übereiltheit sei: »Hier zeigte sich Philanders Ungeduld, weil er sein Vergnügen, welches er schon glaubte gefunden zu haben, noch nicht erreichen kunte.« (S. 9). Seine Ungeduld kommt auch gegenüber Margaris zum Ausdruck. Beeindruckt von ihrer Standhaftigkeit und sich selbst ihrer unwürdig fühlend, beschließt er im Affekt (Wut), sie zu verlassen, um Rache zu üben. Nur mit Mühe kann Margaris ihn davon abhalten, ihre Vereinigung wieder aufs Spiel zu setzen. Daß er die gezeigte Übereiltheit nicht an sich korrigiert, kostet ihm, als er Achmet im Inselstaat zu schnell sein Vertrauen schenkt, das Leben.[29] Der zunächst glückliche Ausgang des höfischhistorischen Romans wird einer bestimmten Darstellungsintention geopfert. Um die Untugend der Ungeduld mit genügendem Nachdruck vor Augen zu führen, muß der Held an den Folgen zugrunde gehen. Der gemischte Charakter, das heißt hier der positive Held mit einem entscheidenden Charakterfehler, wird durch Er-

---

28 »Ihre Affecten werden ihnen als ihre ärgsten Feinde vorgemahlet...«, S. 137, s. a. S. 169.
29 Ein Ereignis, das dem Inselstaat etwas von seiner Utopie nimmt.

weiterung und Veränderung des nur den idealen Helden zulassenden höfisch-historischen Handlungsschemas erreicht. Indem zwei verschiedene Romantypen additiv aneinander gefügt werden, die ganz unterschiedliche Situationen mit sich führen, denen gegenüber der Held sich angemessen verhalten muß, erfüllt man die theoretische Forderung des gemischten Charakters. – Ein dem theoretischen Bewußtsein und der literarischen Tradition des »Romans« entsprechendes Darstellungsproblem wird theoretisch mit der Bezugnahme auf das anerkannte Vorbild der Epen Homers und Vergils abgesichert. In der praktischen Ausführung jedoch verläßt man die traditionelle, aus dem Barock tradierte, Form, um mit den Aussageformen der »Historie« eine Verbindung einzugehen, ohne daß das Neue jedoch voll wirksam werden könnte.

IV. Die Entwicklung der Romantypen »Historie« und »Roman« in den 50er Jahren

1. Die Forschungslage, exemplifiziert an *Geschichte Wilhelm von Hohenberg* (1758)

Wo immer man bisher den Roman vor Wieland in den 50er Jahren interpretierte, geschah dies unter der Voraussetzung seiner totalen Abhängigkeit von Vorbildern wie Marivaux, Prévost, Fielding oder Richardson. Das Kapitel, in dem H. Friedrich[30] Romane von C. Friedrich Troeltsch (*Geschichte eines Kandidaten, Geschichte einiger Veränderungen,* 1753;), Chr. G. Richter (*Schwachheiten des menschlichen Herzens,* 1755), eines Anonymus (*Stetige Unruhe in der Liebe,* 1755) und J. G. Pfeil (*Geschichte des Grafen von P.,* 1756) untersucht, ist mit Nachahmungen und Abhängigkeiten – bezeichnend für die Perspektive der Forschung – überschrieben. Ohne Bezugnahme auf die deutsche Romangeschichte wird eine stoffliche Abhängigkeit (nur diese wird untersucht) festgestellt. Gerade die ältere Forschung erstellt allzu lineare und direkte Entsprechungen zwischen den ›großen‹ Engländern und Franzosen und dem deutschen Roman der 50er und 60er Jahre. Das führt im Falle von Pfeils *Grafen P.* dazu, daß der eine (Friedrich) ihn als Nachfolger Prévosts, der andere[31] ihn als Imitator Richardsons beansprucht. Die Interpretation erschöpft sich in getreuem Aufzählen der übernommenen Charaktere und Situationen.[32] Man verließ sich zu sehr auf die Selbstinterpretation der Verfasser (z. B. Schummels oder Hermes') und übersah, daß die allgemeine Verbreitung fremdsprachiger Romane und die günstige, ja begeisterte Aufnahme (s. Richardson-Rezeption), die sie bei der Literaturkritik und bei der Leserschaft erfuhren, den Romanautor dazu zwang, sich dem Geschmack anzupassen, sei es durch werbende (aber irreführende) Titel wie bei Hermes *Fanny Wilkes,* sei es durch einen Lernprozeß, in dem die Frage entschieden wurde, wie weit man nachahmen konnte, ohne als Nachahmer zu gelten. Bedeutsamer aber noch ist die vorgängige Entscheidung, die mit dem methodischen Ansatz der älteren Forschung getroffen wurde. Man leugnete von vonherein eine eigenständige Formensprache und tradierte Inhalte im deutschen Roman; man bedachte nicht, daß eine Gattung

30 Abbé Prévost in Deutschland, 1929, S. 75–143.
31 L. M. Price, The Reception of English Literature in Germany, 1932.
32 Vgl. H. Friedrich, S. 108–114; vgl. zu späteren Romanen auch E. Kost, Technik, passim.

für eine Rezeption dadurch aufnahmebereit sein muß, indem sie dem Nachzuah-
menden durch verwandte und vorgebildete Formen und Strukturen entgegen-
kommt. Damit wird nicht abgestritten, daß Prévost, Fielding, Richardson oder
Cervantes dem deutschen Roman fruchtbare Anregungen vermitteln konnten. Nur
müssen sie auf dem Hintergrund der nachweisbaren Kontinuität des Romans gesehen werden. Dabei ist sowohl nach der Intention des jeweiligen Kunstwerks wie
nach dem theoretischen Bewußtsein der Autoren wie nach der Anverwandlung der
übernommenen Themen und Strukturen zu fragen.

Bevor wir weiter die Entwicklung des »Romans« bzw. der »Historie« in den
50er Jahren verfolgen, sei an einem immer wieder zitierten Beispiel der Nachahmung Fieldings nachgewiesen, wie schief eine so ausschließliche Festlegung sein
kann. Von Price[33] wie von G. Stern[34] wird die *Geschichte des Herrn Wilhelm von
Hohenberg und der Fräulein Sophia von Blumenthal* (1758) als ein mißlungener
Versuch angeführt, Fieldings Romanform zu imitieren. Der Verfasser bedient sich,
wie später Hermes, ganz offen eines Werbetricks, indem er im Untertitel angibt,
das Werk sei »nach dem Geschmacke von Fielding« geschrieben. Man muß jedoch
weder Fielding noch Richardson bemühen, (Price, a.a.O.) um den Leserbezug, die
Behandlung der Figuren oder die Episodentechnik literaturgeschichtlich einordnen
zu können. Die wenigen Leseranreden, die entweder einen Schauplatzwechsel mar-
kieren, oder die Funktion der Verdeutlichung übernehmen, lassen sich schon in den
20er Jahren im deutschen Roman belegen (im *Seltsamen Avanturier* zum Beispiel).
Die Figurenkonstellation mit ihrer moralischen Schwarz-Weiß-Malerei geht nicht
auf Richardson zurück, sondern entspricht der seit Jahrzehnten, sowohl im »Roman« wie in der »Historie« geübten Praxis. Die Figuren sind noch immer eher
Wertträger als empirische Charaktere. Der Versuch, sie durch charakteristische
Redewendungen zu individualisieren, verbleibt in der decorum-Tradition, nach der
sich die Standespersonen einer gepflegt-erhabenen, die Diener einer gröberen
Sprache bedienen (vgl. *Verliebte Fama*, 1719; *Jüttische Kasia*, 1732). Was Price
und Stern als mißlungene Episodentechnik ansehen, ist nichts anderes als das ins
bürgerliche Milieu transponierte Verwirrungsschema des »Romans« (in das einige
Lebensläufe nach Art der »Historie« eingeschoben sind), das durch seine gewun-
dene Handlungsführung ermöglicht, die Tugendhaftigkeit und Treue der Liebenden gegenüber Zwang (Entführungen, Drohungen) und Versorgungsangeboten
(Geld als Versucher) immer wieder vor Augen zu führen. Dieser Roman ist weitgehend in der deutschen Romantradition verankert. In seinem Wirklichkeitsverhältnis entspricht er der sich modifizierenden »Historie«. Themen der bürgerlichen
Gesellschaft, wie Gehorsam gegenüber den Eltern, Erbfragen, oder das Problem
der ökonomischen Basis einer geplanten Ehe sind dieser Herkunft verpflichtet.[35]

2. »Historie« und pragmatischer Roman: C. Fr. Troeltschs
Geschichte eines Kandidaten (1753)

»Historie« und »Roman« bestimmen noch in den 50er Jahren die literarische
Situation der Gattung, wenngleich sich der sogenannte moderne Roman in Gestalt des pragmatischen Romans auszuprägen beginnt. Dieser stellt, wie am Bei-

33 A.a.O., S. 290.
34 Monatshefte, 48 (1956), S. 295–307.
35 In Manchem auch in den moralischen Wochenschriften vorgeprägt.

spiel des *Teutschen Don Quichotte* gezeigt werden wird, den weiterentwickelten »Historie«-Typ dar. Beide unterscheidet jedoch grundsätzlich das jeweilige Selbstverständnis. Die »Historie« versucht die Illusion faktischer Wahrheit zu vermitteln; der pragmatische Roman gibt diese Fiktion auf und begreift den Roman als Kunstgebilde,[36] das, abhängig von der Figur des vermittelnden persönlichen Erzählers Erfahrungswirklichkeit durch komplizierte poetische Strukturen einholen und in eine der Realität ähnliche Wirklichkeit überführen will. Daß Cervantes vor allem in den 50er Jahren rezipiert wird, bestätigt diesen entscheidenden Wandel im Romanbegriff; denn im *Don Quijote* wird das Wirklichkeitsverhältnis der Gattung Roman thematisiert.

Troeltschs letzter Roman, die 1753 erschienene *Geschichte eines Kandidaten,* sei für den Übergang von der »Historie« zum pragmatischen Roman herangezogen. Mehr als der im gleichen Jahr erschienene *Teutsche Don Quichotte* steht dieser Roman noch in der Tradition der »Historie«. Er will Lebensbericht und Lebensphilosophie, nicht Kunstwerk sein. Eine romantheoretische, die Handlung begleitende Ebene ist noch nicht vorhanden. Auch die Neigung des Ich-Erzählers, seine Erlebnisse und Erfahrungen christlich-teleologisch zu deuten und in einen von der Transzendenz her gerechtfertigten Zusammenhang zu bringen, ist charakteristisch für die »Historie«. Daß dieser Zusammenhang nur in der subjektiven Weltsicht des Ich-Erzählers besteht und durch den Gang der von ihm erzählten Ereignisse widerlegt wird, zeigt den historischen Ort dieses Romans an. Dieser Ich-Erzähler macht zwar die Erfahrungen eines Belphegor,[37] interpretiert sie aber nach einem vorgefaßten, positiven Schema. Romangeschichtlich gesehen bedeutet das: hier widerstreiten zwei Vorstellungen von Romanwirklichkeit, die eine, die in ihr ein christlich-moralisches System sieht, die andere, die sie als Mimesis, als eine (scheinbar) nicht im Vorhinein, sondern erst von Erzähler strukturierte Wirklichkeit begreift. Die Wirklichkeit ist in diesem Roman ein gesellschaftlich genau festgelegter Bereich, der des lesenden und gebildeten Mittelstandes, in dem bestimmte Konflikte ausgetragen werden. Mit diesem Milieu ist die *Geschichte eines Kandidaten* ein ganz pragmatischer Roman.

Nach seinem Erscheinen wurde er sofort in mehreren Zeitschriften rezensiert. Lessing rühmt ihn als den ersten lesbaren deutschen Roman nach Gellerts *Schwedischer Gräfin:* »Diese Geschichte eines Kandidaten ist seitdem wieder die erste, deren wir uns nicht zu schämen haben ... er [der Verfasser] erzählt, er schildert, er moralisirt ... Studirende und Kandidaten werden sehr viel nützliches aus seiner Geschichte lernen können.[38] Die Nützlichkeit, die man diesem Roman zuspricht, resultiert aus seiner Lebensnähe. »Es scheint, als wenn die meisten Erzählungen wirkliche Begebenheiten beträfen, welche hier nur in einen Zusammenhang gebracht worden, und wie die Hauptabsicht der ganzen Schrift dahin gehet, allerlei gute und schlimme Charakters der Menschen sammt ihren verschiedenen Folgen abzubilden ... so finden wir auch viel lehrreiches und nüzliches in dieser Absicht darin. Sie enthält eine Menge Anmerkungen und Urteile über allerlei Stände und Handlungen der Menschen ...« (*Westphälische Bemühungen,* 1754, T. 3., S. 220).

---

36 Der »Roman« verstand sich insofern auch als Kunstgebilde; aber ausgehend von der Erfindung des Stoffes mußte er diesen auch lesbar machen.

37 Vgl. Wezels Roman *Belphegor* (1776).

38 Berlinische Privilegirte Zeitungen, 83. St. (1753); auch Lessing, Schriften (Lachmann/Muncker) Bd. 5, S. 181.

Diese Lebensnähe wird nur bedingt als Vorteil anerkannt. Der Rezensent rügt, wie der der *Schlesischen Nachrichten*, daß die Begebenheiten »einen Mischmasch von täglich vorkommenden Erzehlungen« seien (*Schlesische Nachrichten*, 1753, S. 86), ein Vorwurf, der einerseits bezeichnend für das traditionelle Verständnis vom vom Roman als einer Sittenlehre in besonderen Exemplen ist, andrerseits aber den sich aus der »Historie« entwickelnden pragmatischen Roman der 50er Jahre (unbewußt) treffend charakterisiert. Das Wirklichkeitspostulat der »Historie« ist hier derart erfüllt, daß sich, wie später bei J. G. Müllers Romanen,[39] die Frage stellt, inwieweit die Romanwirklichkeit alltäglich sein kann, ohne uninteressant zu werden. Das Interesse an Troeltschs *Geschichte eines Kandidaten* resultierte für den zeitgenössischen Leser einmal aus der moralischen Akzentsetzung in der Wirklichkeitswiedergabe und zum andern in der Identifikationsmöglichkeit, die ihm diese alltäglichen Wirklichkeiten boten.

In diesem Roman nun scheint die Hereinnahme zeitgenössischer Wirklichkeit jede Erzählstruktur zu verdecken. Die von der »Historie« herkommende Vernachlässigung der Form wird hier bis zu deren Unsichtbarkeit getrieben. Dennoch zeichnet sich andeutungsweise das Handlungsschema der »Historie« ab. In der Ich-Form wird berichtet, daß der elternlose Knabe von einem gütigen Paten zusammen mit dessen Söhnen aufgezogen und zum Studium geschickt wird. Es entspricht dem Romantyp, daß der Held frühzeitig den Härten des Lebens ausgesetzt und vom Unglück getroffen wird, das ihn aus der vorgezeichneten Bahn wirft (vgl. *Schweizerischer Avanturier*, 1750; *Russischer Avanturier*, 1753). Der frühzeitige Tod des Paten zwingt den Kandidaten zum Abbruch seines Studiums und zur Annahme einer schlechtbezahlten Hofmeisterstelle. Sie verliert er durch ein Liebesverhältnis, nachdem er erkennen mußte, daß seine Geliebte die Maitresse eines Präsidenten ist.[40] In der »Historie« der 20er und 30er Jahre hätte sich nach diesen Enttäuschungen eine Seereise in exotische Länder angeschlossen – wie noch im *Leipziger Avanturier* (1756). Aber der Erzähler verzichtet auf die Curiositäten und Seltsamkeiten eines abenteuerlichen Lebenslaufes und konzentriert seine Schilderungen auf die Mühen eines Studenten, sich in der sozialen Welt zurechtzufinden. Nach kurzfristig aufgenommenem Studium wird er wieder als Erzieher tätig. Bemühungen, ein Amt zu erhalten, schlagen fehl. Erst nach Jahren und einigen Reisen kann er heiraten. Der Romanschluß, vorgeprägt in den moralischen Wochenschriften, wird typisch für einen Teil der Gattung bis zu den *Wanderjahren* hin. Der Kandidat zieht sich aufs Land zurück, in eine selbstgeschaffene Welt des Friedens und stillen Glücks und wird, einem verbreiteten Ideal des 18. Jahrhunderts gemäß, im kleinen Kreis tätig. – Nach dem Muster der »Historie« sind in den Lebenslauf des Kandidaten zahlreiche Berichte und Lebensgeschichten von ihm begegnenden Menschen eingeschoben. Sie nehmen das Hauptthema des Romans auf, indem sie es in der Erfahrungswelt verschiedener Personen variieren: die Schwierigkeit, sich in einer Welt mit festen sozialen Strukturen einzufügen. Das bedeutet einmal, ein »Amt« und »Dienst« zu finden, um damit die finanziellen Voraussetzungen für eine Ehe zu schaffen; das heißt zum andern, sich mit den Mächtigen und Einflußreichen zu arrangieren ohne sich zu korrumpieren. Ein besonders anschauliches Beispiel dafür ist der Versuch des Kandidaten, ein Stadtwächteramt zu erlangen (S. 348–359). Dieses Amt ist mit der Verpflichtung verbunden, die Tochter des allmächtigen Bür-

---

39 Vgl. Vorrede zu *Emmerich* über Charakter und Interesse.
40 Troeltsch nimmt ein Motiv aus *Manon Lescaut* auf.

germeisters zu heiraten, der mit dieser Heirat seinen Einfluß auch auf die Rechtshändel ausdehnen möchte. Der Kandidat steht in dem Konflikt, seiner ›M.‹ treu zu bleiben oder eine ungeliebte Frau zu heiraten und damit fürs Leben versorgt zu sein. Unglück bedeutet in diesem Roman nicht mehr Entführung, Sklaverei oder Inquisitionsgefängnis, sondern innerhalb einer geordneten, bürgerlichen Welt – und das heißt auch innerhalb von Macht- und Interessenkonstellationen – von allen Mitteln entblößt zu sein, die Voraussetzung zum Aufbau einer bürgerlichen Existenz sind. Trotz aller Schwierigkeiten, in die der Kandidat aufgrund der Treue zu seinen Maximen gerät, nur wahre Liebe gelten zu lassen und auf ehrliche Weise zu einem Amt zu gelangen, findet er doch immer wieder Freunde, die ihm weiterhelfen. Er verkörpert einen ins Positive gewendeten Belphegor.[41] In der ihm zuteil werdenden Hilfe drückt sich für ihn – darin ganz der Lebensauffassung der »Historie« folgend – die im irdischen Leben waltende göttliche Gerechtigkeit aus. Ein Blick aber auf die Ergebnisse der Bemühungen des Kandidaten, sich selbst und seinen christlichen Grundsätzen in einer von Geldgier, Ämterpatronage und Lieblosigkeit bestimmten Welt treu zu bleiben, muß seine optimistische Interpretation Lügen strafen. Ihm gelingt es eben nicht, ein Amt auf ehrliche Weise zu erlangen, sondern er gelangt zu seinem Lebensziel, der Ehe mit der M., nur durch Wohltäter und Freunde, die ähnlich denken wie er, aber begütert sind. Im Grunde bedeutet der Rückzug in die stille soziale Tätigkeit und Einsamkeit des Landlebens, in eine selbstgeschaffene Welt von Gleichgesinnten, Resignation gegenüber einer gesellschaftlichen Wirklichkeit, in der sich bestimmte christliche Maximen nicht mehr mit dem alltäglichen Lebenskampf vereinbaren lassen.

In diesem Roman scheint der Gegensatz von Sittlichkeit und sozialer Welt unüberbrückbar. Im Falle des Konflikts bietet sich letztlich nur der Verzicht und die Beschränkung auf einen Kreis von Menschen, in dem Freundschaft und Liebe die zwischenmenschlichen Beziehungen bestimmen. Die moralischen Reflexionen sind nicht mehr Ausdruck eines allgemein verbindlichen Welt- und Lebensverständnisses, sondern analytisches Resultat einer Lebenserfahrung, private Tröstung und Richtschnur eines Handelns, das Verzicht auf Ansehen und Einfluß zu tun bereit ist.[42] Man kann sich des Eindrucks nicht erwehren, daß mit der in der »Historie« üblichen christlichen Deutung des Geschehens nur noch mühsam ein Sinnzusammenhang hergestellt wird, der in der Gefahr schwebt, von der Realität des Ehr- und Geldtriebes und dem Sieg der Lasterhaften aufgehoben zu werden. Ästhetisch gesehen hätte der Verzicht auf christliche Interpretation zur Folge, daß dem Geschehen, wie im *Teutschen Don Quichotte,* ein innerer, es selbst tragender Sinnzusammenhang gegeben werden müßte.

Der Rückzug auf ein »quietistisches Land-Einsamkeits-Ideal«[43] ist Troeltschs einzige Antwort auf Fragen und Probleme, die vor allem ›Akademiker‹ seiner Zeit bewegt haben müssen. Sein literaturgeschichtlicher Wert liegt nicht in der Erfüllung einer vorgegebenen Romanform, sondern resultiert aus dem Umstand, daß er bestimmte Themen – unter Hintansetzung eines ästhetischen Vermittlungsmodus – in den Roman einführt. Die soziale Thematik des Verhältnisses von Individualität und Gesellschaft wird von der La Roche im *Fräulein von Sternheim,* von Wezel im *Belphegor,* von Pezzel im *Faustin* und von Knigge in den *Verirrungen des Philo-*

41 J. C. Wezel, *Belphegor* (Leipzig 1776).
42 Vgl. H. M. Wolff, Weltanschauung der Aufklärung, 1963, S. 48–52.
43 H. Friedrich, Prévost, S. 162.

sophen oder Geschichte Ludwig von Seelberg aufgenommen. Die in der Gattung immer wichtiger werdenden zwischenmenschlichen Beziehungen wie Liebe und Freundschaft sind in bestimmten gesellschaftlichen Verhältnissen hier vorgeprägt. Im Unterschied zu anderen Romanen der 50er Jahre, die gleichfalls in der Tradition der »Historie« stehen, beschränkt sich Troeltsch auf einen Erlebnisbereich, den der zeitgenössische Leser nachvollziehen kann – eine Beschränkung, die für den deutschen Roman der Jahrhunderthälfte allmählich zur Norm wird. Seine Erzählungen verzichten auf das Kuriose, Ungewöhnliche und Wunderbare, ebenso wie die Schilderung von Schüler- und Studentenstreichen, wie sie in der Romantradition vorgegeben sind[44] und sich geradezu für eine Geschichte eines Kandidaten angeboten hätten. Troeltsch ignoriert zwar bestimmte Stoffmuster der »Historie«, versucht jedoch, noch eine christliche Deutung des Geschehens beizubehalten, die den individuellen Erlebnissen des Ich-Erzählers Verbindlichkeit und Exemplarität geben sollen. Andere Romane, wie der *Russische Avanturier,* (1753) oder der *Schweizer Avanturier* (1751) oder auch der *Dresdner Avanturier* (1755/57), die dem Typ »Historie« zuzurechnen sind, weisen ein solches ideelles, an die Geschehnisse herangetragenes Vereinheitlichungsprinzip nicht mehr auf; d. h. die »Historie« kann sich in einem Sammelsurium absonderlicher Ereignisse auflösen.

3. Der »Roman« in den 50er Jahren

Angesichts der progressiven, den Romantyp »Historie« weiter entwickelnden Veränderungen, sind die Wandlungen im »Roman« der 50er Jahre nur bescheiden. Unverändert werden die verwickelten Strukturen reproduziert, wenngleich die Handlungen zum Teil in bürgerlichem Milieu, wie in Fidelinus *Engländischer Banise* oder im *Don Felix,* spielen. Es beginnt aber auch die kritische Auseinandersetzung mit den traditionellen Handlungsschemata und Wertvorstellungen. Während der *Teutsche Don Quichotte* diese Kritik mit Hilfe eines neuen Romanbegriffs in satirischer Form vornimmt, deuten andere Romane, wie zum Beispiel die von Hermes, die überlieferten Formen um und geben ihnen einen neuen Sinn.

V. Das romantheoretische Konzept in Neugebauers ›Teutschem Don Quichotte‹ (1753): Der pragmatische Roman als Gegenmodell zum »Roman«

In bewußter Anlehnung an die Grundkonzeption des spanischen *Don Quijote* (S. 1) erzählt dieser Roman die Geschichte eines jungen Kaufmanns, der durch die Lektüre französischer höfisch-galanter Romane dazu verführt wird, deren romanhafte Welt nachzuleben. »Seine meiste Zeit vertrieb er sich mit Spazieren, wozu er ein Pferd hielt, und zu Hause mit den neuesten Romanen ... Die Werke des Herrn von Marivaux, und vieler andern ungenannten Schriftsteller, dieser Art, ja ich wolte auch wohl sagen, des Marggraf von Argens ... waren die Bücher, daraus er seine großmüthige und zärtliche Meinungen mehr befestigte« (S. 3). Er

---

44 Vgl. Romane von Happel, Pohlmann, Gressel, auch den *Leipziger Avanturier* (1756).

betrachtete sie »als wenn die geleßne Geschichte sich wirklich so zugetragen hätten« (S. 4). In Übereinstimmung mit dem Stand der vorbildhaften Romanfiguren nennt er sich, der mit bürgerlichem Namen Johann Glük heißt, »Marggraf von Bellamonte« und seinen Diener Görge erhebt er zum Kammerdiener und ruft in Du Bois »als mit einem Nahmen, womit ein Kammer-Diener in einem Roman belegt worden ...« – Bei einer flüchtigen Begegnung auf dem Markt verliebt er sich in eine junge Dame, die ihm der Inbegriff an Schönheit und Artigkeit zu sein scheint, wie er es in den Romanen gelesen und bewundert hat. Diese, ein Fräulein von Fr...., ist in ihren Weltvorstellungen ähnlich wie Bellamonte, durch Romanlektüre geprägt worden. Für zukünftige Begegnungen ist sie damit ganz auf die Phantasiewelt ihres Liebhabers eingestellt. Sie tritt als Gräfin Villa Franca auf (von ihrem Bruder sonst nur Lene genannt), zusammen mit ihrem Nähtermädchen Käthe, diese als Kammerjungfer Lisette. – Um dem Plan seines Vetters zu entgehen, der ihn mit einer armen Adeligen vom Lande, die er selbst als »etwas dumm« (S. 4) bezeichnet, verheiraten will, begibt sich Johann Glük als Bellamonte nach der Bekanntschaft mit der Villa Franca auf dem Markt auf eine Ritter- und Abenteuerfahrt nach Paris, um durch »merkwürdige Begebenheiten« (S. 8) seinen Namen berühmt zu machen. »Also ritten sie [Glük und Görge] fort in dem Vorsaz nicht mehr wieder zu kommen, sie hätten denn zuvor Paris gesehen und ihre Nahmen durch merkwürdige Thaten ihren Liebsten und ihrem Ruhm zu Gefallen verewiget« (S. 9).

Auf dieser Reise nun kollidiert die Welt romanhafter Imagination Bellamontes mit der Wirklichkeit der eigentlichen Erzählung, eine Kollision, die verschiedene Formen annehmen kann. Die bewußtseinsverändernden und handlungsbestimmenden Folgen der Romanlektüre werden dabei nicht nur verurteilt, und Bellamonte wird nicht ausschließlich eine der Lächerlichkeit anheimgegebene Figur. Die in den Abenteuern des Helden implizite Beurteilung der Vorbildlichkeit von Romanliteratur und die daraus ableitbare grundsätzliche Haltung zum fiktiven Erzählen ist ebensowenig eindeutig. Es ist dabei irrelevant, ob die Vorbilder französische Romane oder galante Romane der deutschen Tradition sind, wie es das Romangespräch nahelegt.

Der Leser wird sogleich auf den ersten Seiten des Romans mit einer positiven Wirkung der Romanlektüre auf Johann Glük bekanntgemacht. Die flüchtige Begegnung auf dem Marktplatz mit der jungen Dame, die plötzliche Koinzidenz von romanhafter Wirklichkeit und tatsächlicher Erfahrung setzt Kräfte in Glück frei, die sein bisher tatenloses Leben, das er zwischen Spazierritten und den Romanen teilt, nicht erwarten ließ. Sie reißt ihn aus seinem Müßiggang und läßt ihn den immer wieder verschobenen Entschluß fassen, nach Paris, dem Ort vieler Romanhandlungen zu reisen. Es »trieb ihn seine wirkliche Gemüthsbeschaffenheit nebst der übertriebenen Meinung von der Großmuth an, Entschlüßungen zu fassen ...« (S. 7). In der Durchführung der einmal getroffenen Entscheidung läßt er sich zunächst auch dann nicht davon abhalten, als nach dem zweiten Abenteuer sein Vetter und Vormund ihn in einem Wirtshaus, nicht unweit der Stadt, aufspürt und nach Hause bringen will. Der in Bellamonte verwandelte Johann Glük hält ihm, durchaus seines veränderten Lebensstiles bewußt, vor: »Ich weis, Sie wollen versuchen, mich wieder nach Hause in den Müßiggang zu bringen: allein, ich versichere Ihnen, meine Ehre und Liebe werden mir nicht zulassen, einen so unrühmlichen Schritt zu thun« (S. 146 f.). Als dieser nun an Bellamontes Großmut appeliert, kehrt Bellamonte doch mit ihm zurück. Auch der Erzähler begrüßt den durch die

Romanlektüre grundlegenden Wandel in Bellamontes Leben. Er ist gerade an einem Helden interessiert, der Taten vollbringt und dadurch Handlung bewirkt. Als nach der Rückkehr Bellamontes die Geschichte ihrem Ende entgegen zu gehen scheint, schaltet sich der Erzähler ein, um sie mit folgender Begründung fortzusetzen: »Ich befinde meinen Helden noch zu viel großen Thaten tüchtig: ich will ihn aus dem Müßiggang ziehen, wie Ubald und Karl den tapfern Reinhold aus Armidens Schlosse . . .« (S. 152).

Der Vergleich des Erzählers – eine literarische Anspielung auf ritterlich-märchenhafte Vorgänge im *Befreiten Jerusalem* von Tasso[45] – führt dem Leser vor Augen, was auch fürderhin Johann Glük gegen seinen Müßiggang eintauscht. Seine neugewonnene Aktivität wird sich darin erschöpfen, seine von der Romanliteratur geprägte Rolle durchzuspielen, indem er die Gunst seiner geliebten Dame auf ritterlicher Fahrt zu erstreiten versucht. Er gerät dabei in eine Abfolge von Taten, die den positiven Aspekt der Romannachahmung nicht zurücknehmen, sondern nur einschränken; denn auch diese ritterliche Taten bergen einen positiven Kern. Bellamonte erhebt die Großmut, die Hilfsbereitschaft und den unerschrockenen Mut der Romanhelden zu seiner Handlungsmaxime, wobei ihm seine natürlichen Anlagen entgegenkommen (S. 2 f.). Gleich das erste Abenteuer macht den Leser mit dieser positiven Seite der Romannachahmung bekannt. Bellamonte und sein Diener Du Bois ruhen auf ihrem Weg nach Paris in einem der Stadt noch nahegelegenen Wald. Durch die Schreie eines Überfallenen werden sie aufgestört. Bellamonte erfaßt die Situation zuerst. »Du Bois, rief der Marggraf, hier ist ein Unglükseeliger, welcher Noth leidet und Hülfe bedarf: ich muß darnach sehen und ihn entweder retten oder rächen: Führe die Pferde her.« (S. 11). Bellamonte läßt sich auch nicht durch die mehrmaligen Versuche seines Dieners hindern, ihn durch die Vorstellung von der Gefahr abzuhalten. Er reitet auf die Räuber zu mit dem Ruf »O Gott, ist es möglich, daß ich einen Augenblick verziehe, diesem Nothleidenden zu helfen?« (S. 12). Für Bellamonte ist dieses Abenteuer eine Gelegenheit, seine ritterliche Gesinnung unter Beweis zu stellen, für Du Bois eine Möglichkeit, sich gefahrlos zu bereichern. Die Diskussion zwischen Herr und Diener anläßlich des Versuches Du Bois', den am Boden liegenden leichtverwundeten Räuber auszurauben, enthüllt die vollkommen entgegengesetzten Handlungsmotive der beiden:

> »Schäme dich, Du Bois, so etwas Niederträchtiges zu begehen, und erinnere dich, daß du dich diesem Unglükseligen gleich machest, wenn du ihn beraubest: das größte Unglük was er hat, ist der Mangel eines edlen Herzens, denn aus diesem entspringt alles, was ihm Unglükliches aufstoßen kan; . . . wo hast du jemahls gehört oder gelesen, daß die Kammerdiener des Marggrafen die Räuber beraubt, aus deren Händen ihre Herren die Nothleidenden errettet? – Gelesen, oder nicht gelesen, erwiederte der Kammerdiener, so sehe ich nicht, warum man um nichts sich in Lebensgefahr sich begeben soll: Ich werde vielleicht keine solche Gelegenheit mehr finden, etwas vor mich zu bringen . . . laßt uns die Gelegenheit beim Haar ziehen, weil sie uns ansieht: sie zeiget dem das Hintertheil, der zu lange zaudert.« (S. 17 f.).

Im Prinzip ist die Behandlung, die Bellamonte dem überwältigten Räuber angedeihen läßt, moralisch gerechtfertigt. Sein Argument, daß sie jeder Legitimation ihres Eingriffs in den Überfall verlustig gingen, wenn Du Bois seinerseits den Räuber ausraubt, wird indirekt später vom Erzähler bestätigt. Es überzeugt aber nicht den Diener, der seine Habsucht befriedigen und seine ausgestandene Angst an dem

---

45 1751 als Oper *Aimide*.

Wehrlosen abreagieren möchte. Er sieht nur den literarischen Bezugspunkt der Argumentation und weigert sich mit einem gewissen Recht, einen Gauner ritterlich zu behandeln. Den Tatbestand wiederum, daß er es mit keinem Gegner von ähnlicher Gesinnung zu tun hat, verkennt Bellamonte in mit Du Bois verwandter Einseitigkeit des Urteils. Seine erhabene Sprache trägt dazu bei, die Unangemessenheit seiner im Prinzip richtigen, aber – wie sich herausstellen wird – unvorsichtigen Verhaltens vorzuführen, während die kecke und drastische Redeweise Du Bois' die moralische Verwandtschaft zum Räuber unterstreicht. In diesem Kontrast liegt vom Erzähler her eine bedingte Rechtfertigung der von Bellamonte vertretenen moralischen Werte. Der Fortgang der Handlung beweist dies. Du Bois läßt sich nicht davon abhalten, dem Räuber eine goldene Uhr abzunehmen. Dieser jedoch erkennt, daß Du Bois seinem Herrn ungehorsam ist, und benutzt die günstige Konstellation, um Du Bois zu verprügeln. Bellamonte muß schließlich dem schreienden Du Bois zu Hilfe kommen. »Er stuzte und wußte nicht, wie er sich hierbey verhalten solte: Keiner gleichen Begebenheit wußte er sich zu erinnern, und dennoch sahe er, daß sein Kammerdiener Hilfe benöthigt wäre: Seine Großmuth verbot ihm diesen Menschen zu erstechen, wie er wohl thun konte . . .« (S. 19). Dort, wo anders als in der vorausgegangenen Situation die Romane kein Vorbild liefern, versagt Bellamonte nicht. Er handelt gemäß seinem – zu Beginn des Romans vom Erzähler positiv herausgestellten – Charakter. Wie er handelt, entspricht Maximen, die nicht nur ritterlich, und damit ständisch gebunden, sondern die allgemein menschlich vertretbar sind. Dem Ungehorsamen hilft er aus seiner Notlage und gegen den Räuber, der sich in seinem Diener zugleich auch an ihm vergreift, behält er weiterhin sein großmütiges Verhalten bei. Die gehässige und wütende Reaktion des befreiten Du Bois (»Stechen Sie den Hund todt«) steht wiederum im Gegensatz zum Verhalten seines Herrn. Der Diener erfüllt dabei eine doppelte Funktion: Er läßt den Wert von Bellamontes Haltung deutlicher hervortreten und setzt aber zugleich mit seinem ›Realismus‹ das unangemessen Ritterliche bei Bellamonte in einen lächerlichen Kontrast.

Aktivität statt Müßiggang, Großmut statt Rache und Hilfsbereitschaft in gefährlichen Situationen statt Angst sind die in einem günstigen Licht gezeigten Folgen von Bellamontes Romannachahmung. Hinzu tritt die in einer Verführungsszene unter Beweis gestellte Treue und Beständigkeit in seiner Liebe zu Villa Franca. Bellamontes Gegenspieler sind dieses Mal nicht tölpelhafte Bauern, die keine Einsicht in seine Gesinnung haben, sondern eine schöne und verführerische Baronesse, die sehr wohl durchschaut hat, welche Rolle ritterliche Romane in Bellamontes Leben spielen (S. 282 und 290). Sie unternimmt den Versuch, ihn durch die Konfrontation mit ihrer recht sinnlichen Realität von seinen »romanhaften Vorurtheilen« (S. 281), wie sie seine »Beständigkeit« (S. 273) bezeichnet, abzubringen. Die Verführungsszene entwickelt sich in mehreren Steigerungen, die jeweils härtere Prüfungen der Standhaftigkeit Bellamontes darstellen. Die Baronesse versucht es mit der Herabsetzung der Rivalin Villa Franca, dann mit körperlicher Annäherung, schließlich mit einem Appell an seine ritterliche Großmut, um sich mit einem erzwungenen Kuß jede Hoffnung auf Erfolg zu verderben. Die konkrete Situation, in der sich Bellamonte befindet, die Konfrontation mit der Wollust, die seine Sinne erregt, ist ihm von den Romanen her unbekannt. Die Liebesdarstellung dort kennt nicht den Aspekt der Sinnlichkeit. Sie führen auch keine Verhaltensparadigma vor für den Umgang mit inneren Erfahrungen. Bellamonte ist gezwungen, sich an die übernommenen Prinzipien zu halten. Er bleibt jedoch nicht unberührt von der körperlichen Annäherung der Baronesse »Es ist wahr, er fühlte etwas bisher noch Ungefühltes: aber er nahm es als eine Empfindung der Untreu auf und unterdrükte diese Regungen« (S. 284). Die Ideale, die er aus den Romanen überträgt, sind jedoch so wirksam, daß er die Einzelheiten seiner neuen Situation übersieht. Er nimmt die Wirklichkeit nur insoweit wahr, wie sie typisch ist und in ihrer Typhaftigkeit als Versuchung seiner Beständigkeit mit den Romanen korrespondiert. Die Wirksamkeit seiner Romanvorbilder beruht, aufgrund des unterschiedlichen Modus zwischen Ideal und Einzelsituation, zum Teil auf der Verkennung der realen Verhältnisse. Seine literaturgeprägten Wirklichkeitsvorstellungen erweisen sich stärker als momentane Wirklichkeitseindrücke (S. 286). Sie bewirken, daß er treu bleibt. Hingegen, wo das übernommene Prinzip im Detail ausgespielt wird, wo Beständigkeit und Treue nur ritterliche Rolle ist, wird Bellamonte zur lächerlichen Figur. Zwar liebt er seine Gräfin aufrichtig (S. 291), was die Baronesse nicht erwogen hat; wenn er jedoch hingeht und jener den Vorfall erzählt, »um sich aus dem ansehnlichen Opfer, was er gleich izt ihren Vollkommenheiten gebracht, ein Verdienst bey ihr zu machen« (S. 293), dann schränkt das den Wert seiner Handlungsweise ein.

Die Handlungsmaximen, die Bellamonte zu den seinen macht, gehören ihrem Ursprung nach zum Verhaltenskodex einer ritterlich-höfischen Gesellschaft. Sie sind ständisch gebunden und nicht als Richtlinien jeglichen Handelns gedacht. Was sie übertragbar macht und ihre positive Darstellung im Handlungsablauf des *Teutschen Don Quichotte* ermöglicht, ist dies, daß sie, der höfischen Konnotation entkleidet, allgemein sittliche und menschliche Ideale abgeben. Beständigkeit ist dann nicht mehr Erfüllung einer höfischen Norm, sondern als Treue die Aufrechterhaltung einer empfundenen Liebesbeziehung. Ritterliche Großmut innerhalb eines auch vom Gegner akzeptierten Ehrenkodex' realisiert sich christlich als Selbstlosigkeit und bürgerlich als Hilfsbereitschaft. Die bürgerliche und damit auch zeitbezogene Komponente der Verhaltensnorm Bellamontes ist am sichtbarsten in der Befürwortung einer gegen den Müßiggang ausgetauschten Aktivität, soweit sie als Lebensprinzip und nicht in ihrem konkreten Gehalt in diesem Roman begriffen wird. Das Bürgerliche ist dabei nicht notwendigerweise an ein genau beschriebenes bürgerliches Milieu, wie z. B. in der *Engländischen Banise,* gebunden. Der Müßiggänger ist ein ständiger Gegenstand der Kritik der Moralischen Wochenschriften.[46] Der Bürger muß tätig sein. Im ›Teutschen Don Quichotte‹ wird zwar kein »Evangelium der Arbeit«[47] gepredigt, wie in dem calvinistischer Weltauffassung nahestehenden und in seiner Zeit sehr erfolgreichen Buch J. A. Hoffmanns *Zwey Bücher von der Zufriedenheit* ([10]1745). Im Prinzip jedoch, indem Aktivität im Sinne von Entscheidungen treffen und mit Beharrlichkeit ein Ziel verfolgen positiv bewertet wird, besteht kein Unterschied zur bürgerlichen Aufklärungsliteratur.

Der Vorgang, der sich auf die Handlungsmaximen in der Romannachahmung Bellamontes bezieht, läßt sich als ein Prozeß der Umdeutung beschreiben, der höfische Werte in bürgerliche Verhaltensnormen ummünzt. Dieser Prozeß entspricht genau den Veränderungen und Entwicklungen, die der Roman vom höfisch-historisch und galanten Typ bis hin zum *Teutschen Don Quichotte* durchgemacht hat. Man behält die Begriffe bei, deren Inhalte man handlungsgebunden zu differenzieren beginnt. Nicht zufällig benutzt die Romanreflexion die feste Formel Tugend-

---

46 W. Martens, Tugend, S. 319.
47 H. H. Wolff, Weltanschauung, S. 53.

Laster über den ganzen Zeitraum hinweg, während sich in der Romanpraxis trotz der Starrheit der Handlungsschemata, die nur deren Kürzung (s. Ormenio, *Medea*, 1719) oder deren additive Erweiterung (Severinus, *Philander*, 1722) zuließ, ein Abbau des gesellschaftlich-normgerechten Verhaltens der höfischen Figuren zugunsten einer mehr auf das praktische (z. T. auch noch politisch-gesellschaftliche) Leben gerichteten und allgemeinverbindlicheren Wertordnung ankündigt. Sie gleicht sich darin immer mehr den moralischen Wochenschriften an. Hunolds *Adalie* (1702), Mirandors *Bellisandra* (1742) und Fidelinus' *Engländische Banise* (1754) sind Etappen auf diesem Wege. Die Wertordnung bleibt gleichwohl in bestimmten gesellschaftlichen Schichten verankert.

Immer dort, wo Bellamonte moralische Grundprinzipien aus dem Roman überträgt, findet er die Zustimmung des Erzählers. Natürliche Regungen wie Angst und Schrecken überwindet er und beweist in vielen Situationen Mut und Hilfsbereitschaft (zum Beispiel S. 61 und 278). Dort jedoch, wo er das Verhalten seiner ritterlichen Romanhelden im Detail nachahmt, wo er das historische Kostüm, die Einbettung in eine nicht mehr existierende Gesellschaftsform verkennt, dort wird Bellamonte zur lächerlichen Figur. In Verkennung der fiktiven Zusammenhänge schlüpft er in eine Rolle, die sich sehr bald als wirklichkeitsfremd entpuppt und im komischen Kontrast mit den tatsächlichen Erfahrungen endet. Großmut als Hilfsbereitschaft und Verzicht auf Rache sind als regulative Prinzipien positiv. Aber als ritterliche Geste wirken sie unangemessen und dadurch lächerlich. Als sich der von Bellamonte aus den Händen der Räuber befreite Edelmann aufs Pferd schwingen will, zieht Bellamonte einen Ring vom Finger und überreicht ihm diesen (S. 16). Diese mittelalterliche Geste ritterlicher Gunstbezeugung mutet nicht nur deshalb komisch an, weil Gunst und Dank zu bezeugen Sache des Edelmannes gewesen wäre, sondern weil sie von einem Menschen ausgeübt wird, von dem man weiß, daß er Johann Glük heißt und ein junger Kaufmann ist. Der Diener Görge hat von dem Stand seines Herrn eine bessere Vorstellung, und als ihm dieser »mit einer vornehmen Mine« (S. 36) zum Zeichen der Versöhnung die Hand zum Kusse hinhält, fragt Görge, was er eigentlich tun solle. Die Lächerlichkeit entsteht auch hier wieder durch den Kontrast zwischen der Erhabenheit einer Geste und der gewöhnlichen Situation. Bellamonte spielt die ritterliche Rolle durchaus mit Genuß. So liebt er die »edle Stellung« (S. 27). Das Lächerliche der Pose empfindet er nicht. »Dem Marggrafen gefiel die Stellung, die er izo beobachtete, indem er einem Menschen den Degen auf die Brust sezte, welcher ihn mit aufgehobenen und thränenden Augen um sein Leben bat« (S. 19). In seiner Rolle wird er bestärkt durch die niedrige (aber manchmal auch realistische) Gesinnung seiner Umgebung. Aber er hat kein Bewußtsein davon, inwieweit sie der Wirklichkeit angemessen ist.

Die Rollenhaftigkeit seines Verhaltens impliziert eine Mechanik der Aktion, die dazu führen kann, daß Bellamonte sich selbst zum Opfer fällt und Entscheidungen durchführt, die er garnicht gewollt hat. Situationen werden in ihren besonderen Anforderungen nicht wahrgenommen; sie dienen nur mehr als Auslöser für ritterliches Gebaren. Nach dem zweiten Abenteuer versucht der Vetter Bellamonte dazu zu überreden, mit ihm nach Hause zurückzukehren. Erst als er ihm seine Liebe vorrückt und welche Rolle er in seinem Leben spielt, erst also als er an Bellamontes Großmut appelliert, willigt dieser ein und gibt die Hoffnung fast ganz auf, seine schöne Gräfin doch noch zu gewinnen. Bellamontes Rückkehr bedeutet keine Einsicht in seine Narrheiten, sondern sie ist eine konsequente Folge seiner ritterlichen Einbildungen, die ihn unfähig machen, Prioritäten zu erkennen und Großmut nur dort walten zu lassen, wo sie ihn nicht von seinem Ziel, die Liebe der Gräfin zu gewinnen, wegführt.

Seine Taten wirken auf Grund der Mechanik seiner Reaktion auf die Anforderungen der Wirklichkeit da besonders lächerlich, wo es um die Erlangung ritterlicher Ehre durch Kämpfe geht. Ritterdasein ist für Bellamonte nahezu identisch mit ständiger Kampfbereitschaft. Für ihn ist Wirklichkeit nichts anderes, als die fortdauernde Gelegenheit, Ehre zu erringen, um sich seiner Dame würdig zu erweisen. Er befragt nicht die Situation nach ihrem spezifischen Gehalt, um mit überlegtem Handeln ihr gerecht zu werden. Jede Möglichkeit, die eine Bewährung einschließen könnte, greift er auf, um sich als ritterlicher Held zu bestätigen (s. S. 268), oder, wie bei folgender Begebenheit, eine vermeintliche Bedrohung von Villa Franca und ihm abzuwehren. Bellamonte wartet auf eine nächtliche Unterredung mit ihr, und vertreibt sich gerade die Zeit mit der Abfassung eines Liebesgedichtes, als ein Zeter- und Mordgeschrei in der Kammer seines Dieners losbricht. Er bezieht den Vorgang sofort auf die geplante Unterredung: »Der erste Gedanke, der ihm einfiel, war, daß die böse Ober-Aufseherin über seine Gräfin hinter alles müsse gekommen seyn, und ihn entweder durch Geister von der Unterredung abschreken, oder ihm durch heimlich-verstekte Mörder davon helfen wolle« (S. 60 f.). Sein Irrtum wird auch nicht durch die Entdeckung korrigiert, daß Görge mit einem Bauern ringt. Der Tumult setzt sich auf dem Hofe fort und Bellamonte zieht sich, zum angeblich notwendigen Schutze ihrer Person, unter das Fenster der Gräfin zurück. Statt die Situation auf ihre Ursachen hin zu befragen, statt erklärend die aus der Nachtruhe gestörten Hausbewohner zu beruhigen, vergrößert er nur noch die Verwirrung durch sein Mördergeschrei. Er handelt von der falschen Voraussetzung eines Mordanschlages ausgehend, nur konsequent. Folgerichtig für ihn ist dann auch, daß er der Gräfin versichert, sein Leben für sie opfern zu wollen, wo es gar nicht erforderlich ist.

Die undurchdringliche, von keinem Realitätsimpuls korrigierbare, von romanhaften Handlungsklischees geprägte Vorstellungswelt Bellamontes kontrastiert in Bezug auf die Situation, die Personen und die Sprache mit einer Welt eher derben Zuschnitts, die ihrerseits durch Unverstand zur Verwirrung der Vorgänge beiträgt. Was für diese eine in ihren Ursachen nicht erkennbare nächtliche Prügelei ist, hat für Bellamonte das Aussehen eines ritterlichen Kampfes um das Leben und die Ehre der Geliebten. Aber die Gegner sind nicht ehrbare Ritter oder gar Geister, sondern wütende Bauern. Bellamontes erhaben pathetische Sprache mag sie im Moment beeindrucken, muß ihnen aber letztlich unverständlich und darum umso verdächtiger erscheinen. Das Lächerliche entsteht immer aus dem gleichen Konflikt. Bellamontes perspektivisches Wirklichkeitsverständnis trifft auf das der Bauern, die sich insofern ebenfalls in einer Täuschung befinden, als ihr unaufgeklärter Verstand ihnen die Möglichkeit nimmt, die Grillen Bellamontes zu erkennen. Stattdessen halten sie den für einen Dieb und Mörder, der sich selbst als edlen Ritter versteht, sodaß ein reziprokes Geschehen zwischen dem Wahn Bellamontes und dem Irrtum der Bauern sich entwickelt, das stets ins Schwankhafte und Derb-Komische führt (S. 22 f.; S. 61 ff. u. S. 196 ff.). Der komische Effekt ist umso größer, je weiter die beiden Handlungsebenen und Arten des Selbstverständnisses voneinander entfernt sind. Die besonders niedere Ebene bäuerlichen Unverstandes bildet zu der des heroischen Gebarens Bellamontes den größtmöglichen Kontrast.

Die Sprache Bellamontes trägt als Mittel des Kontrastes nur bedingt dazu bei, die Lächerlichkeit seines Verhaltens sinnfällig zu machen, denn die Ebene der

Figurenrede ist nur auf seiner Seite voll ausgebildet. Zwar bedient er sich – unangemessen genug – der Sprachformen des hohen Romans, aber diesen steht kein ausgebildetes Idiom jener Bauern gegenüber, die mit ihm kämpfen. Nur Görge verfügt über die Redensartlichkeiten der niederen Schichten. Auf ihn ist im Zusammenhang mit der Behandlung der Figuren zurückzukommen. Es ist ein Mangel des Romans, daß es ihm nicht gelingt, die Möglichkeit, die sich mit verschiedenen Sprachebenen zur Gestaltung des Komischen anbietet, auszunutzen. Statt einer Lächerlichkeit hervorrufenden Diskrepanz von hohem Sprachverhalten und niederer Ausdrucksweise gibt es nur den Gegensatz von Sprache und Situation. Dieser stellt sich dort ein, wo Bellamonte mitten im Kampfgetümmel die Gelegenheit gegeben wird, eine »pathetische Rede« (S. 75) zu halten (S. 74 f; S. 215). Weit entfernt von einem situationsgerechten Verhalten, versucht Bellamonte zu argumentiren, mit der Intention, die Leute von der Redlichkeit seiner Absichten zu überzeugen. Er legt, den andern ein gewisses Mißtrauen konzedierend, Rechenschaft von seinem Vorhaben ab und fordert von seinen Gegnern die Legitimation ihres kriegerischen Verhaltens. Sein Vortrag vollzieht sich in Sprachformen, deren gesuchte Wörter und rhetorische Stilfiguren (Anapher, Kontrast, Steigerung, rhetorische Frage) zwar einen Beleg seiner Redekunst abgeben, aber auf Grund der zugespitzten Situation und dem begrenzten Verstand der Bauern unangemessen und komisch wirkt. Die Rede macht zwar »einen großen Eindruk« (S. 75); jeder entnimmt ihr das, was er davon verstanden hat. Die Sprache Bellamontes verliert in solchen Situationen ihren Charakter als Medium der Verständigung. Ihre Unangemessenheit isoliert den Helden und bringt ihn in Kommunikationsschwierigkeiten, die jedoch nicht tragisch enden, sondern komisch wirken. Selbst nach der Seite hin, wo Gleichheit der Gesinnung herrscht, wird die Isolation nur bedingt durchbrochen. Die Gräfin spricht die gleiche, stilisierte, pathetische oder galante Sprache, die als ›Verkehrssprache‹ zwischen ihnen dient. An der Gräfin zeigt sich deutlicher als an Bellamonte der Zitatcharakter ihrer gemeinsamen Sprache. Zweimal (S. 70, S. 239) vergißt sie, was sie sagen wollte und bringt nur noch formelhafte Sprachbrocken hervor. Der Zitatcharakter reduziert die Sprache auf Reizwörter und Reizformeln, die im Partner nichts verändern, sondern nur schon vorhandene Vorstellungen und angenommene Verhaltenklischees evozieren. Zwischen Bellamonte und der Gräfin werden rhetorisch geprägte (Inversion, Anapher, Chiasmus, rhetorische Frage, Exclamatio) Sprachsignale ausgetauscht, die einen höfisch-galanten Minnedienst zelebrieren. Es geht darum, die Liebe und Geneigtheit des andern in Form von Gunstbezeugungen zu erlangen: Gefühle werden übersetzt in ein Angebot heroischer Taten (S. 184 f.; S. 232 f.). Die Sprache dient als Stütze der Illusionswelt, in der Bellamonte lebt. Reizwörter bestärken ihn in seinem Verhalten und lösen damit die beschriebene Mechanik der Aktion aus. Als die einem Kampfe zwischen Bellamonte, den Bauern und ihrem Bruder zuschauende Villa Franca Blut am Ärmel Bellamontes sieht »rief sie überlaut: barbarischer Bruder, verschone meines Bellamonte! ... Der Marggraf sahe es: er ward ihrer Liebe versichert und in seinem Helden-Muth gestärket« (S. 219). Der der höfisch-galanten Sprache innewohnende Bestätigungswert kann zur Bedingung werden für das Lächerlichkeit bewirkende Diskrepanzverhältnis, in dem Bellamonte sich bewegt.

Die Bewertung, die Bellamontes Romannachahmung in der Handlung selbst erfuhr, setzt sich auf der Figurenebene fort. Erst mit ihrem Verhalten und ihren Aussagen erhält man das ganze Spektrum der Positivität wie der Lächerlichkeit von Bellamontes Verhalten. Was alle diese Romanfiguren miteinander verbindet, ist sowohl ihre Zuordnung auf Bellamontes Taten, wie ihre unterschiedliche Verständnislosigkeit diesen gegenüber. Der Vetter und der Landjunker sind die Personen, die aufgrund ihrer Verwandtschaft mit Bellamonte, bzw. der Gräfin und der Übereinkunft, die beiden Familien durch Heirat miteinander zu verbinden, durch das Treiben der Helden in ihren Interessen getroffen sind. Beide erkennen dessen Ursachen in den »verfluchten Büchern« (S. 97 u. 104); für beide sind sie »unbegreifliche Sachen« (S. 97). Sie erfassen damit, wie alle Figuren, nur einen Teilaspekt. Ihr Urteil wird durch ihren Charakter entwertet. Der Vetter ist geizig, egoistisch und befangen in den Denkkategorien eines Kaufmanns. Der Landjunker ist grob, ungebildet und dumm (s. S. 103). Vor allem der Vetter trägt als negative Folie dazu bei, die positiven Seiten von Bellamontes Romanimitation, hilfsbereit ungeachtet der eigenen Gefahr zu sein, hervorzuheben. Auf Bellamontes Frage »halten Sie es vor unbillig, daß ich diesem Unglückseeligen zu Hülf kommen«, antwortet der Vetter: »Allerdings! ... Es gieng ihn nichts an, und was uns nicht angeht, darum muß man sich nicht bekümmern; was hat er übrigens für einen Vortheil davon?« (S. 32).

Den Dienern Du Bois und Lisette fällt dadurch eine besondere Rolle zu, daß sie aufgrund ihres Abhängigkeitsverhältnis in Bellamontes heroische Taten involviert sind. Ihre Einsicht ist ebenso begrenzt wie die des Vetters und des Landjunkers. Für Du Bois haben die Abenteuer – das zeigen die Szenen, wo Bellamonte ihn überreden muß, aufs Neue mit ihm auszuziehen, – keinen rechten Sinn; und von seiner Perspektive aus fragt er mit Recht »was wir vor einen Nuzzen vom Herumschweifen haben?« (S. 147). Worin Bellamonte Ruhm und Ehre erlangt, erkennt Du Bois nur Prügeleien. »O, sprach der Kammerdiener, ich wollte lieber keinen Ruhm haben, davon mir die Lenden und der Rücken weh thun« (S. 36, s. a. S. 157). Im Gegensatz zu seinem literarischen Vorbild, Sancho Pansa, ist Du Bois ein passiver Begleiter seines Herrn, der keine Gewalt, weder im Guten noch im Schlechten, über ihn hat. Er und Lisette erfüllen ihre Funktion als Figuren niederen Standes, die noch ganz in der von 17. Jahrhundert her tradierten Auffassung in dem Sinne ›realistisch‹ sind, als sie ein Gegenbild zu dem hohen Ideal höfischen Auftretens abgeben. Sie sind keine ›Realisten‹, in der Bedeutung, daß sie die Situation gerecht und umfassend einschätzen könnte; ein reduziertes Bewußtsein verbindet sie mit Bellamonte. Aber als Verkörperungen einer typisierten, alltäglichen Lebenshaltung, die auf fundamentale Bedürfnisbefriedigung aus ist, prüfen sie das höfische Tun Bellamontes auf seine praktische Anwendbarkeit. Die idealen Maximen, wie ihre Umsetzung in Taten, Sprache und Gestik, brechen sich in ihrer Gewöhnlichkeit. Die Figurenkonstellation entspricht der einer Komödie, in der auf der ›verfremdenden‹ niederen Ebene der Diener durch Parallelhandlung und Imitation das Treiben der Herren in komischem Licht gezeigt wird. Die rhetorische Figur der Antiklimax ist dabei das Hauptstilprinzip. Du Bois, oft genug Zeuge der verliebten Posen seines Herrn, will ein Gleiches bei der Kammerjungfer der Gräfin, Lisette, versuchen: »er kniete also ebenfals vor der Kammerjungfer nieder und wolte ihre Händ, ohne eine weitere Anrede, ... küssen« (S. 186). Die Geste wird von Lisette nicht verstanden, sie tritt zurück und Du Bois schlägt der Länge nach hin. Das unrühmliche Ende in der Übertragung macht die höfische Pose lächerlich. Sowohl Du Bois wie Lisette wissen sich jedoch aus der Situation zu helfen. Sie spielen die adaptierte Rolle weiter: Du Bois, indem er sich ohnmächtig stellt; Lisette, indem sie, obgleich die Verstellung erkennend ein »Balsam-Büchsgen« hervorholt, »um alles nach den Formen zu handeln« (S. 187). Beide Diener übertragen die äußeren Formen – Lisette absichtlicher und bewußter als Du Bois (S. 55; s. a. S. 47) – ohne deren Sinn zu begreifen; sie imitieren Bellamonte und Villa Fanca, aber das Rollenhafte scheint durch und führt zu lächerlichen Situationen. Die Intention geht bis in die Sprache hinein. Du Bois wirbt mit den höfisch-galanten Formeln, wie er sie von Bellamonte gehört hat. »Erkennen sie meine Zärtlichkeit: Lassen Sie mich nicht länger schmachten: belohnen Sie meine Liebe: ich bitte Sie inständigst darum: schenken Sie mir Ihr Herz« (S. 233). Aber im Gegensatz zu Bellamonte, der eine mehr esoterische Liebe meint, zielt Du Bois auf sinnliche Erfüllung. Sprache ist hier nur hohle Form, eine Geste des Scheins, die die wahren Intentionen verschleiert. Als Bellamonte Du Bois einen Brief der Gräfin zu Lektüre übergibt, reagiert er mit Unverständnis (S. 156 f.) und bestätigt damit, daß höfische Sprache kaum noch Aussagekraft hat. Lisette, von anderem Bewußtseinsgrad als er, bedient sich taktisch der höfischen Rolle und Sprache, um sich Du Bois vom Leib zu halten (S. 234). Zugleich führen aber beide die Unbrauchbarkeit höfischer Zärtlichkeitsformen vor.

Die Wiederherstellung des durch Romanlektüre verwirrten Wirklichkeitsbegriffs Bellamontes ist in der Handlung verhältnismäßig früh angelegt. Dem sensiblen Helden muß es auffallen, daß eine gewisse Divergenz zwischen mitgeführten Vorstellungen und aktuellem Vorgang besteht. Trotz der Bemühungen Bellamontes, sich streng an seine literarischen Vorbilder zu halten, will es ihm nicht gelingen, Idee und Wirklichkeit zur Deckung zu bringen. Er bemerkt (S. 19) daß er in Situationen gerät, die in seinen Romanen nicht vorgeprägt sind, oder daß der Ablauf seiner Abenteuer nicht den gelesenen der Markgrafen entspricht. Als es seinem Vetter gelungen war, ihn nach den ersten ritterlichen Begebenheiten wieder nach Hause zu bringen, gewinnt er angesichts dessen zärtlicher Sorge um ihn eine dumpfe Vorstellung von dem Seltsamen seiner Taten (S. 152). Diese lichten Augenblicke bedeuten keine sich anbahnende Entwicklung, sondern sind ein momentanes Aufbrechen eines in seinen Vorstellungen befangenen Bewußtseins. Bellamontes Wirklichkeitsperspektive ist nicht hermetisch abgeschlossen und undurchlässig für die den Erwartungen widerstreitenden Vorgänge. Solange die Wirklichkeit (der eigentlichen Erzählung) ihn noch bestätigt, solange wird er sich ritterlich verhalten. Erst als Bellamonte sein angestrebtes Ziel, die Gräfin zu entführen, erreicht hat, entbehrt seine ritterliche Rolle jeder weiteren Motivation und schafft damit die Voraussetzung, daß sich seine Wirklichkeitsperspektive wieder zurecht rückt. Rückschauend wird ihm nun klarer, wie seltsam und lächerlich sich seine Begebenheiten im Vergleich mit denen der »Comtes« ausnehmen. »Bellamonte aber konte einigen Gedanken nicht widerstehen, welche ihm über das außerordentliche und lächerliche in seinen Begebenheiten einfielen, da er sich nicht besinnen konte, wenn irgend einem andern Marggraf solche komische Dinge aufgestoßen wären« (S. 236). Zur vollständigen Erkenntnis seiner Lächerlichkeit dringt er aber erst vor, als ihm sein Tun durch das Auftreten eines jungen Adeligen, der den Bohse-Roman *Aurore* nachahmt, vor Augen geführt wird. Dieser, er nennt sich Prinz Vardanes, hat in sofern vieles mit Bellamontes Aufführung gemeinsam, als auch er eine höfisch-historische Romangeschichte nachahmt und durch heroische Taten eine verehrte Dame zu gewinnen sucht, wenngleich die Ursache seines Auszuges in einer Hofintrige liegt, während Bellamonte in dem Glauben handelt, seine Verwandten seien gegen seine Liebesbeziehungen. Vardanes bedient sich wie Bellamonte einer pathetischen, bzw. höfisch-stilisierten Sprache. Bellamonte wird in dem Prinzen mit sich selbst konfrontiert. Er erlebt, abgerückt von seiner Person, wie Romane nachahmende Helden auf ihre Umgebung wirken. Statt in ihm, wie man erwarten kann, einen Geistesverwandten zu erkennen, stößt er sich an des Prinzen äußerem, überaus geschmücktem Aufzug, wie an seiner romanhaften Sprache. Es entsteht die paradoxe Situation, daß Bellamonte indirekt über sich selbst abfällig urteilt, als er an des Prinzen Verstand zweifelt (s. S. 238). Die sinnliche Anschauung hat sehr viel mehr eine kathartische Wirkung auf Bellamonte, als die in Selbstbetrachtung und Reflexion gewonnene Einsicht.

Eine Bestätigung des wiederhergestellten Wirklichkeitsverhältnisses sind die beim Abendessen im Gasthaus von Bellamonte vorgetragenen Gedanken, wie ein Roman auszusehen hat. Der Held entwickelt ein romantheoretisches Konzept, zu dem er selbst Exempel gewesen ist. Die programmatisch gedachte Romanreflexion ist in den Mund einer Figur gelegt, von ihren Handlungen aus psychologisch motiviert und damit in das Romangeschehen integriert. Eine solche Integration wird aber erst dadurch möglich, daß das Verhältnis von Romanwirklichkeit und faktischer Wirklichkeit Antriebsmotor der Romanhandlung und Gegenstand der Roman-reflexion zugleich ist. Die in dem nachahmenden Verhalten Bellamontes implizite Romankritik gerät zu einer Poetik in Exempeln. Jede der ritterlichen Taten be-inhaltet eine zweite Bedeutungsebene, die ihren Bezugspunkt nicht im Charakter des Helden, sondern in der theoretischen Intention des Autors hat. Die Episode mit dem Prinz Vardanes trägt, von der Entwicklung der Handlung aus gesehen, zur Bewußtwerdung Bellamontes bei. Sie ist aber zugleich auch literarische Satire auf eine Romanform, die erst in ihrer Erprobung in der Wirklichkeit ihre roman-hafte Realität preisgibt. Die Lächerlichkeit Bellamontes trifft stets seine Roman-vorbilder mit, deren reproduzierte Wirklichkeit dem Empirie-Verständnis eines aufgeklärten bürgerlichen Zeitalters nicht mehr entspricht. Über sie als literarische Form ist damit das Urteil gesprochen; denn oberstes Prinzip des Romantyps, der als »Historie« die Erneuerung der Gattung anstrebte, indem er sich von den For-men des barocken bzw. galanten Romans wegentwickelte, war die Darstellung von Erfahrungswirklichkeit. Dadurch, daß Neugebauer die Kritik an romanhafter Wirklichkeit in fiktives Geschehen umsetzt, muß er sich daran messen lassen, in wie weit sein Roman als literarische Form ein praktizierbares Gegenmodell des höfisch-historischen, bzw. galanten Romans, gleichviel ob französischer oder deut-scher Provenienz, abgibt.

Dieses Modell eines erneuerten Romans in der Tradition der »Historie« ist theoretisch formuliert in Bellamontes »Meynung über die Romane« (S. 263). Der Erzähler kann ihm die Theorie anvertrauen, da er zu diesem Zeitpunkt fast schon vollständig Einsicht in sein unsinniges Handeln gewonnen hat. Das Romankonzept scheint zunächst eher konventionellen Charakter zu haben, wenn die Verbindung von Nutzen und Vergnügen als Hauptziel einer Dichtung postuliert wird. Aber Neugebauer gibt diesen Begriffen neue Inhalte. Bedingung für ein prodesse sei die unbedingte Entsprechung von »Schilderey« und Original, von erzählter Wirklich-keit und Erfahrungswirklichkeit (S. 264). Gegenstand des Romans müsse der Mensch mit seinen Leidenschaften sein. Sein Abbild im Roman soll natürlich und menschlich erscheinen. Statt moralische Ideen zu personifizieren, sollen Handlungen und Betrachtungen der Romanfiguren durch innere Beweggründe, Gemütszustände und Leidenschaften, wie die Liebe, motiviert werden, die damit selbst zum wichtig-sten Vorwurf des Romans aufrücken. Statt als »moralische Ungeheuer« (Wezel) zu erscheinen, werden sie, die in ihrer sittlichen Haltung, sei sie tugend- oder laster-haft, unverändert durch den ganzen Roman bleiben müssen, dann ein natürliches

Mittelmass verkörpern. – An diesem Romankonzept sind zwei Gesichtspunkte bemerkenswert: die Aufwertung des ›Innern‹, die mit der Identifikation des Romans als Charakterdarstellung einhergeht, und die Bedeutung, die der »Romanen-Liebe« (Troeltsch) als Triebfeder menschlichen Handelns zugemessen wird. Gewonnen wird dieser Romanbegriff nicht in der Deduktion eines moralischen Endzwecks, wie etwa bei Troeltsch (s. Vorrede zur *Geschichte einiger Veränderungen*, 1753) sondern in der Orientierung an der Empirie. Die erzählte Wirklichkeit ist nicht mehr illustrierte Moral, sondern Wirklichkeit, »wie man es alle Tage aus der betrachtenden Erfahrung wahrnehmen kan« (S. 264). Das prodesse hat somit nicht mehr nur moralische, sondern pragmatische Qualität. In der Gestaltung von Romanwirklichkeit soll Erfahrungswirklichkeit einsichtig gemacht werden, damit die Absicht erreicht werden kann »die Menschen zu kennen« (S. 264). In dieser von einer Figur getragenen Romanreflexion wird das Programm des *Teutschen Don Quichotte* wie das Konzept des pragmatischen Romans vorgelegt. Der Roman selbst bildet die praktische Durchführung der theoretischen Intention.

Neugebauer bedient sich dabei ganz bewußt romanhafter Klischees. Den Erzähler läßt er sagen: »Die Leute glauben, daß ich einen Roman schreibe, und ich würde sagen mögen, was ich wolte, so würde ich es ihnen nicht aus dem Sinn reden. Die Folge davon ist, daß ich mich nach dem gewöhnlichen Roman-Geschmak richten muß, wenn mein Werk gefallen soll: das Unerwartete muß darin herrschen und hierzu thun meine Ausschweiffungen einen ungemeinen Vorschub.« (S. 43). Dieses poetische Mimikry, einer durch Bohse und Rost im Geschmack verdorbenen Leserschaft zuliebe (vgl. S. 266), führt Neugebauer im Handlungsaufbau auch durch.[48] In der Dichte der aufeinanderfolgenden Begebenheiten entspricht er durchaus den Lesererwartungen. Der Erzähler läßt die Figur des Autors, der die Taten des Bellamonte aufzeichnen will, zu dem Helden sagen: »Sie haben in einem Tage soviel Begebenheiten gehabt, als mancher andere in einem ganzen Jahre« (S. 107). Die Handlungsführung gleicht der (reduzierten) Verwirrungsstruktur des höfisch-historischen Romans und seiner Nachfolger. Die Liebenden, Bellamonte und Villa Franca, die irrtümlich glauben, ihre Verwandten stünden ihrer Verbindung entgegen, werden wiederholt vom Zufall getrennt und zusammengeführt. Räuberische Überfälle, nächtliche Abenteuer und die Entführung der Villa Franca gehören ebenso in die Tradition des »Romans« wie die Aufdeckung der eigentlichen Herkunft und Geburt der beiden Hauptfiguren gegen Ende des Romans.

Der *Teutsche Don Quichotte* geht jedoch nicht in der Nachfolge des »Romans« auf. Er erfüllt vielmehr das theoretische Postulat der Zeit, die Handlung im Charakter zu begründen, wie es der »Historie« durch die fiktive autobiographische Form in Ansätzen gelang. Die Abenteuerreihung wird dadurch von ihrer bloßen Stofflichkeit befreit und in einen Motivationszusammenhang gestellt, der seinen Ursprung in bestimmten Wesenseigenschaften der Figur hat. So werden die Haupt-

---

48 Die bewußte Verwendung von Handlungsklischees des ›alten‹ Romans ist eine Eigentümlichkeit der Romane zwischen 1750 und 1770. Die Gründe dafür liegen nicht nur in der gewollten Ausrichtung am Lesergeschmack, sondern auch und gerade in dem Bemühen um einen ›neuen‹ Roman. So übernimmt man die alten Formen und Stoffe, um sie zu parodieren oder satirisch zu geißeln, wie im *Teutschen Don Quichotte*, in Musäus' *Grandison der Zweite* und Nicolais *Sebaldus Nothanker*, oder man versieht sie mit einem neuen Anspruch und liefert, wie Hermes in seinen Romanen, das Verstehensmodell in romantheoretischen Kapiteln oder Figurengesprächen.

figuren eingeführt, indem der Erzähler sogleich bei ihrem ersten Auftreten ein Charaktergemälde und psychologisches Bild entwirft (S. 2 ff.; S. 40 ff.). Er schafft damit den Anknüpfungspunkt und die erste Ursache ihrer Taten. Bellamontes Verwirrungen haben letztlich nicht ihren Grund in einer Romanlektüre, die nur zufällig sein kann, sondern die Empfindsamkeit seines Gemüts, seine Empfänglichkeit für edle Handlungen und seine Disposition für Leidenschaften werden zum eigentlichen Angelpunkt des Geschehens. »Er war großmüthig, zärtlich und hatte ein gutes Herz, woraus die ersten beyden Eigenschaften entsprungen. Hierbey aber war er leichtgläubig und eine Vorstellung, welche seine Großmuth und Zärtlichkeit rührte, war hinlänglich ihn auf das Äußerste zu bringen.« (S. 2).

Der *Teutsche Don Quichotte* ist noch nicht Charakterdarstellung im Sinne Blankenburgs. Dazu sind die Figuren zu einseitig gezeichnet. Sie sind zwar keine Typen mehr, aber ihre Charaktere bleiben von Anfang an festgelegt. Sie entwickeln sich nicht, sondern kehren nach Verirrungen in einen früheren Zustand wieder zurück. Eine plastische Lebendigkeit kommt ihnen nur insoweit zu, als es die Veranschaulichung der literarischen Satire erfordert. In diesem Sinne haftet ihnen noch etwas von der Exempelhaftigkeit der Figuren im Roman der ersten Jahrhunderthälfte an. Aber der *Teutsche Don Quichotte* als Ganzes hat einen entscheidenden Schritt weg vom »Roman« getan, wenn er die Handlung aus bestimmten Charaktereigenschaften kausal herleitet. Damit gibt er dem im Inhalt und Aufbau dem »Roman« bewußt angeglichenen Geschehen nicht nur besondere Stringenz, sondern vor allem Wahrscheinlichkeit und Lebensnähe für den damaligen Leser.

Der romanhafte Zufall kann in diesem Begriff von der Wahrscheinlichkeit keinen Platz mehr finden. Deshalb ist der Erzähler bemüht, die Verantwortung für die Zufälle seiner Geschichte der verwirrten Perspektive der Figuren anzulasten und ironisch abzutun (s. S. 20), oder ihnen eine handlungsimmanente Notwendigkeit zu geben, plausible Gründe für die Vorgänge anzubieten, wie Lesereinwände vorwegzunehmen. Wendungen, die sich vor allem im ersten Drittel des Romans häufen (S. 20, 21, 31, 34) wie »Hier werden mir einige meiner aufmerksamen Leser die Unbegreiflichkeit dieser Sache vorwerfen« (S. 13) oder »Diß wird meine Leser nicht wunder nehmen, weil es ganz wahrscheinlich ist ...« (S. 65) sollen dem Leser die Gewißheit vermitteln, daß es sich um in der Wirklichkeit mögliche Vorgänge handelt. Der Erzähler versucht, anders als im »Roman«, die Zusammenhänge möglichst schnell aufzuklären (s. S. 10). Er belehrt den Leser – darin ganz der pragmatischen Intention folgend – am Beispiel der erzählten Wirklichkeit über mögliche Zusammenhänge, Ursachen und Wirkungen in der Erfahrungswirklichkeit. Im höfisch-historischen Roman erschien die erzählte Wirklichkeit als ein undurchdringlicher Vorhang der Täuschungen und Irreführungen.[49] Andererseits scheint der *Teutsche Don Quichotte* sich dem Geschmack am Romanhaften anzupassen; denn Bellamonte und Villa Franca täuschen sich über die wahre Herkunft des anderen. Jedoch hier besteht die Täuschung, anders als im »Roman« ausschließlich für die Figuren, während der Leser von vornherein die Doppelrolle der Helden als Johann Glük und Markgraf von Bellamonte, bzw. als Fräulein von Fr. und Gräfin Villa Franca angezeigt wird (S. 10). Täuschung ist nur Stilmittel der Komik und Satire, nicht mehr Ausdruck und Abbild eines Weltverständnisses.

Erzählte Wirklichkeit soll der empirischen ähnlich sein. Das erreicht sie nur, wenn sie in konkreten Raum- und Zeitverhältnissen angesiedelt wird. Im galanten

---

49 Vgl. K. Lugowski, Wirklichkeit und Dichtung, 1936, 1. Kap.

Roman waren Raum und Zeit im Unbestimmten gelassen.[50] Anders im Gegenmodell, im pragmatischen Roman des *Teutschen Don Quichotte*. Hier begrenzt der Erzähler den Raum der Abenteuer auf die nächsten Dörfer, verkürzt ihre zeitliche Dauer auf sechs Tage und markiert die einzelnen Zeitabschnitte. Damit gewinnt der Roman – über den komischen Effekt hinaus – an Empirie durch räumliche und zeitliche Konkretisierung. Im Vergleich jedoch mit zeitgenössischen Werken, wie Troeltschs *Geschichte eines Kandidaten* (1753) oder Büchners *Weltlauf* (1754) muß man feststellen, daß die parodistische, den *Teutschen Don Quichotte* strukturierende Ausrichtung am »Roman«, der Anschaulichkeit seines Milieus abträglich ist, und dieses nur in soweit geschildert wird, als es Bedingung der Satire, bzw. der Komik ist. Zwar gewinnt man ein ins Komische gezeichnetes Bild vom Landadel; aber die bürgerlich-städtische Welt, der Johann Glük entstammt, will nirgends recht Gestalt annehmen.

Statt dessen beschreibt der Erzähler ausführlich die inneren Zustände und Gemütsbewegungen Bellamontes, deren Hauptursache die Liebe ist. Gemäß seinem theoretischen Programm, den Menschen natürlich erscheinen zu lassen und die Antriebskräfte seines Handelns aufzudecken (und unter Berücksichtigung des Lesergeschmacks), erhebt Neugebauer die Liebe zum Hauptthema. Literaturgeschichtlich gesehen stellt er damit die Brücke zwischen galantem und empfindsamem Roman her, die beide in der Darstellung der Liebe die Hauptaufgabe des Romans sehen. In der »Historie« war sie nur ein Aspekt in der Vielgesichtigkeit der Welt. Gleichwohl gestaltet Neugebauer keine »Romanen-Liebe«, wie sie der Autor zum Beweis seiner »Erfindungs-Kraft« mit der Geschichte »Der unvermuthete Zufall: eine Spanische Neuigkeit« vorträgt (S. 110–141). Aus seiner Perspektive sind, mit einer gewissen Berechtigung, die Verwirrungen Bellamontes von »wunderbahren Zufällen« (S. 109) begleitet. Denn Bellamonte wie Villa Franca halten den Kodex des mit Trennen und Wiederfinden verbundenen höfischen Liebeswerbens ein. Aber ihre Liebe bleibt auch beständig, als das höfische Kostüm fällt, und die beiden ihre wahre Herkunft erfahren (S. 301). Die galant liebende Baronesse hingegen ist froh, daß ihre Liebe nicht von einem in ihren Augen unwürdigen, weil nicht ihres Standes, angenommen worden ist (S. 303). Die Liebe Bellamontes ist, trotz ihrer höfischen Formen, das genaue Gegenteil einer galanten Liebe. In seiner Kritik an Le Petits Ode wird dieser Gegensatz ganz deutlich. Le Petit hat in ihr die Schönheit seiner Geliebten und seine sinnliche Liebe in barocken Metaphern besungen: »Sie scheinen sich hernach gewisser Sachen zu rühmen, welche Ihnen Ihre Geliebte kaum kan zugelassen haben, und welche wider alle Zärtlichkeit sind, besonders in der letzten Strophe von der Schooß, ob Sie gleich sagen ... den ich bis an mein Ende Nicht bloßen darf ...« (S. 176). Mit »Zärtlichkeit« ist der Schlüsselbegriff angegeben, der Bellamontes Liebesbeziehung zur Villa Franca beschreibt. Ihr Ziel ist nicht die sinnliche Erfüllung und sie bedarf des höfischen Verhaltenskodex' als unabdingbare Voraussetzung nicht; sie bedient sich aber seiner als Ausdrucksträger wahrer Empfindung. Liebe, als Ausdruck einer »schönen Seele« (S. 6), ist hier an die jeweilige Individualität der Person gebunden. Als Zärtlichkeit ist sie darauf aus, Empfindungen in anderen zu wecken, die die Basis für eine Ehe abgeben können. Für die literaturgeschichtliche Situation des Romans scheint es mir symptomatisch, daß von traditionellen Sprachformeln und Verhaltensweisen unverstellte Liebesbeziehungen (wie sie der empfindsame Roman erreicht) noch

---

50 Vgl. H. Singer, Der deutsche Roman, passim.

nicht möglich sind; daß aber zugleich auch bloße gesellschaftliche Werbeformen ohne wahre Empfindung, bzw. verbunden mit bloß sinnlicher Begierde, kritisch behandelt werden.

Nach den vorangegangenen Ausführungen kann nun genauer gesagt werden, in welchem Sinn der *Teutsche Don Quichotte* ein Gegenmodell zu dem – in den nachahmenden Taten Bellamontes durch Komik kritisierten – höfisch-historischen, bzw. galanten Roman abgibt. Dieser Gegenentwurf versteht sich nicht als vollkommen neue Romankonzeption. Durch bewußte Anlehnungen und Übernahmen in der Komposition und teilweise in der Figurenbehandlung und der Liebesthematik ist er dem »Roman« verpflichtet. Aber diese poetischen Konstituenten des Werks werden aufgrund ihrer Verfügbarkeit umgedeutet durch die von der »Historie« gelieferten und weiter entwickelten kausalgenetischen Verknüpfungsformen und der Schilderungen des Gemütszustandes als den eigentlichen Ursachen von Handlungen. Auf diese Weise wird das romantheoretische Programm erfüllt, das dem Roman das Ziel anwies, nicht Kompendium der Moral zu sein beziehungsweise absolute Faktizität des Geschehens glaubhaft zu machen, sondern »den Menschen und seine Leidenschaften zum Original« (S. 264) und Vorwurf zu nehmen. Der pragmatische Charakter entsteht dadurch, daß fiktive Lehr- und Lernsituationen geschaffen werden,[51] einmal in Bezug auf den »Menschen«, zum Verständnis für die Wirklichkeit zu wecken, zum andern, um an einem Rezeptionsmodell den Leser lesen zu lehren.

Die literarische Situation um 1750 ist auf Seiten der Leser durch ein unvermindertes Interesse am barocken und galanten Roman gekennzeichnet (s. o., S. 124 ff.). Die meisten Romanautoren antworten darauf mit Nachahmung der meistgelesenen Werke (*Banise* und *Hercules*) und verbinden dieses Vorgehen mit dem Anspruch, den wahren Roman zu verkörpern. Neugebauer stellt sich geschickt auf diese Situation ein, indem er eine Liebesgeschichte im höfischen Kostüm mit vielen Zufällen, Verwirrungen und Abenteuern erzählt, unter der Decke der äußerlichen Anpassung aber den naiven Leser wie seine Zunftgenossen, die einen Romantyp wiederbeleben, dessen erzählte Wirklichkeit nicht den bürgerlichen Welt- und Wertvorstellungen entspricht, satirisch geißelt. Er greift dabei auf das sich ihm in Cervantes' *Don Quijote* bietende Modell zurück, in poetischer Gestalt Kritik an einer bestimmten Form der eigenen Gattung zu üben. Anders als später bei Musäus oder Wieland, denen sich Cervantes direkt oder über Fielding erschloß, vermittelt Frankreich Neugebauer das spanische Werk. Die letzte deutschsprachige Ausgabe des *Don Quijote* war 1734 als eine Übersetzung aus dem Französischen publiziert worden, die erst im Erscheinungsjahr des *Teutschen Don Quichotte* eine zweite Auflage erlebte. 1775 wird der *Don Quijote* überhaupt erst direkt aus dem spanischen Original übertragen. Die gebildeten Kreise werden kaum jene mäßigen Übersetzungen gelesen, sondern sich der zahlreichen französischen Ausgaben – und der französischen Nachahmungen – bedient haben. Diese Leser ließen sich vermutlich nicht durch die häufige Nennung französischer Romanautoren und ihrer Werke darüber hinwegtäuschen, daß die im *Teutschen Don Quichotte* nicht erwähnte Cervantes-Nachahmung Marivaux' *Pharsamon ou les folies romanesques* (1737) die eigentliche literarische Vorlage des Romans war.[52] Hier findet sich das Vorbild der im *Don Quijote* nicht vorhandenen weiblichen Hauptfigur, die gleichfalls durch

---

51 Vgl. J. Schönert, Satire, S. 85 ff.
52 L. E. Kurth ist diesen suggestiven Anspielungen zum Opfer gefallen, a.a.O., S. 112.

Romanlektüre ihre Wirklichkeitsvorstellungen geformt hat. Auch in der Erzielung der komischen Effekte, in der Bedeutung, die der Sprache gegeben wird, in der bürgerlichen Herkunft der Personen und der bürgerlichen Heirat am Ende entsprechen sich beide Werke.

Inwieweit Cervantes' Roman bzw. sein französischer Nachfolger oder auch das komische Epos der Zeit[53] für die besondere Ausbildung der Erzählerebene mit ihrem persönlichen reflektierenden und vom Geschehen Distanz haltenden Er-Erzähler verantwortlich ist, soll hier nicht weiter untersucht werden. Im Vergleich zum deutschen Roman dieser Zeit ist jedoch die profilierte Erzählerfigur im *Teutschen Don Quichotte* neu (vgl. o., S. 110 zu Sincerus' *Schöne Österreicherin*). Ihr Auftreten muß zusammengesehen werden mit dem Entwurf eines Gegenmodells zum höfisch-historischen Roman. Mit ihrer Einführung ist eine entscheidende Erneuerung der Gattung eingetreten. Der Erzähler weist den Roman als Kunstgebilde aus. Nicht mehr allgemeinverbindliche moralische Wahrheiten oder vorgebliche Faktizität gewährleisten den Wirklichkeitsbezug, sondern seine Gestaltungsfähigkeit macht die erzählten Begebenheiten den empirischen ähnlich – ohne daß schon der Grad der Entfernung von der Wirklichkeit bestimmt würde. Das höfisch-historische Romangeschehen rollt nach bestimmten Kompositionsmustern, scheinbar unter dem Zwang der sich aufdrängenden Ereignisse, ab, ohne daß dem Leser zu Bewußtsein kommt, daß zwischen ihm und den Erscheinungen ein vermittelndes Medium steht. Er scheint dem Geschehen unmittelbar gegenüber zu stehen. Der Erzählende geht noch ganz in der unauffälligen Erzählfunktion auf. Die »Historie« hingegen konnte die Vermittlung des Erzählens besser sichtbar machen, weil, sofern sie in der Ich-Form geschrieben war, die biographische Person des Erzählers und der Held des Romans zusammenfielen.

Soweit ich sehe, geschieht es im deutschen Roman zum ersten Mal, daß ein Er-Erzähler seine Vermittler-Rolle auf so vielfältige Weise sichtbar macht und mit ihr zugleich die Fiktivität der Erzählung. Die einfachste Form, sich dem Leser als Erzähler zu Bewußtsein zu bringen, ist die wertende Anteilnahme am Geschehen, die sich in bezeichnenden Adjektiven und kurzen, wertenden Bemerkungen äußert (S. 26, 32 f., 37 f., 76). Deutlicher noch bringt der Erzähler sich zur Geltung, wenn er auf seine Erzählleistung verweist (S. 24, 39, 83 f., 231) oder auf Abschweifungen als lebensphilosophische Reflexion verzichtet, sofern sie nicht zur größeren Anschaulichkeit des Erzählten beitragen (S. 50, 175). Statt »trockne Moral-Säze« (S. 10; s. a. 291) einzuschieben wie es im deutschen Roman der Zeit gang und gebe ist, widmet der Erzähler sich ganz seinen Erzählaufgaben, die von ihm verlangen, die Wahrscheinlichkeit der Vorgänge und ihre Übereinstimmung mit der Erfahrungswirklichkeit zu gewährleisten (S. 13, 26). An der Behandlung des Zufalls erweist es sich, ob der Erzähler das zu Erzählende übersieht und ihm eine poetische Notwendigkeit geben kann, oder ob er ein erzähltes Schicksalsereignis ist: der Erzähler des *Teutschen Don Quichotte* nimmt unvorbereitet einen neuen Handlungsfaden, die Einführung von Villa Franca, auf, und handelt sich damit den Vorwurf ein, »was ist dieses vor ein Geschwäz? höre ich meine ungeduldigen Leser sagen: Dieser Autor ist der beschwehrlichste Kerl von der Welt mit seinen Ausschweiffungen. Es ist wahr; der Leser hat vielleicht Recht so zu sagen . . .« (S. 38). Der Erzähler verweigert aber dem Leser die geforderte Erklärung mit dem Hinweis, dieser habe schon oftmals erfahren, daß er mit Vernunft ausschweife. Wenige

---

53 Vgl. W. Preisendanz, Wieland und die Verserzählung. GRM 43, S. 26 f.

Seiten später trifft Bellamonte ›zufällig‹ auf Villa Franca und der Erzähler bemerkt: »Was gilt es, nun werden meine Leser mir verzeihen, daß ich ausschweiffe« (S. 44). Er hatte also den Handlungsfaden zur rechten Zeit aufgenommen, um für diesen ›Zufall‹ die rechten Voraussetzungen zu schaffen.

Die Abhängigkeit des Erzählten von seiner Vermittlerrolle demonstriert der Erzähler dort, wo er darauf verzichtet, die Schilderung seiner Begebenheiten fortzusetzen. Du Bois' Vater gerät mit einem Handwerker in Streit. »Allein [so der Erzähler] ich befinde mich grade in einer Gemüthsverfassung, wo ich nicht gar zu wohl ein Gefechte beschreiben kan: Daher will ich dieses bald endigen lassen, an statt, daß ich es wenigstens eine Viertelstunde ausdähnen und noch andre Personen zu Mitschlägern machen könte. Es soll also nach gehörtem Lerm des Meisters Frau herunter kommen, und ihren Mann, von Thomas weg reißen, dem ein paar gutherzige Leute eben diesen Liebes-Dienst erwiesen. Sehet, so bald endige ich eine Sache, deren Erzählung ein rechtes Antheil hätte erwecken lassen, . . .« (S. 92 f.). Aufs deutlichste wird, wenigstens für diese Geschichte, auf die Fiktivität der Begebenheiten hingewiesen, d. h., daß dem Leser bewußt gemacht wird, daß der Erzähler erfindet und Wirklichkeit subjektiv konstruiert. Mit der Erfindung übernimmt der Erzähler zugleich die Verpflichtung zu einer Darstellungsweise, die erzählte Wirklichkeit möglichst nah an die Erfahrungswirklichkeit heranrückt. Dabei erhebt sich unter anderem das Problem, komplizierte Vorgänge, die in der Wirklichkeit gleichzeitig vor sich gehen, in die sukzessive Erzählweise des Romans umzusetzen. »Izo hätte ich fast nöthig, den Wunsch zu thun, daß meine Feder zu gleicher Zeit und auf einmahl die verschiednen Auftritte auf dem Saal und in dem Hofe abschildern könte. Weil man aber einem ehrlichen Schrift-Steller eine so unmögliche Sache nicht zumuthen kan, so wird man mit diesen Beschreibungen vergnügt seyn, wie ich sie nach und nach ertheile, und sich dabey die Vorstellung machen, als wenn man sie auf einmahl vor Augen hätte.« (S. 67, ähnlich 196–214). Szenische Darstellung, die der Barockroman nicht kannte, wird der als komplex erkannten Wirklichkeit gerechter als ein Erzählbericht. So referiert der Erzähler nicht die romanhafte, erste Liebe stiftende Begegnung zwischen zwei Personen, sondern führt sie unter Einschaltung des Dieners und seiner neugierigen Reaktion szenisch vor (S. 5 f.; s. a. die Liebesgespräche S. 49 ff. und S. 53 ff.). Die Suche nach dem rechten Wort und »Gleichnüß« (S. 164, 168, 177, 199) und die Bemühungen um die literarische Form[54] verweisen auf die Kunstverantwortlichkeit des Erzählers.

Mit der Einführung der Figur des Autors im letzten Teil des Romans, der Bellamonte bei seinen Abenteuern begleitet, fiktionalisiert der Erzähler seine Erzählfunktion. »Hierbey will ich meinen Lesern nur zu voraus und in Geheim enddeken, daß ich, der Geschicht-Schreiber von den Thaten des großen Bellamonte, selbst dieser Autor war, ob ich gleich in Zukunft nichts davon merken lassen, auch nur in der dritten Person von mir reden« (S. 106). Eine Fiktionalisierung liegt vor, wenn der Erzähler sich der Figur des Autors bedient, um seine Allwissenheit zu motivieren, oder, deutlicher noch, wenn er ihn in seinem Botengang für Bellamonte dazu ausersehen hat, die Geschichte Bellamontes, die zu einem Ende gekommen zu sein scheint, fortzusetzen (S. 152 f.). Aber die Figur des Autors repräsentiert nicht den Aspekt der Übergeordnetheit des Erzählers. Er wird mit Bellamonte auf eine

---

54 Der Erzähler setzt immer wieder in der Sprache des Epos an, die Begebenheiten zu erzählen, um dann doch wieder auf den angemesseneren Prosastil des Romans zurückzukommen (s. Kapitelanfänge).

Ebene gestellt, da er ihn zu weiteren Streichen verleitet. Im Gegensatz zu Bellamonte, dem er schließlich die wichtigen romantheoretischen Gedanken in den Mund legt, wird die Haltung des Erzählers gegenüber dem »Autor« gegen Ende des Romans kritischer. Die Rollen scheinen vertauscht. Der Autor gerät zur komischen Figur, Bellamonte hingegen gewinnt allmählich Einsicht in sein törichtes Tun. In Musäus' *Grandison dem Zweiten* gibt es eine ähnliche Konstellation von handelnder Figur und fiktionalisierter Erzählfunktion. Zwar fehlt in ihm als Briefroman ein Erzähler, aber einige Briefschreiber übernehmen die Rolle des Erzählers.[55] Sie sind zugleich Figuren des Romans, behalten aber, anders als der »Autor« die Übersicht und das erkennende Bewußtsein.

Jenseits aller gezielten Kritik an einer historischen und unbrauchbar gewordenen Romanform repräsentiert der *Teutsche Don Quichotte* ganz allgemein ein Modell des Roman-Leser-Verhältnisses. Dem realen Leser wird vorgeführt, wie er zu lesen hat. Besonderer Belehrungspunkt ist die Fiktionalität der Romane. Die Rezeptionssituation im Roman dient als Nexus zwischen Romanwirklichkeit und Realität, die zu unterscheiden das theoretische Konzept des Romans ausmacht. Dem Leser wird nicht in einem theoretischen Vortrag, sondern mit den erzählten Taten Bellamontes und durch die gestaltende Funktion des Erzählers zu Bewußtsein gebracht, daß die Fiktionalität sich durch einen komplexen Erzählvorgang konstituiert, dessen erzählerischer Verbund von Figur, Handlung und Reflexion das erzählte Detail in einen einmaligen, künstlerischen und wahrscheinlichen Motivationszusammenhang stellt. Diese Einmaligkeit im fiktiven Zusammenhang macht es zur unmittelbaren Übertragung in die Wirklichkeit ungeeignet. Allein die grundlegenden moralischen Maximen des Handelns können in ihr praktisch Verwendung finden. Sie tragen dazu bei, die Hauptintention des Romans zu verwirklichen, »die Menschen zu kennen«. Mir scheint, daß dieser Roman weniger die wirklichkeitsverfehlende Phantasie im Geiste bürgerlich-praktischer Lebensbezogenheit satirisch geißeln,[56] als vielmehr exemplhaft das poetologische Problem der Fiktionalität verdeutlichen will.

VI. Theorie und Praxis in Johann Gottwerth Müllers ›Herr Thomas‹, 1790/91

Der vierte Roman[57] von Johann Gottwerth Müller, *Herr Thomas, eine komische Geschichte*[58], enthält in seinem dritten Teil[59] ein Gespräch über Romane und das Romanschreiben. Sein Anlaß ist folgender: Ferdinand Thomas, der ›Held‹ der Geschichte, war zu seinem Großvater, Herrn Bernd, nach Halle gezogen, um dort an der Universität zu studieren. Herr Bernd glaubt ihn fleißig, bis er ent-

---

55 Vgl. N. Würzbach, Briefroman, passim.
56 Vgl. J. Schönert, Satire, S. 47; s. a. L. Kurth, *Der Teutsche Don Quichotte*, S. 110.
57 *Siegfried von Lindenberg* (1779); *Die Herren von Waldheim* (1784/85); *Emmerich* (1786/89).
58 Zitiert wird nach der Ausgabe Frankfurt u. Leipzig 1971/92, die römischen Zahlen bezeichnen die Bücher, die arabischen die Seiten. Die Originalausgabe erschien Göttingen 1790/91.
59 III, S. 45–69.

deckt, daß Ferdinand nicht die Fachliteratur studiert und seine Kollegien ausarbeitet, sondern schöne Literatur liest und sich als Dichter in verschiedenen Gattungen, darunter auch dem Roman, versucht. Daß »all diese Arbeitseligkeit platterdings zu Nichts führte, und durchaus nichts sey als der schnödeste Müßiggang« (III, 41), davon versucht nun Herr Bernd seinen Enkel zu überzeugen.

In diesem Gespräch geht es im Wesentlichen um zwei Problemkreise: 1. was ist ein Roman, was verbindet sich aufgrund der Romanpraxis mit diesem Begriff, was macht den wahren Roman aus; 2. welche Voraussetzungen sind notwendig, um den wahren Roman schreiben zu können.

»Konventionaler Name und eigenthümlicher Begriff« (III, 61) werden gegeneinander gehalten: der Roman als eine Geschichte, in der ein »Pinsel oder Stocknarr durch eine Menge übel erfundner unwahrscheinlicher, oft alberner Abentheuer hindurch« geschleppt wird (III, 51) und der Roman als »getreue Darstellung des Menschen wie er ist« (III, 59). Abgelehnt wird der Roman, der nur Begebenheiten anhäuft und ihnen, um sie »anziehend zu machen« (III, 59), »ein wenig Verwicklung« (III, 58) gibt, wo sich die Bedeutung der Romanfiguren in einer handlungs- und spannungsfördernden Funktion erschöpft und das Erzählte nichts anderes ist als »niedergeschriebene Träume einer vom Fieber versengten Phantasie« (III, 58). Daher wird auch die gängige, häufig in Lexika[60] aufgeführte Definition der Gattung als »eine erdichtete Geschichte, die einen moralischen Zweck hat« (III, 45) verworfen; denn eine solche Bestimmung rechtfertige auch einen Roman, der im Leser nur das Gefühl der Spannung, durch zahlreiche, phantastische und verwickelte Ereignisse hervorrufen will, worunter zum Schein ein paar moralische Lehren gemischt werden. Ebenfalls abgelehnt werden Romane, die zwar Charaktere zum Gegenstand des Erzählens machen, diese jedoch idealisieren. Diesem Gattungstyp fehlt wie dem ›Handlungsroman‹ der Bezug zur Wirklichkeit. Er ist Ausdruck bloßer Subjektivität, »ein Spiel der Phantasey, je wunderbarer je besser, welches der Dichter, über dessen Launen kein Mensch zu raisoniren habe, aus seiner Seele ziehe . . .« (III, 56).

Der wahre Roman dagegen verbindet auf überzeugende Weise Unterhaltung und Belehrung. Indem der Erzähler vorgibt, dem Leser »ein verlohrnes Stündchen wegzuplaudern« legt er ihm dennoch »wichtige Wahrheiten ans Herz« (III, 53); denn ein Roman ist nur dann ein guter Roman, wenn er »die Menschen besser und weiser machen« kann (III, 53). Aus diesem Grundsatz folgen alle Regeln für den Roman: ein Roman ahmt jene Wirklichkeit nach, die dem Erfahrungsbereich des (gebildeten, bürgerlichen) Lesers möglichst nahekommt. Er schildert die »alltäglichen Fälle«, das »thätige Leben« (III, 54) stets jedoch als bewertete Wirklichkeit, um den Leser in seinen Wirklichkeitsvorstellungen zu bestätigen oder zu korrigieren; das heißt, daß die Torheiten gezüchtigt, das Lächerliche gerügt, die Mißbräuche ans Licht gezogen, die Schwachheiten geheilt, die Fehler hinweggespöttelt und die Vorurteile bestritten werden (s. III, 52 f.). Romanwirklichkeit wird durch Handlungen konstituiert und konstruiert, die in den Charaktereigenschaften der Figuren begründet sind. In diesen als Kausalfolge gedachten Zusammenhang will der wahre Roman Einblick geben in der Absicht, durch das Aufdecken der »Triebfedern der menschlichen Handlungen« (III, 55) den Leser lebensklüger zu machen. Die »stufenweise« Entwicklung des ›Helden‹, seine Fehl-

---

60 Vgl. Zedler, Universal-Lexicon Bd. XXXII, Lpz 1742; J. Th. Jablonski, Allgemeines Lexicon Lpz [3]1767.

tritte und Irrwege sollen ihn lehren, wie man sich im Leben zurechtfindet. Der Roman liefert damit Sekundärerfahrungen, die ihm Primärerfahrungen ersparen. Folgendes Zitat faßt die wesentlichen Aspekte dieses Romanbegriffs zusammen:

> »Ich begehre nicht zu wissen, was dem Helden begegnete, sondern was er war; ich will nicht seinen Charakter aus seinen Handlungen abstrahieren, sondern diese müssen aus jenem fließen; ich will lernen, was ich von einem ähnlichen Charakter, ungefähr unter ähnlichen Umständen, hoffen, fürchten, oder gewiß erwarten darf; ich will, so weit das ohne von meiner Stube zu gehen möglich ist, den Menschen und die Welt kennen lernen; ich will ohne eigene Kosten erfahren, wie sich in ähnlichen Situationen der offne edle Mann und der versteckte Schurke nimmt; ich will die Tiefe des menschlichen Herzens, die ich selber zu ergründen kein Geschick oder keine Gelegenheit habe, offen vor mir – ich will den Gang der Leidenschaften, den ich selber nicht beobachten kann, entwickelt sehen; ich will Weltklugheit und die wahre Kunst des Lebens erlernen...« (III, S. 59 f.).

Die beiden in diesem Gespräch gegeneinander ausgespielten Romanbegriffe lassen sich zum einen mit der »Historie« – als Beispiel werden die »Robinsonaden« genannt – sowie der Spätform des »Romans« in den fünfziger Jahren – den »Grandisonaden« – identifizieren, zum andern mit dem pragmatischen Roman als dem wahren »deutschen Originalroman«. Das Romangespräch referiert somit einen 1791 schon historisch gewordenen Konflikt zwischen dem neuen, dem pragmatischen Romantyp und den konventionellen Romanformen »Historie« und »Roman«. Dieser Konflikt läßt sich vereinfacht als die Opposition von Handlungs- und Charakterroman bestimmen. Der Leser wird über den historischen Charakter des Gesprächs nicht im Zweifel gelassen. Der Erzähler versucht gelegentlich für um 1760 bekannte Namen Entsprechungen der Gegenwart zu finden.

Eine derart in die Vergangenheit verlegte Diskussion um den »eigenthümlichen Begriff« vom Roman erlaubt es, längst bekannte, akzeptierte und erprobte Theoreme zum pragmatischen Roman zu wiederholen und zu vertreten. Das Romangespräch bringt denn auch theoretisch kaum etwas, was nicht schon zuvor in Romanvorrden, Romangesprächen und Erzählkommentaren der siebziger und achtziger Jahre formuliert worden ist. Wezel (*Tobias Knaut*), Blankenburg (*Beyträge*), Miller (*Burgheim*), Thilo (*Lorenz Arndt*) und andere forderten einen Roman, der die »Welt«, als der Interaktion von Individuen, nachahmt. Er sollte »Alltagswelt«, das »wirkliche Leben«, »deutsche Sitten und deutsche Charaktere« oder auch »den Menschen« schlechthin schildern. Diese Wirklichkeit wurde von den genannten Romantheoretikern als eine Kette von Ursache und Wirkung aufgefaßt. Damit waren sowohl die bloße Addition von Begebenheiten,[61] deren Abfolge durch die Eingriffe eines nicht einsehbaren Schicksals geregelt wurde, als auch die Organisation der Handlung nach der Ordnung eines vorgegebenen moralischen Systems als Romanstruktur ausgeschlossen. Die Romanhandlung konnte im wahren Roman nur in den von Anlage und Erziehung geprägten Eigenschaften – den »Leidenschaften« – gemischter Charaktere »wie sie würklich unter dem Monde leben« (Thilo, *Arndt*) motivierend verankert sein. Da die Wirklichkeit, der die Romanwirklichkeit ähnlich zu machen war, in ihrem Zusammenhang als notwendig begriffen wurde, mußten auch alle Teile im Roman funktional aufeinander bezogen sein.

---

61 Vgl. die Kritik bei Merk, Wezel oder Thilo. Sie wurde erneut hervorgerufen durch Romane von B. Naubert, G. H. Heinse, J. Chr. Fr. Schulz, K. G. Cramer u. a.

In einem weiteren zentralen Punkt folgt Müller der praxisbezogenen Romantheorie der Jahre zwischen 1760 und 1790: Der Roman soll das »menschliche Leben im Kompendio« (Timme, *Faramond)* vorführen. Das setzt voraus, daß die »Welt« verstandesmäßig erkennbar ist. Der Romanautor verfährt pragmatisch, wenn er den wahren Zusammenhang des menschlichen Lebens aufdeckt und damit dem Leser die Möglichkeit bietet, rechtes Verhalten in möglichen Situationen am Modell des Romans zu lernen. Romane sollen, nach dieser vor allen von Timme und Knigge vertretenen und von Müller übernommenen Konzeption, das menschliche Leben so abschildern, daß dem Leser Erfahrungen vornehmlich negativer Art erspart werden können. Ein solcher Roman kann nachgeahmt werden, da zwischen erzählter Wirklichkeit und dem Erfahrungsbereich der Leser (theoretisch) Austauschbarkeit besteht. Das Ziel des pragmatischen Romans ist es, den Leser »weiser« zu machen, damit er sich im Leben zurecht findet. Die Theorie des pragmatischen Romans kennt zwei Möglichkeiten, ihm Lernhilfe zu geben. Für Blankenburg, Hermes, Wieland, Sattler, Schummel und andere muß der Leser deutliche Hinweise auf den Wert der ihm erzählten Vorgänge erhalten, das heißt, Wirklichkeit wird dem Leser nur in der Perspektive eines beurteilenden Ichs angeboten. Das Bild des Spaziergangs (Wezel, *Tobias Knaut,* Schummel, *Empfindsame Reisen)* veranschaulicht die Beziehung zwischen Erzähler und Leser. Der Erzähler ist stets präsent; er knüpft das Gewebe, aus dem sich das Abbild der Wirklichkeit ergibt (vgl. Musäus, *Deutscher Grandison).* Die andere Möglichkeit, dem Leser Lernhilfe zu geben, besteht in der Steuerung seiner Emotionen, und zwar in der Weise, daß man »auf das menschliche Herz würkt ... mit den Gefühlen desselben spielet ... es zu Mitleid, Furcht, Erstaunen, etc. gewaltsam fortreißt ... es in Sturm setzt und wieder besänftiget« (III, 46).

Wo es um den Begriff des wahren Romans geht, resümiert das Romangespräch in *Herr Thomas* die wesentlichen Punkte der Theorie des pragmatischen Romans. Es enthält zugleich die Summe von Müllers Romankonzeption, wie er sie in der Vorrede und dem 26. Kapitel der *Herren von Waldheim* und in der Vorrede ›Über Charakter und Interesse‹ zu *Emmerich* vorgetragen hat. Das Prinzip, aus dem dieser Romanautor die Regeln ableitet, stellt eine nicht auflösbare Verbindung des alten romantheoretischen Postulats, daß Romanlektüre nutzbringend zu sein habe, mit dem Versuch dar, sich als Autor auf dem literarischen Markt zu behaupten. Das prodesse ist auf jene Leserschaft zugeschnitten, die er mit dem *Siegfried von Lindenberg* (1779) gewonnen hatte und die er in ihren Erwartungen weitgehend bestätigen muß, will er mit dem gleichen Erfolg rechnen, wie ihn dieser Roman gehabt hatte.[62] Der *Siegfried* erschien ohne ein romantheoretisches Kapitel oder Vorwort, entgegen den Gepflogenheiten der siebziger Jahre. Erst in den folgenden Romanen, vor allem in den *Waldheimen,* hat Müller versucht, seine Art Romane zu schreiben unter enger Anlehnung an die Theorie des pragmatischen Romans theoretisch zu untermauern.

Das Bemühen um ein einmal gewonnenes Lesepublikum auch und gerade dadurch, daß man die eigenen Absichten offenlegt, in Verbindung mit der Intention, den Nutzen der Gattung nicht von der Romanhandlung zu trennen und in eine moralische Sentenz an das Ende des Buches zu verbannen, (vgl. *Waldheime,* Kap. 26), mußte notwendig zur Konzeption eines polemisch gegen mögliche Konkurrenz gerichteten Romans führen, der sich als Antiroman verstanden wissen

---

62 2. Auflage: 1781; 3.: 1783; 4.: 1784; 5.: 1790; 6.: 1802 und mehrere Nachdrucke.

will. Romane, so dekretiert Müller, seien nichts anderes als Liebesgeschichten. Sie
verfehlten die Wirklichkeit, weil sie sie nur in Einzelaspekten, und diese noch
idealisierend, darstellten. Solche Romane könnten nur »Herz und Sitten« verderben. Dem Idealen setzt Müller das Alltägliche[63] entgegen (vgl. Vorrede zu *Emmerich* und Kap. 26 in *Waldheime*), statischen und romanhaften Figuren Menschen,
die sich »stufenweise« (*Thomas*, III, 52) entwickeln, den im konventionellen Roman vornehmlich erzählten Ich-Du-Beziehungen »Alltagsgesichter« als soziale
Wesen, den erhabenen Helden voller Tugend, den Menschen »als ein Gewebe von
Gutem und Schlechtem und Lächerlichem, von Weisheit und Torheit« (Vorrede zu
Waldheime); denn diese »Alltagsgesichter« bewirken, daß »die Furcht einen solchen Charakter ganz auf sich gedeutet zu sehen, manchen Mann von mancher
Thorheit abgehalten« hat (Vorrede zu *Waldheime*, S. X f.). Statt »Grandisone,
die Siegwarte, die Leiden Werthers« schreibt Müller »Romantische Biographien«
(Vorrede zu *Emmerich*, S. 46).

Ein solches Programm mußte Müller das Interesse einer breiten Leserschaft einbringen, die ihre Identität in der Pflege bestimmter Tugenden fand. Diese Tugenden waren Gegenbegriffe adeliger und höfischer Wertvorstellungen wie erwor-
bener Verdienst, Ehrlichkeit, Hilfsbereitschaft, Güte, Keuschheit und vor allem
Arbeitsamkeit. Daß mit dem »Menschen« doch nur der Bürger gemeint war, der
zwar den »Nährstand« (Bahrdt) darstellte, jedoch kaum politischen Einfluß hatte,
wird von Müller nicht ausgesprochen. Seine Romane jedoch mit den zahlreichen
Anspielungen auf Literatur und Geschichte der Antike und den fremdsprachli-
chen Wendungen konnten nur von jenen verstanden werden, die eine entsprechende Schulbildung besaßen.

Müller bezeichnet seine Romane immer wieder als nicht schulgerechte Werke
(Vorrede zu *Siegfried,* 1781; *Waldheime*, Kap. 26). Berechtigt ist diese Selbst-
interpretation nur unter der von ihm selbst getroffenen Definition des Romans
als Liebesgeschichte. Von der Geschichte der Romantheorie (wie der Romanpraxis)
her spiegelt dieses Selbstverständnis jedoch eine falsche Originalität vor. Die
Schule, der Müller angehört, ist die des pragmatischen Romans, die sich gegen die
»Schule« des empfindsamen Romans richtet, und Müller befindet sich in einer
Klasse mit Knigge, Blankenburg, Nicolai, Musäus, dem jungen Wezel und anderen.

Angesichts der Häufung bekannter theoretischer Forderungen an den Roman im
Romangespräch im *Herr Thomas* erhebt sich die Frage, welche Absicht mit einer
solchen Rekapitulation verfolgt wird. Zwei Antworten bieten sich an: zum einen
wird der Leserschaft der »komischen Romane aus den Papieren des braunen Mannes« signalisiert, daß sie ihre Erwartungen auch diesmal wieder bestätigt finden
wird, das heißt, daß sie ein teils humoristisches, teils kritisch korrigierendes »Gemälde« ihres eignen Lebensbereiches erhält.[64] Zum andern wird der Gesichtspunkt
angegeben, unter dem Müller seinen Roman von der Literaturkritik betrachtet
haben möchte (vgl. *Waldheime*, Kap. 26). Das heißt, dieses Romangespräch formuliert das theoretische Programm nach dem der Roman geschrieben wurde. In

---

63 »Alltäglichkeit« ist ein zentraler Begriff in Müllers Romantheorie, ohne daß er damit
   mehr als ein neues Wort für das Wirklichkeitsverhältnis des pragmatischen Romans
   prägt.
64 Vgl. die Rezension des *Emmerich* in der Allg. Literaturzeitung, Jena 1787, S. 97:
   Müller bringe »Weltkenntniß« und er verbinde, wie man es aus seinen anderen Werken
   gewohnt sei, »Erfahrung und Ausdruck, Dichtergeist und Wahrheitskraft« miteinander.
   Er sei ein Dichter, der »nicht nur aushält, sondern der auch fortschreitet«.

wie weit die Praxis der Theorie tatsächlich entspricht, bzw. ob die Theorie die ganze Romanpraxis abdeckt, wird weiter unten zu untersuchen sein.

Die in dem Romangespräch geäußerte Kritik an Romanen und Romankonzeptionen ist nur bedingt auf die Romansituation um 1790 beziehbar. »Historie« und »Roman« sind zu diesem Zeitpunkt keine ernstzunehmende Konkurrenz mehr für den pragmatischen Roman. Der zeitkritische Bezug ergibt sich aus dem zweiten Thema des Romangesprächs. Herr Bernd und Ferdinand diskutieren die Voraussetzungen des Romanschreibens, soweit sie die Fähigkeiten und Kenntnisse des Romanautors betreffen. Die Theorie des pragmatischen Romans wird dahingehend erweitert, daß seine produktionsästhetischen Bedingungen mit einbezogen werden. Müller greift auch hier ein Thema auf, das, provoziert durch die Flut von Romanen der späten achziger Jahre, auch von anderen Schriftstellern behandelt wird.[65]

Ferdinand hat eine Reihe halbfertiger Romane in der Schublade, die sein Großvater Bernd entdeckt. In dessen Augen sind sie nichts weiter als Produkte jugendlicher Schwärmerei und Unerfahrenheit, eine fehlgeleitete Erfindungsgabe, die schlechte Vorbilder nachahmt. Schon allein aufgrund der Leichtigkeit, mit der sie geschrieben wurden, könnten sie nichts Brauchbares enthalten. Ferdinand verfüge noch nicht über jene unabdingbaren Voraussetzungen, die erst den wahren Roman ermöglichten: gründliche Kenntnis der antiken Poetik, vor allem von Aristoteles und Horaz (III, 48), erfolgreiches Studium der Philosophie und Wissenschaften (III, 49) und Geschmacksschulung an den »Meisterwerken der Ausländer« (III, 48). Zu all diesem theoretischen Wissen müssen Lebenserfahrungen, das heißt, »viel Beobachtungsgeist und lange Erfahrung, gesunde Urtheilskraft und Zutritt zu allen Ständen« (III, 49) hinzukommen. Nicht Phantasie und Einfälle, sondern Wissen und Gelehrsamkeit, nicht »jugendliches Feuer« (III, 65), sondern mühsam erworbene Kenntnisse und durch viele Jahre gesammelte Erfahrung, nicht (nur) Genie, sondern (auch) Mühe, Anstrengung und Fleiß machten einen Romanschreiber aus; denn nur unter diesen Voraussetzungen, so Bernd, könne der Autor jene mit dem Roman verbundene anspruchsvolle Aufgabe erfüllen, Weltkenntnis zu vermitteln.

J. G. Müller entwirft im Romangespräch im *Herr Thomas* ein neues Bild des Romanautors. Er ersetzt die konventionelle Vorstellung vom Müßiggänger wie vom jugendlichen Enthusiasten und Genie durch die vom gebildeten Mann im »thätigen Leben«. Der Romanautor ist sowohl Gelehrter wie Weltmann. Er fügt sich in eine Gesellschaft ein, die Arbeitsamkeit und Pflichterfüllung, Streben nach Wissen und Lebenserfahrung zu ihren höchsten Werten zählt. Dem Leser wird der Eindruck vermittelt, daß Romanautor zu sein ein Beruf ist wie jeder andere, der ebenso wie jeder andere eine sorgfältige Ausbildung verlangt. Der Romanautor hat aufgrund seiner Gelehrsamkeit, die weniger aus Fachwissen als aus allgemeiner Bildung bestehen soll, und seinem durch Jahre hindurch gewonnenen Einblick in das Leben zwar keine gesellschaftliche Sonderstellung inne, wohl aber obliegt ihm die besondere Aufgabe und Pflicht »zur moralischen Veredlung seiner Zeitgenossen mit beyzutragen« (Heinzmann, *Über die Pest*, 1793).

Dadurch, daß die Tätigkeit des Romanschreibers anderen Tätigkeiten des praktischen Lebens gleichgestellt wird, erfährt der Roman – und mit ihm auch der *Herr Thomas* – eine Aufwertung. Andere Romane, die nicht unter den genannten Voraussetzungen entstanden sein können, sollen dem Leser als mindere Produkte

---

65 Vgl. Joh. Chr. Fr. Schulz, Literarische Reise durch Deutschland, Lpz. 1786 und A. v. Knigge, Über Schriftsteller und Schriftstellerey, Hannover 1793, bes. Kap. IX.

erscheinen. Müller zielt hier auf die zeitgenössische Romanproduktion, auf den empfindsamen Roman, wie auf jene Massenproduktion von Romanen, die ihren Stoff vor allem dem Mittelalter entnimmt, und die in den achziger Jahren den Markt für sich einzunehmen beginnt. Beide Romangruppen stehen sowohl theoretisch – soweit sie überhaupt Romanreflexion aufweisen – als auch in der Lesergunst in Konkurrenz zum pragmatischen Roman. Die empfindsamen Romane weisen ein ähnliches theoretisches Programm auf wie die pragmatischen Romane. Auch sie intendieren »Unterricht und Belehrung«.[66] Sie nennen sich »Biographie«[67] oder »wahre Geschichten«[68], schöpfen aus »authentischen Quellen«[69] oder wollen einen »Beitrag zur Kenntnis des Menschenherzens«[70] liefern.

Einem Theoretiker des pragmatischen Romans müssen sie dennoch suspekt erscheinen, weil sie ein anderes Autor-Leser-Verhältnis anstreben, das die belehrende Funktion des Romans in Frage stellt. Müller erhebt den Romanschreiber zu einem Mann von besonderer Autorität, der vielen seiner Leser an theoretischem Wissen und praktischer Erfahrung überlegen ist. Die Autoren der empfindsamen Romane hingegen schreiben für eine ›Gemeinde‹ von Gleichgesinnten, die mit ihnen gleich fühlen. Sie sprechen nur die Einbildungskraft an, durch die, nach Meinung vieler Aufklärer, nichts verbessert wird. Da sie vornehmlich nur Liebesgeschichten des Erzählens für wert halten, erwecken sie den Eindruck, als hätten sie nur jugendliche Vorstellungen vom Leben. Daher kann Müller ihre Romane als Werke der Jugendlichkeit und Unerfahrenheit denunzieren. Manche Vorreden, die einen Bericht der Entstehungsgeschichte des Romans geben, werden Müller zu dem Urteil verleitet haben, daß es sich nicht um Werke von »tiefem Studium und langen Erfahrungen« (*Thomas*, III, 54) handelt, sondern um solche eines voreiligen Mitteilungsbedürfnisses und naiver Spontaneität (vgl. Vorrede zu *Szenen aus dem menschlichen Leben*, 1777).

Die in der Forderung nach gründlicher Ausbildung des Romanautors implizite Kritik an Romanen trifft auch jene, die man als »Fabrikschriftstellerei« (Heinzmann) oder »poetisches Unkraut« (*Allgemeine Literaturzeitung*, 1793, 4, 552) klassifizierte. Es handelt sich um die Romane der sogenannten Vielschreiber, wie B. Naubert, G. H. Heinse, J. F. E. Albrecht, J. Chr. Fr. Schulz, K. G. Cramer, Chr. Fr. Schlenkert u. a., eine ›Zunft‹, die sich in den achziger Jahren konstituierte. Die Zeitungen der Zeit registrieren aufmerksam das Phänomen. So stellt das *Journal von und für Deutschland* von 1790 fest (2, 531), daß der Verfasser des *Hatto* (Naubert) zwischen 1787 und 1790 dreizehn Romane herausgab und das *Intelligenz Blatt zur Allgemeinen Literaturzeitung* von 1794 (NR. 111, Sp. 888) konstatiert, daß G. H. Heinse zwischen 1786 und 1793 dreiundzwanzig Romane geliefert hat. Eine derart dichte Produktion widerspricht den von Müller postulierten Schreibvoraussetzungen. Auch in bezug auf das Autor-Leser-Verhältnis und die damit verbundene Rolle der Gattung, wie in bezug auf die Vorstellung von Wirklichkeit stehen diese, hauptsächlich mittelalterliche Geschichte und Sagen verarbeitenden Romane im Gegensatz zu den im Romangespräch entwickelten Vor-

---

66 Vgl. Miller, Vorrede zum *Siegwart* (1776); vgl. auch Vorrede zum 3. Band *Geschichte Karl Burgheims* und Vorrede zu *Szenen aus dem menschlichen Leben* (1777).

67 *Biographie eines Mönches oder die Begebenheiten des Pater Hyazinthus* (1782).

68 J. Friedel, *Eleonore kein Roman eine Wahre Geschichte* (1783); E. Thon, *Julie von Hirtenthal. Eine Geschichte in Briefen* (1780/83).

69 G. C. Keller, *Familiengeschichte der Rosenbusche. Aus authentischen Quellen* (1789).

70 Untertitel von C. C. Schirlitz, *Karl Rosenheim und Sophie Wagenthal* (1790).

stellungen. Cramer beschreibt das Verhältnis zu seinen Lesern wie folgt: »Uns ist daran gelegen, daß die Welt uns lese und gern lese; darum kümmern wir uns auch nicht, es ist uns einerlei, was ihr [die Rezensenten] von uns schmiert, wenn wir nur den Ton treffen, in welchen Herzen und Sinne unsers Zeitalters gestimmt sind.«[71] Hier ist der von Müller vertretene Anspruch aufgegeben, die Leserschaft zu erziehen. Damit entfallen alle jene Bedingungen, die er für das Romanschreiben als wichtig erachtete. Die veränderte Haltung gegenüber dem Leser resultiert nicht zuletzt aus einem veränderten Wirklichkeitsverständnis. Wirklichkeit wird nicht mehr als eine durchschaubare und damit lehrbare Kausalkette begriffen, sondern als etwas »wo ein gewisses mysteriöses Wunderbare den Helden auf den Wahn drängt, als ob irgend eine höhere Macht die Hand im Spiele habe ...«[72]. Dieser Weltentwurf entspricht genausowenig den von Müller vertretenen aufklärerischen Grundsätzen wie die übliche »buntscheckige« Vermischung der Sprache und Sitten des 11. und 12. Jahrhunderts mit denen der neuesten Zeit,[73] die eine pragmatische Verwendung des Romans nicht zuläßt.

Aus der vorangegangenen Analyse des Romangesprächs in J. G. Müllers *Herr Thomas* hat sich 1. die Konzeption Müllers vom wahren Roman als dem pragmatischen ergeben; 2. konnte die Exemplarität seines Romanbegriffs für die praxisbezogene Romantheorie zwischen 1760 und 1790 nachgewiesen und 3. die Funktionen, die das Romangespräch als Romantheorie im Roman hat, ermittelt werden. Bisher wurde das Romangespräch wie ein Lehrvortrag behandelt. Das auf diese Weise gewonnene theoretische Substrat bedeutet jedoch eine Abstraktion, die den für die Überzeugung des Lesers so wichtigen Modus seiner Vermittlung nicht berücksichtigt. Eine Untersuchung der Dialogführung und der Verknüpfung von Gespräch und Romanhandlung führt zu einem wichtigen Ergebnis. Bisher waren als Funktionen des Romangesprächs genannt worden, daß es 1. theoretisches Programm und Interpretationslehre des *Herr Thomas* ist; 2. die an früheren Romanen Müllers gebildeten Erwartungen der Leser bestätigt, und 3. ein Plädoyer für den Roman darstellt, als einer trotz aller negativen Beispiele nützlichen Gattung, sofern gewisse Schreibvoraussetzungen beachtet werden. Zu diesen Funktionen tritt eine weitere hinzu: das Romangespräch ist aufgrund seiner Darbietungs- und Integrationsform selbst Beispiel pragmatischer Romanschriftstellerei. Es führt folgende Aspekte der Theorie praktisch durch: die Handlung »fließt« aus den Charakteren; die nachgeahmte Wirklichkeit hat alltäglichen Charakter; sie lehrt Bewältigung des Lebens; im Leser wird durch Aktivierung seiner Emotionen eine Art katharsischer Wirkung hervorgerufen, die bewirken soll, daß er die gesprächsweise vermittelten Lehren leichter akzeptiert; es ist notwendiger Teil in der Gesamtkonzeption des Romans und führt zu einer neuen Stufe in der Charakterentwicklung Ferdinands.

Das Gespräch ist kein echter Dialog zweier gleichberechtigter Partner, die im Abwägen von Argument und Gegenargument zu einer Lösung des Problems Romanschriftstellerei gelangen. Ferdinand liefert nur Stichworte, die es Bernd ermöglichen, seinen Romanbegriff und seine Auffassung von den Pflichten des Romanautors vorzutragen. Ferdinands Einwürfe beziehen sich ausschließlich auf konventionelle oder antipragmatische Romankonzeptionen. Bernd befindet sich in der

---

71 Vorrede zum 2. Bd. v. *Die Gefährlichen Stunden* (1790/1800).
72 Allg. Literaturzeitung, Jena 1797, S. 50.
73 Vgl. Allg. deutsche Bibliothek, Bd. 113, S. 110.

Rolle des Belehrenden, Ferdinand in der des Belehrten. Diese Konstellation ist gemäß der dem Roman zugrundeliegenden Theorie durch Anlage, Erziehung und Erfahrungen beider Dialogpartner vorbereitet und motiviert. Ferdinand hat eine Schulerziehung durch »düstre Pedanten« (II, 207) erhalten, bei der auf sinnlose Fertigkeiten Wert gelegt wurde. Die Schüler lernten »Latein schwatzen« Ovid oder Virgil skandieren, sich in Hexametern ausdrücken und »die handgreiflichste Absurdität vertheidigen« (II, 211). Angesichts der Mängel des »öffentlichen Unterrichts« gibt der Vater Ferdinand eine zusätzliche Ausbildung. Sie steht unter der Maxime »sein Ferdinand sollte ein großer, großer Mann werden, ein Mann ... der es an seinem Verlöbnißtage der Willkühr seiner Braut überlassen könne, in welcher Fakultät er den Doktorhuth nehmen solle« (II, 212). Ferdinand ist bald seinen Altersgenossen überlegen, jedoch die Folge seines verordneten Studiums ist, daß er »einen unbeschreiblichen Ekel vor allem Lernen, und beynahe vor den Wissenschaften selbst« bekam (II, 212). Die Mutter, nicht wenig stolz auf die »Vollkommenheiten« ihres Sohnes, entwickelt in ihm durch ständiges Lob eine dünkelhafte Selbsteinschätzung. Seine Streiche entschuldigt sie energisch gegenüber dem Vater. Da dieser dem Wortschwall seiner Frau nicht ganz gewachsen ist, zieht er sich zurück, nimmt Ferdinand jedoch mit auf seine Studierstube und gibt ihm »eine doppelte Lektion zum lernen« (II, 218). Diese Erziehungsmethode trägt mit dazu bei, daß Ferdinand »den Unterricht für Züchtigung und das Lernen für Strafe ansah« (II, 218). Unmittelbar vor dem Romangespräch weist der Erzähler noch einmal auf die elterliche Erziehung als Ursache von Ferdinands »Hang zum Verseschmieden und Romanlesen« (III, 34) hin. »Die Arbeit war ihm nie leicht, das Lernen nie angenehm gemacht, wohl aber zum öftern als Strafe für die mannichfaltigen Ausbrüche seines Muthwillens vom strengen Vater zuerkannt« (III, 34). Frei von dem Zwang, tut Ferdinand das, was ihm Spaß macht. Der Erzähler berichtet der Theorie des pragmatischen Romans entsprechend: er deckt die »Triebfedern« menschlicher Handlungen auf, wenn er nachweist, wodurch Ferdinands Selbstüberschätzung (III, 35 f.) und Hang zur Dichtkunst verursacht worden ist. Er macht stets deutlich, was der Leser als rechtes Verhalten und Denken annehmen kann. So belehrt er ihn noch vor dem Romangespräch durch eine die gewohnte Erzählhaltung durchbrechende Leseranrede, was er von Ferdinands Vorstellungen vom Dichter zu halten hat. »Genau besehen, stand es damals in Ferdinands Kopfe ein wenig sonderbar, und von manchen Dingen hatte er seine eignen Begriffe, die – – nu, die am Ende, unter uns gesagt, doch wohl nicht völlig so gut und richtig seyn mogten, als die gewöhnlichen ...« (III, 35).

Ähnlich motivierend und bewertend verfährt der Erzähler mit Bernd. Ihn schildert er als wahren Hausvater und besonnenen und klugen Ratgeber, der mit einem sicheren Blick für die Erfordernisse des Lebens ausgerüstet ist. All diese Eigenschaften hat er unter anderem dort bewiesen, wo er das heimliche Liebesverhältnis zwischen seiner Tochter und Ferdinands Vater Daniel entdeckte (8. und 9. Kapitel). Der Leser wird noch einmal unmittelbar vor dem Gespräch für ihn eingenommen, durch die Geschichte seines zweiten Sohnes. Dieser unterschlug während seiner Lehrzeit Geld, flüchtete und ging unter einem angenommenen Namen unter die Soldaten. Den angerichteten Schaden hatte Bernd gutzumachen. Diese Ausgabe brachte ihn an den Rand des Ruins. Gleichwohl setzte er alles daran, um seinen Sohn wiederzufinden. Aus diesem Verhalten Bernds versteht der Leser leichter seine intensiven Bemühungen um die rechte Entwicklung und Ausbildung Ferdinands. – Durch das Studium der Dichtungstheorie und durch die Beobachtung der

Folgen der Romanlektüre hat Bernd sich längst ein Urteil über den Roman gebildet. Höfisch-historische und galante Romane lehnte er schon zu den Zeiten ab, als Ferdinands Vater bei ihm wohnte. Denn sie verbreiteten nur verwirrte Vorstellungen vom Leben. Vor allem junge Frauen machten sie zu »Närrinnen«. »Das giebt dann unglückliche Ehen, verwilderte oder verzogene Kinder, und verwahrlosete Haushaltungen« (I, 150). Der Erzähler läßt keinen Zweifel daran, daß Bernds Urteil positiv zu bewerten sei.

Seine wertsetzende Funktion behält der Erzähler auch während des Gespräches bei. Bernd apostrophiert er als »ehrwürdigen Greis«, »alten Herrn«, »aufgeklärten Mann« und »alten Philosophen«, Ferdinand hingegen als »jungen Menschen«. Damit unterstreicht er noch den Unterschied an Wissen und Erfahrung beider Kontrahenten, auf den er schon vor dem Gespräch deutlich verwiesen hatte. Dieses Verfahren, eine Theoriediskussion mit konträren Auffassungen[74] in einen Generationskonflikt einzubetten und von einer argumentativen auf eine psychologische Ebene zu verlegen, läßt sich auch an der Art, wie Bernd auf Ferdinands Vorwürfe reagiert, belegen. Er weist ihn eher zurecht, als daß er ihn widerlegt. Er begründet kaum, warum er Ferdinands Vorstellungen vom Romanschreiben für unfruchtbar und undurchführbar hält. Statt dessen stellt er Forderungen auf. Er verhält sich eher affektiv denn argumentativ. So fällt er Ferdinand ins Wort, erregt sich über seine »dummen« Antworten und gerät in das Pathos des Belehrenden. Ein solches Verhalten, motiviert durch das Interesse an Ferdinands Entwicklung (vgl. III, 63), trägt dazu bei, den Dialog »alltäglich« und die Dialogpartner menschlich erscheinen zu lassen.

Diese Form, Romantheorie zu vermitteln, entspricht einer Müllerschen Variante der Theorie des pragmatischen Romans, die er unter Bezugnahme auf die aristotelische Dramentheorie absichert. Blankenburg oder Hermes wollen den Leser zum Denken anregen, um ihn durch Erkenntnis zu bessern. Müller hingegen sucht ihn (ähnlich wie die Autoren des empfindsamen Romans!) emotional anzusprechen, seine Sympathie oder Antipathie, seine Bewunderung oder Ablehnung hervorzurufen. Er geht nach dem Prinzip vor, seine Romanfiguren so anzulegen, daß bestimmte Lesergruppen sich mit ihrem Denken und Verhalten identifizieren können, um sie dadurch »weiser« zu machen, das heißt, um sie dazu zu bringen, die geschilderten Lebenserkenntnisse und Tugenden zu übernehmen (vgl. III, 46 u. 60). Ferdinand ist eine solche Identifikationsfigur. In seinen Neigungen, seinem Auftreten und seinem Bildungsstand konnte ein zeitgenössischer junger Leser sich selbst erkennen. Er ist als ein sympathischer, kluger junger Mann gezeichnet, der gute Charakteranlagen besitzt, durch die Erziehung eines allzu strebsamen Vaters und einer gutmütigen Mutter jedoch, wie durch das schlechte Vorbild einer adligen Familie, mit der er während seiner Schulzeit befreundet war (vgl. Kap. 15–22), in einen falschen, die Erfordernisse des Lebens ignorierenden Entwicklungsgang geraten. Sein Verhalten im Romangespräch ist durch eine Skala sich steigernder, vom Betroffensein zum Augument und schließlich zum Affekt übergehender Reaktionen gekennzeichnet, um letztlich doch in Selbsterkenntnis umzuschlagen. Die Vorhaltungen seines Großvaters sind ihm zunächst nur unangenehm (III, 46), dann tritt eine Enttäuschung ein, daß er selbst und seine poetischen Werke so ge-

---

74 Dabei vertritt der Jüngere den älteren Romanbegriff. Das ist nur scheinbar paradox; denn das Gespräch wird um 1760 geführt. Herr Bernd muß aus der Sicht des Lesers von 1790/91 ein progressiver Mann gewesen sein, da seine Thesen noch immer Gültigkeit haben.

ring geschätzt werden. »... es fiel ihm, sagen wir, schwer aufs Herz, daß dieser aufgeklärte Mann von seinen jugendlichen Produkten so wenig erbauet war; daß er alle die Kenntnisse, mit denen der Jüngling sich ein Wunder schien, mitleidig belächelte, und behauptete, daß er mit ihnen allen nichts als ein Idiot sey ...« (III, 56). Die Zerstörung seiner Illusionen bereitet die Selbsterkenntnis vor (»Er war wie aus dem Schlafe erweckt, und sah sich mit Beschämung am untersten Fuß eines gähen Berges ...« III, 57). Zunächst versucht er noch, seine eigene Position zu verteidigen. Als ihm jedoch alle Argumente aus der Hand geschlagen werden, erfolgt eine emotionsbestimmte, in ironischem Ton geführte Erwiderung (III, 65), um sich dann doch dem Urteil zu beugen. Motiviert wird dieser Umschlag einmal durch seine ihm anerzogene Achtung für die »Einsichten und ausgebreiteten Kenntnisse« (III, 56) des Großvaters, und zum andern, weil er, wie der Erzähler hervorhebt »Verstand genug hatte, seines Großvaters Predigt zu Herzen zu nehmen. Er ließ sich überzeugen, daß er zu jeglicher Art der Schriftstellerey noch viel zu unreif sey, und daß ein Dichter ganz andrer Kenntnisse bedürfe, als er bisher, die syrischen und arabischen Vokabeln ungerechnet, aus Kulmus Tabellen oder aus flüchtig durchlaufenen theologischen Kompendien gesammelt hatte. Sein Eigendünkel verwandelte sich in wahre Ehrbegierde; er fieng an, den unermeßlichen Abstand zwischen Schriftsteller und Schmierer zu fühlen, und nahm sichs ernstlich vor, die letzte Benennung nie zu verdienen ...« (III, 70). Der Erzähler suggeriert hier dem (betroffenen) Leser, daß er, sofern er zur gleichen Einsicht kommt wie Ferdinand, »Verstand« beweise; sofern er jedoch auf seinen naiven Vorstellungen vom Dichter und von dichterischer Produktion beharre, als »unreif« angesehen werden müsse.

Die Lehren, die Bernd erteilt, rufen bei Ferdinand eine weitergehende Wirkung hervor, als nur die Berichtigung übertriebener Vorstellungen von Roman und Dichtertum. Sie führen zu einer allmählichen Korrektur seines Selbstverständnisses und damit auch zu einer veränderten Auffassung von Studium und Beruf. Das Gespräch markiert einen deutlichen Einschnitt, eine »Stufe« in Ferdinands Entwicklungsgang. Es bezeichnet einmal das Ende einer Phase, die, unter dem Einfluß der Baronin Flehmann stand und den Anfang eines Lebensabschnittes, in dem er bemüht ist, sich den von Bernd vertretenen Werten anzupassen.

Der Zuzug der Baronin wirkt verändernd auf die Sitten von Ferdinands Vaterstadt. Das öffentliche Auftreten und das häusliche Leben wandeln sich nach der von ihr propagierten höfischen Lebensführung. Auch Ferdinand, der zuvor nichts wie Streiche ausheckte, schließt sich dem allgemeinen Trend an. In Fragen der Mode und des geplanten Auftretens nimmt er sich den Sohn der Baronin zum Vorbild. Der von den Eltern anerzogene Fehler, sich selbst zu überschätzen, wird durch den Umgang mit der adeligen Familie nur bestärkt. »Aus einem leichtfertigen Schelme [wurde] ein kompletter Geck« (II, 248). Die Tochter der Baronin macht ihn mit Romanen bekannt, die bald sein ganzes Denken und Handeln beherrschen. Die Schilderungen ritterlich-höfischer Liebe fügen sich für Ferdinand harmonisch in die von ihm adaptierten höfischen Umgangsformen ein. Die Lebensweise der Familie Flehmann muß ihn zwangsläufig zu der Annahme verleiten, daß in den (höfisch-historischen und galanten) Romanen Wirklichkeit dargestellt wird. Da dort ausschließlich von Liebe die Rede ist, zieht Ferdinand den Schluß, daß er sich verlieben muß.

> »Er wollte ein Gebieterinn für die er seufzen, für die er sich abhärmen könnte, die ihm am Tage die Eßlust und des Nachts den Schlaf raubte, die ihn die ganze Schule durchmachen ließe, deren Stolz er zuvor humanisiren, deren Zorn über seine vermes-

sene Liebe er besänftigen, deren zartes Herz er förmlich belagern und Haarbreit für Haarbreit erobern müßte, deren jungfräuliche Zucht ihn dann noch gebührendermaßen schmachten ließe, und erst nach hundert Wasser- und Feuerproben durch die Erlaubniß ihrentwegen sich abhärnen zu dürfen ganz von weiten ihm, um sein Leben zu retten, einige Hoffnung verstattete, u. dergl. m. alles wie es in obgedachten und vielen andern Büchern des breiteren zu lesen stehet« (II, 282).

Da er nicht sogleich die rechte »Gebieterinn« finden kann, erdichtet er sie sich in zahllosen Versen. Erst der Zufall führt ihm seine »Göttinn« in Gestalt Marias, der Tochter des Stadtbauschreibers zu (II, 292 ff.). »Blicke und Seufzer« müssen ihr, die ihre Vorstellungen von Liebe nicht den Romanen entnommen hat, unverständlich bleiben. Erst seine Liebesgedichte eröffnen ihr, daß sie das Objekt eines »geistigen Liebhabers« (II, 311) ist. Um Klarheit zu gewinnen gewährt sie ihm schließlich ein Rendezvous, das Ferdinand nach dem Muster »ähnlicher Situationen« in den Romanen durchführen will. Da jedoch Maria »ein Mädel von sehr gesundem Menschenverstand« (II, 317) ist, versucht sie, ihn in seinem pathetischen Vortrag mit nichtigen oder nüchternen Einwürfen zu irritieren. Den Ausruf »Triumphire, Unmenschliche! Dein Opfer soll bluten!« kontert sie mit dem Angebot »Nicht doch, Lieber! ich kann kein Blut sehen. Aber befehlen Sie mein Strumpfband?« (II, 316).

Marias erster Versuch, mit desillusionierenden Reden Ferdinand die Lächerlichkeit seines Auftretens ins Bewußtsein zu heben, scheitert zunächst. Mit der Zeit gelingt es ihr jedoch, ihn, unter Ausnutzung seiner freundschaftlichen Gefühle für sie, aus der »Ideenwelt« seiner Romane und von der Fixierung auf die Lebensweise der Flehmann zu lösen und ihm zu zeigen, »daß es in der würklichen Welt ganz anders aussieht« (II, 358). Sie kann ihn davon überzeugen, daß seine Liebe zu ihr nichts als »Narrheit« und »romantische Schwärmerey« ist (II, 357). Vor allem lehrt sie ihn, »seine schwache Seite kennen« (II, 372), seine Eitelkeit und Selbstüberschätzung, die, unterstützt durch die Romanlektüre, seine Fehleinschätzung der Wirklichkeit zur Folge hat. Ihre Erziehungsabsichten setzt sie nicht in der Weise durch, daß sie ihm Wohlverhalten predigt. Vielmehr sucht sie, wie später Bernd, »ihm seine Fehler und Schwachheiten ... sanft und freundlich zu zeigen« (II, 371).

Die um wenige Jahre ältere Maria erfüllt in Ferdinands Entwicklungsgang eine entscheidende Funktion. Aus einem »Fant« bildet sie einen »vernünftigen Menschen«, der in Modefragen, in seiner Redeweise und in seinem Auftreten und vor allem in der Liebe Vernunft walten läßt (vgl. II, 375). Er wird von Maria auf ihr Weltverständnis hin erzogen. Der Erzähler macht jedoch deutlich, daß ihre Erkenntnisse aufgrund ihres beengten Gesichtskreises begrenzt sind. »Maria konnte weiter nichts als ihm die Augen für das Lächerliche seiner Außenseite öffnen, seinen rauhen romanhaften Tugenden eine Gefälligkeit geben, wider seine unermeßliche Eitelkeit zu Felde ziehen, und ihm ein Theil ihres gesunden Menschenverstandes, so viel desselben zum Umgange erforderlich ist, inokuliren« (II, 374 f.). Sie fördert Ferdinands Entwicklung weniger seinen individuellen Anlagen entsprechend als nach dem Maßstab allgemeingültiger und von ihr vertretener Normen wie Bescheidenheit, Verbindlichkeit und Vernunft. Ihren Bemühungen ist einerseits Erfolg beschieden (vgl. II, 374), andererseits bleibt Ferdinand in einem entscheidenden Punkt unverändert: »Seine Eitelkeit z. B., die so ganz ersäufet schien, tauchte eigentlich nur unter, und verlor sehr wenig an innerer Kraft; seine hohe Meynung von sich selbst stimmete sich freylich in einigen Nebendingen ... herab ... Nach wie vor hielt er sich für den superieursten Kopf, für das erste Genie, für das schönste Kerlchen, und setzte in sich und seine Einsichten ein, wir könnten wohl sagen: unverschämtes Vertrauen« (II, 376).

Das Gespräch über Romane zwischen Bernd und Ferdinand erhält in diesem Zusammenhang neue Bedeutung. Maria konnte zwar Ferdinands »Romangrillen« vertreiben und seine Eitelkeit unterdrücken; sie erkannte jedoch weder den Zusammenhang zwischen seiner Selbstüberschätzung und seiner immensen Lyrikproduktion, noch konnte sie Einfluß auf diese und sein Selbstverständnis als Dichter nehmen. Bernd hingegen besitzt die größere Erfahrung, um auf diesen »Fehler« einwirken zu können. Er setzt die Erziehung Marias dort fort, wo diese aufhören mußte. Vom Romanganzen aus gesehen lassen sich die pädagogischen Bemühungen beider auf einen Nenner bringen: sie dienen der Korrektur des durch die elterliche Erziehung, Romanlektüre und falschen Umgang fehlgeleiteten Wirklichkeitsverständnisses Ferdinands. Ihre Erziehung zielt auf die Einordnung in eine patriarchalisch eingerichtete Welt, in der Vernunft, Nüchternheit und nützlich Tätigsein die obersten Werte darstellen. Beider Wert für Ferdinands Charakterentwicklung ist jedoch unterschiedlich. Die ›Weisheiten‹, die Bernd vermittelt, entscheiden über Ferdinands Leben nachhaltiger, als die Marias. Bernd zerstört den Nährboden seiner Selbstüberschätzung, indem er ihm die Haltlosigkeit seiner Auffassung vom Dichter und die Unreife seiner Dichtung vorhält. Ihm, der vom Vater zum Gelehrten erzogen wurde, sich dagegen zum Dichter berufen fühlt, werden die Konsequenzen seines Wollens zu Bewußtsein gebracht. Daß er die Lehren Bernds annimmt, verhindert, daß aus ihm ein in seiner Phantasie befangener Dichter wird. Zum Beweis seines neugewonnenen Blicks für Realität wendet er seine Arbeitskraft (wenngleich nicht seine Neigung) ganz dem Jurastudium zu, wobei ihn Bernd durch Fragen und Abhören unterstützt. Die Beschäftigung mit Literatur wird in die geringe freie Zeit verbannt. Auch hierin berät und belehrt Bernd seinen Enkel. Er liest mit ihm die »besten Werke der Ausländer«, um seinen Geschmack zu bilden und »ihn denken und urtheilen zu lehren« (III, 115). Der Erfolg bleibt nicht aus. Der Mangel an Geld veranlaßt ihn, anonym einen Band seiner Erzählungen herauszugeben. Das Urteil, das Bernd, in Unkenntnis des Autors darüber abgibt, fällt günstig aus. Der Erzähler bestätigt die Fortschritte, die Ferdinand in seiner Entwicklung gemacht hat: »er hatte an Kenntnissen außerordentlich zugenommen, sein Verstand hatte an Reife und sein Witz an Feinheit gewonnen, und durch das fleißige Lesen der besten ausländischen Werke unter der Anführung eines Mannes wie sein Großvater, hatte sich sein Geschmack sehr gebildet« (IV, 134).

Besondere Fortschritte zeigt Ferdinand in gesellschaftlich-geselligem Umgang. Von Bernd wird er in das Haus seines Freundes Frank eingeführt. Sein kluges und gesittetes Auftreten gewinnt ihm bald die Freundschaft der ganzen Familie. Wilhelmine, Franks einzige Tochter »fand ihn artig im Umgange; sein ernstes, von aller Windflügeley entferntes Wesen, sein gesetzter Gang, eine gewisse Würde, die von seinem täglich sich edler bildenden Charakter aus, über seinen Anstand sich verbreitete, der große Unterschied zwischen ihm und den wenigen jungen Leuten die sie kannte, alles das gefiel ihr (IV, 4 f.). In seinem Liebesverhalten ist Ferdinand zunächst noch das Opfer seines an Liebesromanen gewonnenen Weltbildes und seiner fortbestehenden Eitelkeit. Zwar unterscheidet sich seine Liebe zu Wilhelmine von der zu Maria, aber auch hier täuscht er sich über seine Gefühle... »*Lieben* wollte er! Ein *Mädchen* wollte er haben, weiter nichts.«

(IV, 40). »Er wollte nun in sie verliebt sein, und glaubte, wie dort bey Marien, so steif und vest, er sey es, daß er es mit einem körperlichen Eide beschworen hätte« (IV, 19). Diese Liebe war weder auf Heirat noch auf Verführung aus, sondern genoß sich selbst in der Aufführung von Liebe. Bei seinem Liebesgeständnis führt Ferdinand anfangs noch die gleichen romanhaften Reden, wie vor Maria. (»O Wilhelmine . . . hören Sie einen Unglücklichen!!! der um den Tod bittet!« IV, 92.) Daß Wilhelmine nicht so empfindsam reagiert, wie er es erwartete, wenngleich aus anderen Gründen als Maria, bringt Ferdinand schließlich doch noch zur Einsicht in sein rollenhaftes Verhalten. »Aber wie, wenn mein Betragen in den Augen der Natur noch mehr als Spott verdiente? War es wohl Natur, mir von ihren Händen den Tod zu erbitten? . . . O Maria! o Großvater Bernd! wie sehr habt ihr Recht! das Teufelszeug von Romanen hat mich – irre geführet!« (IV, 110). Ferdinands Selbsterkenntnis geht jedoch nicht soweit, daß er einsieht, »daß ihn die Liebe bis dato nur im Kopfe, nicht im Herzen sitze« (IV, 111). Ihm fehlt die Menschen-kenntnis, um zu durchschauen, daß Wilhelmine nicht ihn liebt, sondern sich in der Rolle als Angebetete eines empfindsamen Liebhabers gefällt. Sie ist auf Eroberung um ihrer selbst willen aus, und die Leidenschaft Ferdinands schmeichelt ihr. Den wahren Charakter des Liebesverhältnisses zu verkennen, hat, vom Erzähler ange-deutete, unglückliche Folgen in Ferdinands Leben.[75] Diese Vorwegnahme seines Schicksals hebt noch einmal die Notwendigkeit einer guten Erziehung in der Jugend wie die Bedeutung der Lektüre wirklichkeitsbezogener Romane hervor; denn Ferdinands Selbsttäuschung ist einerseits das Ergebnis seiner von der Mutter anerzogenen und nur bedingt korrigierten Selbstüberschätzung, und andrerseits das seiner Romanlektüre, die zum Teil noch seine Liebesvorstellungen beeinflußt.

Vom Romanganzen aus gesehen, erweist sich das Gespräch zwischen Bernd und Ferdinand in mehrfacher Hinsicht als ein notwendiger und nicht herauslösbarer Teil. Zum einen ist es als ein erzieherisches Gespräch von entscheidender Bedeutung für Ferdinands späteren Werdegang, zum andern greift es erneut das Thema Romanlektüre sowie das der Produktionsvoraussetzung von Dichtung auf und erweitert und verdichtet es, das nur ein Entwicklungsproblem Ferdinands zu sein schien, ins Programmatisch-Grundsätzliche. Aufs engste ist es mit der psycho-logischen Struktur der Redenden verflochten und bildet das motivierende Mittel-stück zwischen dem Verhalten des verliebten Ferdinands gegenüber Maria und Wilhelmine. Diese vielfältige Einbindung in die Struktur des Romans entspricht einer im Romangespräch aufgestellten Forderung an den (pragmatischen) Roman. »In einem Romane muß sich der Dichter für jeden Period über die Frage: cui bono? völlig befriedigende Antwort geben können« (III, 67). Dieses »cui bono« muß der Romanpraxis zufolge als eine Funktionalität und Polyvalenz der Teile verstanden werden, die letztlich von dem programmatischen Anspruch des auf-klärerischen Romans bestimmt wird.

Ein Vergleich mit anderen Romangesprächen im Roman macht deutlich, daß durch die im *Herr Thomas* durchgeführte enge (und theoretisch abgesicherte) Verknüp-fung von Romanpraxis und Romantheorie diese einen anderen theoretischen Status erhält. In Neugebauers *Teutschem Don Quichotte*, Hermes' *Sophiens Reise* und Timmes *Faramonds Familiengeschichte* waren Ort und Situation so gewählt (Wirtshaus, Postkutsche, Familie), daß sie ein Gespräch über jedes Thema, also auch

---

75 Die zahlreichen Vorandeutungen im vierten Buch lassen darauf schließen, daß Müller die Lebensgeschichte des Ferdinand Thomas fortzusetzen beabsichtigte.

über Literaturtheorie, ermöglichten. Das Theoriegespräch wurde somit durch äußere Umstände herbeigeführt und motiviert. Sein jeweiliger Ort ergab sich nicht zwingend aus dem Romangeschehen; er ließ sich auswechseln. Die lose Integration verrät den eigentlichen Adressaten dieser romantheoretischen Programme: bedingt durch die allgemeine Diskussion um den deutschen Originalroman versuchen die genannten Romanautoren, sich gegenüber den Kunstrichtern als denjenigen, die die Entscheidung über den poetischen Wert und Nutzen des Romans an sich gezogen haben, auszuweisen. Die gesprächsweise vorgetragenen romantheoretischen Konzepte sind daher weniger als Unterrichtung des Lesers denn als Rechtfertigung gegenüber den Kunstrichtern gedacht. Für Müller jedoch ist Romantheorie nicht mehr nur Sache von Fachleuten. Aber indem er den Adressaten wechselt, teilt er ihr eine andere, eine weitere Aufgabe zu. Dadurch daß er sie in die Handlung integriert, die dem Leser Wirklichkeit durchschaubarer machen soll, wird sie Teil der mit dem Roman verfolgten ›Überredungsstrategien‹. Die in ihm fixierte Deutung von Welt wird verbindlicher, wenn zugleich die Verfahren, Erkenntnis zu gewinnen und zu vermitteln, aufgedeckt werden. So dient die Reflexion über den Roman im Roman dazu, den Leser von der Richtigkeit der Botschaft des Romans zu überzeugen. – Die Art und Weise wie Romantheorie mit der Praxis im *Herr Thomas* verflochten wird, ist zugleich auch ein Ausdruck der (unausgesprochenen) Intention, die Trennung von Kunst – und mit ihr der Kunsttheorie – und Leben, wie sie durch die Fortsetzung einer Standesdichtung angesichts einer Leserschaft aus allen sozialen Schichten mit veränderter Lesehaltung entstanden ist, aufzuheben. Der Dichter wird als tätiger Bürger ausgewiesen, dessen Beschäftigung, die Produktion von Dichtung, ein Beruf ist wie jeder andere (vgl. III, 98 ff.).

Die Beschreibung der vor und nach dem Romangespräch liegenden Entwicklungsphasen Ferdinands läßt erkennen, was sich in der Romanpraxis damit verbindet, daß ein Roman einen Charakter anlegen, entwickeln und stufenweise anders modifizieren soll (vgl. III, 52). Ferdinand verkörpert den Typus des Romanhelden als eines »Alltagsgesichts«. Gemäß dem aufklärerischen Weltbild vom Menschen heißt das: Ferdinand ist im Kerne gut, jedoch mit mehr oder weniger gravierenden Mängeln behaftet, die, weil sie verursacht, das heißt anerzogen sind, auch korrigierbar sind. Ferdinands Charakter erhält seine erste Prägung durch die Erziehung der Eltern. Ihm wird ein bestimmtes Verhalten sich selbst und andern gegenüber anerzogen. Ferdinand muß bald erkennen, daß die anerzogenen Verhaltensweisen nur bedingt im Umgang mit der ihn umgebenden Welt brauchbar sind. Immer dort, wo Fehler und Schwächen Ferdinands sichtbar werden, handelt es sich um einen Konflikt zwischen anerzogenem Verhalten und Verhaltensweisen und -erwartungen, auf die er in seiner Umwelt stößt. Entwicklung bedeutet daher in diesem Roman weniger Selbstverwirklichung als einen Prozeß allmählicher Einordnung in ein vorgegebenes, von bestimmten Menschen gelebtes und propagiertes und vom Erzähler gut geheißenes Wertsystem. Grundlage dieser Hierarchie von Werten ist, daß Vernunft und gesunder Menschenverstand im Leben realisiert werden sollen. Vernünftig ist, zu arbeiten, um finanziell gesichert zu sein; vernünftig ist, aus Erfahrungen und Büchern Menschenkenntnis zu gewinnen, um sich im Leben behaupten zu können; vernünftig ist, auf das Urteil älterer, das heißt stets auch erfahrener Männer zu hören; vernünftig ist auch, bestimmte Umgangsformen zu erlernen. Gerade dieser Aspekt darf als Ziel der Charakterentwicklung nicht unterschätzt werden. Wenn es im Romangespräch heißt, daß der Romanheld durch

Jahre und Schicksale hindurch »glatter oder rauher« werden muß, ist damit nicht zuletzt auch die Adaption eines geschickten und angenehmen Auftretens in Gesellschaft gemeint. Ferdinands geschliffene Umgangsformen im Verkehr mit der Familie Frank sind ein Erfolg der Erziehung Marias und werden vom Erzähler positiv bewertet. – Sich in eine vorgegebene Welt einzufügen, geschieht, gemäß der theoretischen Konzeption, stufenweise. Die Romanpraxis veranschaulicht auch hier wieder, was darunter zu verstehen ist. Die Entwicklung geht schubweise vor sich. Um die nächsthöhere Stufe zu erreichen, bedarf es jedoch des Anstoßes von außen. Einen solchen Anstoß geben Gespräche wie die mit Bernd oder Maria und Situationen, die dem Helden, auf der Folie der Erklärungen, Mahnungen und Vorstellungen seiner Erzieher, zur Selbsterkenntnis bringen. Das Ziel dieser stufenweise fortschreitenden Entwicklung wird positiv von Bernd und Frank als vernünftigen, tätigen über Welt- und Menschenkenntnis verfügenden Männern verkörpert, das negative Gegenbild von Frau Frank, Baronin Flehmann und Bernds jüngstem Sohn.

Der für den pragmatischen Roman repräsentative Typ Held in *Herr Thomas* gehört in die Tradition des von der »Historie« theoretisch und praktisch vertretenen ›gemischten Charakters‹. Jedoch im Gegensatz zur »Historie« werden vor allem die negativen Charaktereigenschaften nicht als gegeben, sondern als entstanden aufgefaßt. Auch am Ende seiner Entwicklung behält der Held einen Teil seiner Fehler. Zwar erlaubt das aufklärerische Denken keinen absolut negativen Helden, wohl aber die Darstellung von Unglück aufgrund von Charakterfehlern (vgl. Hermes, *Sophiens Reise*, Knigge, *Ludwig Seelberg*). Die Vorausdeutungen des Erzählers im vierten Band des *Herr Thomas* weisen darauf hin, daß Ferdinand bestimmte Charakterschwächen nicht verliert und dadurch in Schwierigkeiten gerät.

J. G. Müller hat damit, daß er ein Gespräch über den Roman in den *Herrn Thomas* einfügte, selbst den Maßstab geliefert, an dem er diesen Roman messen lassen muß. Demnach soll ein Roman nicht nur eine bestimmte Struktur, Typ von Helden, Wirklichkeitsverhältnis und prodesse aufweisen, sondern das Interesse von Lesern möglichst aller Stände, vor allem aber das des gebildeten, auf die Erfordernisse des tätigen Lebens ausgerichteten Mannes finden. Aufklärerischem Denken zufolge kann er das nur erreichen, wenn er die bestehende Kluft zwischen den Lebenserfahrungen des Lesers und der Romanwelt abbaut und einer vornehmlich auf die finanzielle Sicherung der eigenen Existenz und der gesellschaftlichen Selbstbehauptung bedachten Leserschaft etwas bietet, das für sie nützlich und verwertbar ist. Das kann, gemäß dem Romangespräch, dadurch realisiert werden, daß der Roman dem Leser zum einen den (angenommenen) ›Mechanismus‹ des Lebens durchschaubar macht und zum andern ihn in verschiedene Lebensbereiche, mit denen er potentiell in Berührung kommen kann, einführt. Der Roman erreicht dann seine Leser, wenn er ein Sortiment möglicher Lebenskonstellationen, die in der Stube gelernt werden können, anbietet.

Auf den ersten Blick scheint die Geschichte des Ferdinand Thomas diesen selbstgesetzten Anspruch nicht zu erfüllen. Der Stoff, Herkommen der Eltern, Jugendstreiche und Liebesavanturen des Helden, entspricht dem der verworfenen Romane, den Robinsonaden und Avanturrierromanen. Als Adressat des Romans scheinen nur Unterhaltung in abenteuerlichen Geschichten suchende Leser angesprochen, oder Jünglinge, die ihre empfindsame Liebe zu Dichtern macht. Vor allem scheint sich der Roman an eine zahlenmäßig nur kleine Gruppe von Lesern zu wenden, die literaturtheoretisch interessiert ist, oder selbst Dichtung produziert. Jedoch sind sowohl die Verpflichtung des *Herrn Thomas* gegenüber der Gattungstradition, als auch das Thema Literatur- und Romantheorie nur Teilaspekte dieses Romans. Auf verschiedene Weise durchbricht er den Gattungszwang, der vor allem stofflich unausweichbar zu sein scheint und baut die Diskussion um den Roman in eine allgemein interessierende Thematik ein, so daß dieser Roman die Beachtung aller Leser finden kann.

Der konventionelle Romanstoff wird in das Handlungsschema ›Entwicklung eines Charakters‹ eingefügt. Herkunft der Eltern, Jugendstreiche und Liebesgeschichten bekommen einen neuen funktionalen Sinn als verschiedene Phasen eines Reifeprozesses. Ferdinands Abstammung und Taten erhalten ihre Valenz erst als Zeichen fortschreitender Erkenntnis von Welt. Dadurch, daß, gemäß der theoretischen Intention, die Taten eine Folge bestimmter Charaktereigenschaften sind, erfahren die übernommenen romanhaften Elemente, ihre entscheidende Umdeutung. – Neu bestimmt wird außer dem Verhältnis Held–Handlung auch das von Held zu den übrigen Romanfiguren. Sie entstammen alle seiner Gesellschaftsschicht, dem der Kaufleute und Studenten,[76] die sich durch Arbeitsamkeit, Schulbildung und patriarchalische Familienordnung auszeichnet. Jene Personen, die für Ferdinands Leben eine Richtung gebende Rolle spielen, sind entweder mit ihm blutsverwandt, oder, was auf der Wertskala der Zeit gleichviel bedeutet, mit ihm oder seiner Familie freundschaftlich verbunden. Die Beziehungen der Romanfiguren untereinander sind damit nach den Rangverhältnissen der Familienhierarchie und der gesellschaftlichen Stellung festgelegt. Konflikte werden unter Berücksichtigung bestehender Autoritätsverhältnisse ausgetragen und durch Gespräche auf freundliche Weise beigelegt. Anders als der Romanheld in der »Historie« ist Ferdinand in seinem Lebenslauf nicht frei in der Aufnahme von Kontakten und er ist zugleich als Jugendlicher stets der Belehrte. Mit den festliegenden Rollen der Beziehungen der Romanfiguren untereinander wird die Illusion der Durchschaubarkeit von Welt aufgebaut. Indem der Romanautor Welt auf Familie und kleinstädtische Verhältnisse begrenzt, kann er sie übersichtlich strukturieren und zu einem sinnvollen Gefüge ausgestalten. J. G. Müllers Einrichtung des *Herrn Thomas* ist darin symptomatisch für den pragmatischen Roman. Dieser begrenzt den Radius der Taten des Helden im Vergleich zu »Roman« und »Historie« und kann dadurch das strukturierende Prinzip der Theodizee oder des Zufalls durch die Vorstellung ersetzen, daß die Wirklichkeit von durchschaubaren Kausalverhältnissen bestimmt wird. Der pragmatische Roman kann somit ein optimistisches Bild der Realität entwerfen, das in Romanen wie Wezels *Belphegor*, Pezzls *Faustin* oder Klingers *Raffael von Aquila* satirisch und kritisch ins Negative verkehrt wird.

Ein Roman, der wie *Herr Thomas* komplex angelegt ist, kann den vorgestellten Leserkreis erreichen. Er mußte jene interessieren, die aufgrund des gleichen sozialen Status wie die Romanfiguren ihre Umwelt wie ihre Konfliktbewältigungs- und Verhaltensmuster widergespiegelt finden, und jene, die in der Auffassung von Realität bestätigt werden, wie jene, die nach praktisch verwertbaren Erkenntnissen suchen, dabei aber angenehm unterhalten sein wollen. Mit Ferdinands Schwierigkeiten, Literatur und Realität auseinanderzuhalten, mit seinem Verhalten in Lie-

---

76 Der Vater Ferdinands ist Physikus, Verwandte väterlicherseits Pfarrer, mütterlicherseits Kaufleute. Der Freund Bernds, Herr Frank, ist Kaufmann. Maria ist die Tochter eines Beamten.

besbeziehungen, mit seinem Kampf zwischen Pflicht und Neigung, mithin mit seinen guten wie auch schlechten Seiten, konnten sich junge Leser identifizieren. Auch auf die Interessen junger weiblicher Leser wird in dem Roman eingegangen, wenn ihnen zum Beispiel vorgeführt wird, wie man einen Liebesantrag schicklich beantwortet (IV, 109 f.) oder wenn ihnen durch Romanfiguren geraten wird, wie man jugendliche Liebhaber behandelt (IV, 151 f.). Eltern werden im *Herrn Thomas* positive und negative Folgen der Erziehung anschaulich gemacht. Elterlicher Willkür aus Eitelkeit und Egoismus und gewaltsam aufrechterhaltener Autorität (Frau Frank) wird als positives Verhalten Achtung gegenüber der jungen Generation, freundlich-helfende Behandlung, Gesprächsbereitschaft und das Bemühen um Vertrauen als Voraussetzung einer natürlichen Autorität (Herr Bernd) entgegengesetzt. Auch werden Beispiele des Umgangs der Ehepartner untereinander gegeben.[77]

Ein Thema des Romans mußte fast alle Leser, insbesondere aber den »thätigen Mann« beschäftigen: die finanzielle Sicherung der Existenz. Wo immer es im *Herr Thomas* um Liebe oder Erziehung geht, wird darauf Bezug genommen. Das erste Buch erzählt die Liebesgeschichte von Ferdinands Eltern. Als Herr Bernd das heimliche Liebesverhältnis zwischen seiner Tochter und Daniel Thomas entdeckt, ist er vornehmlich darum bemüht, beiden klarzumachen »daß Liebe ohne hinlängliches Auskommen nur Ein Unglück mehr sey« (I, 197; vgl. auch I, 97 f.); denn »Nahrungssorgen morden alles Glück, untergraben die Eintracht, tödten die Liebe und führen die Reue herbey« (I, 120 f.). Maria argumentiert gegenüber dem verliebten Ferdinand ähnlich: »Ich bin arm und Sie nicht reich; wir dürfen sicher annehmen, daß wenigstens acht Jahre hingehen, ehe Sie sich selbst geschweige eine Frau anständig ernähren können« (II, 352). Liebe, so kann der Leser des pragmatischen Romans schließen, ist dann vernünftig, wenn sie die Ehe anstrebt, dabei aber vor allem bedenkt, daß für das notwendige Einkommen durch einen Beruf gesorgt sein muß.

Das Thema ›finanzielle Sicherung der Existenz‹ umgreift auch das Thema ›Roman‹ im *Herr Thomas*. Das Gespräch zwischen Bernd und Ferdinand über Romane wird auch mit der Absicht geführt, damit Ferdiand begreift, daß er, statt zu dichten, ein Studium absolvieren muß, will er einmal eine Familie ernähren (vgl. III, 91). Die Art und Weise, gute Romane zu schreiben, wird nicht, wie etwa in Hermes' *Sophiens Reise* nur als ein literaturtheoretisches Problem behandelt. In dem Maße, wie dessen ›existenzielle‹ Seite einbezogen ist, wird die Thematisierung des Romans im Roman auch für jene Leser verständlich, die wenig an romantheoretischen Fragen interessiert sind. Daß Dichten auch ein Existenzproblem sein kann, muß vertraut berühren. Romantheorie im Roman erweist sich dann von allgemeinem Interesse, wenn sie nicht nur als ein Problem der Kunstform begriffen wird. Im *Herr Thomas* liegt der Akzent auf den produktionsästhetischen Voraussetzungen des Romanschreibens. Die Romanreflexion läßt sich dadurch andern Themen des Romans zuordnen. Sie ist in die Entwicklung Ferdinands integriert, die ihrerseits zeigen soll, wie wichtig eine vernünftige, das heißt auf finanzielle Sicherung der Existenz bedachte Lebensweise, ist.

---

77 Der *Herr Thomas* erzählt nicht nur eine Folge häuslicher Szenen mit der Geschichte Ferdinand, sondern gibt auch Einblick in verschiedene Lebensbereiche. Er schildert das Leben des gebildeten bürgerlichen Standes, der Apotheker, Ärzte und Pfarrer, das einer adeligen Familie und die Schicksale des jüngsten Sohnes von Bernd in der preußischen Armee.

Dieses Thema hat der pragmatische Roman von der »Historie« übernommen. Ob in Robinsonaden, Avanturierromanen oder dem »deutschen Originalroman«, stets spielt die Sorge um die Lebensnotwendigkeiten eine zentrale Rolle, wenngleich mit einigen Unterschieden, die einen fortschreitenden Wandel des Wirklichkeitsverständnisses im Roman anzeigen. Im *Seltsamen Avanturier* vertraut der Held in verzweifelnden Lebensumständen auf Gottes Hilfe. Was in diesem Roman doch eher Episode war, rückt in der *Geschichte eines Kandidaten* zum Hauptthema auf. Hier versucht der Held über Jahre hinweg eine Anstellung zu finden, die ihm erlaubt, eine bürgerliche Existenz zu führen. Sittliche Liebe kann dort erst realisiert werden, wenn die finanziellen Voraussetzungen vorhanden sind. Der Kandidat setzt bei seinem Streben seine Hoffnung auf die Hilfe guter Menschen. Im *Herr Thomas* wird diese optimistische Haltung durch eine andere ersetzt: nicht mehr andere, sondern die eigene »Arbeitsamkeit« gewährleistet ein fianziell gesichertes Dasein. Wer arbeitet, so die unausgesprochene These des Romans, wird auch sein Auskommen finden.[78]

Theorie und Praxis des *Herrn Thomas* entsprechen sich weitgehend. Die im Romangespräch an die Gattung gestellten Ansprüche erfüllt der Roman selbst. Dieses Gespräch ist in bezug auf die Romanpraxis des *Herrn Thomas* Programm, Rechtfertigung und Leseanleitung in einem. Romane, so wird dem Leser bedeutet, hätten durchaus etwas mit den täglichen Problemen des tätigen Mannes zu tun. Der Romanschreiber ist kein Sonderling und Müßiggänger, sondern jemand, der sein Wissen, seinen Überblick und seine Lebenserfahrung auf angenehme Weise vielen vermitteln möchte. Was die Grundlinien und Umrisse liefernde integrierte Romantheorie offen läßt, kann die Romanpraxis ergänzen und präzisieren; sie läßt sich als ein erläuternder Kommentar lesen. So erfährt der Leser durch die Geschichte des Ferdinand Thomas unter anderem, was mit stufenweiser Entwicklung des Helden gemeint ist, worin das prodesse des Romans besteht, und mit welchen Mitteln es erreicht wird oder welche ständischen Gruppen er mit Welt assoziieren kann.

Das Verhältnis von Theorie und Praxis ist in *Herr Thomas* im Vergleich zu Neugebauers *Teutschem Don Quichotte* oder Hermes *Sophiens Reise* komplexer geworden. Zwar entspricht es auch hier dem von Intention und Durchführung. Aber die Romanreflexion im Roman läßt sich darüber hinaus auch als Romanpraxis, als Teil einer erzählten Geschichte lesen. Sie nimmt sich nicht mehr wie ein Fremdkörper in einer »Liebes– und Lebensgeschichte« aus, oder wie eine in den Text verlegte Romanvorrede. Durch die integrierende Verflechtung mit dem Romangeschehen wird sie polyfunktional. So trägt das Romangespräch in *Herr Thomas* dazu bei, das Bild zweier Charaktere zu vervollständigen (Ferdinand und Bernd); es bezeichnet eine neue Stufe in Ferdinands Entwicklung und es dient als Modell erzieherischen Vorgehens.

Die Integration von Romantheorie in Romanpraxis als ein Reflektieren des Romans über sich selbst wird durch die Romanhandlung selbst als notwendig veranschaulicht. Fortschritte in seiner Entwicklung erzielt Ferdinand dann, wenn er über sich selbst nachdenkt (vgl. z. B. IV, 110). Konform damit geht die Erziehungsmaxime Bernds und Marias, Ferdinands Selbsterkenntnis zu fördern. Das Verhältnis von Entwicklungsfortschritt und Selbstreflexion wird zum Modell für

---

78 Zur Geschichte dieser Gedanken vgl. H. M. Wolff, Die Weltanschauung der deutschen Aufklärung. ²1963, bes. das Kapitel über Johann Adolph Hoffmann.

das Verfahren dieses Romans. Er reflektiert in der handlungsintegrierten Romantheorie sich selbst und erweitert auf beschriebene Weise gegenüber andern Romanen ohne Romanreflexion entscheidend sein Aussagespektrum sowohl formal wie wirkungsästhetisch.

Obgleich in *Herr Thomas* Theorie und Praxis fast deckungsgleich sind, unterschlägt das Romangespräch dennoch etwas, was Praxis dieses Romans ist. Der Roman als Liebesgeschichte wird abgelehnt. Nun wird in *Herr Thomas* kaum anderes als Liebesgeschichten erzählt. Das erste Buch enthält die Liebesgeschichte der Eltern Ferdinands, das zweite seine mit Maria, das dritte und vierte die mit Wilhelmine. Zwischenmenschliche Beziehungen in diesem Roman werden vornehmlich als Liebesbeziehungen geschildert. Wenn in diesem Punkt das Romangespräch (mögliche) Praxis ›nur‹ verschweigt, so widerspricht es ihr eindeutig dort, wo behauptet wird, daß der Stoff und nicht der »Zuschnitt« eines Romans die Hauptsache sei (III, 64). Hier ist es gerade der »Zuschnitt«, der aus einem konventionellen Stoff einen neuen Roman entstehen läßt, der kaum noch etwas mit dem kritisierten Liebesroman gemeinsam hat. Diese Liebesgeschichten, soweit sie Ferdinand betreffen, sind nicht als erotische Avanturen eines Helden gedacht, sondern haben ihren funktionalen Ort in einem Roman, dessen Struktur von der Entwicklung eines Charakters bestimmt wird. Sie dienen der pragmatischen Zielsetzung des Romans, Weltkenntnis zu vermitteln und haben erst in zweiter Linie Unterhaltungswert.[79] Hier läßt sich eine Eigengesetzlichkeit der Gattung feststellen, der sich Müller, wie die meisten Autoren des pragmatischen Romans, nicht entziehen konnte. Das Problem, daß die Romanpraxis der Gattungsgeschichte bedingt verpflichtet bleibt und die theoretische Intention sich dennoch nicht ganz durchsetzen konnte, wird theoretisch nicht reflektiert. In der Romanreflexion des *Herr Thomas* werden die poetologischen Voraussetzungen und Konsequenzen, des neuen, des pragmatischen Romans, die das Verhältnis von Roman und Wirklichkeit, der Typus des Helden, die Art der Beziehung der Romanteile untereinander und die Verbindung von prodesse und delectare herausgestellt. Unterdrückt wird dagegen alles, was auf Gemeinsamkeiten mit den verworfenen Liebesromanen verweisen könnte. Der Grund dafür mag darin beruhen, daß auch der pragmatische Roman an dem Prinzip festhält, das prodesse mit einem delectare zu verbinden. In der Romanreflexion ist jedoch nur das prodesse genauer bestimmt, das delectare bleibt eine Leerstelle. In der Praxis dagegen wird diese gerade durch Liebesgeschichten gefüllt, die schon immer als besonders unterhaltend galten. Ob das delectare theoretisch in das vom prodesse her entworfene Romanmodell nicht integrierbar war, oder ob im Hinblick auf ein delectare, das nur die Verhaftung mit der Gattungstradition aufgedeckt hätte, der Grund für die Divergenz von Theorie und Praxis zu suchen ist, läßt sich nicht entscheiden. Feststellbar ist, daß dort, wo die Romanpraxis von der Romanreflexion nicht erfaßt wird, eine Eigengesetzlichkeit der Gattung sich zeigt.

J. G. Müller nennt seine Romane, in bewußter Abgrenzung gegen die »Romane« seiner Zeitgenossen, »romantische Biographien«. Das sind Romane, die weder aus dem »Spiel der Phantasey« geboren sind, da sie eine Art Geschichtsschreibung sein

---

79 So bezeichnet die Liebesgeschichte zwischen Ferdinand und Maria den ersten Schritt Ferdinands hin auf ein vernünftiges Verhalten, lehrt wie lächerlich eine als Rolle verstandene Liebe ist, weist auf den verhängnisvollen Einfluß von Liebesromanen, die Liebe nur als Abenteuer verstehen, und demonstriert ex negativo wie Liebesgeschichten noch geschrieben werden können.

sollen, noch Darstellung von Lebensläufen im Sinne einer authentischen, mit Dokumenten belegbaren Biographie, sondern wahrscheinliche Erzählung der Entwicklung eines in der Haupthandlung zentralen Charakters nach den Prämissen von Erziehung und Umgang.[80] Diese Biographien erheben keinen Anspruch auf Faktizität, entsprechen jedoch der Realität in der Weise, daß sie dem Leser eigene Erfahrungen mit »den Menschen und der Welt« ersetzen können. Ihnen wohnt potentielle Realität inne, die im realen Leben als »wichtige Wahrheiten«, als Verständnis von Welt aktiviert werden können.

J. G. Müller knüpft an den Romanbegriff der »Historie« an, wie das schon die Bezeichnung »romantische Biographie« erkennen läßt, und fügt sich damit in den einen Traditionsstrang der Gattungsgeschichte ein, in der der Wirklichkeitsbezug und die Struktur des Romans die zentralen Themen der Romanreflexion sind. Stärker jedoch als bei der »Historie« subsumiert er diese Themen unter den interdierten Gebrauchscharakter, das prodesse des Romans. Modifiziert wiederholt sich, auch in der Benennung der eigenen Romane, die Kontroverse »Historie« – »Roman« zwischen dem pragmatischen und dem empfindsamen Roman, zwischen Lebens- und Liebesgeschichte. Aus der Sicht eines Autors und Theoretikers des pragmatischen Romans entwirft der empfindsame Roman nur ein verkürztes, wenn nicht verzerrtes Bild der Realität und verhindert so, daß der Roman »die Menschen besser und weiser« macht, d. h. sie auf eine im aufklärerischen Sinn »vernünftige« Lebensweise verpflichtet.

Um 1790 bestätigt J. G. Müller mit seiner Romankonzeption in Theorie und Praxis nur die Erwartungen eines Leserkreises, die sich durch die Romane des frühen Wezels, Feders, Knigges, z. T. auch durch die Blankenburgs, Sattlers, Schummels, Hermes und Musäus gebildet haben. Sein Romanbegriff ist eben so wenig ›neu‹ wie die Opposition empfindsamer Roman – pragmatischer Roman noch ›aktuell‹ ist. Unter zwei Aspekten muß Müller konventionell erscheinen, unter dem, wie er die Beziehung Roman – Wirklichkeit interpretiert und welche Auffassung von Realität er in seinen Romanen gestaltet. Wezel hat in der Vorrede zu *Herrmann und Ulrike* (1780) gegen jene Autoren polemisiert, die dem Roman dadurch Wahrscheinlichkeit geben, daß sie Ereignisse aus dem Umkreis der Lesererfahrung schildern und ihnen die Struktur eines Kausalverhältnisses geben. Dieser Fast-Identität von Roman und Wirklichkeit setzt er die »poetische Wahrscheinlichkeit« als ein in sich schlüssiger Kontext entgegen, der nicht durch den abmalenden Bezug zur Wirklichkeit, sondern erst durch eine innere Motivation des Geschehens, bei der »die vorangehende Begebenheit hinlänglich stark ist, die folgende hervorzubringen«, wahrscheinlich wird. Ein Roman, der sich nur noch bedingt an der Realität und den Erwartungen seiner Leser orientiert, bzw. sich seine Wirklichkeit neu schafft und auf den Grundsatz verzichtet, nützlich fürs praktische Leben zu sein, muß den Kontakt zur Leserschaft verlieren. Die Forschung zum empirischen Leser kann bestätigen, daß der klassisch-romantische Roman kein Gegenstand der vielbescholtenen Lesewut war. Dieser Romantyp antwortet darauf mit der Konstruktion eines idealen Lesers (vgl. Bouterek, *Graf Donamar*; Fr. Schlegel, *Lucinde*). Der pragmatische Roman gibt jedoch an ihn die Konzeption der Romanhandlung als des Bildungsganges eines mittleren Helden weiter. Die noch im *Herr*

---

80 Der Begriff »romantisch« wird im Romangespräch des »Herrn Thomas« nur im Sinne von ›den Roman, d. h. eine literarische Kunstform betreffend‹, gebraucht. Er ist an die Stelle des mit pejorativer Bedeutung behafteten Begriffs »romanhaft« getreten.

Thomas vorhandene Dominanz des kommentierenden und wertsetzenden Erzählers wird abgebaut.

Die Masse der Leser wendet sich schon in den achtziger Jahren einem Romantyp zu, der Realität nicht mehr wie der pragmatische Roman als rational erkennbares, zweckmäßiges und vermittelbares System integriert, sondern den Einbruch des Übernatürlichen in die Wirklichkeit, die Unfreiheit des Willens und Grenzsituationen menschlicher Existenz schildert und damit neue Wirklichkeitsbereiche, in zum Teil historischer Einkleidung, erschließt.

Der (aufklärerisch-bürgerliche) Gedanke, der hinter der Idee stand, Praxis und Theorie des pragmatischen Romans eng miteinander zu verknüpfen, war der, daß nur das Nützliche sinnvoll sei und daß das Nützliche des Romans in praxisbezogener Romanreflexion unter Kundgabe der Vermittlungsmodi dem Leser aufgezeigt werden muß, um die durch den Roman vermittelten Wahrheiten annehmbarer zu machen. Auch der *Herr Thomas* bestätigt das. Aus der veränderten Romansituation um 1790, aus der Konkurrenz zu neuen, dem erweiterten Weltverständnis und veränderten Gattungsbegriff angepaßten Romankonzeptionen, die den *Herr Thomas* in Inhalt und Verfahrensweise traditionsgebunden erscheinen lassen, muß die in diesen Roman integrierte Romanreflexion zusätzlich als ein Appell verstanden werden, im pragmatischen Roman den einzig wahren Repräsentanten der Gattung zu akzeptieren. Weder der klassisch-romantische Roman noch die sogenannten Schauer- und Ritterromane bedürfen der Romanreflexion, da der ihnen zugrundeliegende Romanbegriff nicht mehr auf dem Gedanken der Nützlichkeit basiert. Dadurch kann das Verhältnis von Romanwirklichkeit und Realität und das von Roman und Leser neu bestimmt werden.

Bibliographie

A Quellen (Romane)

In dieser Bibliographie sind diejenigen Romane des 18. Jahrhunderts verzeichnet, die in der vorliegenden Untersuchung benutzt worden sind. Wenn nichts anderes vermerkt ist, handelt es sich dabei um die Erstausgabe. Aus Platzgründen wird hier nur eine Kurzform des Titels angeführt, die aber ausreicht, ihn zweifelsfrei zu identifizieren (1974 wird eine Bibliographie deutscher Romane zwischen 1700 und 1780 erscheinen, in der die Titel vollständig und diplomatisch getreu wiedergegeben sind). Bis auf zwei Romane, die nicht mehr nachweisbar sind, wurde stets der Standort in einer deutschen Bibliothek angegeben. Die am Schluß der Titel stehenden Bibliothekssiglen sind die im Fernleihverkehr der deutschen Bibliotheken gebräuchlichen. Wurde ein Titel in der vorliegenden Untersuchung unvollständig zitiert, wird in der Bibliographie von dieser Form auf den vollständigen Titel verwiesen. Verfasser, die genannt oder zu ermitteln waren, werden angegeben.

Die in der Untersuchung benutzten romantheoretischen Schriften sind dort bereits angegeben, so daß darauf verzichtet werden kann, sie hier nochmals gesondert anzuführen. Im übrigen sei auf meine Bibliographie in ›Texte zur Romantheorie I/II‹ (1626–1780) verwiesen.

Absalon siehe: Staatsgeschichte Absalons.
Adalie. Die Liebens-würdige Adalie . . . von Menantes [Chr. Fr. Hunold]. ⁴1752. (12)
Adelphico siehe: Des . . . Adelphico Lebens- und Glücksfälle.
Arbaces. Der Durchlauchtigste Arbaces . . . von Lycosthenes. 1726. (1 a)
Arndt. Lorenz Arndt von Blankenburg . . . [Fr. Th. Thilo]. 1784/85. (1 a)
Assemble. Zeit-verkürtzende Assemble . . . 1743. (12)
Avanturen. Die besondern Avanturen Ludwigs, Grafens von Gleichen . . . von Verulamio [Joh. Wilh. Hobbhan]. 1730. (12)
Avanturier. Der Asiatische Avanturier . . . 1754. (19)
Avanturier. Der . . . aus einem Welt-Theil in das andere gebrachte Bremische Avanturier . . . 1751. (1 a; 19)
Avanturier. Der dänische Avanturier . . . herausgegeben von Oluf Friederich Jakob Jakobsen. 1751. (12; 7)
Avanturier. Der Dreßdner Avanturieur . . . 1755. (1 a)
Avanturier, Fränkischer siehe: Robinson, Fränkischer.
Avanturier. Der Leipziger Avanturieur . . . 1756. (7; 19)
Avanturier. Der reisende Avanturier . . . 1748/49. (1 a)
Avanturier. Der russische Avanturier . . . 1753. (19)
Avanturier. Der Schweitzerische Avanturier . . . 1750. (1 a; 32)
Avanturier, Seltsamer siehe: Begebenheiten, Des seltsamen Avanturiers . . .
Avanturiere. Die Teutsche Avanturiere . . . mitgetheilet von Veramor. 1725. (12; 27)
Avanturieur siehe: Avanturier.
Banise. Die Asiatische Banise . . . [H. A. von Zigler und Kliphausen.]¹⁰ 1738. (12)
Banise, Deutsche siehe: Lebensgeschichte der Deutschen Banise.
Banise. Die Engeländische Banise . . . mitgetheilet von C. E. F. [Chr. E. Fidelinus (Pseud.)] 1754. (1 a)
Begebenheit. Wunderbare Begebenheit welche sich mit einem Göttingischen Studenten . . . zugetragen hat . . . [O. B. Verdion]. 1744. (19; 24)
Begebenheiten. Lustige Begebenheiten eines adlichen Avanturieurs . . . 1760. (19)
Begebenheiten. Des seltsamen Avanturieurs sonderbare Begebenheiten . . . 1724. (1 a)
Begebenheiten. Bewundernswürdige Begebenheiten des Europäischen Herkuliskus . . . mitgetheilt von Ioanne Curiosophilo. [Vielleicht J. Z. Gleichmann]. 1754. (1 a)

Begebenheiten. Sonderbare und merkwürdige Begebenheiten des nordischen Hyacinthus. 1757. (7)

Begebenheiten. Die ... Begebenheiten Des Herrn von Lydio ... mitgetheilet durch Selimenem [J. M. Fleischer]. 1731/32.

Begebenheiten. Des Durchlauchtigsten Philanders ... merckwürdige Begebenheiten ... vorgestellet von Severino. ²1733. (12)

Begebenheiten. Merkwürdige und außerordentliche Begebenheiten einer Kosakischen Standesperson ... ²1780. (12)

Begebenheiten eines Leipziger Studenten siehe: Verhängnisse, Die unerwarteten.

Beiträge. Beyträge zur Geschichte deutschen Reichs und deutscher Sitten ... [C. Fr. Blankenburg]. 1775. (12)

Bellerophon siehe: Die obsiegende Tugend.

Bellisandra. Die Heldenmüthige Printzeßin Bellisandra ... von Mirandor. 1742. (12)

Belphegor, oder die wahrscheinlichste Geschichte unter der Sonne. [J. K. Wezel]. 1776. (19)

Bernandis siehe: Liebesgeschichte, Der Bernandis.

Beschreibung. Die Beschreibung Des desperaten Studentens ... [von] Leonhard Gialdi. [ca. 1709]. (1 a)

Beyträge siehe: Beiträge.

Blumenberg. Karl Blumenberg. Eine tragi-komische Geschichte. 1786. (19)

Burgheim, Karl v. siehe: Geschichte Karls v. Burgheim.

Carneval. Das Carneval der Liebe ... Von Amaranthes. [G. S. Corvinus]. 1712. (1 a)

Cavalier. Der im Irrgarten der Liebe herum taumelnde Cavalier ... [J. G. Schnabel]. 1746.

Clausen, Peter siehe: Geschichte Peter Clausens.

Constantine. Die Liebenswürdige Europäerin Constantine ... vorgestellet von Talandern. [A. Bohse]. 1698. (12)

Cupido. Der entlarvte Cupido ... [von] Polandern. [H. Pohlmann]. 1704. (12)

Cupido. Der liebliche und doch kriegerische Cupido ... von Behmenus. 1711 oder 1712. (In Bibliotheken der BRD und der DDR nicht mehr nachweisbar.)

Cupido. Der Närrische und doch Beliebte Cupido ... außgefertiget von Selamintes. 1713. (12)

Donamar. Graf Donamar. [Fr. Bouterwek]. 1791/93. (19)

Edelwald. Wilhelm Edelwald die Geschichte eines verlohrnen Sohnes. [G. Chr. C. Westphal]. 1780. (19)

Eginhard. Der ... Secretarius Eginhard ... von Polimon. 1749. (21)

Eifersucht. Die Spanische Eyfersucht ... beschrieben von Arselio. 1745. (1 a)

Einfalt. Die vernünftige Einfalt ... 1766. (19)

Emmerich, eine komische Geschichte ... [J. G. Müller]. 1786/89. (19)

Empfindsame. Der Empfindsame Maurus Pankrazius Ziprianus Kurt ... [Chr. Fr. Timme]. 1781/82. (19)

Eyfersucht siehe: Eifersucht.

Fahlendorn, Florentin v. siehe: Geschichte Florentins von Fahlendorn.

Falkenberg. Karl Falkenberg. Kein Roman. 1784. (19)

Fama. Die Verliebte Fama ... 1719. (1 a)

Familiengeschichte. Faramonds Familiengeschichte in Briefen. [Chr. Fr. Timme]. 1779/81. (1 a)

Familiengeschichte und Abenteuer Juncker Ferdinands von Thon. [H. G. Bretschneider]. 1775. (19)

Faramond siehe: Familiengeschichte, Faramonds.

Fata. Wunderliche Fata einiger See-Fahrer ... von Gisandern. [J. G. Schnabel]. 1. Bd. 1731. (15)

Faustin oder das philosophische Jahrhundert. [J. Pezzl]. 1783. (12)

Felix. Der mit seiner Donna Charmante herumirrende Ritter Don Felix. 1754. (7)

Feldzug. Der Feldzug; eine Geschichte. Aus dem Englischen. 1768. (35)

Felsenburg, Insel siehe: Fata einiger Seefahrer.

Flachs. Martin Flachs, eine Geschichte des achtzehnten Jahrhunderts. [J. W. Ch. Schöpfel]. 1775/76. (19)

Floramondi siehe: Nachrichten, Geheime, des ... Floramondi.

Florandor siehe: Glück, Das fallende und steigende.

Französinnen. Die illustren Französinnen. Von Iriflor. 1728. (12)

Freibeuter. Der Americanische Freybeuter ... 1742/44. (1 a)

Friederike, oder die Husarenbeute. Eine deutsche Geschichte. [J. P. Sattler]. 1774. (19)

Fronisbe siehe: Staatsgeschichte, Der ... Fronisbe.

Geizige. Der Freygebige Geitzige ... 1708. (1 a)

Gerbergeselle. Der reisende Gerbergeselle. [Eine Reisebeschreibung von S. Klenner]. 1751. (12)

Geschichte Karls von Burgheim und Emiliens von Rosenau. In Briefen. [J. M. Miller]. 1778/79. (12)

Geschichte Peter Clausens von Adolph, Freyherrn Knigge. 1794. (12)

Geschichte. Die Geschichte Florentins von Fahlendorn. In: J. H. Jung-Stilling, Sämtliche Schriften, Bd. 9. 1837. (19)

Geschichte eines Frauenzimmers an der Niederelbe ... 1766. (18)

Geschichte des Herrn Wilhelm von Hohenberg und der Fräulein Sophia von Blumenthal ... [Chr. Opitz zugeschrieben]. 1758. (1 a)

Geschichte eines Kandidaten ... von T. [C. Fr. Troeltsch.] 1753. (18)

Geschichte des armen Herrn von Mildenburg ... von Adolph, Freyherrn Knigge. 1792. (19)

Geschichte. Die Geschichte des Grafen von P. [J. G. B. Pfeil]. ⁴1762. (1 a)

Geschichte des Fräuleins von Sternheim ... [Sophie von La Roche]. 1776. (19)

Geschichte einiger Veränderungen des menschlichen Lebens ... [C. Fr. Troeltsch]. 1753. (12)

Geschichte der Miß Fanny Wilkes ... [J. Th. Hermes]. ²1770. (12)

Gismunda siehe: Stärcke der Liebe.

Gleichen, Graf v. siehe: Avanturen Ludwigs, Grafens von Gleichen.

Glück. Das fallende und steigende Glück in der Liebe Des Grafen Florandors ... beschrieben von Celandor. 1725. (12)

Graf. Der entlarvte Graf ... [J. J. Schatz]. 1763. (12)

Graf. Der Graf und sein Liebchen. [W. v. Hastenpflug]. 1792. (19)

Grandison. Der deutsche Grandison, auch eine Familiengeschichte. [K. A. Musäus]. 1781. (19)

Grandison der Zweite, oder Geschichte des Herrn v. R. *** ... [K. A. Musäus]. 1760/62. (19)

Hebreerinnen siehe: Heldengeschichte.

Heldengeschichte. Der Durchlauchtigsten Hebreerinnen Jiska, Rebekka, Rahel, Assenath und Seera Helden-Geschichte ... [J. Meier]. 1697. (12)

Heldengeschichte. Die Helden- und Liebes-Geschichte dieser Zeiten ... von Meletaon [J. L. Rost]. 1715. (21)

Herculiscus siehe: Begebenheiten des Herculiscus.

Hermoine. Die von der Liebe verfolgte, Doch zuletzt beglückte Printzeßin Hermoine, Entworfen von Beninden ... 1733. (12)

Herrmann und Ulrike. [J. K. Wezel]. 1780. (19)

Höfe, Europäische siehe: Liebesgeschichte, Der Europäischen Höfe.

Hohenberg, Wilhelm v. siehe: Geschichte des Herrn Wilhelm von Hohenberg.

Hyacinthus, Nordischer siehe: Begebenheiten des Nordischen Hyacinthus.

Imgarten. Thomas Imgarten, eine wahre Geschichte. [J. W. A. Schöpfel]. 1777. (1 a)

Insel. Die glückseeligste Insul auf der gantzen Welt ... von Ludwig Ernst von Faramund [Sinold v. Schütz]. 1728. (12)

Irrgarten der Liebe siehe: Cavalier.

Kasia. Die Jüttische Kasia ... beschrieben durch V. S. 1732. (1 a)

Knaut, Tobias siehe: Lebensgeschichte Tobias Knauts.

Landcron, Gustav siehe: Leben, Gustav Landcron.

Landkutsche, Die Leipziger Land-Kutsche ... von Telandrino. 1725. (1 a)

Leben. Gustav Landcron, eines Schwedischen Edelmannes / merckwürdiges Leben ... 1724. (15)

Leben. Das Leben und die Meinungen des Herrn Magister Sebaldus Nothanker. [Fr. Nicolai]. 1773. (19)

Leben. Das Leben der schönen Oesterreicherin, beschrieben von Sincero. 1747. (1 a)

Leben und besondere Begebenheiten Peter Roberts ... [O. B. Verdion]. 1763. (19)

Leben und Tod Sebastian Silligs ... [H. L. Wagner]. 1776. (19)

Lebensbeschreibung der Europäischen Robinsonetta ... 1752. (1 a)

Lebensfälle. Des glückseligen Ritters Adelphico Lebens- und Glücks-Fälle ... von Melisso [M. E. Franck]. 1715. (12)

Lebensgeschichte. Sonderbare Lebensgeschichte der Deutschen Baniese. 1752. (16)

Lebensgeschichte. Merkwürdige Lebensgeschichte eines niedersächsischen Edelmanns ... 1789. (19)

Lebensgeschichte Tobias Knauts, des Weisen, sonst der Stammler genannt ... [J. K. Wezel]. 1773/76. (1 a)

Lebensgeschichte. Der Langobordischen Königin Rosamundae Wahrhaffte Lebens- und Liebes-Geschicht ... von Damiro. 1729. (12)

Lebensgeschichte. Der unvergleichlich-schönen Türckin / wundersame Lebens- und Liebes-Geschichte ... von Menander. 1733. (12)

Lebensjahre eines Edelmannes. 1789.

Lebenslauf. Moralischer Lebens-Lauf eines nicht unbekannten Wollüstigen ... [L. A. Würffel]. 1752. (12)

Lebensläufe nach Aufsteigender Linie, nebst Beylagen A, B, C. [Th. G. Hippel]. 1778/81. (19)

Lesbia. Joachim Meiers Durchleuchtigste Römerin Lesbia. 1690. (1 a)

Liebesbegebenheiten. Cvrieuse Liebes-Begebenheiten (A. d. F.) ... von Meletaon [J. L. Rost.] 1714. (1 a)

Liebesgeschichte. Der ... Africanischen Printzeßin Bernandis angenehme Liebes- und Helden-Geschichte ... von P. [Palmenes, (Pseud.)]. 1732. (1 a)

Liebesgeschichte. Der Europäischen Höfe / Liebes- und Helden-Geschichte ... Von Menantes [Chr. Fr. Hunold]. 1704. (1 a)

Liebesgeschichte. Die Liebes-Geschichte der Durchlauchtigsten Prinzeßin Medea aus Cypern ... von Ormenio. 1719. (12)

Liebesgeschichte. Des Ritters Myro und der Printzessin Silvandra Liebes- und Wunder-Geschichte. [J. Frh. v. Ballock]. 1708. (In deutschen Bibliotheken nicht mehr nachweisbar).

Lindenberg. Siegfried von Lindenberg. [J. G. Müller]. ³1781. (19)

Luftschloß. Das Luft-Schloß ... 1749. (1 a)

Lukretius. Matthias Lukretius, sonst Votius genannt ... [Chr. Kindleben]. 1780. (3)

Lydio, Herr von siehe: Begebenheiten des Herrn von Lydio.

Mann. Der redliche Mann am Hofe. [von] J. M. v. Loen. 1740. (4)

Medea siehe: Liebesgeschichte der Medea.

Michal, Die unglückselige Princeßin Michal ... von Pallidor [G. Chr. Lehms]. 1707. (1 a)

Mildenburg siehe: Geschichte des Herrn von Mildenburg.

Muttersöhnchen. Das verwöhnte Mutter-Söhngen ... Von Sylvano. 1728. (1 a)

Myro, Ritter siehe: Liebesgeschichte, Des Ritters Myro.

Nachrichten. Geheime Nachrichten Des unglücklichen Ritters Floramondi ... von Evandro. 1735. (12)

Nothanker, Sebaldus siehe: Leben des Sebaldus Nothanker.

Österreicherin, Die schöne, siehe: Leben der schönen Österreicherin.

P., Graf v. siehe: Geschichte des Grafen v. P.

Pankratius, Maruitius siehe: Empfindsame, Der.

Philander siehe: Begebenheiten, Des Philanders.

Quichotte. Der teutsche Don Quichotte ... [W. E. Neugebauer]. 1753. (Di1)

Quixote. Don Quixote im Reifrocke ... [a. d. E. d. Ch. Lennox, Vorrede v. H. A. Pistorius]. 1754. (Di1)

Reise nach der Insul Caphar Salama. 1741. (ist Übersetzung von J. V. Andreae, Rei publicae christianopolitana descriptio, 1610). (76)

Reise. Sophiens Reise von Memel nach Sachsen. [J. Th. Hermes.] ²1774/76. (12)

Reisen. Empfindsame Reisen durch Deutschland von S. *** [J. G. Schummel]. 1771. (12)

Reizenstein. Die Geschichte eines deutschen Officiers. [D. Ch. Seybold]. 1778. (19)

Robert, Peter siehe: Leben Peter Roberts.

Robinson. Der Brandenburgische Robinson ... 1744. (19)

Robinson. Der Fränkische Robinson ... [C. Fr. Troeltsch]. 1751. (19)

Robinson. Der zu Wasser und zu Lande reisende Robinson vom Berge Libanon. 1755. (19)

Robinson. Nieder-Sächsischer Robinson ... 1724. (24)

Robinson. Pohlnisch-Preußischer Robinson ... 1736. (1 a)

Robinson. Der Sächsische Robinson, oder Wilhelm Retchirs ... Beschreibung seiner ... Reisen. 1722. (19)

Robinson. Der Sächsische Robinson, Oder des närrischen Barons Reise ... 1735. (6)

Robinson. Schlesischer Robinson oder Frantz Anton Wentzels v. C. ** ... Leben ... 1723. (19)

Robinson. Der Teutsche Robinson oder Bernhard Creutz. [o. J.] (21)

Robinson, Der ungarische Robinson ... 1797. (19)

Robinsonetta siehe: Lebensbeschreibung der Europäischen Robinsonetta.

Robinsonin. Die Böhmische Robinsonin ... von Christiano Ernesto Fidelino. [Pseud.] 1753. (21)

Robinsonin. Die unglücklich-glückliche Ostfrießländische Robinsonin ... 1755. (19)

Robinsons. Zwey Westphälische so genannte Robinsons oder Aventurierus ... 1748. (19)

Rosemunda siehe: Lebensgeschichte, Der Rosemundae.

Salomo. Der Weise König Salomo, in einer Staats- und Helden-Geschichte ... von Pallidor. [G. Chr. Lehms]. 1712. (1 a)

Schicksal. Merckwürdiges und Wunderbares Schicksahl Antonii *** ... 1746. (19)

Schicksale. Seltsame und merkwürdige Schicksale eines Jünglings, genannt Hektor Schkolanus ... 1778. (19)

Schwachheit. Die Schwachheit des menschlichen Herzens bei den Anfällen der Liebe. [C. G. Richter.] 1755. (1 a)

Seelberg, Ludwig siehe: Verirrungen, Die, des Philosophen.

Siegwart. Eine Klostergeschichte. [J. M. Miller]. 1776. (122)

Sillig, Sebastian siehe: Leben und Tod Sebastian Silligs.

Smyrna. Die Amazonische Smyrna ... von Imperiali. [J. Meier]. 1705. (1 a)

Staatsgeschichte. Des Israelitischen Printzens Absalons und Seiner Princessin Schwester Thamar Staats- Lebens- und Helden-Geschichte ... von Pallidor. [G. Chr. Lehms]. 1710. (29)

Staatsgeschichte. Der Großmüthigen Fronisbe Staats- Liebes- und Helden-Geschichte ... 1727. (1 a)

Stärke. Die Unüberwindliche Stärcke der Liebe ... von Namor. 1728. (12)

Sternheim, Fräulein v. siehe: Geschichte des Fräuleins von Sternheim.

Student, Desperater siehe: Beschreibung des desperaten Studentens.

Student. Der verliebte und galante Student ... 1750. (12; 28)

Student. Der Verliebte Studente ... von Celander [J. G. Gressel]. 1709. (19: Nachdr. v. 1909)

Studierstube. Die lustige Studir-Stube, eröffnet von Polandern. ²1721. (19)

Szenen aus dem menschlichen Leben. ... [K. F. Köhler]. 1777. (38)

Talestris. Die Lybische Talestris ... von Colombini. 1715. (12)

Thomas. Herr Thomas, eine komische Geschichte ... [J. G. Müller]. 1791/92. (12)
Thon, Ferdinand v. siehe: Familiengeschichte Junker Ferdinands von Thon.
Treue. Die wohlprobirte Treue ... von Adamantes. 1716. (23)
Tugend. Die obsiegende Tugend in einem Moralischen Romain. ... dargestellet von Eto-
philo. 1743. (16)
Türkin siehe: Lebensgeschichte, der Türckin.
Unruhe. Die stetige Unruhe der Liebe. 1756. (1 a)
Urach. Berthold von Urach. Eine wahre tragische Rittergeschichte ... [J. G. Schilling].
1787/89. (12)
Verhängnisse. Die unerwarteten Verhängnisse eines Leipziger Studenten ... [1765] ²1794.
(15)
Verirrungen. Die Verirrungen des Philosophen oder Geschichte Ludwigs von Seelberg.
Hrsg. v. A. Freiherrn von K. *** [A. v. Knigge]. 1787. (12)
Wagehals. Der Wagehalß. Oder ausserordentliche Begebenheiten eines Barbiers-Sohn ...
beschreibet Frid. Veramando. 1752. (1 a)
Waldheim. Die Herren von Waldheim, eine komische Geschichte ... [J. G. Müller]. 1784.
(19)
Wallfahrt. Die Verliebte Wallfahrt ... beschrieben von Damiro. 1713. (12)
Welt. Die verkehrte Welt. ... 1769. (1 a)
Welt. Die Verliebte und Galante Welt ... von Menantes [Chr. Fr. Hunold]. 1707. (1 a)
Weltlauf. Der Welt-Lauf in Ansehung des Verderbens aller Menschen ... [G. H. Büchner].
1754. (23)
Weltliebe. Die vor einigen Zeiten verübte Pollitische Welt-Liebe ... von Walthern. 1724.
(1 a)
Weltweise. Der reisende Weltweise ... 1766. (1 a)
Wettstreit. Der Wettstreit der Grosmuth und Liebe ... Mit einer Vorrede, eine kurze Ver-
theidigung der Romane enthaltend. 1762. (12)
Wilkes, Fanny siehe: Geschichte der Miß Fanny Wilkes.

B. Sekundärliteratur

1. Roman und Romantheorie

Alewyn, Richard: Johann Beer. Studien zum Roman des 17. Jahrhunderts. Leipzig 1932.
(Palaestra. 181).
Appell, Johann Wilhelm: Die Ritter-, Räuber- und Schauerromantik. Zur Geschichte der
dt. Unterhaltungsliteratur. Leipzig 1859.
Arndt, Ingeborg: Die seelische Welt im Roman des 18. Jahrhunderts. Diss. Gießen 1940.
Barockforschung. – Die deutsche Barockforschung. Hrsg. v. Richard Alewyn. 2. Aufl.
Köln 1966 (Neue wissenschaftliche Bibliothek. 7).
Bataillon, Marcel: Le roman picaresque. La Renaissance du livre. Paris 1931.
Bauer, Rudolf: Der historische Trivialroman in Deutschland im ausgehenden 18. Jahrhun-
dert. Diss. München 1930.
Beaujean, Marion: Der Trivialroman in der zweiten Hälfte des 18. Jahrhunderts. Bonn
1964.
Becker, Eva Dorothea: Der deutsche Roman um 1780. Stuttgart 1964 (Germanist. Ab-
handlungen. 5).
Berger, Tjard W.: Don Quixote in Deutschland und sein Einfluß auf den deutschen Roman
(1613–1820). Diss. Heidelberg 1908.
Bobertag, Felix: Die Geschichte des Romans und der ihm verwandten Dichtungsgattungen
in Deutschland. Breslau 1879–1884.
Borcherdt, Hans Heinrich: Der Roman der Goethezeit. Urach, Stuttgart 1945.

Brand, Albert: Müller von Itzehoe, Sein Leben und seine Werke. Bln. 1901. Lit.-hist. Forschungen XVII.

Brandl, L.: Vordefoesche Robinsonaden in der Weltliteratur. In: GRM 5 (1913), S. 233 bis 261.

Brögelmann, Liselotte: Studien zum Erzählstil im »idealistischen Roman« von 1643–1733 (mit bes. Berücksichtigung v. Bohse). Diss. Göttingen 1953 (masch.).

Brüggemann, Fritz: Utopie und Robinsonade. Untersuchungen zu Schnabels ›Insel Felsenburg‹. Weimar 1914 (Forschungen zur neueren Literaturgeschichte. 46).

Buchholz, Johannes: J. Th. Hermes' Beziehungen zur englischen Literatur. Diss. Marburg. Göttingen 1911.

Burger, Heinz Otto: Studien zur Trivialliteratur. Frankfurt 1968 (Studien zur Philosophie und Literatur des 19. Jahrhunderts. 1).

Cholevius, Leo: Die Verkehrssprache in ›Sophiens Reise von Memel nach Sachsen.‹ Programm Königsberg 1873.

Dedner, Burghard: Topos, Ideal und Realitätspostulat. Studien zur Darstellung des Landlebens in Roman des 18. Jahrhunderts. Tübingen 1969 (Studien zur deutschen Literatur. 16).

Delorme, Elisabeth: Hermann und Ulrike. Ein Roman von J. K. Wezel. Diss. Marburg 1928.

Eder, Irmgard: Untersuchungen zur Geschichte des empfindsamen Romans in Deutschland. Diss. Wien 1953 (masch.).

Ehrenzeller, Hans: Studien zur Romanvorrede von Grimmelshausen bis Jean Paul. Diss. Bern 1955.

Eichendorff, Joseph v.: Der deutsche Roman des 18. Jahrhunderts und sein Verhältnis zum Christentum. Leipzig 1851.

Fertig, Ludwig: Der Adel im deutschen Roman des 18. und 19. Jahrhunderts. Diss. Heidelberg 1965.

Fetscher, Iring: Vorwort zu ›Umgang mit Menschen‹. Frankfurt 1962 (Fischerei-Bücherei. 434).

Flessau, Kurt Ingo: Der moralische Roman. Studien zur gesellschaftskritischen Trivialliteratur der Goethezeit. Köln, Graz 1968 (Literatur und Leben. 10).

Friedrich, Hugo: Abbé Prévost in Deutschland. Ein Beitrag zur Geschichte der Empfindsamkeit. Heidelberg 1929 (Beitr. z. neueren Literaturgeschichte 12).

Garte, Hansjörg: Kunstform Schauerroman. Eine morphologische Begriffsbestimmung des Schauerromans im 18. Jahrhundert von Walpoles ›Castle of Otranto‹ bis Jean Pauls ›Titan‹. Diss. Leipzig 1935.

Gebhardt, Walter: Religionssoziologische Probleme im Roman der deutschen Aufklärung. Diss. Gießen 1931.

Gerhardt, Melitta: Der deutsche Entwicklungsroman bis zu Goethes ›Wilhelm Meister‹. Halle 1926 (DVJ-Buchreihe. 9).

Geschke, Emil: Untersuchungen über die beiden Fassungen von Musäus' Grandison-Roman. Diss. Königsberg 1910.

Götz, Max: Der frühe bürgerliche Roman in Deutschland. (1720–1750). Diss. München 1958 (masch.).

Gove, Philip Babcock: The imaginary voyage in prose fiction. New York 1941.

Greiner, Martin: Entstehung der modernen Unterhaltungsliteratur. Studien zum Trivialroman des 18. Jahrhunderts. Reinbek b. Hamburg 1964.

Guillén, Claudio: Zur Frage der Begriffsbestimmung des Pikaresken. In: Pikarische Welt. Hrsg. v. H. Heidenreich. Darmstadt 1969 (Wege der Forschung. 163).

Haas, Rosemarie: Die Landschaft auf der ›Insel Felsenburg‹. In: Zs. f. dt. Altertum u. dt. Lit. 91 (1961/62), S. 63–84.

Hahl, Werner: Reflexion und Erzählung. Ein Problem der Romantheorie von der Spätaufklärung bis zum programmatischen Realismus. Stuttgart 1971 (Studien z. Poetik u. Geschichte der Literatur. 18).

Halperin, Natalie: Die deutschen Schriftstellerinnen in der zweiten Hälfte des 18. Jahrhunderts. Diss. Frankfurt 1935.

Hamburger, Käthe: Don Quijote und die Struktur des epischen Humors. In: Festgabe für E. Berend zum 75. Geburtstag. Weimar 1959, S. 198–209.

Hatfield, Theodore M.: Some German Picaras of the 18th century. In: Journal of English and German Philology 31 (1932), S. 509–29.

Heiduk, Franz: Wilhelm Ehrenfried Neugebauer. Ein wiederentdeckter schlesischer Schriftsteller des 18. Jahrhunderts. In: Schlesien. Eine Vjschr. f. Kunst, Wissenschaft u. Volkstum. 16 (1971), S. 12–17.

Heiduk, Franz: Ernst Jacob Autorff. Ein unbekannter schlesischer Romanautor. In: Schlesien. Eine Vjschr. f. Kunst, Wissenschaft u. Volkstum. 14 (1969), S. 7–14.

Heine, Carl: Der Roman in Deutschland von 1774–1778. Halle 1892.

Hillebrand, Bruno: Theorie des Romans. Bd. I, Von Heliodor bis Jean Paul. München 1972.

Hirsch, Arnold: Barockroman und Aufklärungsroman. In: Etudes germaniques 9 (1954), S. 97–111.

Hirsch, Arnold: Bürgertum und Barock im deutschen Roman. Ein Beitrag zur Entstehungsgeschichte des bürgerlichen Weltbildes. Frankfurt 1934.

Jäger, Georg: Empfindsamkeit und Roman. Stuttgart 1969 (Studien zur Poetik und Geschichte der Literatur. 11).

Jauss, Hans R.: Ursprung und Bedeutung der Ich-Form im Lazarillo de Tormes. In: Romanist. Jahrbuch 8 (1957), S. 290–311.

Jenisch, Erich: Vom Abenteurer- zum Bildungsroman. In: GRM 14 (1926), S. 339–351.

Kafitz, Dieter: Lohensteins ›Arminius‹. Stuttgart 1970.

Kayser, Wolfgang: Entstehung und Krise des modernen Romans. Sonderdruck aus DVJ Bd. 27 (1955).

Kayser, Wolfgang: Wer erzählt den Roman. In: NR 68 (1957), S. 444–591.

Ketteler, H. K.: Baroque tradition in the literature of the German enlightment 1700–1750. Studies in the determination of a literary period. Cambridge 1943.

Kimpel, Dieter: Der Roman der Aufklärung. Stuttgart 1967 (Sammlung Metzler).

Kippenberg, August: Robinson in Deutschland bis zur Insel Felsenburg (1731–1743). Diss. Leipzig 1892.

Kleemann, S.: Zur Geschichte der Robinsonaden. In: Euphorion 1 (1894), S. 603/4.

Kockjoy, Wolkfgang: Der deutsche Kaufmannsroman, Versuch einer kultur- und geistesgeschichtlichen genetischen Darstellung. Diss. Freiburg 1933.

Konrad, K.: Der schlesische Robinson und sein Verfasser. In: Mitt. d. schles. Ges. f. Volksde. Bd. 37 (1938).

Korff, Hermann August: Voltaire als klassischer Autor im literarischen Deutschland des 18. Jahrhunderts. Heidelberg 1913.

Kost, Emil: Die Technik des deutschen Romans von Musäus bis Goethe, besonders in ihren Beziehungen zu den Romanen Fieldings und Smolletts. Diss. Tübingen 1922 (masch.).

Kotzebue, August v.: Einleitung zu ›Nachgelassenen Schriften des verstorbenen Professors Musäus‹. Leipzig 1791.

Kretschmer, Elisabeth: Gellert als Romanschriftsteller. Diss. Heidelberg 1902.

Kreuzer, Helmut: Trivialliteratur als Forschungsproblem. Zur Kritik des deutschen Trivialromans seit der Aufklärung. In: DVJ 41 (1967), S. 173–191.

Kreymborg, Gustav: J. K. Wezel. Sein Leben und seine Schriften. Diss. Münster 1913.

Kunze, Horst: Gelesen und geliebt. Aus erfolgreichen Büchern, 1750–1850. Berlin 1959.

Kurth, Liselotte E.: W. E. N. – Der Teutsche Don Quichotte oder die Begebenheiten des Marggraf v. Bellamonte. Ein Beitrag zur Geschichte des deutschen Romans im 18. Jahrhundert. In: Jb. d. Schiller-Ges. 9 (1965), S. 106–130.

Kurth, Liselotte E.: Historiographie und historischer Roman: Kritik und Theorie im 18. Jahrhundert. In: Mod. Language Notes. 79 (1964), S. 337–362.

Lämmert, Eberhard: Nachwort zu F. v. Blankenburgs ›Versuch über den Roman‹, 1774. Stuttgart 1965, S. 543–583.

Lamport, F. J.: Utopia und ›Robinsonade‹. Schnabels Felsenburg und Bachstroms ›Land der Inquiraner‹. In: Oxford German Studies 1 (1966), S. 10–30.

Landau, M.: Ein moderner Roman aus dem 18. Jahrhundert (Sophiens Reise). In Lit. Echo. 7 (1905), S. 601/3.

Lange, Victor: Die Sprache als Erzählform in Goethes ›Werther‹. In: Formenwandel. Böckmann-Festschrift. Hamburg 1964, S. 261–272.

Lange, Victor: Erzählformen im Roman des 18. Jahrhunderts. In: Anglia 76 (1958), S. 129–144.

Lange, Victor: Zur Gestalt des Schwärmers im deutschen Roman. In: Festschrift f. R. Alewyn. 1967, S. 151–164.

Ledig, Arndt: Anfänge der Sozialkritik im deutschen Roman des 18. Jahrhunderts. Diss. Leipzig 1922 (masch.).

Liepe, Wolfgang: Die Entstehung des Prosaromans in Deutschland. In: Zs. f. Deutschkunde 36 (1922), S. 145–161.

Lockemann, Wolfgang: Die Entstehung des Erzählproblems. Untersuchungen zur deutschen Dichtungstheorie des 17. und 18. Jahrhunderts. Meisenheim 1963 (Deutsche Studien. 3).

Lugowskii, Klemens: Die Form der Individualität im Roman. Studien zur inneren Struktur der frühen deutschen Prosaerzählung. Berlin 1932 (Neue Forschung. 14).

Lugowskii, Klemens: Wirklichkeit und Dichtung, Untersuchungen zur Wirklichkeitsauffassung H. v. Kleists. Frankfurt 1936.

Mandelkow, Karl Robert: Der deutsche Briefroman. Zum Problem der Poliperspektive im Epischen. Neophilologus 44 (1960), S. 200–208.

Martini, Fritz: Der Bildungsroman. Geschichte des Wortes und der Theorie. In: DVJs 35 (1961), S. 44–63.

Matthecka, Gerd: Die Romantheorie Wielands und seiner Vorläufer. Diss. Tübingen 1956 (masch.).

Mayer, Hans: Die alte und die neue epische Form: Johann Gottfried Schnabels Romane. In: H. M.: Von Lessing bis Th. Mann. Pfullingen 1959, S. 35–78.

Maync, Harry: Der deutsche Frauenroman des 18. Jahrhunderts. In: Oldenburger Jahrbuch f. Altertumskunde u. Landesgeschichte, Kunst u. Kunstgewerbe. 1918, S. 61–67.

Meyer, Hermann: Zum Problem der epischen Integration. In: Trivium 8 (1950), S. 299 bis 318.

Meyer, Hermann: Das Zitat in der Erzählkunst. Zur Geschichte und Poetik des europäischen Romans. Stuttgart 1961.

Michelsen, Peter: Laurence Sterne und der deutsche Roman des 18. Jahrhunderts. Göttingen 1962 (Palaestra 232).

Mildebrath, Berthold: Die deutschen Avanturiers des 18. Jahrhunderts. Diss. Würzburg 1907.

Miller, Norbert (Hrsg.): Romananfänge. Versuch zu einer Poetik des Romans. Zwölf Essays. Berlin, Freiburg 1965.

Miller, Norbert: Der empfindsame Erzähler. Untersuchungen an Romananfängen des 18. Jahrhunderts. München 1968 (Literatur als Kunst).

Minners, Karl: Die Theorie des Romans in der deutschen Aufklärung. Mit besonderer Berücksichtigung von Blankenburgs ›Versuch über den Roman‹. Diss. Hamburg 1922 (masch.).

Müller, Günther: Barockromane und Barockroman. In: Lit.-wiss. Jb. d. Görres-Ges. 4 (1929), S. 1–29.

Müller, Moritz: Joh. K. A. Musäus. Ein Lebens- und Schriftstellercharakterbild. Jena 1867.

Müller-Fraureuth, Carl: Die deutschen Lügengeschichten bis auf Münchhausen. Halle 1881.

Müller-Fraureuth, Carl: Die Ritter- und Räuberromane. Ein Beitrag zur Bildungsgeschichte des deutschen Volkes. Halle 1894.

Müller-Seidel, Walter: Die Allegorie des Paradieses in Grimmelshausens ›Simplicissimus‹. In: Festschr. f. W. Bulst, Heidelberg 1960, S. 253–278.

Mühlenweg, Regina: Studien zum deutschen Romantitel (1750–1914). Diss. Wien 1960 (masch.).

Muncker, Fr.: K. A. Musäus. In: Allgem. dt. Biographie. Bd. 23 (1885), S. 85 ff.

Muskalla, Konstantin: Die Romane von J. Th. Hermes. In: Breslauer Beiträge zur Literaturgesch. 25 (1912).

Nowack, Wilhelm: Liebe und Ehe im deutschen Roman zu Rousseaus Zeiten, 1747–1774. Bern 1906.

Nutz, Walter: Der Trivialroman, seine Formen, seine Hersteller. Ein Beitr. zur Literatursoziologie. Köln, Opladen 1962 (Kunst und Kommunikation. 4).

Ohlmer, August: Musäus als satirischer Romanschriftsteller. Diss. München 1912.

Picard, Hans Rudolf: Die Stellung des Autors im Briefroman des 18. Jahrhunderts. Diss. Heidelberg 1959 (masch.).

Popp, Josef: Weltanschauung und Hauptwerke des Freiherrn Adolph Knigge. Diss. München 1931.

Poser, Michael v.: Der abschweifende Erzähler. Tradition und deutscher Roman im 18. Jahrhundert. Bad Homburg v. d. H. (u. a.) 1969 (Respublica literaria 5).

Preisendanz, Wolfgang: Die Auseinandersetzung mit dem Nachahmungsprinzip in Deutschland und die bes. Rolle der Romane Wielands. In: Nachahmung und Illusion. München 1964, S. 72–95 und S. 196–203.

Price, Lawrence Marsden: The Reception of English Literature in Germany. Berkeley 1932.

Price, Lawrence Marsden: Die Aufnahme englischer Literatur in Deutschland. 1500–1960. Bern 1961 (English literature in Germany, Los Angeles 1953).

Prutz, Robert: Sophiens Reise von Memel nach Sachsen. In: Literaturhistor. Taschenbuch 6 (1848), S. 353–439.

Prutz, Robert: Menschen und Bücher. Biogr. Beiträge zur deutschen Literatur- und Sittengeschichte des 18. Jahrhunderts. Leipzig 1862.

Quijote: Don Quijote. Forschung und Kritik. Hrsg. v. H. Hatzfeld. Darmstadt 1968 (Wege der Forschung 160).

Rausse, Hubert: Geschichte des deutschen Romans bis 1800. Kempten, München 1914.

Rausse, Hubert: Der Abenteuerroman des 17. und 18. Jahrhunderts. In: Die Kultur. Vjs. f. Wissenschaft, Literatur u. Kunst. 15 (1914), S. 218–226.

Rausse, Hubert: Geschichte des spanischen Schelmenromans in Deutschland. Münster 1908.

Rehm, Walter: Geschichte des deutschen Romans. Berlin 1927 (Sammlung Göschen 229).

Reichardt, Dieter: Von Quevedos ›Buscon‹ bis zum deutschen ›Avanturier‹. Bonn 1970 (Studien z. Germanistik, Anglistik u. Komparatistik. 7).

Reiche, Adalbert: Der Pietismus und die deutsche Romanliteratur des 18. Jahrhunderts. Diss. Marburg 1947 (masch.).

Reichert, Karl: Robinsonaden, Utopie und Satire im ›Joris Pines‹ (1726). In: Arcadia 1 (1966), S. 50–69.

Riefstahl, Hermann: Dichter und Publikum in der ersten Hälfte des 18. Jahrhunderts, dargestellt an der Geschichte der Vorrede. Diss. Frankfurt 1934.

Rinsum, Annemarie v.: Der Roman ›Sophiens Reise von Memel nach Sachsen von Johann Timotheus Hermes als geistesgeschichtlicher und kulturhistorischer Ausdruck seiner Zeit. Diss. Marburg 1949 (masch.).

Rolle, Dieter: Fielding und Sterne. Untersuchungen über die Fiktion des Erzählens. München 1963 (Neue Beiträge zur englischen Philologie. 2).

Romantheorie. Dokumentation ihrer Geschichte in Deutschland 1620–1880. Hrsgb. von Eberhard Lämmert u. a. Köln 1971 (Neue Wissenschaftliche Bibliothek 41).

Romantheorien. Deutsche Romantheorien. Beiträge zu einer historischen Poetik des deutschen Romans in Deutschland. Hrsg. v. R. Grimm. Bonn 1968.

Romberg, Bertil: Studies in the narrative technique of the firstperson novel. Stockholm 1962.

Rosenbaum, R.: Die Tirolerin in der deutschen Literatur des 18. Jahrhunderts. In: Zeitschrift f. Kulturgeschichte. 5 (1898), S. 43–61.

Rötteken, Hubert: Weltflucht und Idylle in Deutschland von 1720 bis zur Insel Felsenburg. In: Zeitschrift f. vergl. Literaturgeschichte, N. F. 9 (1895), S. 1–32 u. S. 295–325.

Rychner, Max: Zwischen Mitte und Rand. Aufsätze zur Literatur. Zürich 1964.

Schmidt, Erich: Richardson, Rousseau und Goethe. Jena 1875.

Schmidt, Lothar: Das ›Ich‹ im Simplicissimus. In: Wirkendes Wort, 10 (1960), S. 215–220.

Schneider, Paul: Erlebte Robinsonaden, abenteuerliche Fahrten und Schicksale aus den Zeiten der Entdeckungsreisen, nach Augenzeugenberichten. Berlin o. J. (1925).

Schönert, Jörg: Roman und Satire im 18. Jahrhundert. Ein Beitr. zur Poetik. Stuttgart 1969.

Schulz, G.: Hermes und die Liebe. In: Jahrbuch der Friedr.-Wilh.-Universität Breslau 6 (1961), S. 369–386.

Schwering, Julius: Cervantes' Don Quixote und der Kampf gegen den Roman in Deutschland. In: Euphorion 29 (1928), S. 497 ff.

Schwinger, Richard: Nicolais Roman ›Sebaldus Nothanker‹. Weimar 1897 (Lit.-hist. Forschungen. 2).

Singer, Herbert: Der deutsche Roman zwischen Barock und Rokoko. Köln, Graz 1963 (Literatur und Leben, N. F. 6).

Singer, Herbert: Der galante Roman. Stuttgart ²1966 (Sammlung Metzler).

Singer, Herbert: Die Prinzessin von Ahlden. Verwandlungen einer höfischen Sensation in der Literatur des 18. Jahrhunderts. In: Euphorion 49 (1955), S. 305–334.

Singer, Herbert: Joseph in Ägypten. Zur Erzählkunst des 17. und 18. Jahrhunderts. In: Euphorion 48 (1954), S. 249–279.

Sommerfeld, Martin: Friedrich Nicolai und der Sturm und Drang. Halle 1921.

Sommerfeld, Martin: Romantheorie und Romantypus der Aufklärung. In: DVJS 4 (1926), S. 459–490. Auch als Nachdruck: Darmstadt 1967 (Libelli 221).

Spiegel, Marianne: Der Roman und sein Publikum im frühen 18. Jahrhundert. 1700–1767. Bonn 1967 (Abhandlungen zur Kunst-, Musik- und Literaturwissenschaft. 41).

Stahl, Ernst Ludwig: Die religiöse und humanitätsphilosophische Bildungsidee und die Entstehung der deutschen Bildungsromane im 18. Jahrhundert. Bern 1934 (Sprache und Dichtung 56).

Stanzel, Franz: Die typischen Formen des englischen Romans und ihre Entstehung im 18. Jahrhundert. In: Stil- und Formprobleme in der Literatur. Hrsg. v. W. Böckmann. Heidelberg 1959.

Steffens, Hans: Schnabels ›Insel Felsenburg‹ und ihre formgeschichtliche Einordnung. In: GRM (1961), S. 51–61.

Stern, Adolf: J. K. A. Musäus. Beiträge zur Literaturgeschichte des 17. und 18. Jahrhunderts. S. 129–174. Leipzig 1893.

Stern, Guy: A German imitation of Fielding: Musäus ›Grandison II‹. In: Comparative Literatur 9 (1954), S. 335–343.

Stern, Martin: Die wunderlichen Fata der ›Insel Felsenburg‹. Tiecks Anteil an der Neuausgabe von Schnabels Roman. In: DVJS 40 (1966), S. 109–115.

Stockum, Theodorus C. van: Die kirchl.-religiöse Lage in den Niederlanden um 1700 im Spiegel eines dt. Aufklärers d. 18. Jh. In: DVJS 29 (1955), S. 214–226.

Stolpe, Heinz: Nachwort zu Fr. Nicolai ›Sebaldus Nothanker‹, Berlin 1960.

Stricker, Wilhelm: Über Robinsonaden und fingierte Reisen: In: Jahresbericht des Frankfurter Vereins für Geographie und Statistik 35 (1870/71), S. 29–38.

Thalmann, Marianne: Der Trivialroman des 18. Jahrhunderts und der romantische Roman. Ein Beitrag zur Entwicklungsgeschichte der Geheimbundmystik. Berlin 1923 (Germ. Studien 24).

Tieghem, P. van: La sensibilité et la passion dans le roman européen au 18e siècle. In: Revue de Littérature Comparée 6 (1926), S. 424–435.

Touaillon, Christine: Der deutsche Frauenroman des 18. Jahrhunderts. Wien 1919.

Ullrich, Hermann: Defoes Robinson Crusoe. Die Geschichte eines Weltbuches. Leipzig 1924.

Ullrich, Hermann: Robinson und Robinsonaden. Bibliographie, Geschichte, Kritik. Weimar 1898 (Lit.-hist. Forschungen 7).

Volkmann, Herbert: Der deutsche Romantitel in literaturhistorischer Sicht. Diss. F. U. Berlin 1955.

Voss, Emil Th.: Erzählprobleme des Briefromans, dargestellt an vier Beispielen des 18. Jahrhunderts. Diss. Bonn 1958.

Vosskamp, Wilhelm: Theorie und Praxis der literarischen Fiktion in J. G. Schnabels Roman ›Die Insel Felsenburg‹. In: GRM N. F. 18 (1968), S. 131–152.

Wagner, Gerti: Entwicklung des psychologischen Romans in Deutschland von der Mitte des 18. Jahrhunderts bis zum Ausgang der Romantik. Diss. Wien 1965 (masch.).

Waldberg, Max v.: Der empfindsame Roman in Frankreich. Straßburg 1906.

Weigand, C.: J. G. Schummel. Leben und Schaffen eines Schriftstellers und Reformpädagogen. Ein Beitr. z. Geschichte der pädagogischen Literatur der Aufklärungszeit. Frankfurt 1925.

Weinrich, Harald: Das Zeichen des Jonas. In: Merkur 20 (1966), S. 737–747.

Welt. – Pikarische Welt. Schriften zum europäischen Schelmenroman. Hrsg. v. H. Heidenreich. Darmstadt 1969 (Wege der Forschung, 143).

Werner, Käte: Der Stil in J. G. Schnabels Insel Felsenburg. Diss. Berlin 1950.

Wesly, Margot: Das junge Mädchen im deutschen Roman des 18. Jahrhunderts bis zum Beginn des Sturm und Dranges. Diss. Leipzig 1933.

Weymar, Ilse: Der deutsche Briefroman. Versuch einer Darstellung von Wesen und Typenformen. Diss. Hamburg 1942.

Wolff, Erwin: Der englische Roman im 18. Jahrundert. Wesen und Formen. Götttingen 1965 (Kleine Vandenhoeck-Reihe 195/197).

Wolff, Max Ludwig: Geschichte der Romantheorie von den Anfängen bis zur Mitte des 18. Jahrhunderts. Nürnberg 1915.

Würzbach, Natascha: Die Struktur des Briefromans und seine Entstehung in England. Diss. München 1964.

2. Theorie, Soziologie und Geschichte der Literatur, Geistesgeschichte

Antike und Moderne in der Literaturdiskussion .. s.: Krauss, W.: Antike ...

Auerbach, Erich: Mimesis. Dargestellte Wirklichkeit in der abendländischen Literatur. Bern, München ²1959.

Balet, Leo: Die Verbürgerlichung der deutschen Kunst, Literatur und Musik im 18. Jahrhundert. In: Arbeitsgemeinschaft m. E. Gerhard. Leipzig 1936.

Bastide, Roger: Sens et usage du terme ‹structure› dans les sciences humaines et sociales. Ed. par R. Bastide. ’s-Gravenhage 1962.

Bausch, Walter: Theorien des epischen Erzählens in der deutschen Frühromantik. Bonn 1964 (Bonner Arbeiten zur deutschen Literatur 8).

Beckmann, Joh.: Litteratur der älteren Reisebeschreibungen. Nachrichten von ihren Verfassern, von ihrem Inhalte, von ihren Ausgaben und Übersetzungen. Göttingen 1807 bis 1810.

Behrens, Irene: Die Lehre von der Einteilung der Dichtkunst, vornehmlich vom 16. bis 19. Jahrhundert. Halle 1940 (Studien zur Geschichte der poetischen Gattungen. Beih. z. Zs f. roman. Philologie. 92).

Berger, Kurt: Zur Antikenauffassung in Kunsttheorie und Dichtung des frühen 18. Jahrhunderts. In: Zs. f. Ästhetik. 37 (1943), S. 55 ff.

Bergmann, E.: Die antike Nachahmungstheorie in der deutschen Ästhetik des 18. Jahrhunderts. In: Neue Jahresberichte f. d. klass. Altertum 27 (1911), S. 120–131.

Biedermann, Karl: Deutschland im 18. Jahrhundert. Leipzig ²1880.

Bing, Susi: Die Nachahmungstheorie bei Gottsched und den Schweizern und ihre Beziehung zur Dichtungstheorie der Zeit. Diss. Köln 1934.

Blackall, Eric A.: Die Entwicklung der deutschen Literatursprache, 1700–1775. Stuttgart 1966.

Blumenberg, Hans: Die Legitimität der Neuzeit. Frankfurt 1966.

Böckmann, Paul: Formengeschichte der deutschen Dichtung. Bd. 1. Hamburg 1949.

Borinski, Karl: Die Poetik der Renaissance und die Anfänge der literarischen Kritik in Deutschland. Berlin 1886.

Böttiger, Karl August: Literarische Zustände und Zeitgenossen. In Schilderungen aus K. A. Böttigers handschriftlichem Nachlasse. Hrsg. v. K. W. Böttiger. Leipzig 1838.

Braitmaier, Friedrich: Geschichte der poetischen Theorie und Kritik von den Diskursen der Maler bis auf Lessing. Frauenfeld 1889.

Brauer, Walter: Geschichte des Prosabegriffes von Gottsched bis zum Jungen Deutschland. Frankfurt 1938 (Frankfurter Quellen und Forschungen. 18).

Brinkmann, Henning: Der Prolog im Mittelalter als literarische Erscheinung. In: WW 1964, S. 1–21.

Bruford, Walter H.: Germany in the Eighteenth Century. 1935.
[dt. 1936: Die gesellschaftlichen Grundlagen der Goethezeit (Literatur u. Leben. 9.)].

Brüggemann, Fritz: Der Kampf um die bürgerliche Welt und Lebensanschauung in der deutschen Literatur des 18. Jahrhunderts. In: DVJs 3 (1925), S. 94–127.

Carlsson, Ann: Die deutsche Buchkritik. Von den Anfängen bis 1850. Bd. 1. Stuttgart 1963 (Sprache und Literatur. 10).

Cassirer, Emil: Die Philosophie der Aufklärung. Tübingen 1932.

Curtius, Ernst Robert: Europäische Literatur und lateinisches Mittelalter. Bern, München ⁴1963.

Dyck, Joachim: Ticht-Kunst. Deutsche Barockpoetik und rhetorische Tradition. Bad Homburg v. d. H. 1966 (Ars poetica. 1).

Eichstaedt, Alfons: Gedichtete Poetik. In: Worte und Werte, Fs. f. J. Markwardt, Berlin 1961, S. 79–84.

Ermatinger, Emil: Deutsche Kultur im Zeitalter der Aufklärung. Handbuch der Kulturgeschichte, hrsg. v. H. Kindermann. Potsdam 1935.

Gervinus, Georg: Geschichte der deutschen Dichtung. Leipzig ⁴1853. Bd. 4.

Hafen, Hans: Studien zur Geschichte deutscher Prosa im 18. Jahrhundert. St. Gallen 1952 (Diss. Zürich).

Hanstein, Adalbert v.: Die Frauen in der Geschichte des deutschen Geisteslebens des 18. und 19. Jahrhunderts. Bd. 1.2. Leipzig 1899.

Hauser, Arnold: Sozialgeschichte der Kunst und Literatur. München 1953.

Hazard, Paul: Die Krise des europäischen Geistes 1680–1715. Hamburg 1939.

Hazard, Paul: Die Herrschaft der Vernunft. Das europäische Denken im 18. Jahrhundert. Hamburg 1949.

Hettner, Hermann: Geschichte der deutschen Literatur im 18. Jahrhundert. Leipzig 1928.

Heusermann, Emil: Naturbegriff und Naturgefühl in der deutschen Literatur des anbrechenden 18. Jahrhunderts. Programm Goldberg i. Schlesien, 1909.

Hildebrandt-Günther, Renate: Antike Rhetorik und deutsche Literaturtheorie im 17. Jahrhundert. Marburg 1966 (Marburger Beiträge zur Germanistik. 13).

Hitzig, Ursula: Willhelm Heidegger. 1666–1711. Diss. Zürich 1954.

Jauss, Hans Robert (Hrsg.): Nachahmung und Illusion. Gießener Kolloquium 1963. München 1964.

Jentzsch, Rudolf: Der deutsch-lateinische Büchermarkt nach den Ostermeßkatalogen von 1740, 1770, 1780. Leipzig 1912.

Kahler, Erich v.: Die Verinnerlichung des Erzählens. In: NR 68 (1957), S. 501–546; 70 (1959), S. 1–54; 177–220.

Kaiser, Gerhard: Pietismus und Patriotismus im literarischen Deutschland. Ein Beitrag zum Problem der Säkularisation. Wiesbaden 1961.

Kaiser, Gerhard: Geschichte der deutschen Literatur. Von der Aufklärung bis zum Sturm und Drang 1730–1785. Gütersloh 1966.

Kegel-Vogel, Marlies: J. E. Schlegel und der Erziehungsoptimismus der deutschen Aufklärung. In: Worte und Werte. Fs. f. Markwardt, Berlin 1961, S. 155–164.

Koberstein, August: Geschichte der deutschen Nationalliteratur. 5. Aufl. umgearb. v. K. Bartsch. Leipzig 1872/73.

Köster, Albert: Die deutsche Literatur der Aufklärungszeit. Hrsg. v. J. Petersen. 1925.

Krauss, Werner: Studien zur deutschen und französischen Aufklärung. Berlin 1963.

Krauss, Werner, Hans Kortum (Hrsg.): Antike und Moderne in der Literaturdiskussion des 18. Jahrhunderts. Berlin 1966.

Lange, K.: Die ästhetische Illusion im 18. Jahrhundert. In: Zeitschrift f. Ästhetik u. allgem. Kunstwissenschaft 1 (1906), S. 30–34.

Lange, Victor: Ausklang des 18. Jahrhunderts. In: Spätzeiten und Spätzeitlichkeit. Vorträge des Germanistenkongr. Kopenhagen 1960. Hrsg. v. W. Kohlschmidt, Bern 1962, S. 103–117.

Langen, August: Deutsche Sprachgeschichte vom Barock bis zur Gegenwart. In: Dt. Philologie im Aufriß ²1957, Bd. 1, S. 931 ff.

Langen, August: Anschauungsformen in der deutschen Dichtung des 18. Jahrhunderts. Rahmenschau und Rationalismus. Jena 1934.

Lempicki, Sigismund v.: Geschichte der deutschen Literaturwissenschaft bis zum Ende des 18. Jahrhunderts. Göttingen 1920.

Lockemann, Wolfgang: Die Entstehung des Erzählproblems. Untersuchungen zur deutschen Dichtungstheorie im 17. und 18. Jahrhundert. Meisenheim a. Gl. 1963 (Deutsche Studien).

Lukács, Georg: Größe und Grenzen der deutschen Aufklärung. In: G. L.: Skizze einer Geschichte der neueren deutschen Literatur. Berlin 1953, S. 17–29.

Mansfeld, Franz: Das literarische Barock im kunsttheoretischen Urteil Gottscheds und der Schweizer. Diss. Halle-Wittenberg 1928.

Markwardt, Bruno: Geschichte der deutschen Poetik. Berlin 1956, Bd. 2.

Martens, Wolfgang: Die Botschaft der Tugend: Die Aufklärung im Spiegel der moralischen Wochenschriften. Stuttgart 1968.

Martini, Fritz: Von der Aufklärung zum Sturm und Drang. In: Annalen der deutschen Literatur. Hrsg. v. O. Burger. Stuttgart 1962, S. 405–464.

Martini, Fritz: C. M. Wieland und das 18. Jahrhundert. In: P. Kluckhohn A. H. Schneider. Festschrift. Tübingen 1948, S. 243–265.

Mittner, Ladislao: Freundschaft und Liebe in der deutschen Literatur des 18. Jahrhunderts. In: Stoffe, Formen, Strukturen. Festschrift Borcherdt, 1962, S. 97–138.

Neustädter, Erwin: Versuch einer Entwicklungsgeschichte der epischen Theorie in Deutschland von den Anfängen bis zum Klassizismus. Diss. Freiburg 1827.

Nivelle, Armand: Kunst und Dichtungstheorien zwischen Aufklärung und Klassik (1750 bis 1790). Berlin 1960.

Oeftering, Michael: Heliodor und seine Bedeutung für die Literatur. Berlin 1901 (Lit.-historische Forschungen. 18).

Pirscher, Manfred: J. J. Eschenburg. Ein Beitrag zur Literatur und Wissenschaftsgeschichte des 18. Jahrhunderts. Diss. Münster 1960.

Promies, Wolfgang: Der Bürger und der Narr oder das Risiko der Phantasie. München 1966 (Literatur als Kunst).

Rasch, Wolfdietrich: Freundschaftskult und Freundschaftsdichtung im deutschen Schrifttum des 18. Jahrhunderts. Vom Ausgang des Barock bis zu Klopstock. Halle 1936.

Rasch, Wolfdietrich: Die Literatur der Aufklärungszeit. [Literaturreferat]. In: DVJS 30 (1956), S. 533–444.

Ruttkowski, W.: Die literarischen Gattungen. Reflexionen über eine modifizierte Fundamentalpoetik. Bern 1968.

Schenda, Rudolf: Volk ohne Buch. Studien zur Sozialgeschichte der populären Lesestoffe 1770–1910. Frankfurt 1970.

Schenker, Manfred: Ch. Batteux und seine Nachahmungstheorie in Deutschland. Leipzig 1909 (Untersuchungen zur neueren Sprach- und Literaturgeschichte. N. F. 2).

Scherpe, Klaus R.: Gattungspoetik im 18. Jahrhundert. Stuttgart 1968 (Studien zur allg. u. vergl. Literaturwissenschaft. 2).

Schneider, Ferdinand J.: Die deutschen Dichter der Aufklärungszeit. Stuttgart 1924, ²1948.

Schöffler, Herbert: Protestantismus und Literatur. Neue Wege zur englischen Literatur des 18. Jahrhunderts. Leipzig 1922, ²1958.

Schönfeld, Ingeborg: Die malende Poesie im 18. Jahrhundert und ihre Überwindung durch den Sturm und Drang. Diss. München 1920 (masch.).

Schubert, Werner: Die Beziehungen J. E. Schlegels zur deutschen Aufklärung. Diss. Leipzig 1959 (masch.).

Schultz, Alwin: Alltagsleben einer deutschen Frau zu Anfang des 18. Jahrhunderts. Leipzig 1890.

Sengle, Friedrich: Wieland. Stuttgart 1949.

Sengle, Friedrich: Die literarische Formenlehre. Vorschläge zu ihrer Reform. Stuttgart 1967 (Dichtung und Erkenntnis. 1).

Sørensen, Bengt Algot: Symbol und Symbolismus in den ästhetischen Theorien des 18. Jahrhunderts und der deutschen Romantik. Kopenhagen 1963.

Tumarkin, Anna: Die Überwindung der Mimesislehre in der Kunsttheorie des 18. Jahrhunderts. Zur Vorgeschichte der Romantik. In: Festgabe f. S. Singer, Tübingen 130, S. 40–55.

Ullmann, Richard, Helene Gotthard: Geschichte des Begriffes ›Romantik‹ in Deutschland. Berlin 1926 (Germanische Studien. 50).

Voelker, Paul: Die Bedeutungsentwicklung des Wortes Roman. Diss. Halle 1887.

Wendland, Ulrich: Die Theoretiker und Theorien der sogenannten galanten Stilepoche und die deutsche Sprache. Ein Beitrag zur Erkenntnis der Sprachreformbestrebungen vor Gottsched. Leipzig 1930 (Form und Geist. 17).

Wiehe, Ernst: J. J. Eschenburgs Theorie der schönen Redekünste und die Poetik und Kunsttheorie in der 2. Hälfte des 18. Jahrhunderts. Diss. Leipzig 1924.

Wiese, Benno v.: Dichtung und Geistesgeschichte des 18. Jahrhunderts. In: DVJ XII (1934), S. 430–478.

Witkowski, Georg: Geschichte des literarischen Lebens in Leipzig. Leipzig 1909.

Wittmann, Walter: Beruf und Buch im 18. Jahrhundert. Ein Beitrag zur Erfassung und Gliederung der Leserschaft im 18. Jahrhundert, insbesondere unter Berücksichtigung des Einflusses auf die Buchproduktion, unter Zugrundelegung d. Nachlaßinventare des Frankfurter Stadtarchivs für die Jahre 1695–1705, 1746–1755 und 1795–1805. Diss. Frankfurt 1934.

Wolff, Hans M.: Die Weltanschauung der deutschen Aufklärung in geschichtlicher Entwicklung. München ²1963.